실무에 바로 적용하는 인사관리 바이블
조직관리와 HR전략

Organizational
Management

실무에 바로 적용하는 인사관리 바이블

조직관리와 HR전략

정민홍 지음

Human Resource
Strategies

SM 성신미디어

추천사

현장이 생생히 담긴 HR 교과서의 출간에 부쳐

백진기 | ㈜한독 대표이사

직장 생활 40여 년을 HR에만 매진해온 내게, 회사에서 대표이사직을 제안했다. '비즈니스를 모르는 내가 대표이사를 맡아도 될까?' 처음 제안을 받았을 때 조금 망설였지만, 이내 수락하여 한독의 대표이사가 된 지 3년이 되었다. 그동안 팬데믹의 한가운데를 걸어왔고, 이제는 망설이지 않고 말할 수 있다. HR만 잘해도 대표이사를 할 수 있다. 나는 오랜 시간 HR이라는 한 우물만 우직하게 파온 덕분에 HR 전문가라는 이름을 얻었고, 그 능력을 토대로 최선을 다해 대표이사직을 수행하고 있다. 그래서 HR이라는 한 길을 우직하게 걸어가는 사람을 꼽으라면 나는 '정민홍'이라는 이름 석 자를 먼저 떠올린다.

저자가 추천사를 부탁한다며 메시지를 보내왔다. 주저 없이 그리하겠다고 답했다. 그리고 원고를 받고 깜짝 놀랐다. 저자의 성장은 정말 놀라웠고, 우리가 처음 만났을 때가 떠올랐다.

2007년, 르노삼성자동차에서 HR을 강의했을 때 저자를 교육 진행 담당자로서 만났다. 강의자와 교육 진행 담당자는 강의로 이어졌기에 강의를 마치면 연락이 끊기는 것이 보통이었다. 그러나 저자는 여러 면에서 다른 기운을 가지고 있었고 우리는 끊어질 듯 말 듯 느슨한 관계를 이어갔다. 그럼에도 저자가 사람 좋아하는 인사쟁이라는 사실 하나는 나에게 깊이 각인되어 있었다.

그러다 3년 전, 부산에서 일하던 저자를 광화문 근처에서 만났다. 그것도 교육 대상자가 인사 담당자들뿐인 프로그램에서 서로 강사로서 만나게 되었다. 나는 크게 놀랐다. 그 프로그램은 교육 대상자의 수준이 높아 교수님들도 강의를 맡기 힘들었는데, 저자가 내 다음 순서의 강사였다. 강의는 말장난이 아니다. 내용이 전부다. 그런 HR 강의의 세계에서 저자는 실력과 노력만으로 전국구 강사가 된 것이다. 강의를 마치고 나올 때 저자와 간단히 인사를 나누고 강의장으로 들어가는 그의 뒷모습을 보았다. 그의 어깨너머, 큰 힘이 자리 잡고 있음을 온몸으로 느꼈다.

저자는 늘 지적 호기심이 넘쳐났다. 저자의 넘쳐나는 궁금증이 HR계에서 내로라하는 고수들과 다리를 놓게 했을 것이다. 저자가 감사의 글에 남긴 고수들 또한 나처럼 저자의 호기심으로 이어졌을 것이며, 저자는 오늘도 어디선가 생겨난 궁금증을 자신의 인적 네트워크를 통해 나누며 답을 찾아내고 있을 것이다. 지적 호기심과 그에 비례하는 실행력만큼 중요한 인사쟁이의 역량이 또 어디 있겠는가!

나에게도 많은 멘토들이 있다. 리더십의 학장 워렌 베니스, <성공하는 사람들의 7가지 습관>을 쓴 스티븐 코비, 경영학의 대가 피터 드러커, <드 보노의 수평적 사고>를 쓴 드 보노 박사, 세계 경영 구루로 꼽히는 오마에 겐이치, <마스터풀 코칭>의 로버트 하그로브, 창을 통해 세상을 보게 해 준 토머스 고든, 알리바바의 마윈 회장 등이다. 이 멘토들은 자신들이 나의 멘토가 된 줄 모르고 있다. 내가 일방적으로 그들을 멘토로 삼았기 때문이다. 이 멘토들이 세상을 향해 외친 말씀들이 내 인생의 조타수다.

나를 비롯해 저자의 감사의 글에 나타난 HR계의 멘토들이 오늘의 저자 정민홍을 만들었고, 만들고 있고, 앞으로도 만들 것이다. 저자는 귀중한 인연이 이어지면 그들과 계속 만나며 궁금증을 풀고, 그것을 강의에 녹여내는 것은 물론 실무에도 활용하는 현장파 인사쟁이이기 때문이다.

그런 저자가 드디어 사고를 쳤다. 인사쟁이들이 당장 봐야 하는 HR 교과서를 낸 것이다. 그것도 이론적인 면에만 치우치지 않아 현장감이 살아있는 교과서다.

내용이 장별로 체계적으로 꾸려져 있어 자신의 상황에 맞게 골라 읽기도 좋다. CEO는 1·2장을 읽으면 전체적인 HR 흐름을 파악할 수 있고, 관리자라면 1·2·3장을 선택적으로 읽으면 좋을 내용이 담겨있다. HR 부서에서 채용과 면접을 담당하는 직원은 4장을 먼저 읽으면 되고, 평가·보상·승진 담당자라면 5장을 읽으면 도움이 될 것이다. 6장은 저자가 글로벌 기업 현장에서 쌓은 GHR 노하우를 풀어놓았다.

분명 저자는 머지않은 미래에 나보다 훨씬 나은 경영자가 될 것이다. 다시 한번 저자의 첫 저술인 <조직관리와 HR전략>의 출간을 축하하며, 인사쟁이들에게 큰 도움을 줄 이 책을 강력히 추천한다.

서평

기업 조직 내에서 '사람'과 연관된 일을 하고 있는 곳은 어디일까요? 바로 '인사 HR' 부문이라고 할 수 있습니다. 그래서 많은 사람들이 조직에 들어가면 가장 하고 싶지 않은 업무 중 하나가 '인사'라고 합니다. 왜 그럴까요? 인사업무 자체가 곧 '사람'이기 때문입니다. 즉, 사람의 '속성'을 알아야 인사를 할 수 있기 때문입니다. 인사업무는 사람의 본질을 알아야 할 수 있기에, HR의 본질과도 연계됩니다. 저자는 십수 년간 기업 현장에서 인사업무를 해오고 있는 HR 프로페셔널로서, 우리기업 인사담당자들이 고민하고 있는 '사람이란 무엇인가?', '인사란 무엇인가?' 등의 질문에 해답의 근거를 책을 통해 제시해 줄 것입니다. 특히 이 책은 실무에 바로 적용할 수 있는 '인사 바이블'이라고 할 수 있습니다. 아무쪼록 우리 기업 인사부문 및 인사담당자, 그리고 현업의 팀장들이 인사관리 지침서로 유용하게 활용되었으면 하는 바람입니다.

구본희 | 『월간 인사관리』 편집장

이 책은 단순한 인사관리 실무서적이 아니다. 국내 대기업의 인사 담당을 두루 역임한 국내 최고 인사전문가 중의 한 사람인 저자가 20여년의 축적된 지식과 통찰을 기초로, 달라진 경영환경에 맞춰 HR의 역할이 어떻게 새로고침 되어야 하는지 실천적인 방법론을 제시하는 역작이다. 특히 채용에서부터 교육, 평가, 보상은 물론 나아가 GHR에 이르기까지, HR 기능별로 어떻게 바뀌어야 하는지 구체적인 방법론을 제시하며 HR에 품었던 모든 궁금증에 답하는 국내 유일의 인재경영 전략서다. HR 담당자라면 마땅히 필독하여 조직의 성장을 돕는 제도와 방법을 배워야 할 것이다. 모쪼록 <조직관리와 HR전략>이 경영층에게는 조직을 혁신하는 계기가 되고, HR 담당자에게는 관점의 변화와 아이디어의 창구가 되며, 직장인에게는 새로운 조직과 기업을 이해하는 데에 길잡이가 되길 기대해 본다.

전성열 |『월간 인재경영』편집장

4차 산업혁명으로 촉발된 신기술의 도입은 노동시장과 기업의 인사관리 방향에 변화를 가져오고 있다. 미래의 HR은 근로자들이 직종 간 이동이 자유로워야 하며, 이를 위해서는 글로벌하게 사고하는 인력에 대한 조직의 관리는 필수적이다. <조직관리와 HR전략>은 저자의 풍부한 현장 경험과 식견을 토대로 조직성과 창출을 위한 방향성을 제시하고 있다. 인사담당자는 물론 HR시스템을 체계적으로 구축하고자 하는 기업의 리더에게 이 책을 추천한다.

윤동열 | 대한경영학회 회장, 건국대학교 경영학과 교수

예전의 전통적인 HR 역할만을 가지고는 조직성과 창출에 한계가 있을 것이라 판단된다. 미래의 HR 역할은 조직과, 경영진과의 긴밀한 호흡을 통해 지속적인 조직 성장에 기여해야 할 것이다. <조직관리와 HR전략>은 이러한 흐름에 따라 미래의 HR 역할과 더불어 조직성과와 연계된 HR시스템 설계 수립을 위한 전략적인 방향성을 자세히 설명하고 있다.

선우명호 | 고려대학교 자동차융합학과 석좌교수

HR을 모르는 리더가 조직을 이끄는 것은 마차가 말을 끄는 것과 같다. HR 실무를 교육하지 않고 조직을 맡기는 것은 운전을 할 줄 모르는 사람에게 힘이 세다는 이유만으로 운전대를 맡기는 것과 같다. 이 책은 조직 전반적인 관점에서 조직성과 창출을 위한 HR의 역할을 실무적으로 명쾌하게 제시한다.

송진구 | 한국리더십대학 원장, 가천대학교 자유전공학부 교수

최근 조직의 글로벌화와 대내외적인 환경의 급격한 변화로 인해 조직에서 HR 기능의 역할에 대한 전환점이 필요한 시기라 판단된다. <조직관리와 HR전략>은 이러한 상황에서 적절한 시점에 나온 책으로, 조직과 HR의 관계에 대해 심도 있게 다루고 있다. 비단 HR 담당자뿐만 아니라 조직 전 기능의 담당자에게 조직 운영 시 탁월한 지침서가 될 것이라 확신한다.

리상섭 | 동덕여자대학교 교육컨설팅학과 교수

오랜만에 기업경영 및 인사관리에 도움이 될 만한 책을 접하게 되어 반가운 마음이다. 기업과 조직의 경영 3요소 중, 가장 중시되는 인적자원에 초점을 맞춰 알기 쉬운 이론 설명과 실무적 차원에서의 활용방안을 현실적이고 실용적으로 잘 제시하고 있다는 점을 높게 평가하고 싶다. 저자의 학문적 배경과 오랜 실무 경험을 잘 녹여냈으며 일반 기업이나 공기업, 대학, 지자체 등에 인적자원관리의 지침서로써 폭넓게 활용될 수 있을 것으로 보인다.

최규환 | 동아대학교 관광경영학과 교수

조직과 사람을 중심으로 한 기업 경쟁력의 역동적인 메커니즘을 저자는 빠뜨림 없이 이 책에 풀어냈다. HR 기반 지식을 현장의 눈높이에서 친절하게 조망해 준 덕분에 의사결정의 정합성과 민첩성 모두를 기대할 수 있게 되었다. 뚜렷했던 경계들이 흐려지며 많은 형태의 트랜스포메이션을 생존의 필수로 요구받고 있는 지금, 지속가능한 성공의 원천으로써 HR이 어떠해야 하는지 이 책이 좋은 지렛대 역할을 할 것이라 확신한다. 끊임없는 학습과 소통을 이어온, 무엇보다 HR에 진심인 저자의 인사이트를 이 한 권으로 만날 수 있는 건 행운이다.

이세희 | 현대자동차 상무

대한민국 최대의 HR 커뮤니티와 HR 컨설팅 회사를 운영하면서 국내 인사쟁이들에게 체계적인 조직과 HR에 대해 자세히 설명한 강의나 도서가 있었으면 하는 바람이 있었다. 이전까지는 분절된 조직 내 HR접근으로 인해 HR기능의 역할과 방향성에 대해 혼재되어 알려져 있었지만, 이 책을 접하고 나서야 드디어 조직 방향성에 따라 체계화된 HR시스템 정립이 가능할 것으로 장담한다. 더군다나 저자의 실무 경험이 물씬 들어가 있어 바로 현업에 적용이 가능하기에 조직 및 HR을 담당하는 실무자들에게 필독서가 될 것이라 확신한다.

김성규 | 네이버 HR 카페 인사쟁이 및 인사드림 대표

책을 읽어보면 여러 회사의 HR 부서를 거치고 기업교육계와 대학에서 출강한 저자의 경력으로 실제와 이론이 잘 어우러져 있는 것을 볼 수 있다. <조직관리와 HR 전략>은 조직의 본질에 대해 심도 있게 다룬 책으로, 조직 전반에 대한 이해를 통해 조직성과와 조직 효과성 관점에서 HR시스템별 접근 전략을 제시하였다. 조직에 대해 알고자 하는 사람과 더불어 HR을 체계적으로 알고자 하는 사람, 기존 HR 담당자뿐만 아니라 사람기반 조직 경영을 위한 경영진에게 혜안을 제공하는 책으로 적극 추천한다.

박정군 | 한국생산성본부 본부장

저자 서문

HR의 본질은 무엇일까? 필자는 조직성과 창출을 위해 구성원과 경영진의 지향점을 잇는 다리 역할이 HR의 본질이라 생각한다. 대부분의 조직은 HR을 경영진이 가지고 있는 조직의 방향성과 전략 과제를 구성원들에게 내재화시키는 일로만 여기고 그에 주력하고 있지만, 구성원의 목소리를 최대한 객관적으로 경영진에게 전달하는 일 역시 매우 중요하다. 그렇기에 HR시스템은 조직을 파악하고, 사람을 이해하는 과정이 앞선 후에 구축되어야 한다.

이러한 까닭으로 조직 전반적인 관점에서 조직성과 창출을 위한 HR의 역할을 다루는 책의 필요성을 절감하였다. 기존에 나와 있는 HR 관련 서적은 HR 기능의 한 부분이나, 이론적인 측면만 강조하여 HR 실무자들의 현업 적용과 활용이 제한적이라는 아쉬움이 있었다. 이에 필자가 십몇 년간 조직에서 HR 실무를 맡아온 경험과 외부 강의 및 컨설팅을 통해 체득한 내용을 중심으로, 실무적 접근이 가능한 범위에서 내용을 다루었다.

본 도서는 세 가지 측면에서 HR에 접근했다. 첫째로 조직 및 HR에 이론적으로 접근하였고, 둘째로 전자에 기반한 실무적 활용 방안에 대해 기술했다. 마지막으로 조직문화, 개인 역량, 조직행동 등과 같이 통념적으로 해석되는 주요 조직 및 HR 관련 정의를 필자의 관점으로 재해석했다. 이를 토대로 HR 패러다임 변화에 따른 HR의 주요 역할과 기능뿐만 아니라 조직까지 확장하여 완성형 HR 업무수행이 가능하도록, 조직과 사람을 중심으로 최대한 현업 관점에서 집필하였다.

본문에 들어가기에 앞서 필자가 생각하는 HR 담당자들이 가져야 할 역량 및 역할, 더불어 앞으로 나아가야 할 HR 방향성에 대해 잠시 알아보고자 한다.

인성을 기반으로 갖춰야 할 HR 역량

HR 담당자는 경영진뿐만 아니라 구성원에게도 모범을 보여야 할 책무가 있기에, 소위 인간적인 면이 전제되어야 한다. 그래서 필자는 머리보다 가슴이 따뜻한 HR 담당자가 더 매력적이라고 생각한다. 그렇기에 품성과 인성을 바탕으로 HR 담당자가 가져야 할 첫 번째 역량은 공정성이다. 공정성을 기반으로 구성원들이 수용할 수 있으며 실행 가능한 HR시스템을 설계해야 한다. 공정성 이슈는 대부분의 HR영역에서 자유로울 수 없기 때문이다. 하지만 공정성의 가치 역시 공정의 잣대를 내리는 주관 부서, 결국 사람에게 있다는 것을 인지하면 이 역시 편향성을 가지거나 개인의 주관에 치우칠 수 있다. 이를 보완하기 위해 공청회를 진행할 수 있겠으나 조직의 규모가 크면 전 구성원 참석을 통한 합의가 어렵다. 그래서 이 역시 대의 민주주의라는 관점에서 공정성 시비에 자유로울 수 없지만 최선을 다해 구성원의 소리를 담으려는 노력해야 할 것이다. 공평성에 대한 이슈도 제기되나 공평성은 HR 시스템에서 복리후생 영역 및 교육시스템의 일부 영역 정도에서 고민해 볼 필요가 있다.

다음으로 객관적 자세를 기반으로 한 소통 역량이 필요하다. 이는 말에 의한 소통과 문서에 의한 소통으로 크게 구분되는데, 상당수의 HR담당자들이 문서에 의한 소통만을 중요하게 여기는 것을 볼 수 있다. 그래서 상사와의 소통에만 치우쳐 세밀하고 잘 짜여진 보고서를 위해 리터러시literacy에만 집중하는 경향을 보이는데, 보고서의 품질은 내용 구성이나 워딩이 아니라 얼마만큼 치열하게 구성원들의 의견을 청취하여 반영하였는지로 판단해야 할 것이다. 너무 이성적인 연역법 사고를 강요하는 것은 아니었는지도 돌아보자. 조직에서는 때론 경험에 의한 귀납법 사고가 울림이 더 클 때도 있다.

또한 HR시스템 제안은 심플해야 한다. HR시스템 성공의 중요한 관건은 바로 실행 이슈에 있기 때문이다. 그러나 안타깝게도 선진 기업을 벤치마킹하고 트렌드를 따라가기 위해 제도를 바꾸다 누더기처럼 복잡해져가고, 심지어 HR 담당자조차 이해할 수 없는 제도를 실행하는 경우도 허다하다. 경영진에게 보여주기용이나 자기만족을 위해서 불필요하게 HR시스템을 어렵게 설계하고 있는 것은 아닌지 잠시 멈추어 반문해 볼 필요가 있다. 무생물적인 관점으로만 HR에 접근하여 내부 구성원과의 소통 없이 타조직을 벤치 마킹하고 선진 사례를 도입하는 것만으로는 가시적인 성과를 기대하기 어렵다. 조직을 움직이는 가장 중요한 동인은 사람이기에, 구성원의 마음을 얻지 못하는 HR시스템과 제도는 제대로 구동되기 어렵다.

앞으로 나아가야 할 HR 방향성

첫 번째로 변화관리를 추구해야 한다.

수십 년이 지났음에도 큰 변화가 없는 인사, 교육 프레임을 어떻게 설명할 것인가? 변화관리를 주도하고 선제적으로 변화를 추구해야 할 HR기능이 변화에 저항이 가장 강하고, 과히 보수적이지는 않았는지 심각하게 고민할 시기인듯하다. 거의 전 기능에서 A.I 및 스마트화를 통한 업무 효율을 꾀하고 있는 시점에서도 제일 늦게 도입하는 기능이 HR기능인 것만 봐도 변화에 대한 저항이 가장 크다고 할 수 있다. 물론 사람을 관리하는 업무의 특성상 상호 간의 소통이나 공감 역량이 중요하지만, HR 분석도 병행해야 객관적인 접근이 가능하기 때문이다.

　HR기능적 문제가 있음에도 불구하고 HR의 구조적 문제로 치부해버리거나 발생형 문제 해결에만 초점을 맞추고 있는 것은 아닌지도 돌아봐야 한다. 작금과 같은 저성장 및 급격한 환경 변화 시대에서는 탐색형 문제 해결에서 더 나아가 미래의 목표형 문제까지의 해결을 위한 활동이 이루어져야 할 것이다.

　두 번째로 HR기능을 BP_{Business Partner}의 역할로 확장해야 한다.

　세부적인 HR시스템도 중요하지만 조직과의 연동된 HR시스템으로의 업무 확장이 더욱 필요한 시점이다. 경제는 어느 정도 미래 예측이 가능하나 통제는 불가능한 반면, 경영은 미래 예측이 불가능하지만 통제는 가능하다. HR도 경제의 관점에서 HR 데이터에 기반한 정량적 측면에서 미래의 접근이 중요하고, 경영의 관점에서 HR 담당자들이 가지고 있는 직관력과 노하우 등을 통해 HR기능을 수행해야 한다. 즉, HR 관점을 현재에서 미래로 전이해야 하는 시기인 것이다.

　과거 고성장 시기에는 현재 구성원을 유지하고 신규 채용을 통해 양적 증대가 가능했지만, 현재처럼 산업 패러다임이 바뀌고 저성장인 시기에는 전략적 방향성에 따른 인력 재배치 및 직무 역량 레벨업 등이 중요한 사안이 될 수 있다.

　HR 부서는 앞으로 조직행동 관점에서만 HR에 접근할 것이 아니라, 조직화 영역인 조직구조 및 설계까지 이너서클_{inner circle} 위치에서 개입이 되어야 할 것이다. 하지만 무엇보다 가장 중요한 요인은 리더의 리더십이다. 필자도 리더에 의한 조직의 존망 사례를 많이 목도했다. 조직의 이상적인 리더십 구현을 위해서는 우선 조직과 사람을 알아야 하기에 본 도서는 차후 리더십을 깊이 논하기 위한 대서사의 첫 걸음이다.

　본 도서의 차례 구성을 요약하면 다음의 도표와 같다.

조직관리와 HR전략

PART 1. 조직

1장. 조직의 세가지 축
- 조직화
- 조직행동
- 조직문화

2장. 조직진단
- 조직화 및 조직행동 관점 진단과 통합 진단
- 진단에 따른 HR시스템 설계 및 개선

3장. 직무
- 직무 체계 수립 프로세스
- 직무 가치 측정 기법
- 직무 분석

**PART 2.
HR시스템**

4장. 채용과 교육
- 채용 방식과 프로세스
- 조직 교육 체계
- 교육 운영 프로세스

5장. 평가·보상·직급과 승진
- 조직평가와 사람 평가
- 보상 공정성과 수준
- 직급과 승진의 개념

6장. GHR
- 주재원 선정 및 처우
- 해외사업장 HR
- 해외사업장 R&R

1장 '조직의 세 가지 축'에서는 조직의 구성하는 세 가지 축인 조직화, 조직행동, 조직문화에 대해 소개하고 상호 간의 유기적인 관계에 대해 설명하였다.

2장 '조직진단'에서는 조직화, 조직행동 진단 및 조직화와 조직행동 진단을 포함하는 통합 진단에 대한 조직진단 범위 및 프로세스에 대해 설명하였다.

3장 '직무'에서는 조직화와 조직행동을 이루는 기본구조인 직무 및 직무 분석 방법에 대해 설명하였다.

4장 '채용과 교육'에서는 최근 채용 트렌드와 채용 프로세스, 교육체계와 과정 개발, 교육 효과 측정에 대해 설명하였다.

5장 '평가·보상·직급과 승진'에서는 평가제도 설계 프로세스, 보상공정성 및 보상수준, 직급 체계 설계프로세스, 승진 유형 및 승진 심사 기준 등에 대해 설명하였다.

6장 'GHR'에서는 주재원 선정 프로세스 및 처우, 해외사업장 HR 및 역할과 책임에 대해 설명하였다.

조직을 이끄는 원천은 무엇인가? 다양한 요인이 존재하겠지만 그 누구도 부정할 수 없는 가장 주요한 요인은 바로 사람일 것이다. 사람이 가지고 있는 많은 특성 중에서도 리더십이 조직을 이끄는 가장 중요한 원천이라 할 수 있다. 조직 성장에 필요한 여러 자양분으로 잘 설계된 조직구조, 고도화된 제도, 직무역량이 우수한 핵심인재, 막대한 투자금, 뛰어난 기술력 등이 있을 수 있지만 이를 모두 아우르는 핵심 요인은 사람의 리더십이기 때문이다. 그러나 국내의 리더십 접근법은 너무 성공 지향적인 측면에 치우쳐 있어 국내외 유수 조직에서 성공한 리더들을 모델링하는 데만 급급한 것은 아닌지 반문해 볼 필요가 있다. 정작 수많은 조직에서 필요로 하는 리더십은 거창한 성공 모델을 가진 리더십이 아닌, 부서 내, 사람 간 동기부여를 통해 방향을 제시할 수 있는 마이크로 리더십일 수도 있다. 또한 실패 사례를 통해 더 많은 것을 배울 수 있지 않을까? 하지만 조직에서 완벽한 리더십을 발현하기에는 한계가 있어 조직과 HR 담당자들은 이러한 공백을 메꾸기 위해 조직관리와 HR

시스템이 필요하다. 그럼에도 문서화 된 조직관리와 HR시스템도 맹신해서는 안 될 것이다. 문서 역시 작성자의 의도적인 주관적 개입이나 문서의 가공, 포장이 이루어지기 때문이다. 모든 기능의 역할과 직무의 본질, 비즈니스를 정확히 알 수 없기 때문에 조직과 HR담당자는 단지 표준화된 정리 취합과 방향성을 제시하는 역할 이상은 지양할 필요가 있다.

조직은 사람의 리더십이 강력한 동인으로 작용하지만 조직에서 완벽한 리더십이 구동되기에는 한계가 있다. 조직 및 HR담당자는 우리 조직에 적합한 조직 및 HR시스템 설계를 통해 조직성과 창출에 기여해야 할 것이다.

마지막으로 출판 후 1년이 다 되어 가는 시점에도 인적자원관리 분야에서 지속적으로 베스트셀러가 될 수 있게 꾸준한 사랑을 주시는 독자분들에게 감사를 드리며, 본 도서를 매개로 조직과 HR분야에서 상호 협업 할 수 있는 계기가 되기를 기원한다.

정 민 홍

차례

추천사 ｜ 현장이 생생히 담긴 HR 교과서의 출간에 부쳐_백진기	5
서평	8
저자 서문	12

PART 1. 조직

1장. 조직의 세 가지 축

1. 조직화	34
• 조직구조	36
• 조직설계 프로세스	41
STEP 1. 조직의 설립 목적 수립	
STEP 2. 사업 조직구조 고려	
STEP 3. 수평적, 수직적 분화에 따른 설계	
STEP 4. R&R 설정	
2. 조직행동	53
• 조직의 역량 개요	56
• 사람의 역량 체계	61
공통 역량	
직무 역량	
리더십 역량	
• **역량 모델링**	72
역량 모델링의 기본 구조	
역량 도출 및 역량 모델 개발 방법	
고성과자 역량 도출 방법	
3. 조직문화	81
• 조직문화의 안착 방법	85

2장. 조직진단

1. 조직진단 접근법　　　　　　　　　　　　　96
- **조직진단 방법**　　　　　　　　　　　　　98
  설문조사 진단방법
- **조직진단 모형**　　　　　　　　　　　　　104
- **조직진단 프로세스**　　　　　　　　　　　111
  문제 유형 파악
  계획(Plan)
  진단(Do)
  결과(Check)
  실행(Action)

2. 조직진단의 세 가지 관점　　　　　　　　122
- **조직화 관점 진단**　　　　　　　　　　　123
  기능 진단
  조직구조 진단
- **조직행동 관점 진단**　　　　　　　　　　128
  ESI / EOS 진단
  내부고객 만족도(ICSI) 진단
- **통합 진단**　　　　　　　　　　　　　　154
  전략적 적정 인원 관리 진단
- **조직진단에 따른 HR시스템 설계 및 개선**　　175

3장. 직무

1. 직무　　　　　　　　　　　　　　　　　184
- **직무의 범위와 직무 체계**　　　　　　　　186
- **직무 체계 수립 프로세스**　　　　　　　　187
  STEP 1. 수평적 분류 관점에서의 직무 속성 구분
  STEP 2. 수평적 분류 관점의 직무 간 구성 검토
  STEP 3. 수평적 분류 관점의 기능과 사업전략 방향성 검토
  STEP 4. 수평 및 수직적 분류 관점의 성과 책임과 R&R 및 역량 정의

- 직무 체계 기반 HR시스템　　　　　　　　　190
  - 직급과 승진
  - 성과 관리
  - 보상
  - 채용
  - 교육
  - 이동 및 배치

2. 직무 가치 측정 기법　　　　　　　　　197

- Mercer의 IPE (International Position Evaluation)　　198
- Towers Watson의 GGS (Global Grading System)　　201
- Hay의 Guide chart　　　　　　　　　　　　　202
- AHP (Analytic Hierarchy Process)　　　　　　　205

3. 직무 분석　　　　　　　　　　　　　　206

- NCS 기반 직무 분석　　　　　　　　　　　210
  - 직무 정의
  - 능력 단위
  - 능력 단위 요소
  - 수행 준거
  - K·S·A 작성
  - 수준

PART 2. HR시스템

4장. 채용과 교육

1. 채용   228
- **채용 트렌드**   231
  직무 중심의 채용
  블라인드 채용
  A.I 기반 채용
- **채용 방식과 채용 프로세스**   235
- **채용 도구**   239
- **직무 미스매칭**   241
- **면접**   244
  면접의 유형
  면접 평가 측정

2. 교육   256
- **조직 교육**   258
- **조직 교육체계**   261
  경영 이념 및 비전
  조직 방향성 및 전략 과제
  교육 전략
  육성 로드맵
  계층별 교육
  직무별 교육
- **교육 요구분석**   270
  경영 요구
  수행 요구
  개인 요구
- **교육 과정 개발**   277
  ISD 모형
  CBC 모형
- **교육 운영 프로세스**   281

STEP 1. 교육 기획
　　　STEP 2. 강사 섭외 및 교육생 관리
　　　STEP 3. 교보재 및 시설, 교육 기자재 관리
　　　STEP 4. 운영자 준비
　　　STEP 5. 아이스브레이킹
　　　STEP 6. 교육 진행
　　　STEP 7. 교육생 동기부여
　　　STEP 8. 교육 평가 및 결과 보고
　　　STEP 9. 교육 이력 관리
- **교육 효과 측정과 교육 평가 모형** 　　　　　　　　　　　289
　　　Kirkpatrick의 4단계 평가모형
　　　Phillips의 5단계 평가모형
　　　통계 분석
　　　그 밖의 교육 평가 모형

5장. 평가·보상·직급과 승진

1. 평가　　　　　　　　　　　　　　　　　　　　　　　　　310
- **조직평가와 사람 평가**　　　　　　　　　　　　　　　　312
- **조직평가와 사람 평가항목 프레임워크**　　　　　　　　314
- **사람 평가 시스템 설계 프로세스**　　　　　　　　　　　318
　　　STEP 1. 사람 평가 목적 도출
　　　STEP 2. 성과 관리 도구 선정
　　　STEP 3. 업적 및 역량지표 도출
　　　STEP 4. 평가자 단계 및 권한
　　　STEP 5. 상대평가의 방식 선정
　　　STEP 6. 평가결과 조정
　　　STEP 7. 사후 관리

2. 보상　　　　　　　　　　　　　　　　　　　　　　　　　349
- **보상 공정성**　　　　　　　　　　　　　　　　　　　　351
- **보상 수준**　　　　　　　　　　　　　　　　　　　　　354
　　　외부 공정성 관점의 보상
　　　내부 공정성 관점의 보상

내재적 동기부여

3. 직급과 승진　　　　　　　　　　　　　　　　　366
- **직급의 개념**　　　　　　　　　　　　　　　　368
  직급체계 설계 프로세스
- **승진의 개념**　　　　　　　　　　　　　　　　375
  승진의 구분
  승진의 세 가지 유형
  승진 심사 기준
  승진 운영 방식
  승진자 선정 기준

6장. GHR

1. 주재원 선정 및 처우　　　　　　　　　　　　　392
- **주재원 선정**　　　　　　　　　　　　　　　　395
  성향과 자질
  외국어 능력
  리더십(역할)
  폭넓은 직무역량
- **주재원 처우**　　　　　　　　　　　　　　　　400
  세금 및 4대 보험
  주재 수당 및 복리후생

2. 해외사업장 HR 및 역할과 책임(R&R)　　　　　404
- **해외사업장 HR**　　　　　　　　　　　　　　405
  표준화 영역
  부분 표준화 영역
  혼합화 및 현지화 영역
- **본사와 해외사업장의 R&R**　　　　　　　　　413

참고문헌　　　　　　　　　　　　　　　　　　418

PART 1
조직

1장

조직의 세 가지 축

2장

조직진단

3장

직무

1장
조직의 세 가지 축

0. 들어가며

인간은 본질적으로 혼자서 생존할 수 없기 때문에 다른 사람들과 어울리며 다수의 조직에 속해 살아간다. 예전의 조직은 지역사회에 국한된 모임이었다면, 현대사회에서는 국가를 넘어선 차원의 조직에도 속해있게 되었다. 특히 온라인 매체를 통해서 다양한 모임에 가입할 수 있는 환경이 되면서, 사람들은 미시적 조직뿐만 아니라 거시적 조직에도 소속되게 이르렀다.

일반적으로 조직은 '개개인의 요소가 일정한 규율과 원칙에 따라 질서를 유지하면서 결합하여 일체적인 것을 이루고 있는 형태'로 정의된다. 일체적인 것을 이룬다는 말은 특정한 목적을 달성하려는 의도가 있음을 의미하며, 조직은 그 목적을 달성하기 위해 내부의 구성원에게 역할을 부여하게 된다.

Etzioni, Amitai. (1964)는 조직의 유형을 복종 관계와 관여도에 따라 강제적 조직, 규범적 조직, 공리적 조직 등으로 분류하였다.[1] 조직의 세 가지 유형은 모두 조직으로서의 형태를 갖추고 있지만, 조직을 경영하는 데는 서로 다른 접근 방식을 가지고 있으며, 각 조직 구성의 특성에 맞는 최적화된 운영 방식을 갖는다.

조직의 세 가지 유형과 예시		
강제적 조직	규범적 조직	공리적 조직
징병제의 군대 및 교도소 등	학교, 정당, 교회 등	기업 및 노동조합 등

【도표1】

강제적 조직은 군대 및 교도소와 같이 물리적 강제력을 통제 수단으로 하여 그 기능을 수행하는 조직이다. 규범적 조직은 신망, 사명 따위의 규범적 수단을 근간으로 삼는 규범적 권한과 도덕적 관여가 중요한 조직으로 학교나 종교 단체 등이 해당한다. 마지막으로 일반적인 조직이란 영리적 목적을 추구하여 조직 경영이 중요한 기업, 노동조합과 같은 공리적 조직이 있다.

조직 경영에 있어 강제적 조직과 규범적 조직은 유사한 형태의 비전을 갖고 있으며 단순한 과정의 조직 경영 방식을 갖는다. 그러나 공리적 조직은 조직의 특성, 성격, 방향 등에 따라 조직 경영 과정이 다양하며, 대부분은 인사관리의 측면에서 심도 있게 접근해야 한다. 세 가지 유형의 조직 모두 달성하려는 목적이 있다는 점에서 유사하지만, 이 중 우리가 관심 있게 볼 형태의 조직은 바로 공리적 조직이다.

공리적 조직은 크게 조직화, 조직행동, 조직문화의 세 가지로 구분하여 생각할 수 있다.

조직화란 기업의 구조적인 형태로써 체계 및 시스템이며, 가시적인 요소를 의미한다. 여기에는 조직 내의 구조적인 관계, 구성원의 유기적 관계, 역할과 책임 R&R, Role & Responsibility, 조직활동의 관리 체계 등이 망라되어 있다.

조직행동이란 조직 구성원이 조직 내부에서의 활동을 의미하는 비가시적 요소이다. 조직구조를 운영하는 구성원의 리더십, 동기부여, 신뢰, 커뮤니케이션과 같은 사람의 행동적 요소가 포함된다.

마지막 요소는 조직화와 조직행동의 상호 작용 및 영향으로 표출되는 조직문화다. 지금까지는 조직문화를 조직 내 구성원들에 의해 형성되는 것으로만 국한하여 생각해 왔다. 그러나 실무적으로 조직문화를 변화시키기 위해서는 조직행동뿐만 아니라 조직화까지 함께 변화되어야 진정한 조직문화의 개선을 기대할 수 있다.

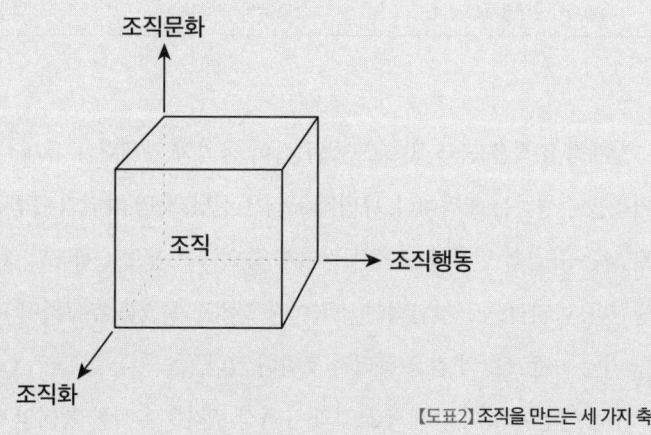

【도표2】조직을 만드는 세 가지 축

　인사관리에 대해 처음 접하는 사람이든 혹은 경력을 가진 사람이든 상관없이, 조직은 이렇게 세 가지 관점으로 구분하여 생각해야 한다. 사람이라는 나무를 보기 전에 조직이라는 숲을 먼저 바라보아야 하며, 각각의 축이 어떤 유기적인 관계가 있는지를 판단하고 있어야 올바른 HR 제도를 정립할 수 있다. 또한 조직이 기대하는 성과가 목표한 만큼 나오지 않는 원인을 조직화와 조직행동, 그리고 조직문화로 구분해서 생각한다면 좋은 지침이 될 것이다.

　예를 들어, 빠른 의사결정을 위한 조직구조를 만들었지만, 의사결정 장애가 발생하거나 내외부 환경에 대해 느리게 대응하고 있다면, 조직구조적 문제뿐만 아니라 구성원의 행동적인 문제를 검토해 봐야 한다. 즉, 조직의 목표를 달성하기 위해서는 구성원의 책임과 권한, 통제, 역할, 의사결정 등에 해당하는 조직구조적 상황과 함께 리더십, 신뢰, 의사소통 등과 같은 조직행동적 요소에도 관심을 가져야 한다.

　실무에서는 조직 경영을 위한 조직화가 잘 수립되었다 하더라도 목표한 대로 구동이 잘 되지 않는 사례를 볼 수 있다. 예를 들어, 민첩한agile 조직으로 변화하기 위해 이에 맞게 조직화하여 의사결정 단계, 통제 및 관리의 범위를 최소화하였더라도 조직화가 목적한 대로 구동이 되지 않는 경우가 있다. 보통은 조직행동으로부터 비롯된 경우가 많은데, 조직경영을 위한 조직화를 효율적으로 운영하고 관리하는 주체가 사람이기 때문이다. 즉, 조직 효과성을 높이기 위해서는 서로 밀접하게 연관된 조직행동과 조직화와의 상관관계 및 영향 관계를 규명할 필요가 있다.

조직화와 조직행동의 상호 작용 및 영향으로 표출되는 것이 조직문화이다. 다수의 연구자 및 선행 연구에서는 조직문화를 '한 조직 내의 구성원들 대다수가 공통으로 가지고 있는 신념·가치관·인지·행위규범·행동 양식 등'으로 정의하고 있는데, 이는 조직행동의 관점에 많이 치우쳐 있다. 조직문화는 조직화와 조직행동을 모두 포함하여 정의되어야 한다. 조직화와 조직행동이 동시에 변하지 않는다면 조직문화를 변화시킬 수 없기 때문이다.

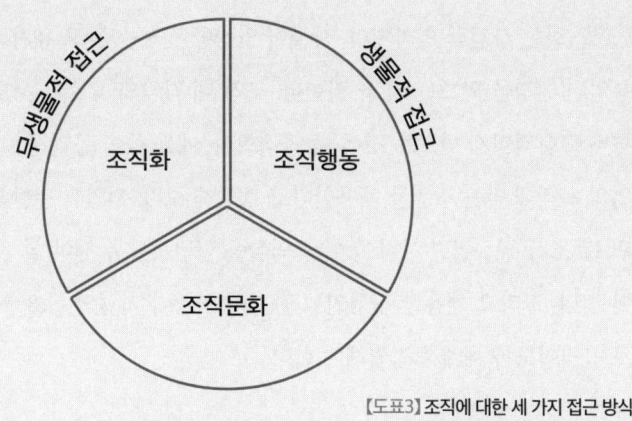

[도표3] 조직에 대한 세 가지 접근 방식

1. 조직화

조직화는 사전적 의미에서 '사물이 일정한 질서를 갖고 유기적인 활동을 하도록 통일된 환경을 만드는 것'을 말한다. 조직 내 각각의 요소가 서로 연계되어 일관된 형태로 움직이게 만드는 것이 곧 조직화다. 예를 들어 공리적 조직인 기업이 그 사업의 목적에 맞는 직원을 채용한다고 생각해 보자. 기업이 원활히 운영되도록 하려면 그 조직에는 어떤 사람이 어느 역할을 담당하도록 해야 할 것인지 미리 고려해야 한다. 그리고 채용한 구성원들 각자의 역할이 기업의 목표를 위해 일관된 형태로 움직이도록 체계를 정립해야 한다.

조직 구성원들의 역할이 유기적으로 연계되도록 하려면 우선 조직 내 부서 또는 기능 간의 관계와 위치가 명확해야 한다. 어떤 부서 또는 기능이 어느 임무를 수행하고 있으며, 또 다른 부서 또는 기능과 어떤 관계가 있어야 하는지 구체화 되어 있어야 한다. 또한 각각의 부서와 기능이 수평적 위치로 설정되어야 하는지 또는 수직적 위치로 설정되어야 하는지 등에 대한 검토가 필요하다.

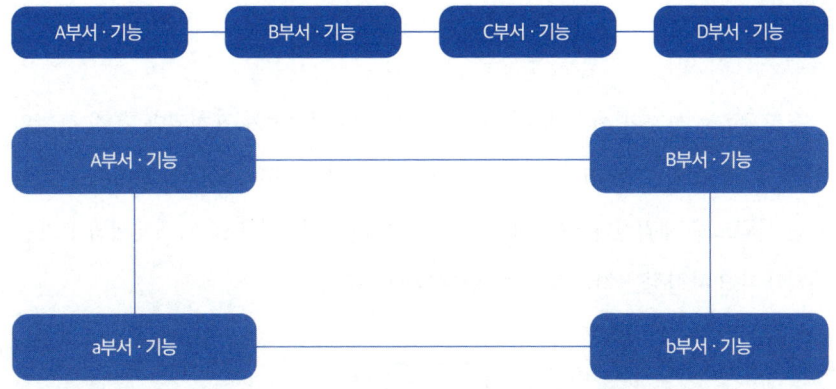

【도표4】 수평적 위치(위) 및 수직적 위치(아래)의 부서와 기능 배치

이렇게 선과 상자를 이용해 조직의 부서 및 기능이 수직적 혹은 수평적으로 연결된 형태를 보여주는 것이 '조직구조'의 기초가 되며, 이는 조직 내의 구조적 관계, 구성원의 유기적 관계, 역할과 책임R&R, 조직 활동의 관리 체계 등을 망라한다.

조직의 구조적인 측면은 '조직화'로 표현하며 이는 내부 구성 요소들의 유기적인 관계를 설계하여 구성하는 일이다. 그러나 조직도를 그린다고 해서 모든 것이 원활하게 구성되지는 않는다. 그렇기에 조직의 각 요소를 유기적으로 연계하여 운영되도록 만드는 조직화 작업에 앞서 조직설계가 필요하다.

【도표5】

조직설계는 조직의 방향성 및 전략적 방향성의 목적에 따라 바람직한 구조와 운영 체계로 바꾸는 과정을 의미한다. 현재 조직이 문제가 있거나 더 나은 방향으로 발전하기 위해 조직설계를 진행하는 것이다. 조직구조는 조직설계가 선행된 후에 만들어질 수 있다.

조직구조

조직구조는 상자와 선으로 구성되는 '조직도'로 간단하게 표현된다. 조직 구성원의 책임, 역할, 역량에 따라 직급 및 직책이 설정되면서 조직도 안의 상자에는 그에 맞는 사람으로 채워진다. 여기에서 상자와 상자를 잇는 선은 조직 내에서의 관계를 나타내며 의사결정을 하는 범위 및 단계를 보여준다.

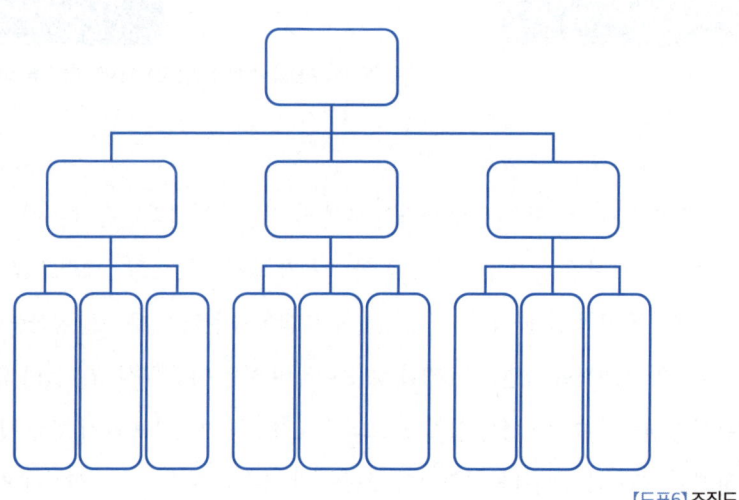

【도표6】조직도

상자와 선으로 이루어진 조직도를 자세히 살펴보면 상자들은 수평적 관계뿐만 아니라 수직적 관계로도 배치되어 있어 이 형태를 바탕으로 조직구조의 요소를 크게 수평적 분화와 수직적 분화로 구분할 수 있다.

수평적 분화는 가로축에 해당하는 것으로 직무 및 기능의 차이, 수평 관점의 업무 및 책임과 역할의 범위 등을 나타낸다. 예를 들어 인사팀, 홍보팀과 같이 서로의 직무 및 책임 범위가 다른 경우 수평적 분화에 해당한다.

수직적 분화는 세로축으로 직무 및 기능의 단계별 수준, 수직적 관점의 업무 및 책임과 역할의 범위 등을 나타낸다. 수직적 관점에서는 구성인원의 직급 또는 직책에 따르는 업무 및 책임과 역할의 범위, 수직 체계에 의한 보고체계 등의 전결 규정이 내포되어 있다. 특정 부서 안에서 팀장과 팀원 같은 직책 또는 조직 내 대리와 사원 같은 직급을 수직적 분화의 예로 들 수 있다.

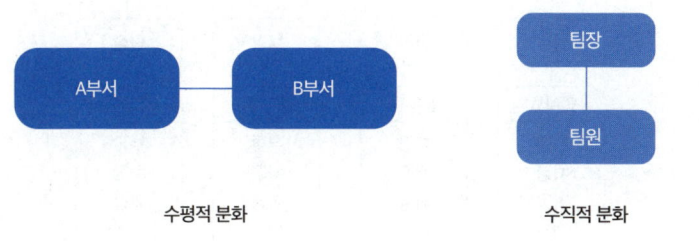

【도표7】

조직구조에서 개별 상자에 해당하는 개인이 그룹으로 모여 부서를 이루면서 업무 및 책임, 역할, 통제 범위와 부서의 위치와 부서 내 개인의 위치 등을 나타낼 수 있다. 상자를 잇는 선은 보고체계 및 의사소통 등을 나타내는데, 수평적 분화 및 수직적 분화에 따르는 조직구조 요소는 다음과 같이 크게 4가지로 구분한다.

> (1) 조직 내의 부서와 개인에 대한 업무 할당 및 책임 분담
> (2) 조직의 계층 수와 관리자의 통제 범위 등을 포함한 공식적인 보고체계
> (3) 조직 전체 측면에서 부서의 위치와 부서 내 개인의 배치
> (4) 조직 내에서의 효과적인 의사소통, 조정, 그리고 통합의 정도

다음의 조직도를 살펴보자. <도표8>과 같이 수직적 측면에서 팀장, 담당, 본부, 대표이사로 4단계의 공식적인 보고체계 계층을 구분한다. 그리고 경영지원 본부에는 수평적 측면에서의 지원 담당 및 재무 담당이 있으며, 그 하부 부서로 인사, 총무, 회계, 자금팀이 통제 범위에 있다.

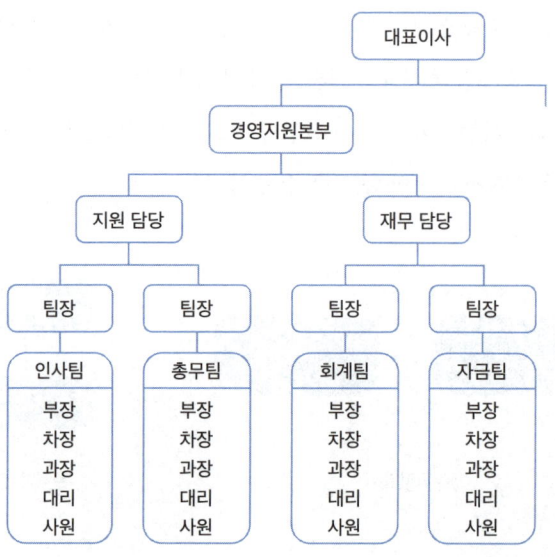

[도표8] 조직도에 따른 조직구조 요소

    수평적 측면에서 경영지원 본부는 맨 앞에 위치하는데, 보통 지원 부서는 앞으로 배치하고 생산, R&D, 영업, 품질 등과 같은 직접 부서는 조직 내 중요도 및 규모와 직책자의 역할에 따라 지원 부서 오른쪽에 차례대로 배치한다. 그리고 부서 내 전략적 방향성 및 업무에 대한 숙련도에 따라 적합한 직급 및 역할 인원을 산정해야 한다.

    조직설계를 할 때는 의사소통이나 조정 및 통합 등의 사항을 바탕으로 수직적 측면에서의 계층 및 직급, 역할 단계를 고려하고, 수평적 측면에서 직군, 직렬, 직무에 따른 업무를 고려하여 통제 및 관리 범위, 본부나 담당의 수 등을 고려해야 한다. 예를 들어, 빠른 의사결정을 위해서 담당이나 본부를 없애서 공식 보고 단계를 2~3단계로 축소하거나 반대로 좀 더 세밀한 관리 및 통제를 위해서 업무를 세세히 쪼개는 등의 변화가 필요하다.

    조직 내 구성요소를 수평적 혹은 수직적인 관계로 구성하였다면, 각자가 유기적으로 연계되어 일관된 형태로 움직이도록 하기 위해 규칙과 규범이 필요하다. 규칙과 규범은 부서 또는 기능이 어떤 역할과 책임을 갖고 있는가에 대해 명확히 하여 조직경영 수행에 도움을 준다.

이렇게 수평적 분화와 수직적 분화를 통해 조직구조 형태를 만들게 되는데, 대표적인 조직구조의 형태로는 단순조직, 관료조직, 사업부제 조직, 애드호크라시 adhocracy 등이 있다.

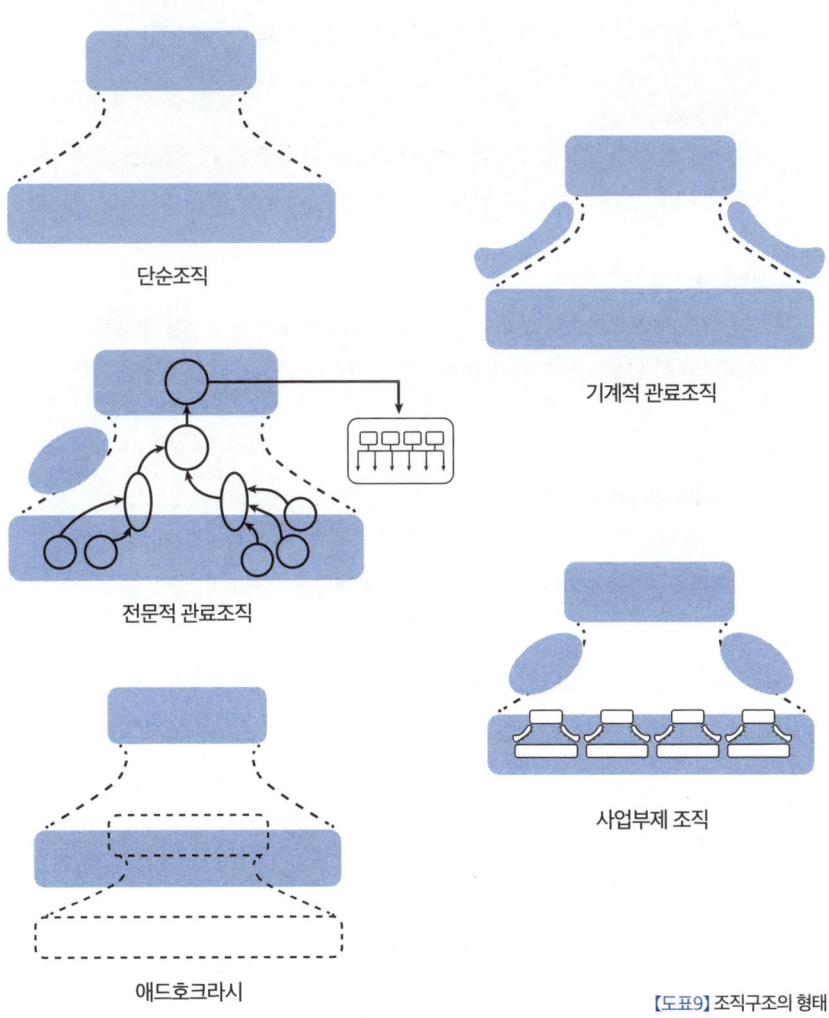

【도표9】 조직구조의 형태

단순조직

낮은 수준의 복잡성과 가장 높은 수준의 공식화 및 집권화(통제 범위) 수준을 가지며 국내의 일반적인 조직들의 구조 형태이다.

기계적 관료조직

수직적 분화, 공식화 및 집권화 수준이 높고 엄격한 규율과 규칙을 통해 운영되지만, 전문화된 부서 간의 갈등이 발생할 수 있고 유연성이 부족하다.

전문적 관료조직

수평적 분화 수준이 높고 전문가 집단의 규율과 규칙에 입각한 표준화를 가지고 있지만, 전문가 집단과의 갈등을 유발한다.

사업부제 조직

사업 단위가 수평적으로 분화되어 각 사업 부문이 독립적 기능을 수행하기에 사업별 특성에 따른 신속 대응이 쉽지만, 자원의 중복에 대한 부담이 있을 수 있다.

애드호크라시(adhocracy)

높은 수준의 수평적 분화 및 낮은 수준의 수직적 분화, 공식화와 분권화를 가지고 있으며, 다양한 임시 위원회와 임시적 특별팀을 운영하고 있다.

조직구조가 서로 다른 형태인 이유는 조직의 전략적 방향성, 조직 효과성, 조직성과에 따라 그에 적합한 구조가 있기 때문이다. 그러므로 조직을 설계할 때는 조직이 나아가고자 하는 방향성, 조직성과의 결과, 조직 효과성의 진단을 이용해 이상적인 조직구조를 구상해야 한다. 나아가 조직의 현재, 상황 및 미래 방향에 따라 적합한 조직구조 형태를 가져야 할 것이다.

조직설계 프로세스

조직구조는 조직설계를 통해 도출되는데, 새롭게 만들어지는 조직일 경우 조직이 어떤 목적과 비전을 갖고 있는지, 전략적 방향성은 무엇인지를 바탕으로 조직설계를 수행해야 한다. 만약 이미 설립되어 있는 조직이라면 조직이 목적에 맞게 운영되고 있는지 또는 조직의 효과성이나 성과가 기대만큼 도출되지 않는지를 판단하고 조직 재설계를 수행하게 된다.

조직설계를 할 때에는 일반적으로 다음과 같은 접근 방식으로 진행한다.

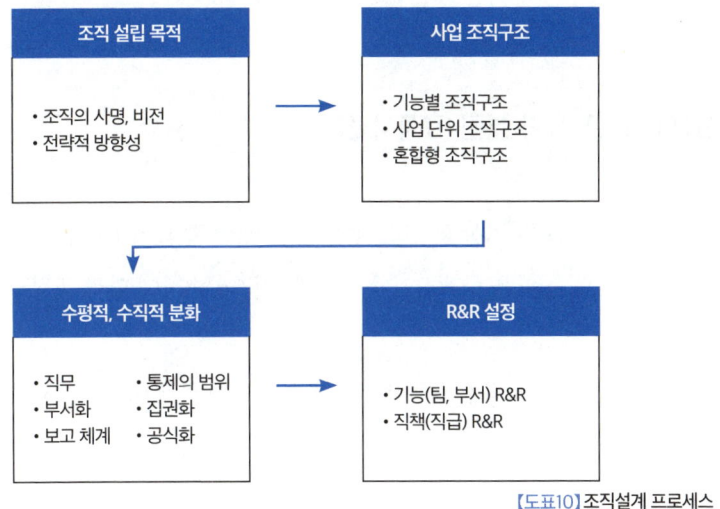

【도표10】 조직설계 프로세스

> **STEP 1. 조직의 설립 목적 수립**
> 조직 설립 목적과 더불어 조직의 비전, 전략적 방향성이 부합해야 한다.
>
> **STEP 2. 사업 조직구조 고려**
> 사업 조직구조를 기능별로 할 것인지, 사업 단위로 할 것인지, 기능과 사업

단위의 혼합형으로 갈 것인지에 대해 결정해야 한다.

STEP 3. 수평적, 수직적 분화에 따른 설계
상자와 선을 수평적, 수직적 분화에 따라 설계를 진행하는데, 직무job, 부서화departmentalization, 보고체계reporting line, 통제의 범위span of control, 집권화centralization, 공식화formalization를 고려하여 설계를 진행한다.

STEP 4. R&R 설정
도출된 각각의 상자를 묶어주는 작업을 하고 상자에 적합한 R&R을 설정한다. 상자에는 개별 사람의 이름을 넣고 해당하는 직책 및 직급과 관련된 R&R을 수립한다. 그리고 이 상자들을 묶어 팀 또는 부서의 기능에 따른 R&R을 수립한다.

STEP 1. 조직의 설립 목적 수립

신규 조직은 조직의 사명, 비전, 전략에 맞게 밑그림을 그려야 하며, 기존 조직은 조직진단에서 나온 문제점이나 비전과 전략의 변화에 따라 조직 재설계를 진행한다.

예를 들어, 신규 조직을 설립하면서 매출 목표를 환경친화적인 A제품의 3년 내 국내 시장 점유율 10% 달성을 목표로 잡았다고 생각해 보자. 그리고 1년에서 3년까지 연간 시장 점유율 달성을 위한 1년 내 5%, 2년 내 7%, 3년 내 10% 등과 같이 단기 목표를 세부적으로 수립하였다. 이 목표를 달성하기 위해 기업 내 조직은 시장 점유율을 위한 국내 영업 역량 강화 및 마케팅 전략이 수반되어야 할 것이고, 긍정적인 브랜드 이미지 확산을 위한 홍보 강화 전략 등을 고려해야 한다. 조직설계를 할 때는 이와 같은 조직 매출 목표에 부합하기 위해 국내 영업, 마케팅 및 홍보 기능에 중점을 두어야 할 것이다.

기존 조직의 경우 이미 조직구조가 마련되어 있기 때문에 조직구조 개선을 위한 조직 재설계를 진행하게 된다. 조직 재설계는 경영진의 매년 혹은 중장기 전략에 따른 전략적 방향성이나 조직진단의 결과에 따라 진행된다. 예를 들어, 최고 경영진의 비전 및 전략이 신사업에 주력하는 것이라면 그 목적에 중점을 두고 설계하여야 한다. 그렇기에 조직을 진단한 결과에 따라 우선순위 및 개선 범위 및 실행 방안 등을 고려하여 부분 재설계나 전체 재설계 등의 의사결정이 필요하다. 만일 자사의 주력 B제품이 고객의 수요에 비해 공급이 부족하여 매출을 진단해보니 자사 내부 조직의 신속하지 못한 의사결정이 원인으로 나타났다면, 의사결정 프로세스 개선을 위해 수직적 분화 측면에서 의사결정, 보고체계의 선의 숫자를 개선하는 조직 부분 재설계를 시행해야 한다.

STEP 2. 사업 조직구조 고려

다음으로, 조직설계 시 조직구조에 대한 기능 및 사업 조직 구성을 고려해야 한다. 사업 조직을 기능별로 할 것인지, 아니면 고객·지역·제품 등과 같은 사업 단위별로 할 것인지를 고려하여 기능과 사업 단위의 혼합화 중 적합한 조직구성을 결정하는 과정이다.

사업 조직에서 기능이란 직군이나 직렬, 직무에 따라 기능별로 수평적 분화를 하는 것이다. 이를 통해 최종 소비자end user를 대상으로 제품이나 상품에 대해 기능별로 유기적 대응을 하는데, 가치 사슬value chain에 의해 기능 간에 밀접하게 연관되어 있다. 예로 A, B, C의 세 가지 상품을 고객에게 판매할 때, 공통적인 수평적 분화로 구성된 기능인 생산, 개발, 품질, 영업 기능이 유기적으로 상호 연결되고 관리, 기획, 재무 기능이 이를 지원하는 것이다.

기능별 사업 조직

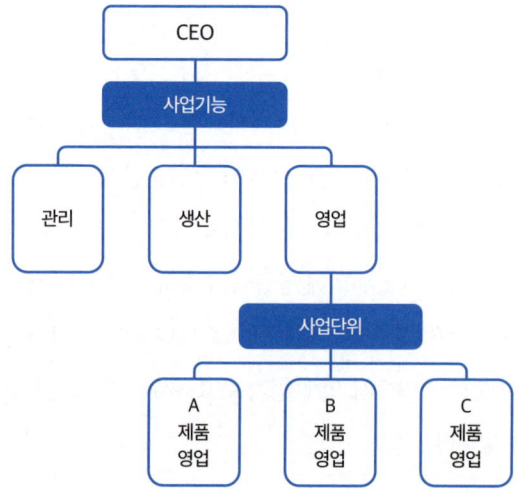

【도표11】

기능별 사업 조직은 비즈니스의 환경적인 불확실성이 낮고 안정적인 상황에서 유리하므로, 국내외 환경 변화에 크게 영향을 받지 않는 전통 제조업 중 B2B 비즈니스를 하는 중간 이하 규모의 조직에 적합하다. 또한, 사업 조직 기능별 조직의 성과목표는 기능 간 협업을 통한 내적 효율성을 중요시한다. 기능상 규모의 경제를 이룰 수 있고 다품종 소량 생산이나 소품종 소량 생산을 하는 조직에 적합하다. 하지만 환경 변화 대응이 늦고 성과 책임이 불분명하여 구성원 동기부여 차원에서 문제가 발생할 수 있을 뿐만 아니라 무임 승차하는 프리라이더free-rider의 발생 비율이 높아질 수 있다. 무엇보다 기능 간 협업이 잘될 때는 별문제가 없지만, 그렇지 않을 때는 기능과 부서 간 이기주의silo effect가 큰 위험 요소가 될 수 있다.

기능별 조직을 위해서는 내부 부서 간의 협업을 강화해야 하고 경영진의 각 기능에 대한 이해의 폭이 넓어야 한다. 더하여, 핵심 인재 유출을 방지하기 위한 내부 구성원의 수용성을 바탕으로 합리적인 보상 체계를 유지해야 한다.

사업 단위별 사업 조직

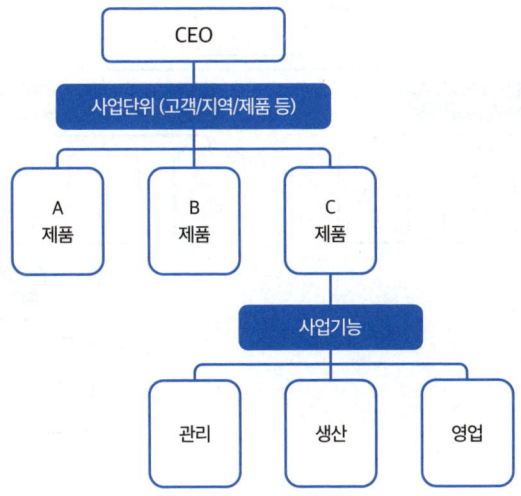

【도표12】

반면에 사업 단위에 따른 사업 조직은 제품이나 상품별로 수평적 분화를 한다. A, B, C의 상품이 있다면 각각의 상품에 따른 사업부가 독립적으로 존재한다. 그리고 사업부마다 생산, 개발, 품질, 영업, 관리, 기획, 재무 기능 등이 각각 배치된다.

사업 단위별 조직은 비즈니스 환경적 관점에서 국내외 환경 변화에 영향을 받는 편이기에 환경적 불확실성이 다소 높은 조직에 적합하다. 제품에 따른 사업부 운영에 따라 고객 만족, 시장 점유율 등에도 영향을 받기 때문에 제품 규모가 큰 조직에 적합하며, 각 상품이나 제품에 따라 단일 기업 또는 기업 내 경영 단위가 자기의 수지에 의해 단독으로 사업을 성립시킬 수 있도록 하는 경영 관리 제도인 독립채산제(獨立採算制) 방식으로 운영되므로 제품별 책임 경영이 가능하다는 장점이 있다.

하지만 사업부별 기능의 중복으로 인해 비용이 늘어날 수 있고, 사업부별 통합 및 표준화에 어려움이 있다. 사업 단위별 조직에서는 사업부 간의 지나친 경쟁을 막기 위해 우수 사례 등의 공유 및 프로세스 표준화를 통해 시너지 효과를 극대화해야 한다.

혼합화 사업 조직

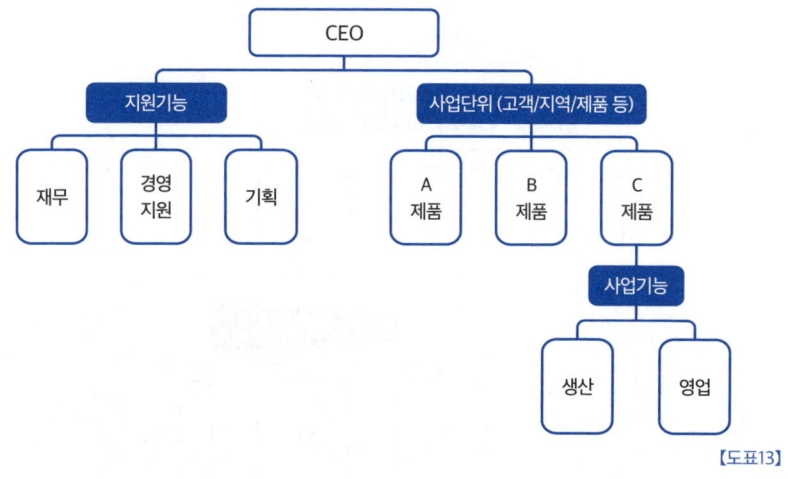

【도표13】

　혼합화 사업 조직은 기능별 사업 조직과 사업 단위별 사업 조직을 혼합한 형태로, 일반적으로 직접 부서는 사업 단위별, 지원 부서는 기능별 사업 조직 형태를 가지고 있는 것을 말한다. 직접 부서는 A상품, B상품, C상품으로 수평적 분화를 하고, 각 상품에 따른 사업부 아래에 직접 부서 기능은 가지고 있지만 지원 기능은 통합 관리하는 형태이다. 사업 단위별로 성과 책임을 분명히 하지만, 지원 기능의 일관된 관리 프로세스나 규정을 통해 조직의 비대화를 방지한다.

　혼합화 조직은 중간 규모의 조직에서 제일 적합하다. 사업부 간 성과 책임을 분명히 하되 비즈니스 성과와 직접적 연관이 없는 지원 기능은 통합 운영을 통해 조직 효율성을 극대화할 수 있다. 하지만 지원 기능과 사업본부 간의 갈등이 유발될 수 있고 지원 기능의 전문성이 부족하면 조직 효율성의 장점이 퇴색될 수 있다.

　혼합화 조직에서 지원 기능은 각 사업본부가 최대한 수용할 수 있는 합리적인 제도와 정책 등을 기획 및 운영해야 하고, 전문성을 통해 조직성과 요인 등을 파악하여 성과 창출에 기여해야 한다. 이때 정확한 조직 현상 분석을 통해 성장에 적합한 상·하위 조직 모델을 고려하는 것이 필요하다.

STEP 3. 수평적, 수직적 분화에 따른 설계

조직설계의 세 번째 단계는 수평적, 수직적 분화에 따라 상자와 선을 그리며 설계를 진행하는 것이다. 이때 직무, 부서화, 보고체계, 통제의 범위, 집권화, 공식화의 6가지 요소를 고려해야 한다.

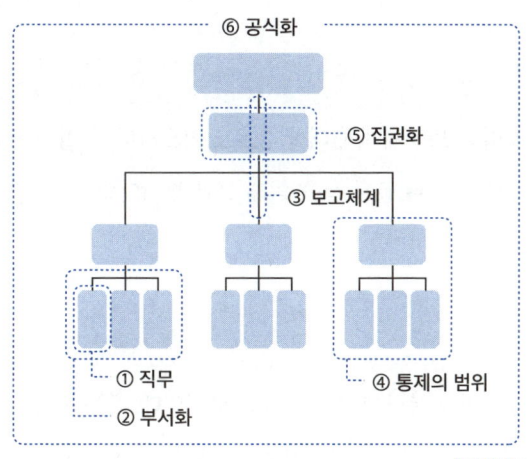

【도표14】조직설계 시 고려 사항

직무Job

직무는 수평적 분화에 따라 1명이 수행 가능한 유사한 역량, 지식, 기술이 요구되는 과업의 단위인데, 조직의 규모에 맞게끔 설정하여야 한다. 규모가 있는 조직이라면 인사, 교육, 노무 직무 등으로 구분할 수 있고, 더욱 큰 조직이라면 인사 기획, 인사 운영 등으로 더욱 세분화하여 직무를 구분할 수 있다. 그러나 작은 규모의 조직은 인사, 노무, 교육을 'HR 직무'로 더욱 작은 조직은 총무, 안전, 환경 등을 합쳐 '관리 직무'로 설정해야 한다.

1장. 조직의 세 가지 축　47

부서화 Departmentalization

　부서화는 수평적 분화에 포함되는데, 직무 단위에 따라 단순히 부서화한다면 너무 많은 부서가 생기게 된다. 그러므로 직무의 유사성 및 리더의 역량 등에 따라 직무를 적절하게 그룹으로 만드는 작업이 필요하다. 예를 들어 환경, 안전, 보건, 소방 등이 서로 유기적으로 연결되어 있고 직무의 목적성이 유사하다면 이들을 묶어 부서화하는 작업이 필요하다.

보고체계 Reporting line

　수직적 분화에 따라 보고체계에 대한 검토도 필요하다. 민첩한 조직을 위해 보고체계를 단순화하거나, 업무 공유 등을 위해 유관 부서와의 협조, 합의하는 등 보고체계에 대한 검토가 필요하다.

통제의 범위 Span of control

　통제의 범위는 수직적 분화에 따른 관리의 범위인데, 이는 사람에 한정되어 있다. 즉, 리더가 통제하는 구성원의 숫자를 말한다. 통제의 범위를 너무 세세하게 설정하면 관리자나 리더와 같은 직책자의 수가 방대해질 수 있고, 광대한 통제의 범위는 느린 의사결정 및 관리 미흡의 문제가 생긴다.

집권화 Centralization

　집권화는 수평적·수직적 분화를 모두 고려한 의사결정의 집중화 정도를 말하는데, 집권화가 소수에게 집중되어 있다면 빠른 의사결정이 가능하고 성과에 대한 책임과 역할이 분명해지는 반면, 독단적인 의사결정과 사내 정치가 발현되기 쉽다. 반대로 집권화가 다수에게 분산되어 있다면 수평적인 조직 구현이 가능하고 업무 및 직무 전문성에 따른 권한위임이 잘 구동될 수 있지만 의사결정의 혼재, 조직 응집력 저하 등이 발생할 수 있다. 그러므로 조직의 특성 및 방향성에 따른 설계가 중요하다.

공식화 Formalization

문서화 등을 통해 수평적·수직적 설계로 도출된 직무의 정의, 부서화, 보고체계, 통제의 범위, 집권화 등을 공식화해 놓은 것을 말한다. 특히, 전결 규정이나 의사결정의 범위 및 R&R, 주로 재무적 관점의 영향력 등의 내용을 포함한다. 부서 및 기능 간의 R&R 및 의사결정 미비로 부서 간 이기주의 및 협업에 문제가 발생할 수 있기 때문이다.

STEP 4. R&R 설정

조직설계의 마지막 단계는 도출된 상자를 그룹별로 묶고 상자에 적합한 R&R Role & responsibility을 설정하는 것이다. R&R 설정은 크게 수평적 측면에서 업무의 범위를, 수직적 측면에서 업무의 숙련도와 난이도를 고려하여 작성해야 한다.

그다음으로 수평적 측면으로 R&R을 나눌 때는 부서, 팀과 같은 조직별로 묶어 '수평적 R&R'로 구분한다.

수직적 측면으로 R&R을 나눌 때는 직책, 직급, 통제의 범위, 의사결정 범위와 같은 중요도와 난이도에 따라 '수직적 R&R'로 분류한다. 이렇게 조직 R&R을 우선적으로 설정한 다음에 비로소 적합한 사람을 선정하도록 한다.

수평적 R&R

규모가 큰 조직에서는 먼저 비전 및 전략 방향성 Goal & Vision에 따라 조직을 묶고, 그 다음 기능, 부서, 팀에 따라 단위 조직을 나눈 다음, 최종적으로는 구체적인 조직의 방향성에 따라 나눈다.

HR 팀 역할(Role) 조직성과 창출 및 조직 효과성 향상을 위한 내부 구성원 역량 증대 및 조직 전략 방향성에 적합한 조직 스태핑(staffing) 전략 추구.
- 비전 및 전략 일방향(alignment)을 위한 자회사·해외법인 인사 체계 및 제도 방향성 일치화.
- 직무 역량위주의 직무 역량 고도화 및 자회사·해외법인 직무 표준화를 위한 Level up.

Goal & Vision
- 조직성과 창출을 위한 비즈니스 파트너 역할
  - 전략적 구성원 관리
  - 사람 관점의 조직성과 및 조직 효과성 관리
- 구성원 역량 강화
  - 구성원 역량 향상
  - 구성원 직무 만족 및 조직몰입 향상

Performance
- 사람 기반 조직성과 창출
  - 효과적인 성과 관리 제도 기획/운영
  - 전략적 스태핑(Staffing)
  - 구성원 역량 강화
- 조직성과/조직 효과성 진단
  - 조직성과 진단 및 개선 (정량적 접근)
  - 조직 효과성 진단 및 개선 (정성적 접근)
- 조직성과 관점 HR 체계(제도)
  - 조직성과 관점 HR 체계 수립
  - 조직성과 관점 HR 제도 수립

Task
- 사람과 성과 상관관계
  - HR관점 성과 요인 관리 및 개선
  - 구성원 역량 증대를 위한 CDP 및 육성체계 수립 및 운영
  - 조직 방향성 및 전략에 따른 적합한 인력 배치 및 조정
- 사람 중심 조직성과 및 효과성
  - 성과 결과에 따른 부서별, 개인별 코칭 및 피드백
  - 무형 요인 중심의 조작 효과성 진단 및 개선방안 도출
- HR 체계, 제도 수립/운영
  - HR backbone(직무 역량) 체계 수립
  - HR package (채용, 승진, 평가, 보상, 직급, 이동, 육성 등) 제도 수립 및 운영

【도표15】 수평적 R&R 예시

직책 R&R

직책의 R&R은 CEO의 R&R로부터 본부, 담당 팀장 같이 각 직책별 역할에 따른 R&R을 설정해야 한다. 이때 조직 전반의 규모를 고려해야 하는데, 구성원의 수, 업무의 양, 질과 더불어 의사결정을 포함한 영향력 측면을 생각해야 할 것이다.

만약 단순히 구성원의 수로 조직 R&R을 설정한다면 지나치게 협소한 R&R이 도출될 수 있다. 예를 들어, 구성원이 1,000명이 넘는 조직이 팀장, 실장, 담당, 본부장, 대표이사 등으로 조직도를 세분화하였는데, 구성원 대부분의 업무가 같은 제품에 대한 유사한 프로세스라면 팀장, 실장, 담당, 본부장, 대표이사의 수직적 분화에

따른 R&R은 서로 유사해져 오히려 의사결정 장애 및 업무 혼란을 야기할 수 있다.

따라서 수평적 기능 분화에 따라 구성원의 수와 더불어 다양한 기능 등이 혼재해 있다면 CEO 직책 외에도 CFO(Chief Financial Officer), COO(Chief Operating Officer), CISO(Chief Information Security Officer), CSO(Chief Strategy Officer), CHRO(Chief HR Officer), CIO(Chief Information Officer), CTO(Chief Technology Officer) 등으로 업무의 특성 및 조직의 방향성에 맞게 설정하면 된다.

반대로, 구성원의 수가 소수더라도 업무의 양과 질, 의사결정 및 영향력 등에 따라 세분화가 가능하다. 예를 들어 인원이 작은 조직이라 할지라도 매출 규모가 큰 IT나 플랫폼 업종, 또는 매출 규모는 작지만 R&D(Research and Development) 기능이 중요한 바이오 업종 등은 CEO 직책 밑에 CFO, CTO, CSO 등의 직책을 세분화하여 기능별 책임 형태로 조직설계를 할 필요가 있다.

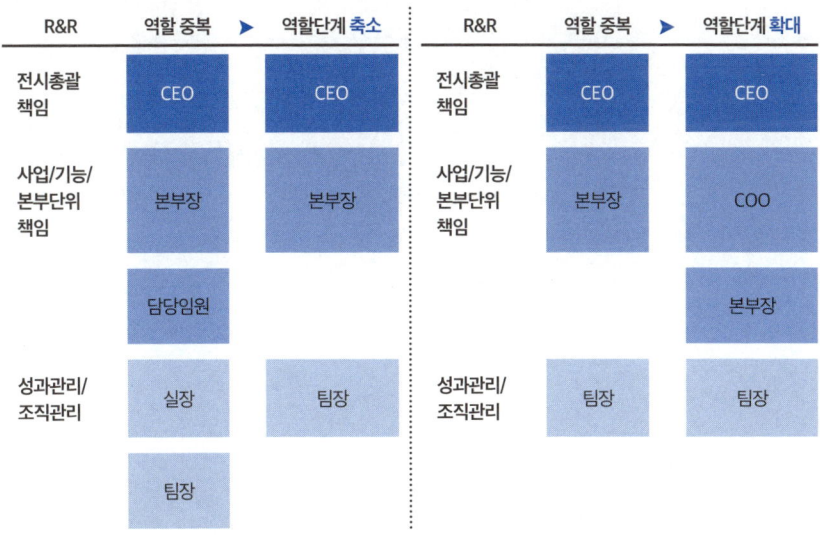

【도표16】조직구조 단계 조정 예시

전략적 방향성 및 조직성과 관점에서 조직설계를 진행하더라도 결국 성과를 내는 주체는 사람이다. 그러므로 우선 전 구성원의 개별 역량 파악이 선제되어야 하며, 내부 구성원의 역량 및 특성을 반영한 조직설계를 해야 한다. 또한 HR 담당자는 조직구조도의 상자 안에 조직의 목적을 달성할 수 있는 적임자를 채우는 역할을 해야 할 것이다.

2. 조직행동

앞서 조직행동을 조직 구성원의 조직 내부에서의 활동을 의미하는 비가시적 요소로 정의하였다. 비가시적인 요소들은 리더십, 동기부여, 의사소통 등으로 구성되어 있는데 이는 사람의 역량 중 스킬과 태도 역량과 밀접하게 관계되어 있다. 의사소통의 요소는 커뮤니케이션, 협상과 같은 스킬 역량에 포함되며 리더십, 동기부여, 신뢰와 같은 요소는 태도 역량에 포함된다.

좁은 의미에서 역량은 구성원 각자가 가진 개인적 역량에 한정되는 지식, 기술, 태도의 집합체로, 직무 또는 역할의 성공적인 수행에 영향을 미친다. 즉, 조직행동의 요소가 지식, 스킬, 태도 등을 다 포함하고 있기에 조직행동을 역량이라고 해도 무방할 것이다. 반면 넓은 의미에서의 역량은 조직 차원에서의 경쟁력을 의미하며 여기에는 기술, 사람, 시스템이 포함되어 있다.

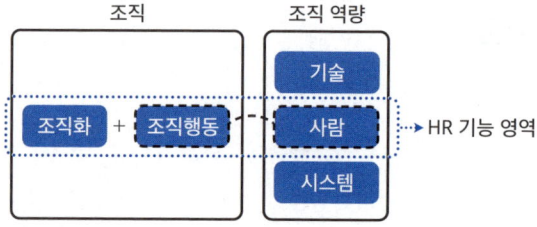

【도표17】

　개인의 역량은 개인의 능력과 같은 의미로 해석되기도 한다. 그러나 인사관리에서의 역량은 능력과 엄격히 구분하여 해석할 필요가 있다. 역량이란 해당 직무를 수행하기 위한 K·S·A인, 지식 Knowledge, 기술 Skill, 태도 Attitude의 집합체라 할 수 있으나, 능력은 해당 직무와 연관 없는 K·S·A이기 때문이다. 예를 들어, 어떤 사람이 스키를 잘 타서 국가 대표 선수를 하고 있다면 역량이라고 할 수 있다. 그러나 그 사람이 스키를 타는 직무와 상관없는 일을 하고 있다면 그것은 역량이 아닌 능력에 해당한다. 즉, 스키를 잘 타는 기술이 본인의 직무에 따라 역량 혹은 능력이 될 수 있는 것이다.

　지식, 스킬, 태도 역량을 가시적으로 표현할 때는 빙산을 활용한다. 수면 윗부분은 관찰이 가능하며 개발이나 측정이 용이한 지식 knowledge 역량과 스킬 skill을 나타내고, 수면 아랫부분은 관찰이 힘들고 개발이나 측정이 어려운 가치관 values, 특성 traits, 사명감 mission, 신념 belief, 성격 personality, 동기 motives와 같은 태도 attitude 역량을 나타낸다.

[도표18]

지식역량 Knowledge
지식역량은 단기간에 역량 개발이 가능하고 측정도 용이하다. 초등학교부터 대학교까지 배우는 역량은 지식역량이 중심이며 교과서나 전공도서로 지식을 익히고 시험 등을 통해 지식역량을 측정하는 방식을 가진다.

스킬역량 Skill
스킬역량은 지식역량에 비해 역량 개발 시간이 좀 더 소요되나, 지식역량과 마찬가지로 측정은 용이하다. 스킬역량 역시 시험 등을 통해 측정이 가능하며 대표적인 스킬역량은 외국어 스킬, 컴퓨터 활용 스킬 등이 있다.

태도역량 Attitude
태도역량은 역량 개발도, 측정도 어려운 편이다. 대표적인 태도역량인 리더십 역량은 수많은 조직에서 지속적인 교육 등을 통해 역량 개발을 하고 있지만, 리더십 교육 후 리더십 역량이 향상되었다는 객관적인 지표를 얻거나, 정확한 측정 기준에 대해서 제시하기는 힘들다.

조직의 역량 개요

조직역량은 조직성과 창출을 위한 조직의 제반 능력으로, 자사 조직만 가지고 있는 고유하고 독자적인 역량이 조직역량이다. 조직역량의 개념과 구성 요인에 대해서는 다양한 견해가 있으나 관점을 종합해보면 조직역량은 크게 기술, 사람, 시스템으로 구분할 수 있다.

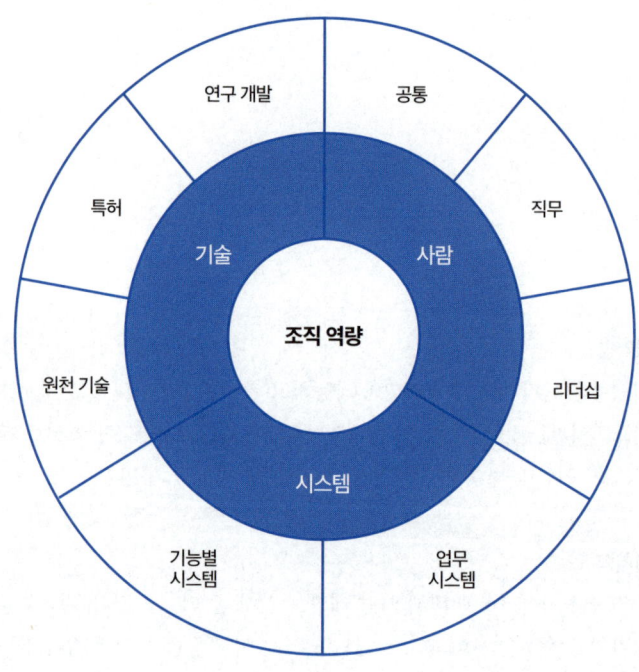

【도표19】

기술역량은 기술 확보를 위한 투입 요소나 기술 자체의 성과와 더불어 기술 연구개발과 기술사업화를 모두 포함한다. 즉, 자사 조직이 가지고 있는 고유의 기술, 특허, 잠재적인 기술 연구개발 등 모든 기술 원천을 아우른다. 2019년 여름에 일어난 한국과 일본 사이의 무역 전쟁의 경우 원천 기술이 집약된 소재, 부품, 장비에 대한 수출 금지가 주된 원인이었다. 또한 4차 산업혁명, 디지털 트랜스포메이션Digital Transformation과 산업 전체의 급격한 변화로 인해 신사업 및 신기술로의 전환이 빨라지고 있다. 이에 따라 국내의 주요 기업들도 R&D 역량의 중요성을 인지하여 중앙기술연구소, 통합 연구소 설립 등을 통해 발 빠르게 미래 먹거리 사업에 대응하고 있다. 이렇듯 원천 기술은 조직의 지속 가능한 경영을 위한 주요 역량이라 할 수 있다.

시스템역량은 IT와 매우 밀접하게 연관되어 있다. 대표적인 예시로 전사적 자원관리ERP, Enterprise Resource Planning를 들 수 있으며 이는 기업 경쟁력을 강화하는 통합 정보 시스템이다. 시스템역량은 기능별 또는 업무별로 구분할 수 있는데, 기능별 시스템에는 시스템 자원 관리 프로그램SRM, System Resource Manager, 제품 수명 주기 관리PLM, Product Lifecycle Management, 창고관리시스템WMS, Warehouse Management System, 제조실행시스템MES, Manufacturing Execution System 등이 있으며, 업무 시스템으로는 ICTInformation and Communication Technologies 기업에서 제공하는 다양한 IT솔루션을 채택하여 조직에 맞게 활용하고 있다.

최근의 시스템역량 트렌드는 업무 과정 중 반복적이고 단순한 업무 프로세스에 소프트웨어를 적용해 로봇 프로세스 자동화RPA, Robotic Process Automation로 업무 시간을 단축하고 비용 절감을 실현하고 있다. 그러나 시스템역량의 단점은 기술과 사람역량에 비해 타 조직에서의 모방뿐만 아니라 이전 또한 가능하다는 점이다.

마지막으로 가장 중요한 사람역량이 있다. 기술역량의 대부분이 사람역량을 기반으로 창출되며, 설계 및 디자인과 같은 시스템역량 일부도 사람역량과 밀접하게 연관되어 있기 때문에 사람역량은 매우 중요하다. 사람역량은 조직의 비전 및 전략 방향성에 따라 공통 역량, 직무 역량, 리더십 역량의 세 가지 체계로 구분된다. 공통 역량은 조직의 인재상이나 핵심 가치를 기반으로 하고, 직무 역량은 성공적인 직무 수행을 위한 역량이며, 리더십 역량은 직급이나 직책에서 가져야 할 역량으로 해당 역할에서 조직을 리딩하거나 관리할 수 있는 역량을 의미한다.

조직이 나아가고자 하는 방향 및 조직의 설립 목적에 부합하려면 공통 역량은 필수적이다. 또한 급격하게 변화하는 산업환경에 맞춘 직무 역량을 지닌 인재를 채용하고 유지하는 것도 중요해지고 있다. 공통 역량은 지속적인 교육과 같은 내재화로 변화를 줄 수 있으며, 직무 역량 역시 단기 및 중기적 집중 직무교육을 통해 일을 더 효율적으로 하는 업스킬upskill 및 새로운 역할 수행을 위한 새로운 기술 훈련인 리스킬reskill을 가능하게 할 수 있다. 그러나 공통 역량 및 직무 역량과는 달리 리더십 역량은 단기간에 개선이 되지도 않을뿐더러 집중적인 교육을 해도 리더십 개선을 기대하기가 어렵다. 조직에 맞는 리더십 역량을 가진 리더를 내부에서 양성하거나 외부에서 영입하기도 매우 어려운 문제이기에 조직역량 중에 리더십 역량을 가장 관심있게 봐야 한다. 리더십 역량은 단기적인 성과나 측정이 어려운 부분이 있으나, 조직에 맞는 역할별 리더십 역량에 대한 정의 수립은 필수적이다. 리더십 역량은 조직문화에 막대한 영향을 미치고 극단적으로 조직의 흥망을 좌우할 수 있기 때문이다.

조직역량에는 모방 불가성, 불변성, 이전 불가성, 명확성의 4가지 주요 특성이 있다.
먼저 모방 불가성은 다른 조직에서 쉽게 모방하거나 따라 하기 힘든 특성으로, 구성원들이 가지고 있는 기술 독립성 및 차별성, 사람이 가지고 있는 암묵지나 형식지를 의미한다. 암묵지는 학습과 경험을 통하여 개인에게 체득되어 있지만 말이나 글 등의 형식을 갖추어 표현할 수 없는 역량을 말하며, 형식지는 공식 문서처럼 외부로 표출되어 여러 사람이 공유할 수 있는 역량을 말한다. 이 중 암묵지는 비가시적인 영역이라 모방이 불가하지만, 형식지는 가시적인 영역으로 모방이 가능하기에, 조직에서는 보안 정책이나 시스템 등으로 형식지의 유출 등을 방지하기 위해 노력하고 있다. 또한, 조직의 미션이나 사명을 기반으로 하는 역사와 특성을 반영한다.

　불변성은 기술, 경제, 정치 등 외부 환경의 변화에 따라 쉽게 변하지 않는 특성을 보유하고 있는데, 조직이 추구하는 가치관이나 오너십ownership 등이 포함된다. 조직의 핵심가치나 핵심가치와 유사 개념인 Way 등은 조직이 가지고 있는 고유의 가치로, 조직의 새로운 비전 선포나 산업군의 전환 등으로 간혹 재정립하는 경우가 있으나 일반적으로 잘 변하지 않는 특성이 있다.

　주요 몇 개 조직의 사례를 살펴보면, 일본의 토요타 자동차는 글로벌 환경하에서 기존 암묵지의 가치를 구성원들이 현업 부서 내에서 교육받는 형태인 OJTOn-the-Job Training 형식으로 전파하는 일에 한계를 느껴 세계화globalization를 위해 'Toyota Way'를 명문화하였다. 이를 전파하기 위해 해외 주요 거점에 'Toyota Institute'를 설립하여 해외 자회사에 대해 경영진, 공인 트레이너의 집중적인 전파 활동을 전개하였다.

　미국의 IBM은 세계에 동일한 핵심 가치 전파를 위해 IBM에서 일하는 세계의 종업원들에게 IBM Value에 대한 의견을 수렴하여 'IBMer's Value'를 재정립하였다. IBM은 IBM Value 해설서를 작성하고 e-Learning을 통해 그 뜻을 전파하였으며, 삼성 역시 '글로벌 삼성 Value'를 선포하고 글로벌 가치 전파자를 양성하여 세계에 전파하였다.

　이전 불가성은 다른 조직으로 이전될 가능성이 낮은 특성을 말한다. 지식이나 장비, 소프트웨어 등은 사람에 의해 대부분 타 조직으로 이전되는 경우가 있다. 그래서 해당 직무에 대한 지식을 가지고 장비나 소프트웨어를 설계 및 구동할 수 있는 사람을 스카우트 하거나 동종 업계의 인재에게 파격적인 대우를 제시하여 빼내 오기도 한다. 이러한 이유로 동종 및 유사 업종에 대한 재취업 및 이직을 방지하기 위해 보안 서약서 및 경업 금지 확약서를 받는 기업도 있다. 하지만 조직이 가지고 있는 고유의 조직문화나 관리 시스템은 쉽게 이전할 수 없다. 조직문화는 조직화, 조직행동 등 조직 내 다양한 요소들이 내포되어 있기 때문이며 설사 타 조직으로 이전이 가능하다 하더라도 각 조직의 특성상 적용하기 어려운 점이 많기 때문이다. 특히 관리 시스템은 IT 기반의 시스템 관점이 아닌 사람 관점으로 쉽게 이전하는 것은 불가하다.

명확성은 조직의 모든 구성원이 자사의 역량에 대해 분명히 파악하고 있으며 조직과 구성원 간 공감대가 형성되어있어 조직의 방향성 및 전략적 방향성이 일치되어 있음을 의미한다. 명확성에서 가장 중요한 부분 역시 조직이 가진 비전과 핵심 가치의 명확성이다. 이를 위해서는 조직의 비전과 핵심 가치를 명확하게 정의한 다음, 해당 내용을 전 구성원이 내재화하고 일치시키는 과업이 필요하다. 많은 조직에서는 지속적인 내재화 교육 및 캠페인 등을 통해 비전과 핵심 가치를 구성원이 체득할 수 있도록 노력하고 있다. 하지만, 교육 및 캠페인과 같은 조직행동 접근뿐만 아니라 조직구조와 같은 조직화 접근을 동시에 추구해야 진정한 조직 내 내재화가 가능하다. 구성원이 가지고 있는 말과 행동은 조직화를 기반으로 구동되기 때문이다.

사람의 역량 체계

사람역량 체계란 조직의 방향성 및 조직의 전략적 과제 달성 과정에서 구성원이 어떤 방식으로 업무에 임하고, 성과를 내며, 조직과 구성원을 이끌어 가야 하는가를 체계화한 것이다. 앞서 조직역량 중 사람의 역량을 공통역량, 직무역량, 리더십역량으로 구분하였으며, 각 역량은 지식역량(K), 스킬역량(S), 태도역량(A)으로 구성되어 있다.

	지식역량(K)	스킬역량(S)	태도역량(A)
공통 역량	공통 지식	공통 스킬	공통 태도
직무 역량	직무 지식	직무 스킬	직무 태도
리더십 역량	리더십 지식	리더십 스킬	리더십 태도

【도표20】

조직의 방향성 및 인재 육성 전략, 니즈에 따라 역량 체계 구조를 다르게 구성할 수 있으나, 대체로 다음과 같은 3가지 유형으로 정리할 수 있다.

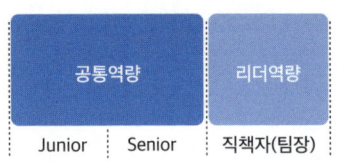
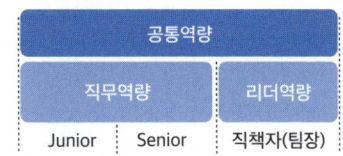
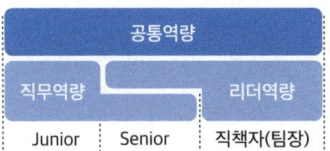

【도표21】 역량의 체계 구조 유형

공통 역량 기반 역할 차별화는 직책자를 제외한 구성원은 공통 역량을 위주로 구성되어 있다. 이와 같은 구성은 보직자의 역할이 명확하며 조직 내 계층이 수직적으로 형성된 조직에서는 용이하나, 직무 및 업무의 영역과 더불어 역할과 책임의 혼재를 가져올 수 있다.

공통 및 직무 역량 기반 역할 차별화는 공통 역량을 기반으로 직책자의 경우는 리더역량을 중심으로, 팀원의 경우는 직무 역량을 중심으로 역량을 평가하거나 육성하는 방식이다. 이는 직책자와 비직책자의 역할을 명확하게 하고 직책자의 관리 및 리더십 역량에 집중하는 방향에는 바람직하지만, 리더 후보자 양성 succession plan 측면 및 직책자의 직무 전문성 관점에서는 미흡한 부분이 있다.

역할 단계별 역량 차별화는 공통 역량을 기반으로 주니어급에서는 직무 역량 위주로, 중간관리자로 갈수록 직무보다는 리더 역량 쪽으로 집중해서 역량 강화를 시키는 모델이다. 일반적인 Katz 모델이 지향하는 방향으로 설계되어 있다.[2] 즉, 주니어급에서는 직무 역량을 우선으로 하며 직급이나 역할이 올라갈수록 직무보다는 리더십 및 개념 역량의 비중이 높아지는 것을 의미한다. 다만 평가 및 육성 활용 시 다소 복잡한 구조의 한계를 지니고 있다.

공통 역량

공통 역량은 일반적으로 조직의 핵심가치 core value, 구성원으로써 지키고 실천해야할 경영철학이나 행동의 기반인 Way, 인재상 등을 기반으로 하며 핵심 가치가 실제 업무 상황에서 어떻게 실천될 수 있는지 정의한다. 핵심가치는 구성원의 행동 가이드로, 선택이 아닌 반드시 지켜야 할 규범이다.

공통 역량은 대부분 태도역량만을 가지고 있다. 예를 들어, 공통 역량 중 '열정적' 역량의 경우 태도역량만 존재할 뿐 지식 및 스킬역량은 구성되어 있지 않다. 하지만 소수의 공통 역량은 지식, 스킬, 태도역량을 다 구성하고 있는데, 예를 들어 글로벌에서의 공통 역량은 다른 문화를 이해하는 지식 역량, 외국어 스킬 역량, 수용성 태도 역량으로 K·S·A 역량이 모두 구성되어 있는 것을 볼 수 있다.

역량명	탁월한 성과를 위한 열정
정의	평소 적극성과 도전의식을 가지고 보다 높은 성과기준을 달성하기 위해서 끊임없이 노력한다. 또한 회사나 팀의 목표를 달성하는 것을 통해서 개인적인 만족감을 얻고자 한다.
실천 지침	• 적극적이고 주도적인 업무 개선 및 추진 • 과감하고 높은 수준의 목표 설정, 이에 대한 도전의식 • 실패에 대한 수용성

역량수준	Level 1	Level 2	Level 3	Level 4
레벨별 행동 초점	잘하고 싶은 의지가 있음	이전과 다른 방식, 아이디어를 실천하여 성과 개선에 기여함	지속적인 노력을 통해 유의미한 성과 개선을 창출함	이익 대비 가치, 성과를 비교, 효율적인 성과 개선을 추구함
행동지표	조직에 대한 충성심을 기반으로 시키지 않아도 자발적으로 필요한 일을 스스로 찾아 하고, 부여된 목표 이상의 결과 창출을 위해 노력하는 자세를 보임	항상 새로운 것에 대해 고민하고 배우려는 자세를 유지하여 끈기와 탐구심을 발휘하여 성과 개선에 기여할 수 있는 분야 내 전문가 역할을 지향함	성과 개선을 위해 항상 노력하고, 한 번 시작한 일은 포기하지 않음. 어려움, 한계가 있을 때 극복하기 위한 방법을 적극적으로 찾고 실패하더라도 다시 도전함	목표 달성 및 성과 개선을 위해 다양한 방법과 수단을 동원하여 끈기 있게 도전함. 가고자 하는 방향이 어렵거나 불가능해 보여도 팀원을 독려하며 긍정적 분위기를 형성함

【도표22】공통 역량 예시

직무 역량

직무 역량은 조직 내 직무 혹은 직렬, 직군마다 다른 역량 모델링을 가지고 있다. 평가 및 육성관점에서 직무별로 세밀한 직무 역량 모델링 구성이 효과적이지만, 실무에서는 직무별 역량 도출 및 관리적인 애로로 인하여 직렬 혹은 직군으로 좀 더 광범위하게 직무 역량을 도출하고 있다. 조직이 50개의 직무로 구성되어 있다면 50개의 직무별로 직무 역량을 구성하고 관리하기가 현실적으로 녹록지 않기 때문이다.

예를 들어, 직군으로 직무 역량을 단순화하면 생산 직군, 영업 직군, 연구 직군, 경영 지원 직군으로 나눌 수 있다. 이를 보다 세밀한 직렬로 나누어 직무 역량을 관리하고 싶다면, 생산 직렬, 기술 직렬, 품질 관리 직렬, 해외영업 직렬, 국내영업 직렬, 개발 직렬, 설계기술 직렬, 사업관리 직렬, 경영지원 직렬 등으로 구분할 수 있다.

직군	역량항목	직군	역량항목	직군	역량항목	직군	역량항목
경영 지원	분석력	생산 기술	책임감	영업	정보 수집력	R&D	정보 수집력
	대응력		신속성		추진력		분석력
	판단력		관찰력		신속성		논리성
	기획력		가설 검증력		협상력		정확성
	객관성		판단력		대응력		책임감

【도표23】 직군별 역량 체계 예시

직무 역량은 수평적 분류와 수직적 분류를 병행해서 접근하여야 한다.

직무의 차이에 따른 직무 역량 구분뿐만 아니라 같은 직무 내에서도 직급에 따른 직무 숙련도 차이에 따라 구분이 필요하다. '분석적 문제해결 스킬'이라는 직무 역량의 경우 사원, 대리, 과장, 차장, 부장의 역할 및 숙련도에 따라 같은 기준으로 수준별 차등화하여야 한다.

미국의 Merrill은 내용 요소 이론에서 내용의 유형과 그 내용에 대하여 기대되는 수행 수준으로 K·S·A의 달성 목표를 분류하고 있다.[3]

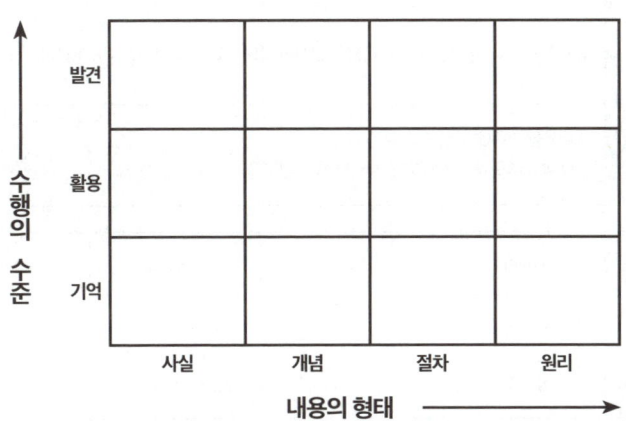

【도표24】 Merrill의 내용 요소 이론 원리

내용의 형태	
1. 사실	임의적으로 연관되어있는 정보의 조작을 말함
2. 개념	특정한 성격을 공유하면서 같은 이름으로 불리는 사물, 사건, 기호들의 집합을 말함
3. 절차	어떤 목적을 달성하거나 문제를 해결한다거나 산출물을 만들어내는 데에 필요한 단계들을 순서화한 것을 말함
4. 원리	어떤 현상이 왜 생기는가에 대한 해설, 향후 벌어질 일을 예측하는 것을 말함
수행의 수준	
1. 기억	이미 저장되어있는 정보를 재생 또는 재현시키기 위해 기억된 것들을 탐색하는 것
2. 활용	추상적인 것을 특정 사례에 적용하는 작업을 의미함
3. 발견	새로운 추상성을 도출해 내거나 창출해 내는 것을 의미함

【도표25】 Merrill의 내용 요소 주요 내용

또한 내용의 형태 및 수행의 기준에 따라 직무 수준을 설정하여 제시할 수 있어야 한다.

역량명	폭 넓은 정보수집			
정의	유용한 정보를 제공할 수 있는 다양한 원천을 확보하고 지속적으로 정보를 업데이트, 관리			
실천 지침	• 유용한 기준에 따른 정보 분류 • 대내외 네트워크 등 다양한 채널을 통한 정보 확보			
역량수준	Level 1	Level 2	Level 3	Level 4
레벨별 행동 초점	관련자에게 질문하여 상황에 알맞은 정보 획득	다양한 경로를 통한 추가 정보 수집	상황 및 문제 근원 파악을 위한 심층적 조사 시행	독자적인 정보 수집 네트워크 구축
행동지표	문제와 직접적으로 관련된 담당자에게 질문하여 정보를 획득함 문제의 원인, 영향력, 결과 등 다양한 정보에 호기심을 보임	사내/외의 다양한 경로를 통해 추가 정보를 수집하여 활용 가능한 정보의 범위를 확장 상황 또는 문제에 대한 명확한 이해를 위해, 관련 정보를 폭 넓게 수집하고 관리함. 특히 해당 지역의 업계, 경쟁사 정보에 관심을 기울임	문제의 근본적인 원인을 파악하기 위하여, 문제의 발생 원인을 심층적 (전문적 리서치, 학술자료 등)으로 조사함 전문가에 의해 검증된 신뢰할 수 있는 정보를 선별하여 수집하고 관리함	시장 트렌드 또는 경쟁사 동향 등 지속적 업데이트가 필요한 정보 확보를 위해 별도의 정보수집 채널을 확보하고 정보를 관리함 미래 잠재적인 이슈와 관련된 정보를 수집할 수 있는 체계적인 정보망(정보시스템 등)을 구축함

【도표26】 직무 역량 예시

리더십 역량

공병호 박사가 '좋은 가정은 현명한 배우자 선택에서 시작된다'고 말했듯 최대한 조직에 잘 맞는 리더를 찾는 것이 중요하다. 채용 시 조직의 특성이나 구성원의 성향에 맞는 사람을 채용하는 일에 심혈을 기울여야 하며, 현재 리더의 경우는 리더십 다면 평가 등을 통해 기준에 부합되는 사람에게만 리더의 역할과 책임을 부여해야 한다.

특히 개인의 역량에 해당하는 공통, 직무, 리더십 역량 중 태도역량의 비중이 압도적으로 큰 영역이 리더십 역량인데, 리더십이 얼마나 개선되어있는지 측정하는 것이 어려워 리더십 역량 개선 효과가 기대만큼의 결과를 얻지 못하고 있다. 또한 리더십 역량은 각 조직의 업무의 특성, 조직문화, 구성원의 특성으로 인해 기존의 표준화된 역량으로 연계시키기에도 한계가 있다. 다시 말해 타 조직 및 선행 연구에서 검증된 리더십 역량이 해당 조직에서는 잘 구동되지 않을 가능성이 높다. B자동차 조직에서, A자동차 조직에서 검증된 리더십 역량을 차용한다고 하더라도 B조직의 조직 및 구성원의 특성 등으로 인해 기대한 결과를 얻지 못할 가능성이 크다.

우선, 품성이나 자질, 역량 등의 부족을 스스로 인지하고 개선해 나가는 리더를 본 적이 있는지 떠올려 보자. 거의 모든 리더는 본인이 완벽한 품성 및 커뮤니케이션 능력을 가지고 있다는 자기 확증 편향에 빠져 있다. 그 이유는 조직의 오너를 제외하면 리더들 역시 생계에 직접적인 관계가 있다는 점에서 찾을 수 있다. 이런 연유로 조직에서 바른 소리에 대해 인색해지고 조직원들을 포용하며 이끄는 일에 한계를 보이게 된다. 조직에서 본인이 살아남기 위해 조직원들을 먼저 내보내야 하고, 정해진 업무 영역에서 본인의 지분을 조직원들로부터 지켜야 하는 우울한 현실에 처해 있는 것이다. 경제적으로나 대외적 지위가 어느 정도 갖춰진 리더의 경우 훌륭한 리더십을 발휘하는 경우도 있으나 이런 경우가 흔치 않다.

조직은 리더십 교육이나 코칭 등을 통해 리더를 육성하고 개선하려 하나, 단발적인 교육이나 코칭으로 역량 개선을 기대하기는 힘들 것이다. 리더십 교육이나 코칭 등은 휘발성이 매우 강해 가시적인 변화를 기대하기 힘들기 때문이다. 또한 지속적인 교육이나 코칭의 경우 현실적인 비용의 문제로 인해 단기적 성과에 매몰되어 있는 상황을 조직도 감내하기 힘든 것이 현실이다. 그렇기에 일반적으로 교육을 통해 리더십 향상이나 개선을 시도하고 있지만, 교육 후 기대했던 교육 목표 달성 여부조차 알기가 어렵다. 그래서 과연 리더십이 후천적으로 개발, 변화 등이 가능한 것인지에 대한 본질적인 문제에 대해 봉착하게 된다. 그럼에도 불구하고 조직의 성공은 결국 사람에 의해 좌우지되기 때문에 지속적인 리더십 역량개발 및 육성은 반드시 필요하다.

   리더십 역량에 대한 주요 선행 연구 내용을 살펴보면 Boyatzis는 2,000명의 세계적 기업 관리자를 대상으로 이들의 성과를 결정하는 21개의 역량을 도출하여, 목표(성과) 관리, 부하 관리, 타인에 대한 관심과 관련된 역량 등에 대해 강조하였다.[4] Boyatzis는 역량을 관리자 영역으로 확대하여, 역량 변인을 리더십 역량, 인적자본 역량, 구성된 목표 및 행동관리역량, 전문지식역량, 타인에 대한 관심역량, 부하관리 등 6개의 관리역량모델을 제안하였다. 그리고 역량을 동기와 특성, 기술, 자기성과 사회적 역할의 3개 수준으로 세분하여 6개의 역량 변인에 대하여 저 성과자, 평균 성과자, 우수 성과자 간의 차이를 규명하였다.

목표 및 행동관리 역량군 (Goal and action management cluster)	부하관리 역량군 (Directing subordinates cluster)	리더십 역량군 (Leadership cluster)
• 효율성 지향 • 생산성 지향 • 개념들의 진단적 사용 • 영향력 행사	• 부하 육성 및 개발 • 업무지시 및 통제 • 자발적 업무처리	• 자신감 • 언어표현 능력 • 논리적 사고 • 개념화

타인에 대한 관심 역량군 (Focus on other cluster)	인적자원 역량군 (Human resource cluster)	전문적 지식 역량군 (Specialized knowledge cluster)
• 자기통제 • 객관적 지각 • 체력과 적용력 • 관계형성 및 유지	• 사회화된 권력의 사용 • 긍정적 보상 • 집단 프로세스 관리 • 정확한 자기평가	• 기억 • 전문화된 지식

【도표27】 Boyatzis(1982), 21개 역량

그 외에 거시적인 관점에서 역량을 제시한 Katz의 역량 모델과 Cooper의 역량 모델[5]이 있다. 이 역시 주니어 역할에서 시니어 역할까지 단계적인 리더십 역량이 필요하다는 것을 제시하는데, 이를 응용하여 국내에서는 파이프라인pipe-line 리더십 체계를 세우고 있다.

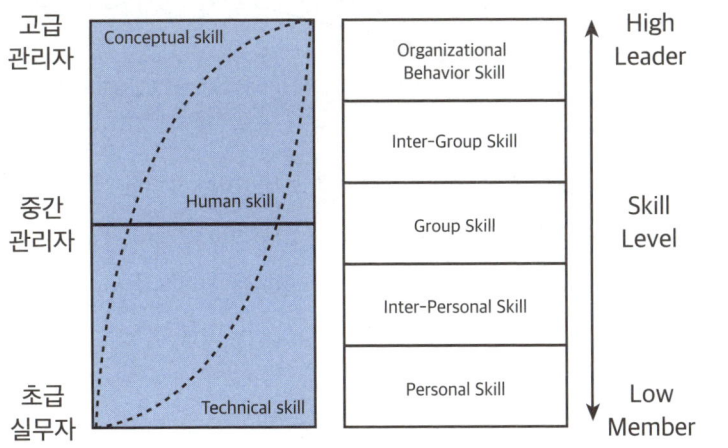

【도표28】 Katz(1955)의 역량모델(좌)과 Cooper(1982)의 역량모델(우)

미국의 디지털산업 기업 제너럴일렉트릭(GE)은 독자적인 리더십 파이프라인을 통해 리더를 육성하고 있는데, 현재보다는 미래에 초점을 맞추고 있다. 즉, 미래 조직 방향성 및 전략 과제를 위해 현재의 수준이 아닌 바람직한 현재 수준과 바람직한 미래 수준의 차이를 기반으로 리더십 교육 체계를 수립하였다. 대표적인 GE의 리더십 파이프라인은 아래의 그림과 같다.

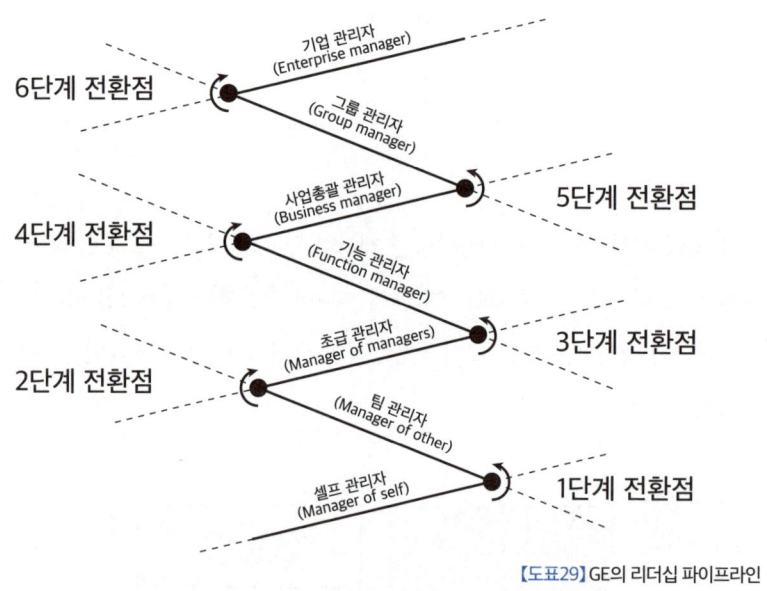

【도표29】 GE의 리더십 파이프라인

리더십 역량 중 4E를 가장 중요한 요소로 보는데, 4E는 강력한 에너지energy, 타인의 열정을 북돋아 동기를 부여하는 요소energize, 빠른 의사결정이 가능한 결단력edge, 지속적인 업무 수행이 가능한 실행력execute을 의미한다.

역량명	전략적 의사결정
정의	상황판단, 문제해결을 위해 체계적으로 정보를 분석하고 전략 및 상황에 대응하는 적절한 의사결정을 내린다.
실천 지침	• 조직 전체, 외부 조언 및 자문 등 다양한 정보를 활용한 의사결정 • 전략 부합성, 사업 효과성 및 내외부에 미칠 수 있는 결과 영향력을 고려

역량수준	Level 2	Level 3	Level 4	Level 5
레벨별 행동 초점	의사결정이 필요한 상황 인식	조직 내부의 조언, 자문을 바탕으로 의사결정	외부 상황을 고려한 적시 의사결정	의사 결정의 영향력, 예상되는 결과를 준비
행동지표	주어진 정보를 활용하여 상황을 분석, 필요한 의사결정에 대해 이해함. 이전의 경험, 지식을 활용하여 의사결정의 대안을 제시하고 팀장에게 이를 적극적으로 제안할 수 있음	능동적으로 타인의 의견을 경청하고 이를 활용하여 의사결정을 내림. 조직의 장기적인 전략, 사업에 미치는 영향력을 고려하여 이에 부합하는 방향으로 결정함. 의사결정시 고려해야 하는 조직 내외부의 조건, 상황을 분석, 이해하고 이를 팀장에게 선제적으로 제안할 수 있음	의사결정의 효과성을 고려하여 적절한 시기에 의사결정을 내리고 실천함. 의사 결정에 참여하는 사람들의 의견을 공정하게 활용하며 지속적으로 양질의 의견을 제공할 수 있도록 지원함	의사결정의 영향력, 파장에 대해 깊게 고민하고 예상되는 리스크, 결과에 대해 미리 준비함. 조직 내외부에 본인의 의사결정에 대해 효과적으로 전달, 설득할 수 있음

【도표30】리더십 역량 예시

역량 모델링

역량은 관찰로 측정할 수 있는 구체적인 행위 behavior 라는 관점에서 설명할 수 있어야 한다. 역량을 갖춘 사람은 어떤 지식이나 기술을 이해하고 아는 것에서 끝나지 않고 행동할 수 있는 사람이다. 그래서 역량을 단순히 인지하거나 이해하는 정도로만 나타낸다면 측정이 어려울 뿐만 아니라, 궁극적 목적인 성과와의 연관 관계를 도출하기 어렵다. 그러므로 특정 집단의 역량을 파악하고 고성과 창출의 근거가 되는 행동 특성을 명확화, 구체화, 목록화하는 작업이 필요한데, 이를 역량모델링 competency modeling 이라고 한다.

역량을 도출할 때는 고성과자가 가지고 있는 지식, 스킬, 태도를 관찰하거나 인터뷰, 설문 등을 활용한다. 그리고 고성과자로부터 도출된 역량에 따라 조직은 기존 구성원들에게 교육 및 OJT를 수행한다. 다만 지식 및 스킬 역량은 단시간에 강화될 수 있으나, 태도 역량의 경우 단시간에 역량이 향상되는 것이 아니라 지속적인 훈련 및 교육을 통해 체득됨을 이해해야 한다. 또한 과업을 수행함에 초점을 맞추기보다는, 과업을 개선하고 성과를 향상 시키는 일에 무게 중심을 두고 있다. 사람의 성향이나 성격 유형은 선천적이기에 쉽게 변하지 않는다는 것이 일반적인 정설이므로, 성향 및 성격 유형의 검사보다는 행동 유형의 검사가 역량 모델 설계에 더 효과적이다. 예외로, 신규 입사 지원자의 경우는 성격 유형과 행동 유형 검사를 모두 시행하는 것이 바람직하다. 신규 입사 지원자는 본인이 조직에서 행동한 경험이 없기에 우선적으로 성격 유형 검사를 시행한다. 행동 유형 검사는 성격 유형 검사 결과와 함께 추후 성과와 상관관계 등을 통해 우수 성과자의 성격, 행동 유형을 도출하여 차후 채용 시 우수 성과자가 보유하고 있는 성격과 행동 유형을 가진 사람을 채용하는데 기준이 될 수 있기 때문이다. 결국 역량은 조직 전체의 성과 달성을 위한 구체적인 행동 가이드이므로, 조직은 비즈니스 성과 증대 performance improvement 에 초점을 두어 개인 역량의 개발과 조직 역량의 개발 및 개선을 통해 조직성과에 기여하도록 해야 할 것이다.

성격 유형 및 행동 유형 검사에 대해 좀 더 자세히 살펴보자. 심리 검사의 경우 인지적 검사와 정서적 검사로 구분되며, 정서적 검사는 일반적으로 성격 유형과 행동 유형 진단의 두 가지로 구분된다.

대표적인 성격 검사로는 TA, MBTI, Big-Five, 애니어그램, 홀랜드_{Holland} 직업 적성검사 등이 있으며 행동유형 검사로는 LIFO, DISC 등이 있다. 그 외에 뇌 기반 NLP_{Neuro-Linguistic Programming} 검사 등이 있다.

유형	주요검사
성격 검사	TA, MBTI, Big-Five, 애니어그램, 홀랜드 직업 적성검사
행동 유형 검사	LIFO, DISC
뇌 기반	NLP

【도표31】

주요 성격 검사를 살펴보면, TA_{Transactional Analysis}은 어떠한 자아 상태에서 인간관계가 교류되고 있는가를 분석하여 자기 통제를 돕는 심리요법으로 크게 부모 자아, 어린이 자아, 성인 자아로 구분된다.

MBTI_{Myers-Briggs Type Indicator}는 Myers와 Briggs가 Jung의 심리 유형론을 토대로 고안한 자기 보고식 성격 유형 검사로, 성격 유형은 모두 16개이며 외향형과 내향형, 감각형과 직관형, 사고형과 감정형, 판단형과 인식형 등 네 가지의 분리된 선호 경향으로 구성되어 있다.

Big-Five(5요인)는 불안정성_{N; Neuroticism}, 외향성_{E; Extraversion}, 개방성_{O; Openness to Experience}, 수용성_{A; Agreeableness}, 성실성_{C; Conscientious sense} 요인으로 구성되어 있다.

다음으로 주요 행동 유형 검사를 살펴보면, LIFO_{Life Orientations}는 Freud의 정신분

석 이론, Erikson 등의 발달 이론 및 Maslow의 자기실현 이론 등에 영향을 받았다. 지지/포기, 통제/쟁탈, 신중/고집, 적응/동조로 DISC와 유사한 네 가지 유형으로 구분된다.

DISC는 원더우먼의 원작자이자 거짓말탐지기를 발명한 심리학자 William Moulton Marston 박사가 개발하였으며, 인간의 행동을 주도형Dominance, 사교형Influence, 안정형Steadiness, 신중형Conscientiousness 네 가지로 분류한 것으로서, 네 가지 행동 유형의 머리글자를 따서 DISC 행동 유형이라고 부른다.

이 중 조직에서는 Big-Five와 DISC가 주로 활용되고 있다. Big-Five는 국내외 연구에서 많이 활용되어 그 타당성 및 신뢰성을 확보하였고, DISC는 개인의 성격 유형보다는 행동 유형에 대한 진단지로 기존 조직원들이 조직 내 행동 유형과 연동하여 진단하는 것이 바람직하다.

역량 모델링의 기본 구조

역량 모델링 설계를 위해서는 조직의 특성 및 목표, 경영 방향에 맞는 공통, 직무, 리더십 역량을 추출해야 한다. 이는 각각의 역량에 해당하는 조직성과 및 개인의 성과에 필요한 해당 요소들을 규명한 후 성과 창출에 필요한 핵심적인 지식, 스킬, 태도를 도출하는 작업이다.

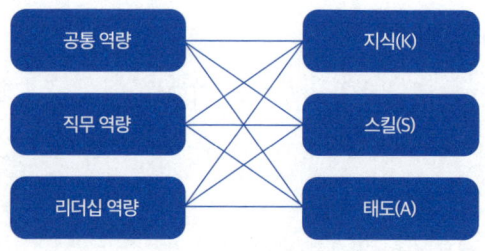

【도표32】

일반적으로 조직에서 활용하는 역량의 수는 공통, 직무, 리더십 역량을 포함하여 15개 이내의 역량을 도출한다. 너무 많은 수의 역량 요소를 선정한다면 구성원들이 역량을 인지하고 발휘하기가 힘들고, 너무 적은 역량의 수는 직무 및 리더십 특성에 따른 역량의 특성을 모두 포함하지 못할 수 있기에 15개 이내의 역량 요소 선정이 효과적이다.

공통 역량은 조직의 핵심가치나 인재상 등을 바탕으로 5개 내외가 적절하며, 직무 역량은 직무중요도 및 수준 등에 따라 직무 당 3~7개 내외로 선정한다. 리더십 역량은 조직의 직책, 직급, 역할에 따라 1~10개 내외가 적절하다. 주니어급의 리더십은 윤리 마인드나 셀프 리더십, 팔로워십 정도의 1~2개의 항목이면 적절하며, 직무 역량 비중을 높이는 것이 일반적이다.

역량을 평가할 때는 직급 및 직책에 따라 공통 역량, 직무 역량, 리더십 역량에 해당하는 평가 항목은 서로 다르다고 하더라도, 전체 역량 개수는 비슷하게 설정하는 것이 바람직하다. 예를 들어 부장 및 직책자를 평가하는 역량 항목은 직무 관련 2개, 리더십 관련 7개로 선정하고 공통 역량 4개를 포함해 총 13개의 역량 평가 항목을 구성했다고 하면, 과장 또는 차장의 경우 직무 역량을 4개로 하고 리더십 역량을 5개로 하여 13개의 역량을 선정해 부장 및 직책자와 비슷하거나 동일하게 구성하는 것이다.

역량체계		적용대상		
		부장·팀장	과장·차장	대리 이하
공통 역량	열정			
	유연성			
	통찰력			
	글로벌			
직무 역량	연구개발			
	영업			
	생산기술			
	경영지원			
리더십 역량	공통 리더십			
	관리자 리더십		-	-
	중간관리자 리더십	-		-
평가지표 수		13	13	13

【도표33】 직급(직책)별 역량 체계

역량 도출 및 역량 모델 개발 방법

역량 체계에 따라 모델 개발 방법에 차이가 있다. 공통 역량 및 리더십 역량의 경우 모델 개발 방법 및 역량 도출 방법은 기존에 나와 있는 역량 군이나 역량 사전을 참고하여 활용하는 방법과 직접 역량을 도출하는 방법으로 구분할 수 있다.

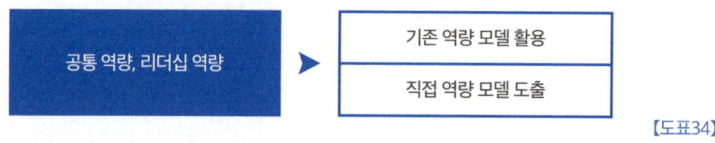

【도표34】

기존의 역량 모델을 활용할 때는 기존의 역량 모델 중 본인의 조직에 맞는 역량 군을 검증한 뒤, 수정과 보완을 거치는 작업이 필요하다. 다만 리더십 역량의 경우는, 앞서 언급한 것처럼 다른 조직에서 검증된 리더십 역량이라고 하더라도 조직 및 구성원의 특성에 따라 구동이 원활하지 않을 수 있음을 염두에 두어야 한다.

직접 역량 모델을 도출할 수도 있는데, 이는 기존 역량 모델을 활용하면서 동시에 조직 내 구성원을 대상으로 인터뷰와 설문조사 등을 수행하는 것이다. 그러나 상대적으로 물리적인 시간이 많이 소요되는 방법이다.

직무 역량 모델 개발 방법 및 역량 도출 방법은 앞의 공통, 리더십 역량 도출 방법과 더불어 지식, 스킬, 태도역량을 직무별로 도출하는 방법과, 고성과자의 역량을 도출하는 방법이 있다. 그리고 직무 역량 진단지를 개발하여 설문으로 진행하는 방법도 있다.

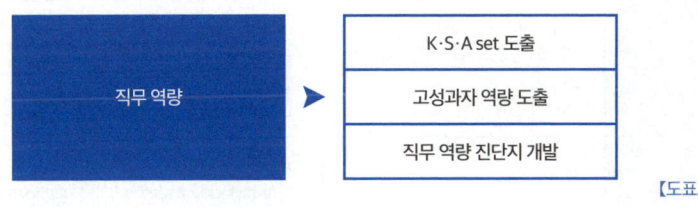

【도표35】

K·S·A set 도출은 직무별로 가지고 있는 지식, 스킬, 태도 역량을 규명하는 작업으로, 중요한 과업을 실행할 때 관찰을 통해 과업 수행 시 활용하는 지식, 스킬, 태도를 규명하거나 해당 직무 전문가 혹은 실무자를 대상으로 한 인터뷰와 설문을 통해 도출한다. 관찰을 통한 중요사건기록법은 물리적 시간도 많이 소요되고 작성자의 주관이 개입될 소지가 커 대체로 인터뷰나 설문을 통해 규명하는 작업을 실시한다.

고성과자 역량 도출은 해당 직무의 고성과자가 가지고 있는 지식, 스킬, 태도를 규명하는 작업으로 인터뷰나 설문과 더불어 행동 관찰을 통해 역량을 도출한다. 이 역시 행동 관찰은 물리적인 시간이 많이 소요되기에 설문과 인터뷰로 진행되는 것이 일반적이다.

직무 역량 진단지 개발은 해당 직무 역량을 목록화하고 설문을 진행해 해당 직무를 수행하기 위한 우선순위 K·S·A 역량과 중요도 K·S·A 역량을 수집한다. 이 방법은 직무 역량 진단지 작성에 긴 시간이 소요된다는 단점이 있으나 신규 직무에 많이 쓰이는 방법이다. 신규 직무는 당장에 고성과자가 없을뿐더러 직무 수행 기간이 짧아 고성과자로 규정하기에는 위험 요인이 크기 때문이다.

구분	역량 모델 개발 방법	역량 도출 방법	비고
공통, 직무, 리더십 역량	기존 역량 모델 활용 - 기존 역량 모델 활용 - 기존 역량 모델 수정 및 보완	• 문헌 활용 (역량 사전) • SME (Subject-Matter Expert) W/S • 설문 • 인터뷰	
	새로운 역량 모델 개발 - 역량의 중요도 등을 통한 우선 순위 도출 - 역량의 신뢰성, 타당성 검증	• 문헌 활용 • 요인 분석 • 설문 • 인터뷰	
직무 역량	K·S·A set 도출 - 직무별 지식, 스킬, 태도 역량을 도출	• 중요사건기록법 (Critical Incident Method) • FGI(Focus Group Interview) • SME(Subject-Matter Expert) W/S • 설문	공통 역량 및 리더십 역량은 A(태도)역량이 대부분으로 직무 역량 도출에 적합함
	고성과자(High Performer) 역량 도출 - 고성과자와 평균, 저성과자와의 유의미한 역량 차이 도출 - 고성과자 직무 역량 도출	• High Performer W/S • BEI(Behavior Event Interview) • 설문/ 차이분석 • 인터뷰/ 관찰	
	직무 역량 진단지 개발 - 직무 역량 프로파일 - 직무 역량 진단지	• 설문	

【도표36】역량 모델 개발 및 도출 방법

고성과자 역량 도출 방법

가장 많이 활용되는 방법은 고성과자의 역량을 도출한 후, 고성과자와 평균 혹은 저성과자의 유의미한 차이를 보이는 동일 역량을 도출하는 방법과, 고성과자의 행동 유형 관찰 및 High Performer 워크숍 등을 통해 고성과자가 가지고 있는 직무 역량을 도출하는 방법이다.

고성과자와 중, 저성과자의 동일 역량의 유의미한 차이를 알아보고자 한다면 인사 평가를 활용하는 것이 가장 유용하다. 평가 결과에 따른 고성과자와 저성과자의 동일 역량의 차이를 분석해 유의미한 역량을 직무 역량으로 우선 설정한다. 아래의 영업직무 고성과자와 저성과자의 직무 역량 차이 분석 결과 예시를 보면, 유의확률(P값<0.05) 항목을 우선으로 대응력(P=0.003), 논리성(P=0.008), 정보수집력(P=0.017), 추진력(P=0.022)을 영업직무의 직무 역량으로 설정한다.

직무 역량	구분	인원	평균	표준편차	t값	P값
정보수집력	고성과자	3	3.5072	0.64308	2.390	0.017*
	저성과자	8	3.2999	0.66584		
추진력	고성과자	3	4.0000	0.78755	2.303	0.022*
	저성과자	8	3.7355	0.88515		
신속성	고성과자	3	3.8043	0.88790	1.686	0.093
	저성과자	8	3.6280	0.78139		
협상력	고성과자	3	3.8529	0.89105	1.707	0.088
	저성과자	8	3.6667	0.81577		
대응력	고성과자	3	3.5845	0.71608	3.023	0.003*
	저성과자	8	3.3098	0.68985		
논리성	고성과자	3	3.9154	0.63717	2.678	0.008*
	저성과자	8	3.6880	0.64558		
판단력	고성과자	3	3.5145	0.77636	1.402	0.162
	저성과자	8	3.3707	0.78416		

【도표37】 영업직무 고성과자와 저성과자의 직무 역량 차이 분석 예시

인사평가를 진행하지 않는 조직이거나 신생 조직의 경우 평가 결과에 의한 차이 분석이 불가하므로 행동 유형 관찰과 워크숍 등을 통해 고성과자의 역량을 도출해야 한다. 예를 들어, HR 부서의 고성과자인 김 과장이 가지고 있는 지식역량은 평가제도 도구에 대한 이해, 채용 트렌드의 이해에 대한 강점이 있고, 스킬 역량은 데이터 가공 및 해석 스킬, 협상 스킬이 뛰어나며, 태도역량은 수용성 및 외향성을 가지고 있다면 이를 HR 직무의 주요 직무 역량으로 설정해야 한다.

이처럼 도출된 직무 역량은 채용 시 조직이 설정한 공통, 리더십 역량과 더불어 직무 지식, 직무 스킬, 직무 태도 역량을 가지고 있는 후보자를 채용하는 전략으로 쓰인다. 상대적으로 단기간에 습득이 가능한 지식 역량을 우선으로 하고 스킬 역량과 태도 역량을 순차적으로 구성원의 육성 계획에 반영하는 것이 바람직하다.

직무 분석과 역량 모델링의 차이점은 직무 분석은 일 자체에 초점이 맞추어져 있고 역량은 사람을 중심으로 한다는 것이다. 직무 분석을 통해 HR 직무가 해야 할 주요 업무를 나열한 것이 직무 분석이라고 하면, 역량 모델링은 이러한 일을 하기 위한 직무 지식, 스킬, 태도 역량을 정의하고 이러한 역량을 가지고 있는 사람을 적재적소에 배치하는 일을 말한다.

3. 조직문화

　조직을 구성하는 세 가지 축의 마지막인 조직문화는 앞서 언급한 조직화와 조직행동을 통해 발현된다. 조직문화를 파악하기 위한 대표적인 접근 방법은 비교 문화 접근 방법과 기업문화 접근 방법이 있다.

　비교 문화 접근 방법은 사회 문화적 특성에 따라 조직 구성원이 유사한 조직문화를 가지고 있다고 가정한다. 즉, 국가별 문화나 전통 등에 따라 동일 국가의 조직 구성원이 유사한 조직문화를 가지고 있다는 접근 방법이다. 예를 들어, 유교적 문화 및 군대 조직의 문화 영향으로 대부분의 한국 조직은 군대식 문화, 수직적 문화를 가지고 있다고 판단한다.

　반대로 기업문화 접근 방법은 각 조직 스스로 문화를 창출하여 국가, 동일 지역 문화권에서도 다양한 조직문화를 가지고 있다는 접근 방법이다. 즉, 유교적 문화가 강한 한국에서도 조직의 방향성 및 경영진이나 구성원의 노력에 따라 유교적 문화가 아닌 다양한 조직문화를 보유할 수 있다고 판단한다.

조직문화를 바라보는 두 가지 접근 방법	
비교 문화 접근 방법	기업 문화 접근 방법

【도표38】

 조직문화는 조직화와 조직행동을 포함하고 있으며, 조직문화 개선은 조직화와 조직행동의 변화를 통해 가능하다. 조직화와 조직행동 접근 방식 중 하나의 관점으로만 접근하면 진정한 조직문화 개선은 요원하다.

 구성원의 행동 양식 및 가치관 변화를 유도하기 위해 지속적인 가치관 교육이나 내재화 교육을 진행하곤 하는데, 반복된 교육에도 불구하고 조직문화가 쉽게 변화하지 않는 것을 볼 수 있다. 이는 조직문화의 개선 및 변화를 위해 조직구조를 개선하기보다는 조직행동 변화만을 기대해서 발생하는 문제이다. 즉, 조직화의 개선 없이 조직행동의 관점으로만 접근한다면 실패하게 된다.

 반대로 조직화 관점으로만 조직문화의 개선 및 변화를 추구한 실패 사례를 쉽게 발견할 수 있다. 빠른 의사결정을 위해 민첩한 조직문화를 추구하고자 5단계의 계층 구조에서 3단계로 조직의 구조를 축소하였는데도 의사결정의 속도가 바뀌지 않는 사례를 떠올려 보자. 이는 구성원 개개인이 스스로 군대적 문화에 적응되어 있어 의사결정 단계를 3단계로 축소하였다 하더라도 공식적인 의사결정 단계와 무관하게 비공식적으로 5단계의 의사결정 단계를 거치고 있어 조직화 개선에 따른 효과를 보지 못한 경우이다. 즉, 조직행동의 문제해결 없이 조직화만 개선하여 그 효과를 보지 못한 경우라 할 수 있다.

 이렇듯 조직화 및 조직행동에 대한 본질적인 원인 분석이나 진단 없이 조직문화의 변화나 개선의 시도가 실패로 돌아가는 이유는 다양하다. 우선 구성원들과의 합의 없이 경영진이나 해당 부서가 일방적으로 경영이념, 경영 철학, 핵심 가치 등을 슬로건의 형태로 구체화하였기에, 액자 속의 슬로건처럼 공허하게 들리기 때문이다.

그 외에 조직문화 개선에 실패하는 주요 다른 원인을 찾아보면 구성원들의 진정한 공감이나 이해가 배제되는 경우가 있다. 일반적으로 구성원들은 조직에 대해 자발적 몰입이 아닌 계산적 몰입calculative involvement을 보이기 때문이다.

자발적 몰입은 사람의 감정 및 정서적 측면에서 자발적 동기부여에 의한 몰입으로, 조직문화 변화에 대해 진정한 공감과 동참을 유도할 수 있다. 반면, 계산적 몰입은 조직문화 변화에 대한 개개인의 이익과 손실을 따져 조직문화 변화에 공감하거나 참여하기 때문에 진정한 조직문화 변화를 기대하기는 어렵다.

가령 빠른 의사결정을 위해 계층 구조를 5단계에서 3단계로 축소하였을 경우, 자발적 몰입은 구성원 개개인이 민첩한 조직 및 빠른 의사결정의 필요성을 인지하고 공감하여 조직문화 변화를 기대할 수 있다. 반면에 계산적 몰입은 의사결정 단계 축소로 인해 의사 결정권자의 권한이 축소되거나 박탈 등의 손실이 우려되므로 조직문화 변화에 대한 저항이 발생해 성공적인 조직문화 변화를 기대하기 힘들다.

또 다른 이유로는 오랫동안 굳어진 타성에 안주하려는 인간의 본능 때문이다. 기존의 질서나 오랜 관행을 바꿀 때는 필연적으로 구성원의 저항이 따른다. 대부분 조직은 Kurt Lewin의 조직 변화 모델을 기준으로, 1단계 해빙 단계unfreeze에서 2단계 변화 단계change로 넘어갈 때 변화에 실패한다고 한다.[6]

이를 해소하려면 1단계인 해빙 단계 이전에 조직문화 변화에 대한 필요성 및 변화를 실행하기 위한 준비가 되어 있는지 진단해야 한다. 조직문화 변화를 위한 여유 자원의 존재와 구성원의 자세 등을 고려하였다면 비로소 변화관리 첫 단계인 해빙 단계를 실시해야 한다.

【도표39】 Kurt Lewin의 조직 변화 모델

해빙 단계에서는 변화에 대한 저항이 생길 수 있다. 주요 이유는 습관이나 타성, 역량 부족 등의 기술적technical 문제, 권력과 권한의 불균형 및 기득권 유지 등의 정치적political 문제, 구시대적 사고의 집착이나 선택적으로 인지하는 자기 확증 편향 등의 문화적cultural 문제 등이 있다.

이 중 제일 개선이 어렵고 시간이 많이 소요되는 문제는 정치적 문제이다. 기술적 문제는 육성을 통한 역량 강화로 해결할 수 있고, 문화적 문제는 최고 경영진의 강력한 조직문화 변화 의지만 있다면 해결할 수 있다. 하지만 정치적 문제는 내부 구성원 간의 문제이기에 사람의 감정과 복잡하게 얽혀 있고 구성원 개개인의 존재 가치 및 지속 근무와 밀접하게 연관되어 있다.

현실적으로 정치적 문제를 해결하기란 불가능하므로 기술적, 문화적 문제를 우선적으로 해결하고 정치적 문제는 지속적인 내부 신뢰를 바탕으로 한 협업을 강조할 수밖에 없는 것이다. 이를 위해 조직 내 변화 담당자CA, Change Agent 및 TFTask Force 활동을 통해 변화관리를 시행해야 한다.

이러한 변화에 대한 저항을 넘어서면 드디어 변화 단계change를 거치게 된다. 그러나 조직 대부분은 해빙 단계에서 내부적으로 변화에 대한 저항으로 인해 조직문화 변화에 실패하고 만다. 만약 변화단계 후 재동결 단계refreeze까지 넘어가게 된다면 저항 후 남는 후유증을 치유하고 비전 데이나 선포식을 통해 재도약의 발판을 마련할 수 있다.

조직문화의 안착 방법

간혹 조직문화를 유행에 따라 맹목적으로 바꾸는 조직을 볼 수 있다. 예를 들어, 수평 문화로 전개되는 조직이 많아지자 수평 문화로 나아가기 위해 조직문화 변화를 시도하였지만 실패하는 경우가 있다. 그 이유는 우리 조직에서 수평적 조직문화가 왜why 필요한지에 대한 고민이 없이 변화를 꾀했기 때문인데, 조직문화 변화가 필요한 명확한 이유를 규명하고 변화관리를 전개하는 것이 바람직하다. 저항을 최소화하며 변화된 조직문화를 연착륙시킬 방법은 다음과 같다.

첫째로 리더십 측면에서 먼저 접근해 보는 것이다. 기업의 조직문화를 평가하는 워터스톤 휴먼 캐피털Waterstone Human Capital에 따르면 기업문화의 진화는 90% 이상이 현재의 리더에 의해 진화했다고 하였다. 또한 많은 연구자가 조직성과의 30~40%는 리더십의 결과로 나타난다고 하였으며, 탁월한 리더십 능력을 보유한 조직은 연간 수익 목표보다 20% 이상 더 높은 성과를 올린다고 증명하였다.

BCGBoston Consulting Group의 조직문화 매트릭스에서 실적 규율의 요인들discipline levers과 개인적 동기유발 요인들motivation levers의 측면에서 리더는 실적 규율 및 동기유발을 적절히 이끌어야 높은 성과의 조직으로 변화할 수 있다고 하였다. 리더 수급의 불균형 및 리더십 부족 현상이 증가하고 있는 현재 시점에서, 탁월한 리더에 의해 조직문화가 변할 수 있다는 것을 시사한다.

둘째, 구성원 간의 동료, 상사와 경영진을 신뢰하고 자신의 업무에 자부심을 느끼며 즐겁게 일할 수 있는 훌륭한 일터인 GWPGreat Work Place 활동을 통한 변화의 방법을 살펴보면, 높은 신뢰를 기반으로 한 GWP 조직은 변화에 대한 저항이 적으며, 구성원들 간의 공동체 의식이 높아 기업의 시장 경쟁력이 지속해 확보되는 것으로 나타났다. 조직문화를 비교 문화 접근 방법에서 볼 때 한국의 조직문화는 쉽게 바뀌지 않는다는 것이 정설이었지만, 몇몇 기업의 사례를 통해 한국도 기업문화 접근 방법으로 충분히 변화시킬 수 있다는 것을 확인할 수 있었다.

구성원 자율에 의한 근무 시간 및 휴가 제도를 도입한 제니퍼소프트는 성과 몰입을 통한 조직성과 창출에 기여하였다. 구성원 개개인에게 단순히 권한 위임을 준 것을 넘어서 회사의 비전과 개인의 비전을 일치시켰으며, 조직의 비전 역시 경영진의 의지보다는 구성원들과의 신뢰와 소통을 통해 비전을 제시하며 경영진 스스로 권위를 내려놓아 진정한 수평적 조직문화를 보유하게 되었다.

사람에 기반한 건강한 조직문화 확립으로는 마이다스아이티의 사례가 있다. 이는 맥그리거의 XY이론에서 구성원은 스스로 자기관리 및 자기 통제가 가능하고 개발 지향적이라는 Y이론이 더욱 설득력 있음을 보여준다. 매슬로우 욕구 위계설에 근거한 조직문화를 좀 더 자세히 살펴보면, 조직문화는 신뢰를 기반으로 동기, 성과, 명예의 4단계 피라미드 형태로 나타나고 있다.

신뢰는 무한한 잠재력을 믿으며 구성원이 스스로 잠재력을 능동적으로 발휘할 수 있는 기반 만들기를 우선시한다. 통제는 또 다른 통제를 낳기에 자발성을 근간으로 한다. 동기는 문화와 신뢰를 기반으로 구성원에게 성장할 기회를 부여하며, 성과는 업무를 통해 얻을 수 있는 성취욕, 지식욕 등을 충족해 나가는 과정이다. 마지막으로 명예는 구성원의 능력을 통해 얻은 성과를 세상과 나누어 공동선, 경영모델, CSR 활동을 추구한다.

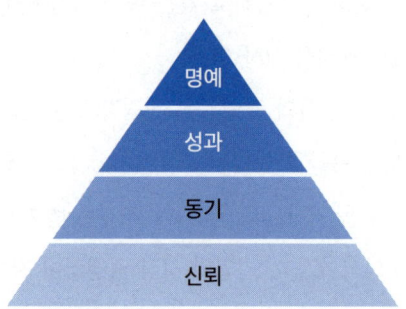

【도표40】 마이다스아이티의 조직문화 원칙

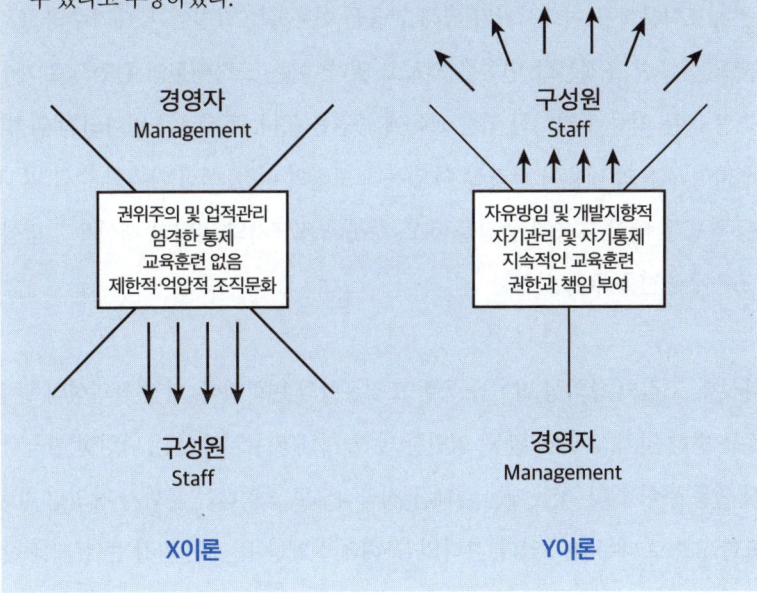

【도표41】

셋째, 부서 간 협업cross functional을 통한 조직문화 개선 방법이 있다. 부서끼리 가치사슬로 유기적으로 연결되어 있는 제조업에서 협업의 중요성이 더욱 크다. 특히, 제조 업종에서 사일로 효과organizational silos effect로 조직이 붕괴되기 직전까지 갔던 사례가 다수 발생하였는데, 대표적으로 소니와 닛산의 사례가 있다.

일본에서 사일로 효과에 의한 문제가 많이 발생하는 이유로는 일본 고유의 문화로써 조직에서 종적 관계만으로 행동하는 일을 뜻하는 다테와리의 영향이 크다. 그 중 소니의 사례를 살펴보면, 한때 전 세계 전자 회사 중 새로운 분야를 개척하는 선도자인 퍼스트 무버_first mover_에서 몰락하게 된 원인 역시 부서 내 팽배해 있는 사일로 현상 때문이었다. 이를 극복하기 위해 하워드 스트링거_Howard Stringer_ 영입 후 사일로 문화를 타파한 후에 히라이 카즈오_Kazuo Hirai_의 '하나의 소니' 전략을 통해 기업회생_turn around_ 할 수 있었다.

넷째, 조직문화를 변화시키기 위해 교육을 이용하는 방법이다. 대다수의 조직들은 교육을 통한 조직문화 변화를 꾀하고 있다. 이는 조직행동의 관점으로 개인의 역량 중 공통 역량과 리더십 역량 교육에 중점을 둔다. 조직문화 변화의 범위 및 방향에 따라 교육의 내용이 달라질 수 있는데 조직의 비전, 핵심 가치의 수립 및 내재화 등은 공통 역량 교육에 중점을 두고, 상사나 직책자의 리더십 개선은 리더십 역량 교육에 중점을 두어 실시한다.

다섯째, 조직의 창의성 발현을 통한 조직문화의 변화이다. 기업 창의성의 필수요소로는 방향 일치, 자발적 활동, 영민한 발견, 사내 커뮤니케이션, 다양한 자극과 비공식 활동 등이 있다. 최근에는 실패를 적극적으로 장려하는 문화가 창의성 발현의 중요한 요소로 대두되고 있다. 혼다의 '올해의 실패왕'은 매년 가장 큰 실패를 한 연구원을 뽑아서 실패왕으로 선정하여 소정의 상금을 지급하고 있다. 3M의 '맥나이트 원칙'은 실수를 용인하고 새로운 시도를 할 수 있는 직원의 자율권을 보호한다. 삼성에버랜드의 '실패 파티'는 케이크를 앞에 놓고 팀원들이 고객 만족에 실패한 사례를 자발적으로 발표하고 개선방안을 발표하여 공유한다. 이는 실패가 두려워 시도조차 하지 않는 구성원들을 자각시키고 실패 사례를 데이터화하여 같은 실수를 되풀이하지 않으려는 시도로 해석될 수 있다.

마지막으로 제도 및 시스템의 시행을 통한 조직문화의 변화를 들 수 있다. 2019년에 시작된 팬데믹으로 업무수행 방식이 언택트로 변화함에 따라 보고 및 회의 문화 개선의 바람이 불고 있다. 보고 문화의 경우 형식 탈피 및 보고서 수량도 간소화하여 불필요한 보고로 인한 낭비를 줄이는 데 중점을 두고 있으며, 회의 역시 불필요한 회의를 하지 않고 회의 시간 준수, 회의 주제 당사자 외 참석 금지 등을 통해 조직문화 변화를 꾀하고 있다. 이에 따라 출퇴근 시간의 자율화 및 비대면 보고 및 회의 문화가 빠르게 퍼져나가고 있어 일하는 방식에 대한 큰 변화가 예상된다.

하지만, 비대면 회의 및 보고 등이 과연 성과 몰입이나 구성원 동기부여에 긍정적인 영향을 미치고 있는지에 대한 검증 등이 필요한데, 회의 및 보고 등의 목적에 대한 본질 파악이 우선되어야 할 것이다. 예를 들어, 단순히 정보 공유를 위한 회의나 보고는 비대면으로 충분하나 구성원간의 토의, 토론을 위한 회의는 대면이 훨씬 효과적일 것이다.

이렇듯 제도나 시스템의 시행은 조직 성과 및 목적에 따라 충분함 검증이 뒷받침되어야 한다.

2장
조직진단

0. 들어가며

　이상적으로 잘 운영되는 조직은 국내는 물론 전 세계적으로도 드물 것으로 판단된다. 다만, 조직이 가진 강점이 약점을 보완하고 있거나, 조직이 가지고 있는 문제가 조직 운영에 치명적인 문제가 되지 않기 때문에 별다른 이슈 없이 조직이 운영되고 있을 뿐이다. 조직진단을 하게 되면 모든 조직에서 문제점이 도출될 것이다. 여기서 조직의 문제 중 가장 위험한 요인을 찾아내는 것이 중요하다.

　국내외 조직의 많은 사례들을 보면 알 수 있듯이, 외부 컨설팅 등을 통해 도출된 문제 중 해결해야 할 문제를 잘못 선택하여 조직이 위기 상황에 부닥치거나 붕괴되는 상황도 일어난다. 조직의 진단 및 문제 해결에 있어서는 내부 구성원들의 생각과 의견이 가장 중요하다. 실제 과업을 하고 있고, 문제를 해결하는 사람들 역시 내부 구성원들이기 때문이다. 즉, 정답은 내부에 있다. 사소한 문제 해결을 위한 행위가 조직에 막대한 위험을 초래할 수 있음을 유념해야 한다.

　조직진단에 대해 많은 학자가 다양한 정의를 내리고 있으나, 한마디로 정의하면 '현재 상태보다 바람직하거나 이상적인 상태로 가기 위한 과정'이라 할 수 있다. 즉,

현상과 기대의 차이를 인지하고 이와 관련한 문제를 해결해 나가는 것이라 할 수 있는데, 현재 상황의 문제를 분석하여 다양한 요인 및 접근법을 선정하는 것이 우선이다. 조직진단은 차이에 대한 장애 요인 등을 파악한 후 차이를 없애기 위한 적합한 방법을 선택 후 이행하는 프로세스이기 때문이다.

조직진단은 조직이 세운 성과를 달성하지 못했거나 조직 효과성에 문제가 있을 때 실시한다. 앞서 배운 조직화와 조직행동이 조직의 방향성 및 전략적 방향성에 부합하지 못할 때 조직진단을 진행해 개선을 꾀하는 것이다. 그 밖에도 미래의 선제 전략과제 등을 수행하기 위한 목적으로 조직진단을 수행하기도 한다.

조직화 및 조직행동을 대상으로 조직진단 범위를 설정하고 진단 방법 및 모형을 정하려면 우선 조직성과와 조직 효과성에 대해 이해해야 한다. 조직성과와 조직 효과성을 척도로 하여 조직화와 조직행동이 조직의 방향성에 부합하는지 판단하며, 만약 부합할 때는 조직진단이 필요하지 않지만 부합하지 않는 경우에는 조직진단을 수행해야 할 것이다.

예를 들어, ESG_{Environmental, Social and Governance}경영의 일환으로써 조직의 방향성을 상생의 측면에서 '협력사에 유, 무형적 지원 강화 및 갑질 근절'로 표방하고, 전략적 방향성은 '신기술 확대'로 목표를 세워 이에 따른 조직화와 조직행동을 수립하여 조직을 운영하였다고 가정해 보자. 구체적으로는 협력업체의 클레임 건수 월 5건 이하 발생과 연 2건 이상의 신사업 개발을 목표로 세웠다고 하자. 그러나 조직성과 관점에서 연초에 수립했던 목표와는 달리 협력사의 클레임 월 9건과 신사업 개발 연 1건의 결과가 나타났다면, 조직 효과성 차원에서는 협력사와 담당 부서의 커뮤니케이션 문제가 있었고, 신사업 확대에 따른 부서 간 이기주의 및 의사결정 문제가 발생하였다는 것으로 추측할 수 있다.

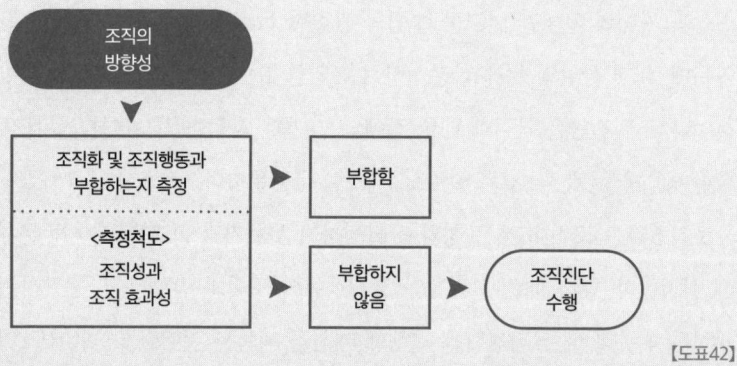

[도표42]

조직진단을 위한 조직 효과성과 조직성과에 대한 접근 방법은 제각각 다르나, 필자가 생각하는 조직의 효과성은 조직의 능력을 활용하여 조직의 합의된 목표를 달성한 정도를 말하는 것이기에 목표달성도와 더불어 과정적 의미도 포함한다. 조직 효과성에는 내부 과정적 접근법의 판단 기준인 직무만족, 팀워크, 관리자와 종업원 간의 신뢰, 의사결정 과정, 수평 및 수직적 의사소통, 적절한 보상체계, 조직몰입 등의 무형적 요인들이 포함되는 것이다.

반면에 조직성과는 정성적, 정량적 측정 기준에 따라 얼마나 달성하였는지 사후적 성질을 측정한다. 그래서 만약 조직성과 측정에만 한정된 관점으로 측정한다면 조직성과의 결과에 대한 인과관계를 알기 어렵다. 즉, 조직성과와 더불어 조직 효과성을 측정해야 성과 목표 달성에 실패 혹은 성공한 것이 조직 내부 또는 외부의 문제인지, 문제 요인이 내부에 있다면 구성원의 직무만족, 조직몰입, 신뢰 등이 원인이 되었는지를 파악할 수 있다.

예를 들어, 연초에 국내외 시장 점유율 30% 목표를 세웠는데 결과적으로 25%만을 달성하여 목표에 미달하였다면 원인을 파악해야 한다. 코로나19, 북핵 도발, 시리아 내전 등과 같이 통제 불가능한 국내외 변수가 아니라면 조직 내부를 살펴봐야 한다. 이때 조직진단을 수행하게 되는데, 조직성과가 나온 결과에 기인하여 문제의 원인을 찾아내거나 미래 관점의 탐색형, 목표형 문제를 알아보기 위해 사전에 조직

진단을 시행하기도 한다. 즉, 조직진단에는 조직의 성과 측면과 아울러 조직의 효과성에 대한 명확한 관점을 함께 갖고 있어야 할 것이다. 조직화 및 조직행동을 바탕으로 진단 범위를 설정하고 적절한 진단 방법 또는 모형을 선정해야 결과에 대한 인과관계를 파악하기 효과적이기 때문이다.

하지만 대부분의 조직은 조직진단 없이 조직의 성과 결과에 따라 보상 혹은 징계를 수행하는데 매몰되어 있다. 결국 조직평가, 본부 평가, 부서 평가, 개인 평가 결과에 따라 고성과자에 대한 보상이나 저성과자에 대한 징계로만 귀결되는 경우가 대부분이다. 보상은 금전적 보상이 일반적이며 집단, 개별 성과급이나 개별 연봉 인상 등이 이루어지고, 징계는 집단, 개별 성과급 미지급, 개별 연봉 동결이나 연봉 삭감 등이 해당한다. 이렇다 보니 본질적인 문제에 접근하지 못하는 것이 현실이다.

HR담당자는 조직에서 설정한 목표와 그에 따른 성과 관리의 결과에만 집중할 것이 아니라 그러한 결과가 나온 원인을 살펴보고 그 이유를 이해할 수 있어야 한다. 성과 목표에 대한 결과가 좋고 나쁨을 떠나 그러한 결과가 나온 과정 등에 대해 자세히 살펴보아야 하는 것이다. 가령 A제품의 매출 강화 및 홍보를 위해 조직을 부분 재설계하였는데, 목표한 수치만큼의 결과가 나오지 않았다면 책임과 권한, 의사결정, 부서화 등과 같은 조직구조상의 문제로 인한 것인지, 직무 역량, 리더십, 협업 등 구성원의 문제인지, ERP나 프로세스 등의 시스템 문제인지 파악하여야 한다.

조직 목표 및 성과를 관리하는 본질적인 이유는 조직진단 등을 통해 그러한 결과가 나온 과정적인 요소를 찾아내는 것이라 할 수 있다. 그 이유가 조직구조상의 문제인지, 통제 불가능한 외부적인 문제인지, 내부 경영자나 직책자의 문제인지, 구성원의 역량 문제인지, 리더십 문제인지를 찾아내 파악하는 과업이 매우 중요하다.

1. 조직진단 접근법

조직성과와 조직 효과성에 대한 조직진단 접근법은 목표 지향적 접근법, 내부 과정적 접근법, 체제 자원적 접근법으로 구분할 수 있다.

조직진단 접근법		
목표 지향적 접근법 - 조직성과 관점	내부 과정적 접근법 - 조직 효과성 관점	체제 자원적 접근법 - 조직성과 및 조직 효과성 관점

【도표43】

목표 지향적 접근법은 조직성과 관점으로, 정량적이고 가시적인 성과 척도를 기준으로 하여 계량화가 가능한 결과 중심 접근법이다. 조직성과를 판단할 때는 조직 목표를 달성한 정도를 기준으로 이 접근법을 주로 사용한다. 이는 조직의 산출물을 평가하여 조직성과를 판단하는 것이며, 조직은 목표 달성을 위한 합리적인 기구라는 관점이다. 주요 판단 기준은 생산성, 이윤, 수입, 수익성, 신뢰성, 고객만족도 등이다.

이 접근 방법은 목표는 이해가 용이해야 하며, 관리가 가능한 목표로서 목표치는 조직 내의 구성원의 전반적인 합의에 의한 것이어야 한다. 대부분의 성과 관리 목표가 목표 지향적 접근 방법을 기반으로 하고 있는데, 이 방법만을 강조하다 보면 조직문화가 건조해질 수 있으니 적정한 조율이 필요하다.

조직 효과성 관점의 접근 방법에는 조직 내부 운영 측면에서 조직의 효과성을 판단하는 내부 과정적 접근법이 있다. 정성적이고 비가시적인 척도 기준으로, 비계량적인 과정 중심 접근법이다. 내부 과정적 접근법은 조직 내부의 건전성과 경제성 또는 능률성 등을 평가하여 조직 효과성을 판단하며, 조직의 업무 수행 과정이 원활하고, 구성원의 만족과 조직의 안정성이 중요하다고 판단한다. 판단 기준으로는 직무만족, 팀워크, 관리자와 종업원 간의 신뢰, 의사결정 과정, 수평 및 수직적 의사소통, 적절한 보상체계, 조직몰입 등이 있다.

이 접근 방법은 조직의 과정과 성과 간의 관계가 분명할 때 유용한 접근법이긴 하지만, 평가자의 주관성이 개입될 여지가 다소 높으며 측정 기준 자체가 정성적인 항목으로 구성되어 있어 해석에 대한 준거 기준이 약한 것이 단점이다. 또한, 도출된 결과를 자사 내 시계열에 따른 비교 및 타 조직과 비교하기 위해 지속적인 조사 및 방대한 양의 데이터가 필요하다.

체제 자원적 접근법은 조직의 바람직한 존속과 유지를 위해 필요한 수단의 확보 여부를 평가하여 조직성과 및 조직 효과성을 판단하는 것이다. 이 접근 방법은 계량과 비계량 척도 기준을 모두 포함하며, 조직의 존속이라는 일차적 목표에 초점을 맞추었다. 그래서 조직의 생존을 위한 계속 적인 자원의 공급은 생존을 위한 필수 조건이라는 관점을 가지고 있다. 판단 기준으로는 예산 등과 같은 획득 자원의 양과 질, 환경에 대한 적응 능력, 적극성, 혁신성, 정당성, 경쟁적 지위 획득 여부, 사회적 평가 등이 있다.

조직진단 방법

조직진단에는 숫자와 같은 데이터를 바탕으로 하는 양적 진단과 인터뷰나 관찰과 같은 질적 진단이 있다. 구체적인 진단 방법으로 선행연구 조사, 설문조사, 인터뷰(SME, F.G.I), 관찰법, 벤치마킹 등이 있다. 양적 진단은 숫자를 기반으로 하는 계량적 통계 분석을 이용하는 정량적 접근 방법으로 객관적이고 실증적이다. 이와 반대로 질적 진단은 주관적이고 해석적인 연구 방법으로 연구자의 경험과 견해가 중요하다.

조직진단 방법	
양적 진단	질적 진단
혼합 진단	

【도표44】

양적 진단의 경우 객관적이라는 장점은 있으나, 결과에 따른 활용 방안에 대해서 구체적인 실행 방안을 제시함에 한계가 있다. 예를 들어, 조직성과몰입에 가장 영향력 있는 조직문화 유형을 알아보기 위해 경쟁 가치 모형을 설문조사 방법으로 조직문화 진단을 실시했다. 그리고 합의 문화가 가장 영향력 있는 것으로 나타났다고 하자. 만약 조사의 타당성과 신뢰성을 위해 통계적인 관찰의 대상이 되는 집단 전체인 모집단에서 선택된 적정 표본의 수가 확보된 조사 결과라면 객관성을 가질 수는 있다. 하지만 4가지 조직문화 유형 중 합의 문화가 조직성과에 가장 긍정적인 영향을 미친다는 결과만을 가지고 구체적인 실행 방안을 제시하기에는 단편적인 내용에 그치기 쉽다.

합의 문화는 조직 구성원의 참여와 몰입에 기반한다는 원론적인 정의 외에 깊이 있는 실행 방안을 수립하기가 불가능하다. 조직 구성원이 생각하는 합의 문화의 개념이나 가치는 서로 다를 뿐만 아니라 조직에서 생각하는 합의 문화의 개념과 가치 역시 서로 달라 조직과 조직 구성원이 일치된 합의 문화의 개념 및 가치를 끌어내기에 한계가 있기 때문이다.

만약 조직과 조직 구성원 간의 일치된 바람직한 합의 문화의 개념과 가치를 끌어냈다 하더라도 바람직한 합의 문화로 나아가기 위해 어떤 방식이나 방법을 채택해야 할지, 어떤 장애 요인이 있는지, 장애 요인이 있다면 어떤 극복 방안이 있는지 등에 대한 원인 및 과정 등에 대해 파악이 어렵다.

양적 진단과 달리 질적 진단은 주관적이고 해석적인 연구 방법으로, 비통계 분석을 통해 진단을 실시한다. 일반적으로 자료 수집 및 인터뷰, 관찰 등을 통하는 방식을 활용하는데, 통계 조사 없이 진행되다 보니 수집된 자료 및 인터뷰 등의 범위와 양이 정해진 기준이 없어 연구자의 객관성과 경험 등을 통한 전문성이 중요하다. 그리고 연구자의 역량이 높다면 결과에 대한 활용 방안이 상당히 실제적이고 구체성을 가지게 된다. 만약 상반된 업종뿐만 아니라 유사, 동일 업종에 대한 조사와 더불어 경영진, 시니어급, 주니어급 대상의 인터뷰를 통해 다양한 의견을 수렴한 후 합의 문화로 결론이 도출되었다면, 풍부한 자료와 인터뷰 내용을 통해 실질적이고 구체적인 실행 방안 등을 수립할 수 있다. 문서 등의 자료 및 인터뷰를 통해 일치된 합의 문화의 개념과 가치, 장애 요인 등 또한 심층 인터뷰를 통해 발굴할 수 있기 때문이다. 그러나 이 또한 적절한 자료나 인터뷰의 양 등 정해진 범위의 기준이 없어 연구 결과가 성급한 일반화의 오류에 치우칠 수 있다. 예를 들어, 조직성과 몰입에 가장 영향력 있는 조직문화 유형을 알아보기 위해 경쟁 가치 모형을 기반으로 해당 자료를 수집하고 조사 대상 조직 구성원과 인터뷰를 진행하였는데, 해당 자료가 조사하는 조직과 상반된 업종의 자료가 다수이고, 인터뷰도 주니어급에서만 2명 정도 진행 후 합의 문화가 가장 영향력 있는 문화라고 결론 내어 버린다면 조사 과정에 대한 불신으로 해당 조사의 결과를 신뢰하기 힘들다.

　객관적이고 타당성 있는 결과를 얻기 위해서는 양적 진단과 질적 진단의 장점만을 수용한 혼합 진단이 유용하다. 양적 진단으로 설문조사를 실시해 수치상의 객관성과 타당성을 유지하고, 도출한 결과로 합의 문화에 대한 정의, 개념, 가치 및 장애 요인 등을 인터뷰나 문서 등의 자료 등으로 더욱 풍성하게 할 수 있다. 그러나 실무에서는 양적 진단 방법인 설문조사법이 많이 활용되고 있다. 설문조사법은 도출하고자 하는 내용에 맞게 설문조사서를 개발하여 조사한 후, 결과에 대한 통계 처리를 통해 고객 요구를 확인하는 방법이다. 짧은 시간에 많은 자료를 수집할 수 있고, 많은 양의 자료를 수집하는데도 비용이 적게 든다는 장점과 더불어 수집된 자료의 분류와 해석이 용이하고, 표준화된 자료를 수집할 수 있다. 반면, 응답자가 질문을 잘못 이해할 소지가 크고, 질문지 구성에 전문적인 기술이 요구된다. 또한 설문지 특성상 일방적인 의사소통이 이루어지고, 낮은 회수율 때문에 자료의 정확성 및 타당성 문제와 더불어 서술형 질문은 자료를 분석 조직화하기가 곤란하다는 한계가 있다.

설문조사 진단방법

　설문조사를 위한 진단 문항 개발에는 기존형과 맞춤형이 있다.

설문조사를 위한 진단 문항 개발 방식	
기존형	맞춤형(customize)

【도표45】

기존형의 경우 선행연구 및 전문기관에서 개발된 문항을 그대로 차용하는 것으로, 시간의 흐름에 따라 관측된 통계량을 제시하는 시계열에 의한 추세형 조사 및 타 조직과 비교 분석 시 유용하다. 같은 문항으로 조사해야 정기적인 조사 시 과거와 현재의 차이를 통해 유효한 결괏값을 도출할 수 있다. 예를 들어, 경쟁 가치 모형으로 합의 문화, 발전 문화, 위계 문화, 합리 문화 유형을 조사하기 위해 각 유형별 문항을 5개씩 20개의 문항으로 조사를 실시하였다. 올해에 유형별로 한 문항씩 추가하여 24문항으로 조사를 실시하거나, 문항 수는 20문항으로 동일하나 유형별로 한 문항씩 내용을 수정하여 조사를 실시하였다면, 과거와 현재의 차이 분석 시 진단 문항의 상이성으로 오류가 발생 될 수 있기에 같은 모집단(조직 내 구성원)을 대상으로 하는 조사에서는 동일 문항 수로 조사하여야 한다.

　또한, 표본의 수 및 사원, 대리, 과장 등 그룹별 비율 역시 과거와 비슷한 수준으로 진행되어야 한다. 모집단 중 현재 표본의 수가 작년의 50% 수준이라면 이 정도 수준에서 진행되어야 하고, 그룹별 분배를 사원 20%, 대리 20%, 과장 20% 등으로 조사했다면 올해도 직급별 표본의 비율을 유사하게 가져가야 한다. 즉, 조사 대상을 몇 개의 그룹으로 구분하여 각 그룹에서 무작위로 표본을 추출하는 방법인 층화표본추출 stratified sampling 을 활용해야 한다. 타 조직과의 비교를 위해서도 동일 문항으로 조사해야 현재 당사의 위치를 객관적으로 알 수 있기 때문이다. 동일 조직에서는 과거와 현재의 차이, 다른 조직에서는 동일 시점의 차이 분석에 대한 조사가 되는 것이다.

　어느 정도 데이터가 쌓이면 조직진단 시 활용이 가능하다. 적정 데이터 수에 대한 여러 견해가 있으나 일반적으로 모집단 기준으로 1백 명 이하일 경우 전체의 데이터가 필요하고, 5백 명 내외는 모집단 기준 40% 수준, 1천5백 명 내외는 모집단 기준 대략 20% 수준으로, 모집단이 커질수록 필요 데이터의 비율을 점차 감소한다. 대략 5천 명 이상부터는 최소 4백 명 이상의 데이터가 필요하다. 분석에 필요한 모수를 위해 신입사원 조직 적응도 설문조사를 수년간 실시하여 일정 기준의 신뢰성과 타당성을 확보한 데이터가 수집되면 이를 분석하여 활용할 수 있다.

맞춤형은 조직 현황 및 문제에 따라 문항을 조정하는 것이다. 문항을 가감할 수 있으며, 기존 문항의 변형도 가능하다. 조직진단 및 활용이 일회성인 경우에 맞춤형으로 활용하며, 조직진단을 통해 일시적인 조직 개선이 필요하거나 기존 문항만으로 기대할만한 결과를 얻기 힘들 경우에도 사용한다. 단, 진단의 객관성 및 타당성을 확보하기 위해 설문조사법 외 복수의 진단 방법을 활용하여 진단하는 것이 바람직하다. 이를 위해 조직진단 시 대표적인 양적 진단 방법인 설문조사법과 대표적인 질적 진단 방법 인터뷰를 활용하여 진단하는 것이 일반적이다. 그 외 주요 진단 방법을 살펴보면 아래와 같다.

SME(Subject Matter Expert) 워크숍은 도출하고자 하는 조직진단 내용에 적합한 전문가를 선정하여 이들과 함께 워크숍을 통해 확인하는 방법이다. 생생한 경험에서 진단 내용을 도출하기 때문에 현장감 있는 결과가 도출될 가능성이 높고 활용성이 크다고 할 수 있으나, 적절한 SME를 선발하여 장시간 워크숍을 수행해야 하므로 SME의 적극적인 참여가 성공의 열쇠다.

FGI(Focus Group Interview)는 집중집단면접이라고 한다. 조직진단 목적에 맞는 내부 구성원을 6~12명 정도 선발하여 한 장소에 모이게 한 후 면접자의 진행 아래 인터뷰 목적과 관련된 토론으로 자료를 수집하는 기법이다. 비구조화 되어 있어 여러 관점에서의 자료수집과 특정 주제에 관한 자료의 집중적 수집이 용이하다. 또한 적은 비용으로 많은 정보를 수집할 수 있고, 피조사자들의 참여의식을 높일 수 있다. 그러나 체계적인 정보수집이 어렵고, 전문적인 능력을 갖춘 진행자가 필요하며, 진행자의 성격에 따라 많은 영향을 받는다. 또한 참여자의 성격에 따라서도 영향을 받고, 참여자를 선정하는 일에 많은 어려움이 따른다는 한계가 있다.

관찰법은 조사자가 직접 조직을 관찰하여 기록하는 방법으로, 인터뷰나 설문지 등을 통해 획득할 수 없는 행동이나 중요 사건 등에 대한 조사가 가능하다. 효과적인 관찰법을 수행하기 위해서는 우선 관찰하고자 하는 대상이나 범위가 명확해야 하고 조사자 간의 성향이나 목적의식 등으로 인한 괴리가 발생할 수 있어 표준화된 매뉴얼을 기반으로 접근해야 한다. 하지만 많은 시간이 소요되는 어려움이 있고, 조사자의 주관을 완벽하게 차단할 수 없다는 문제점을 지니고 있다.

벤치마킹은 대상 조직의 위치를 명확하게 파악하여 혁신적인 개선안 발굴 기회를 제공한다. 다만 대상 조직에 대한 사전 지식과 이해 등 준비가 많이 필요하고, 대상 조직마다 배경과 현재 상황이 상이하기에 자사 적용에 한계가 있다. 대외비 자료 등 핵심 자료 수집이 힘들다는 단점도 있다. 다양한 이유로 벤치마킹을 조직에 맹목적으로 도입하는 일은 경계해야 한다. 아무리 우수한 시스템이나 프로세스라 하더라도 조직의 방향성 및 조직이 가지고 있는 상황과 구성원들의 수용성으로 인해 해당 조직에서는 기대한 효과에 부합하지 않을 수 있기 때문이다.

조직진단 모형

조직진단을 할 때는 조직화에 문제가 있는지, 조직을 운영하는 사람의 조직행동적 요소 등에 문제가 있는지에 대한 진단이 필요하다. 미래 관점의 목표형 문제는 현재 조직 운영에 큰 문제는 없지만, 정치, 사회, 환경 변화 예측 및 새로운 먹거리를 위한 신사업 탐색, 사업 확대 및 축소 등 닥쳐올 문제에 대해 선제적으로 대응하기를 위한 것이며, 조직 내부와 더불어 조직 외부 진단도 실시하는 것이 바람직하다. 경영진이나 조직설계 부서에 의해 일방적으로 조직구조 변경이 진행되는 경우도 있으나, 이때는 조직의 전략적 방향성에만 매몰되어 본질적인 원인을 개선하지 못해 조직 운영 문제가 재발할 수 있다.

조직진단은 결과에 대한 타당성이나 신뢰성 문제와 더불어 진단을 실시하는 운영 주체에 대한 전문성 등 문제 제기가 있을 수 있으나, 최소한 조직행동적 요소에 대한 진단은 실시하는 것이 바람직하다. 아무리 조직이 방향에 맞는 이상적인 조직구조를 구현하더라도 궁극적으로 조직을 운영하고 조직 효과성과 조직성과에 기여하는 것은 사람이기 때문이다.

주요 조직진단 기법과 모형을 살펴보자.

조직진단 모형	주요 요소	진단 범위
SWOT 분석	강점(Strength)과 약점(Weakness), 기회(Opportunity)와 위협(Threat)	외부 환경 및 내부 환경, 역량
3C (Company, Customer, Competitor) & FAW (Force At Work) 분석	3C(회사, 고객, 경쟁자), FAW(환경요소)	
PEST (Political, Economic, Social and Technological analysis) 분석	정치, 경제, 사회문화, 기술	
5 Force 분석	신규 진입 위협, 기존 경쟁자 간 경쟁 강도, 공급자의 협상력, 구매자의 협상력, 대체재의 위협	
Harrison 모형	산출, 목적, 투입, 환경, 기술, 구조, 형태 및 과정, 문화, 체제의 역동성	조직화 + 조직행동
OAI (Organization Assessment Instrument) 모형	개인적 업무설계 차원, 조직부서 설계 차원, 부서 간 관계 차원, 거시적 조직설계 차원	
Leavitt의 조직체계 모형 (Diamond model)	조직의 존재 이유인 과업(task), 과업을 수행하는 사람(people), 도구 및 운영 기술(technology), 의사소통체계·권한 관계·작업 흐름 등에 해당하는 구조(structure)	
Nadler의 적합 모형 (Congruence model)	투입, 변환 (변환 과정은 업무, 인력, 공식 조직, 비공식 조직 등의 네 가지 하부조직으로 구성), 산출	
Tichy의 TPC (Technical, Political and Cultural) 모형	외부와의 인터페이스, 미션, 전략, 조직의 미션과 전략 과정 관리, 과업, 규정된 네트워크, 조직의 과정, 사람과 생성되는 네트워크	
경쟁가치모형	합의 문화, 발전 문화, 위계 문화, 합리 문화	조직행동
7S 모형	공유가치(Share value), 전략(Strategy), 구조(Structure), 구성원(Staff), 기술(Skill), 리더십 스타일(Style), 관리시스템(System)	조직화 + 조직행동

【도표46】

Harrison(1944) 모형은 조직을 하나의 개방 체제로 인식하여 조직을 구성하고 있는 9개의 주요 요소를 제시하였다.[7] 산출, 목적, 투입, 환경, 기술, 구조, 형태 및 과정, 문화, 체제의 역동성 등이 그것이다.

【도표47】 Harrison의 모형

Van de Ven & Ferry(1980)에 의하여 개발된 조직진단 도구 OAI Organization Assessment Instrument는 조직평가를 위한 응용 조사 프로그램으로, 조직의 수준에 따라 개인적 업무 설계 차원, 부서 간 관계 차원, 조직 부서 설계 차원, 거시적 조직설계 차원으로 4개 진단 대상을 선정하고, 각 진단 유형별로 2~3개의 진단 요소와 세부적인 진단 지표를 제시하였다.[8]

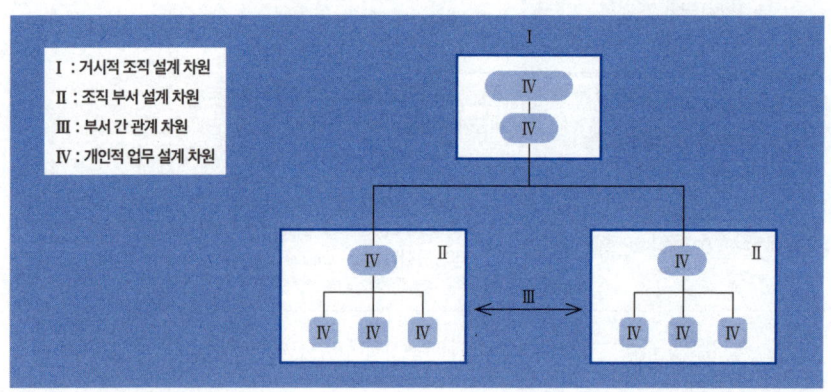

【도표48】 OAI 조직평가지표 모형

Leavitt(1965)의 조직체계 모형 diamond model 에서는 조직의 요소로 제품 생산이나 서비스 제공과 같은 조직의 존재 이유인 과업 task, 과업을 수행하는 사람 people, 도구 및 운영 기술 technology, 의사소통 체계·권한 관계·작업 흐름 등에 해당하는 구조 structure 로 보았다.[9]

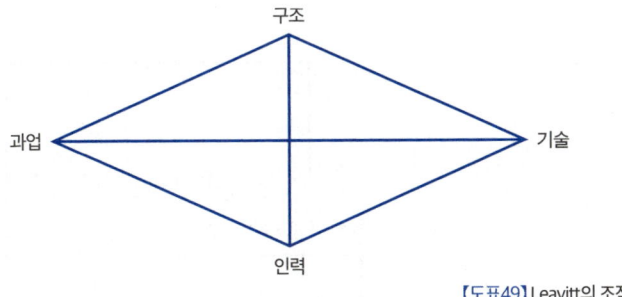

【도표49】Leavitt의 조직체계 모형

Nadler(1977)의 적합 모형 congruence model 은 투입, 변환, 산출의 세 단계로 되어 있으며 그 중 변화 과정에 초점을 두고 있다.[10] 변환 과정은 업무, 인력, 공식 조직, 비공식 조직 등의 네 가지 하부조직으로 구성되어 있고, 이 네 가지 주요 하부구조들의 관계를 깊이 있게 재고하는 것이다.

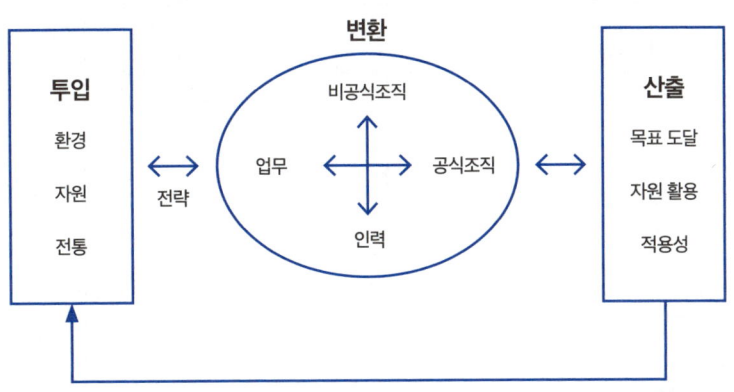

【도표50】Nadler의 적합 모형

2장. 조직 진단

Tichy(1983)의 TPC Technical, Political and Cultural 모형은 다른 모형들과 달리 변화 관리에 보다 초점을 둔 모형을 제시한다.[11] 조직 변화를 가져오는 9가지 요소 또는 수단으로 외부와의 인터페이스, 미션, 전략, 조직의 미션과 전략 과정 관리, 과업, 규정된 네트워크, 조직의 과정, 사람과 생성되는 네트워크를 꼽는다.

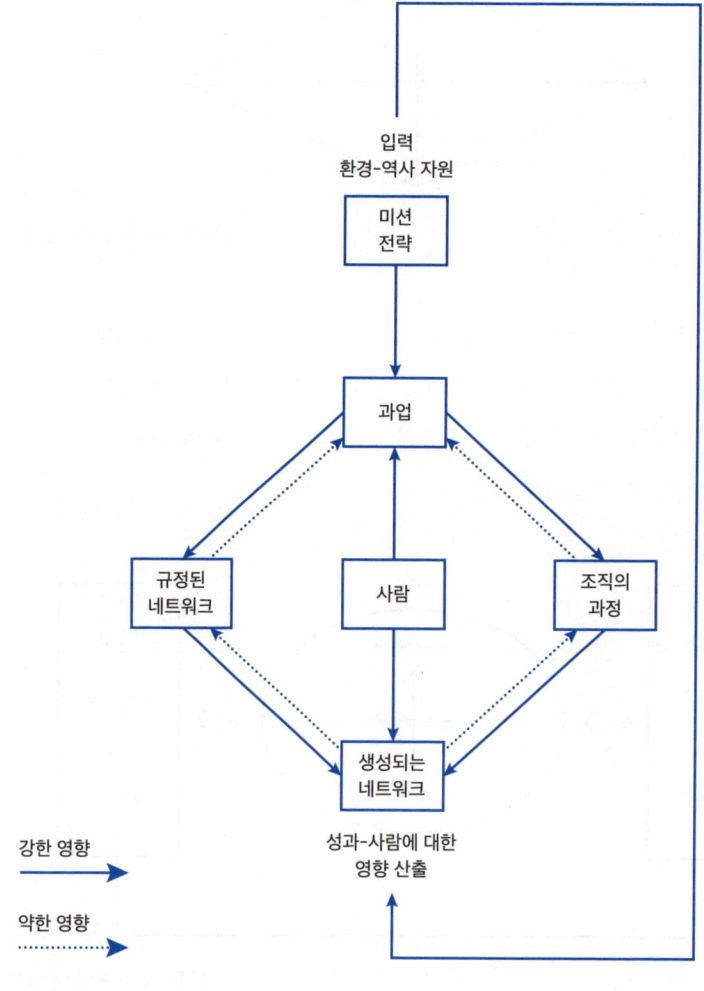

[도표51] Tichy의 TPC 모형

Quinn & McGrath(1985)의 경쟁가치모형[12]은 모순적이고 배타적인 다양한 조직문화의 가치요소들을 포괄적으로 분석 할 수 있는 틀을 제공한다. 첫째, 조직구조에 대한 선호를 반영하는 유연성 대 통제의 차원이다. 유연성 지향의 가치는 분권화와 다양성을 강조하는 반면, 통제 지향의 가치는 집권화와 통합을 강조한다. 둘째, 내부지향성 대 외부지향성의 대립적 차원이다. 내부지향성은 조직의 유지를 위한 조정과 통합을 강조하고 외부지향성은 조직 환경에 대한 적응, 경쟁, 상호관계를 강조한다. 이 두 가지 차원에서 합의 문화, 발전 문화, 위계 문화, 합리 문화로 네 가지 조직문화 유형이 결정된다.

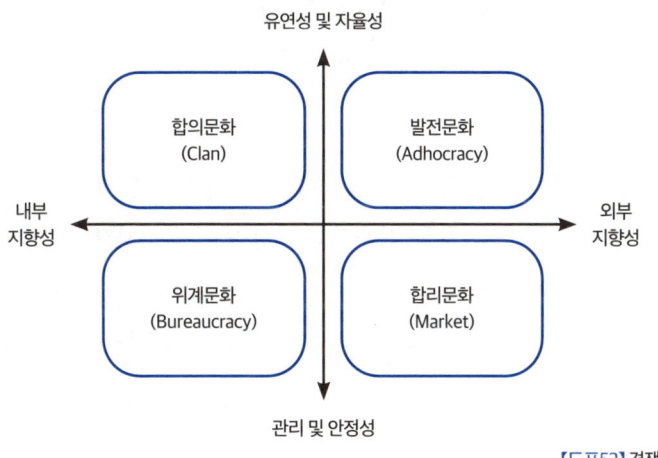

【도표52】 경쟁 가치 모형

Pascale & Athos(1981)는 일본 경제가 미국 경제를 추월해 옴에 위기감을 느끼고 일본 기업의 성장요인에 대한 연구를 통해 7S 모형을 도출하였다.[13] 7S 모형은 기업의 전체적인 관점에서 조직문화를 이해하고 바람직한 방향으로 조직을 개발하는 기준을 제공한다. 7S의 각 요소는 조직의 일부분들을 설명하지만, 7S가 모여 각 조직의 독특한 문화를 만들게 되므로 조직문화를 설명하는 데 있어 주요 도구로 사용된다.

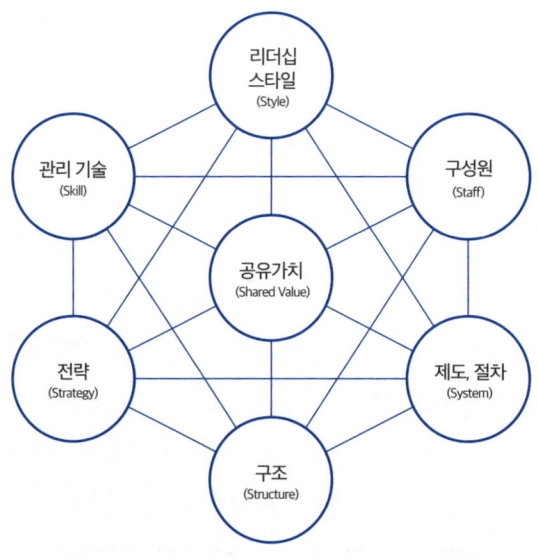

[도표53] 7S 모형

기타 진단 도구로는 SWOT Strength, Weakness, Opportunity, Threat 분석, 3C Company, Customer, Competitor & FAW Force At Work 분석, 전략 관리 구성 요소 중 거시적 환경 요소를 파악하는 PEST Political, Economic, Social and Technological analysis 분석이 있다. 또한, 5 Forces 분석은 산업의 경쟁 강도와 수익성 및 산업의 구조적 매력도를 결정하는 5가지 경쟁 요인을 분석하는 것으로 신규 진입 위협, 기존 경쟁자 간 경쟁 강도, 공급자의 협상력, 구매자의 협상력, 대체재의 위협을 의미한다.

이렇듯 다양한 조직진단의 기법과 모형이 존재하지만, 조직진단 대상 선정에 따라 수집되는 정보 및 적합한 모형이나 진단 도구가 달라지므로 무엇을 구체적으로 진단할 것인지 대상을 먼저 결정하여야 한다. 일반적으로 양적 진단 측면에서의 모형이나 도구는 많은 연구자에 의해서 잘 정립이 되어 있으나, 질적 진단 측면에서는 많은 연구가 이루어지지 않은 것이 현실이다.

조직진단 프로세스

조직진단은 현재 상태로부터 더 나아가 바람직한 이상적인 상태로 가기 위한 과정이다. 진단의 과정은 아래와 같이 문제 유형을 파악한 뒤 PDCA_{Plan, Do, Check, Action}의 순서를 활용하여 실시한다.

문제유형	계획 (Plan)	진단 (Do)	결과 (Check)	실행 (Action)
발생형 문제	목적 설정	내/외부 환경분석	재조직화	*CA/TFT 선정
목표형 문제	범위 선정	조직화 분석	조직행동 개선	조직 변화 활동
	모형 선정	조직 행동 분석		
	방법 선정			

* CA(Change Agent): 변화관리자
TFT(Task Force Team): 태스크 포스 팀

【도표54】

문제 유형 파악

조직진단은 대부분 현재 조직에서 발생하고 있는 문제를 발견하고 나서 수행하게 된다. 이를 발생형 문제라고 하며, 이런 경우에는 이미 내부적으로 곪아 터진 문제일 가능성이 크다. 대형 사고가 발생하기 전에 그와 관련된 수많은 경미한 사고와 징후들이 반드시 존재한다는 하인리히 법칙처럼, 조직의 특성상 문제를 최대한 숨기고 감추려는 경향이 있기에 작은 문제도 크고 심각한 문제로 전개될 가능성이 있다.

반면에 목표형 문제에 대해서도 생각해봐야 한다. 조직의 목표 및 성과 관리의 본질적인 이유는 조직진단을 통해 도출된 결과 이상으로 그 과정적인 요소를 찾아

내는 것에 있다. 그래서 현재 조직화 및 조직행동에 별다른 문제가 없다고 하더라도 신성장 동력 발굴이나 사업의 지속과 같은 미래의 선제적 전략 과제 수행을 위해 조직진단을 시행하기도 한다.

이렇게 조직진단을 수행할 때는 단순히 현재 발생하고 있는 문제인 '발생형 문제' 뿐만 아니라 지금 바꾸지 않는다면 미래에 문제가 생길 수 있는 '목표형 문제'를 모두 고려해야 하는 것이다.

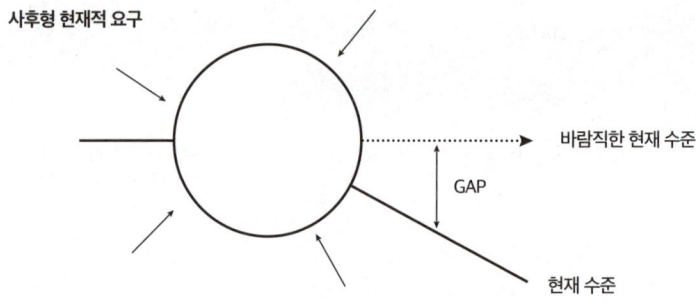

【도표55】현재 조직의 문제

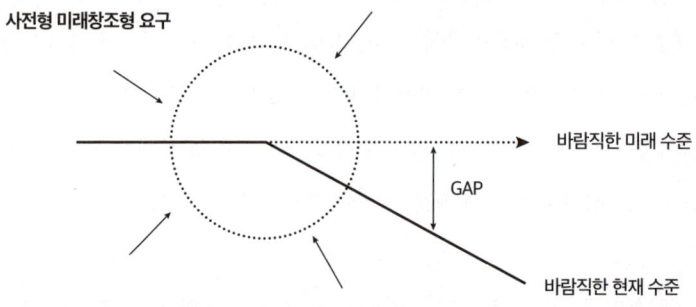

【도표56】미래 조직의 문제

아래의 <도표57>은 발생형, 목표형 문제에 따라 조직진단이 필요한 주요 항목을 정리해 놓은 것이다. ●는 문제 원인에 대해 일반적으로 활용이 되는 주요 요인이며 ◐는 일반적이지는 않지만 사용 가능한 요인이다. ○는 활용되지 않는 요인이다.

발생형	목표형 (탐색형)	주요 요인	주요 항목					
●	●	경영 성과	매출	영업 이익	고객 만족	시장 점유율	노동 생산성	
●	●	조직화	직무 분류	부서화	의사결정	R&R	집권화	공식화
●	●	사람	직무 역량	경영진 (리더) 교체	리더십	성과 (조직) 몰입	직무만족	협업
●	◐	프로세스	ERP	RPA	프로세스			
○	●	New Biz	신규 사업	신제품 (상품)	신규 지역 (국가)	시나리오 플래닝		

【도표57】 문제에 따른 조직진단 주요 항목

경영성과는 발생형 및 목표형 문제에 모두 해당한다. 올해 경영성과 목표에 부합되지 못한 결과가 나왔을 경우 발생형 문제가 되나, 내년 경영성과 목표를 도전적 목표stretch goal로 높게 설정하였을 경우에는 목표형 문제가 된다.

조직화 및 사람 역시 발생형 및 목표형 문제에 해당한다. 조직의 방향성이나 전략적 방향성에 부합되지 못할 경우 발생형 문제이므로 조직구조 및 개인 역량 개선을 시도하지만, 더 빠른 의사결정 및 수평 조직문화 개선을 위해 선제적으로 조직구조 및 개인 역량 개선을 하는 경우는 목표형 문제로 분류된다.

프로세스는 보통 업무 비효율 등과 같은 발생형 문제이기에 즉시 개선하는 것이 일반적이지만, 당장의 문제는 없으나 미래의 조직성과 관점에서 선제적으로 프로세스 개선을 시행하기도 한다.

마지막으로 New Biz는 앞으로 해야 할 목표형 문제로 구분된다.

계획(Plan)

조직이 당면한 문제의 유형을 발생형 문제 또는 목표형 문제로 구분하여 인지하였다면 다음은 계획단계이다. 진단 목적 및 범위, 성격에 맞는 진단 모형을 선정한 후, 이를 통해 얻고자 하는 측정 가능한 기대 효과를 설정하게 된다.

계획단계에서는 우선 조직진단의 목적을 설정하는데, 조직진단을 하는 목적이 명확해야 진단 후 실행에 따른 모니터링이 가능하고, 목적에 따라 진단 범위 및 진단에 투입할 가용 자원 등을 제시할 수 있다.

목적이 설정되었다면 도출된 문제의 범위 및 중요도에 따라 진단 범위를 결정한다. 조직진단은 문제의 원인에 따라 접근이 필요한데 문제 원인 이상의 범위까지 굳이 조직진단을 실행할 필요는 없다. 조직진단의 범위 등에 따라 투입되는 자원이 만만치 않기 때문에 조직진단의 목적에 따른 조직진단 범위를 선정하는 것이 중요하다. 조직진단의 범위는 진단할 요인의 크기 및 개수에 따라 여섯 가지 정도로 구분할 수 있다.

조직 관점	범위 내용	범위 크기
조직화 관점	구조적 측면	중
조직행동 관점	마이크로 측면	소
	만족도 측면	소

조직화 + 조직행동 관점	매크로 측면	대
	효율성 측면	소
	과정적 측면	중

【도표58】

먼저 조직화 관점에 해당하는 구조적 측면은 인사제도, 조직구조의 변경, 사업구조 개편, 경영정책 변화에 따른 전략적 조직 편제 설계가 필요할 때의 접근방식이다. 조직 방향성 및 전략 방향성에 따르는 조직 재설계를 통한 조직구조 개선이 필요하며, 구조적 측면의 범위에 따라 조직구조 전부 혹은 일부 개선이 진행되어야 한다.

조직행동 관점에는 마이크로$_{micro}$ 측면과 만족도 측면의 두 가지가 있다. 일부 개인 및 부서나 기능의 성과가 떨어지거나 조직 방향성 및 전략 방향성에 부합되지 않을 때, 특정 개인이나 집단 같은 하위 체계를 우선적으로 변화하길 바란다면 마이크로 측면의 범위를 설정한다. 단, 해당 개인이나 부서, 기능의 반발이 있을 수 있으므로 가시적으로 드러나는 조직성과와 같은 정량적 지표를 수반해야 한다. 마이크로 측면의 조직진단도 조직화 및 조직행동 양쪽 관점에서 접근이 필요하나, 조직행동적 관점이 더 우세하다.

만족도 측면의 경우 조직 내 인적자원의 성장, 만족도, 동기부여 제고 등을 위한 신규 조직 운영 프로그램을 모색할 때 조직진단을 한다. 만족도 측면은 가시적으로 드러나지 않는 잠재적 문제로, 조직문화의 징후가 좋지 않을 경우 선제적으로 조직진단을 실시하여 문제점을 파악하는 것이 중요하다.

조직화와 조직행동 모두를 고려하는 차원의 조직 관점에는 매크로$_{macro}$ 측면, 과정적 측면, 효율성 측면이 있다. 먼저 전사적으로 개입하여 일시에 전체 조직을 변화시키길 바란다면 매크로 측면의 범위를 선정한다. 즉, 조직구조 개선 및 개인 역량 변화를 통해 조직문화 변화를 꾀할 수 있지만, 조직진단의 범위가 넓어 물리적인 시간이 많이 소요되고 변화에 대한 구성원의 저항이 클 수 있다. 조직의 경영적 위기 상황이나 신사업 등 체질 개선이 필요할 때 실시한다.

과정적 측면의 범위는 업무 프로세스 개선, 교육연수, 팀 빌딩, 의사소통을 개선하거나 고도화를 원할 때 선정한다. 업무 프로세스 개선은 조직화와 조직행동 양쪽의 관점이 필요한데, 업무 프로세스가 잘 구축되어 있더라도 조직행동의 관점에서 접근할 필요가 있는 것이다.

조직 내 부서와 업무 간 정합성 확보, 비효율적 업무 제거 등을 통한 경영효율화를 원할 때 조직진단을 실시하는 효율성 측면도 있는데, 조직 내 부서와 업무 간 정합성 확보는 조직화 관점이 필요하지만 비효율적 업무 제거는 조직행동 관점이 더 중요하다. 조직 내 부서와 업무 간 정합성 확보는 개인의 역량 문제보다는 조직구조적 문제가 대부분이며, 비효율적 업무 제거는 개인의 역량과 밀접한 관련이 있기 때문이다.

앞에서 언급했던 사례 중 '협력사 클레임 5건 이하'의 목표를 세웠다가 실제 결과가 6건으로 나타났다면 큰 차이가 없으므로 진단하지 않거나, 해당 부서 및 기능에 대해서만 범위를 좁혀 조직화 관점에서 조직진단을 실시할 수 있다. 하지만 협력사 클레임이 10건으로 나타났다면 결과의 심각성으로 인해 조직화 관점에서 해당 부서와 기능뿐만 아니라 유관 부서 및 기능까지 확대해서 진단 시행이 필요하게 된다. 이에 조직행동 관점에서 커뮤니케이션, 신뢰, 의사결정 등과 같은 요소를 포함하여 진단을 진행한다. 이를 위해 조직화의 요인인 기능, 조직구조, 직무 등의 범위와 조직행동의 요인인 직무만족, 팀워크, 관리자와 종업원 간의 신뢰, 의사결정 과정, 수평적·수직적 의사소통, 적절한 보상체계, 조직몰입 등 무형적 요인에 대한 범위를 선정해야 할 것이다.

조직진단 범위를 정했다면 조직진단 범위에 따른 모형을 선정할 차례다. 단순한 조직문화 유형에 대한 진단이면 경쟁 가치 모형처럼 단순한 모형으로 진단이 가능하나, 조직화와 조직행동 관점의 매크로 측면의 진단 범위로 확대가 필요하면 7S 모형이나 Harrison 모형, Leavitt의 조직체계 모형 등을 선정해야 한다.

그 특성에 맞는 조직진단 모형이 선정되면 진단 방법을 선택해야 한다. 이때는 조직진단 모형에 따른 문항이나 프로세스를 사용하여도 되고, 조직의 문제 및 특성에 따라 가감하여도 된다.

진단(Do)

진단 단계에서는 계획단계에서 선정한 진단 모형과 방법으로 진단을 실시한다. 조직진단은 자체적으로 진단을 시행하거나 컨설팅 또는 자문과 같은 외부 자원을 통해 진행하는데, 내부 자원 진단과 외부 자원 진단의 차이점을 살펴보기 전에 먼저 효율성efficiency과 효과성effectiveness에 대한 구분이 필요하다.

효율성은 조직, 집단이 소유하고 있는 지식과 갖추고 있는 능력으로 어느 만큼 결과물을 생산하고 있는가에 대한 비율로, 내부 자원으로 최대한의 성과를 내는 것을 의미한다. 한편 효과성은 내부자원 뿐만 아니라 외부자원까지 활용하여 최고의 성과를 지향한다. 예를 들어, 100점을 기준으로 내부 자원의 최대 역량이 80점인데, 성과가 80점이면 효율성 측면에서는 80점이라는 최대치의 성과가 있었으므로 100점이 되지만, 효과성 측면에서는 100점의 기준으로 80점이 된다. 반대로 내외부 자원을 합쳐서 150점의 역량으로 100점의 성과를 얻었다고 하면, 효율성의 측면에서는 66점이 되지만 효과성 측면에서는 100점이 된다.

투자 및 외연 확대가 힘든 경우는 100점짜리 성과를 내지 못하더라도 내부 자원을 최대한 동원하여 높은 성과를 내야 한다. 그러나 조직이 확대되고 있고 경영성과가 좋아 투자할 여력이 높다면, 내부 자원뿐만 아니라 외부 자원까지 포함하여 100점의 성과를 내는 것이 현명하다. HR에서의 외부 자원 활용이란 신입 및 경력 사원 등의 채용이나 컨설팅 등의 활동을 말한다.

진단은 조직화 진단과 조직행동 진단을 하게 되는데, 이에 앞서 정치, 경제, 사회문화, 기술, 경쟁사, 고객 등과 같은 상황을 진단하는 외부 환경 분석과 조직의 역량에 대한 현황을 진단하는 내부 환경 분석이 선행되어야 한다. 그리고 조직화 진단은 앞서 알아보았던 기능, 수평 및 수직적 분화에 따르는 직무, 통제 범위, 부서화 등에 대한 재정립이 필요하며, 조직행동 진단은 역량 모델링 개편과 더불어 조직행동에 포함되는 다양한 요인 등을 진단 목적 및 범위에 따라 선택하여 진단을 실시한다.

진단 목적 및 범위에 맞는 진단 방법을 선정한 후 진단을 실시하는데, 다양한 진단 방법 중 설문조사와 인터뷰를 통해 진단을 진행하는 경우가 일반적이다. 설문조사나 인터뷰를 위한 진단 문항 개발에는 중요한 원칙으로 MECE_{Mutually Exclusive Collectively Exhaustive}를 준수해야 한다.

ME (Mutually Exclusive)	서로 배타적으로 항목을 구성하는 각각의 항목들이 서로 구분되고 명확한 항목인가? 항목들이 동일한 영역의 문제를 함께 다루고 있지는 않은가?
CE (Collectively Exhaustive)	전체적으로 문제의 모든 측면들이 문제를 구성하는 각각의 항목들 중 어느 하나에 서로 중복되지 않고 포함되어 있는가?

【도표59】

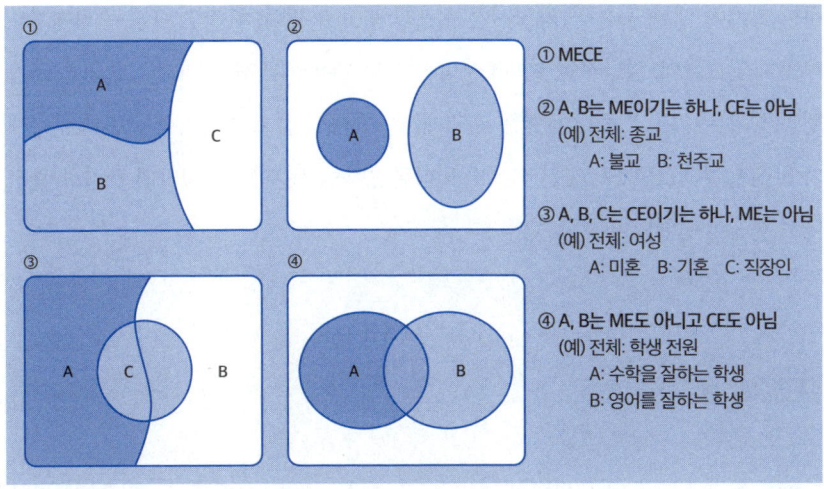

【도표60】

　예를 들어 직무만족에 영향을 미치는 요인에 대해 조사를 기획했다고 하자. 먼저 내재적, 외재적 요인에 대한 조사를 실시한다. 물론 내재적, 외재적 요인은 다양하나 최소한 선행연구나 전문기관에서 검증된 요인은 다 포함하여 조사하는 것이 바람직하다. 조사 결과로 내재적 요인으로는 직무 독립성, 직무 난이도, 도전성, 직무 자율성, 직무 몰입 등이 있으며, 외재적 요인으로는 감독 및 상사와의 관계, 동료 관계, 보상 공정성, 고용안정, 근무 여건, 승진 등이 도출되었다.

　그러나 내재적 요인과 외재적 요인 중 한 가지만 조사하거나, 요인의 구성을 한쪽으로 치우치는 조사를 진행하면 진단 결과의 신뢰성에 문제가 발생한다. 예를 들어, 모든 요인을 포함하였으나 보상을 빼고 조사한 결과로 승진이 가장 영향력이 높은 것으로 나타났다면, 승진제도 개선 및 승진 비율에 대한 면밀한 검토를 거쳐 개선될 가능성이 높다. 하지만 개선 후에도 직무만족에 대한 결괏값이 별반 차이가 없다면, 실질적으로 구성원들은 보상이 직무만족에 가장 강력한 요인이었을 가능성이 크기에 MECE 원칙을 지키도록 한다. 만약 모든 요인을 다 포함하여 도출된 결과에 따라 우선순위 위주로 개선을 시행하였는데도 불구하고 전후 차이가 없다면, 조사자나 진단자가 조직 상황 및 문제 등을 고려하여 다른 요인 등을 추가 혹은 문항 자체에 대한 수정 후 재조사를 실시할 필요가 있다. 하지만 다른 관점에서도 고민이 필요한데, 일반적인 설문조사나 인터뷰 내용의 내재적·외재적 요인은 조직 행동에 치우쳐 있다. 즉, 조직행동 측면에서는 문제가 없으나 조직화 측면에서 문제가 발생할 수 있으므로, 개선 후에도 별다른 변화를 인지할 수 없다면 조직화 관점에서 접근이 병행되어야 할 것이다.

결과(Check)

진단 결과가 나오면 진단자와 유관 부서 담당자 등의 의견 등을 종합하여 결과를 가공해야 한다. 진단 결과는 보통 정량적으로 나타나는데, 단순히 수치만 제시한다면 현재 상황에 대해서만 정보를 전달하는 한계가 있으므로 수치에 대한 진단자, 분석자, 보고서 작성자의 암묵적 지식, 경험이나 노하우를 통해 해석하는 역량이 중요하다. 조직진단의 목적은 결과에 따른 시사점과 더불어 우선순위에 따르는 개선계획이 나와야 하므로 결과 해석 및 가공의 역량이 중요하기 때문이다.

실행(Action)

실행에 따라 변화를 통한 개선이 가장 중요한 부분이다. 실행단계에서는 개편된 조직화 및 조직행동에 따라 세부 실행 계획을 세워 진행해야 하는데, 일정 기간이 지나면 조직진단 목표에 부합되는지에 대한 지속적인 모니터링이 수반되어야 한다. 즉, 실행하는 부서에 대한 정확한 역할과 책임을 부여해야 하며 이에 따르는 권한을 부여해야 한다. 개편된 조직화에 따라 조직의 의사결정 및 프로세스가 이루어지고 있는지, 재설정된 기능, 부서별 R&R에 따른 업무가 수행되는지 등에 대한 지속적인 모니터링이 필요하다. 개편된 조직행동은 무형적 요인이 많아 교육이나 업무수행 방식의 변화 등으로 수시 진단을 통해 개선되는 상황을 살펴보아야 한다.

조직진단 모형 또는 모델, 결과 보고서의 완성도가 높다 하더라도 정작 실행이 되지 않으면 조직진단의 목적에 부합하지 않는다. 그래서 실무에서 외부 컨설팅 및 자문을 활용한 진단 및 분석을 수행하였다고 하더라도 실제 실행된 모습은 찾아볼 수 없는 경우가 종종 보인다. 결국 구성원, 조직문화, 경영진의 의지 등 실행 가능한 내부 자원의 세밀한 진단 없이 이상적인 목표에만 치중한 나머지 실행하지 못하게 되는 것이다. 만약 외부 자원에 지원을 요청할 때는 구체적이고 상세한 RFP_{Request for Proposal} 제공 및 적극적인 참여와 모니터링을 통해 이와 같은 리스크를 최소화 할 필요가 있다.

2. 조직진단의 세 가지 관점

조직진단 영역은 크게 조직화 관점 진단과 조직행동 관점 진단, 이 두 진단이 섞여있는 통합 진단으로 구분할 수 있다. 조직화 관점 진단에는 대표적으로 기능 진단 및 조직구조 진단이 있으며, 조직행동 관점 진단은 가장 많이 활용하는 구성원 만족도와 구성원 의견 조사인 ESI Employee Satisfaction Index/EOS Employee opinion survey 진단, 내부 구성원 만족도인 ICSI Internal Customer Satisfaction Index가 있다.

통합 진단은 대표적으로 전략적 적정 인원 관리 진단이 있다. 사람을 고려하지 않고 기능이나 조직을 재설계하는 것은 불가능하므로 조직화 관점 및 조직행동 관점 진단의 범위는 명확히 구분되지 않고 서로 유기적인 관계를 맺고 있다.

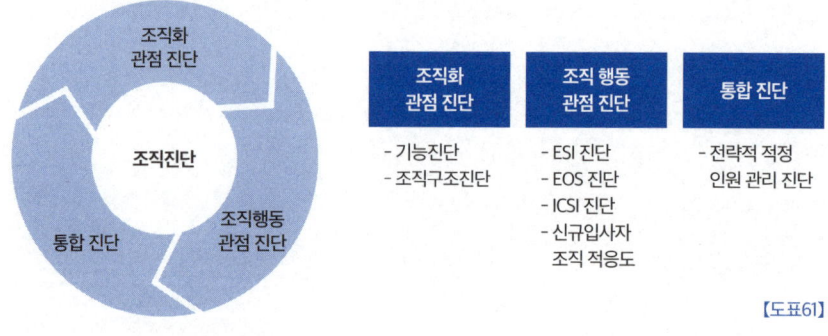

【도표61】

조직화 관점 진단

조직화 관점 진단은 1장에서 조직을 이루는 세 가지 축인 조직화, 조직행동, 조직문화 중 조직구조를 기반으로 하는 조직화에 대한 진단이다. 조직구조를 이루는 각 기능에 대한 진단과 조직구조 자체 진단에 대해 알아보도록 하자.

기능 진단

기능체계 자체에 문제점이 발생하거나 기능에 요구되는 R&R 및 핵심 역량이 증가 또는 감소로 전략적 방향성이나 조직 효과성 측면에서 잘 운영되지 않을 경우, 현재 수행 기능에 대해 내부 자원을 통한 효율화나 외부화 검토를 목적으로 기능 진단을 시행한다.

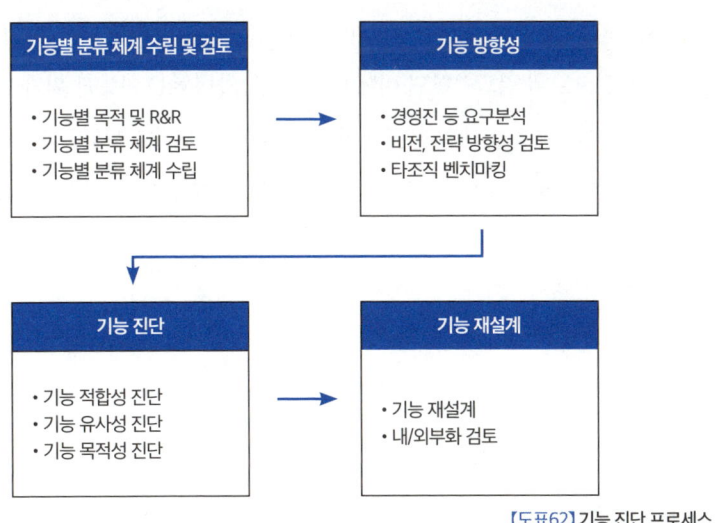

【도표62】기능 진단 프로세스

기능별 분류체계 검토 및 수립을 위해서는 기존 기능 분류체계, 직제, R&R 등을 참고하여 분류 작업을 진행한다. 조직의 방향성 및 전략적 방향성에 따라 특정 기능의 중요성이 부각되는 것이 있고 반면에 중요도가 떨어지는 기능이 있다면, 기능별 분류체계를 재정립해야 한다. 이때는 기능의 중요도 및 인원과 예산과 같은 관리의 범위 등을 고려하여 기능 분류 체계를 검토하고 재수립해야 한다.

신사업 및 M&A 등의 필요성에 따라 전략 기능이 중요해진 반면 시스템화 및 자동화로 경영 지원 기능의 중요성이 낮아졌다면, 현재의 전략 부서 및 경영 지원 부서가 전략실, 경영지원 본부로 조직화되어 있을시 전략실을 상위 단계인 담당이나 본부로 격상하고 경영 지원 부서를 담당이나 실로 격하하는 등으로 조정하는 작업이 이루어진다. 조직에서 기능이나 업무 영역의 관리 및 통제 범위에 따라 쓰이는 직책 용어는 상이하나 일반적으로 본부, 부문, 담당, 실, 팀 등의 용어를 사용한다.

기능 방향성 단계는 도출된 기능 분류체계에서 조직의 전략 방향성, 기능의 중요성, 기능의 범위 및 R&R과 더불어 타 조직 기능을 벤치마킹하여 기능 방향성을 수립한다. 조직의 전략 방향성이 신기술/신사업, 수익 구조 강화, 해외사업장 제도 기술표준화 등으로 수립되었다면 이에 따르는 기능인 R&D 기능과 원가 기능을 강화해야 한다. 기능의 중요성은 전략 방향성과 더불어 업무 프로세스 과정에서의 가치와 중요성, 기능의 역할 및 책임의 범위와 영향력을 고려해야 한다.

● 매우 적합 ◐ 적합 ○ 부적합

구분	기능	전략적 방향	기능 중요	기능 유사		기능 특성	비고
간접 기능	전략	●	●	기획	◐	◐	전략과 기획 기능 통합 운영 검토
	기획	●	●	전략	◐	●	
	법무	◐	◐			○	기능 규모 및 역할에 따라 타 기능과 통합 운영 검토 (재무, 총무 등)
	회계	◐	◐	자금	◐	◐	회계, 자금 기능 통합 운영 검토
	자금	◐	◐	회계	◐	◐	
직접 기능	기술지원	●	◐				
	기술개발	●	●	선행기술	◐	●	

【도표63】 기능 진단의 예시

　기능 진단 단계에서는 기능 적합성 및 기능 목적성, 기능 유사성 등을 고려하여 기능 확대, 축소, 추가, 삭제, 통합 등이 필요한 기능을 분류한다. 이때 기능의 적합성과 목적성은 조직 방향성과 전략 방향성과 일치하는지 검토가 필요하다. 예를 들어, 신기술 및 신사업을 전략 방향성으로 설정했다면 이를 수행하는 기능을 기술 지원 기능에서 하기에는 무리가 있다. 기술 개발이나 선행 기술 기능과 같은 적합하고 목적에 맞는 기능을 보유해야 하기 때문이다.

　기능의 유사성은 업무의 유사성과 연속성을 고려하고 요구되는 직무 역량이 유사할 경우 통합을 고려해야 한다.

　기능의 특성은 구성원 및 직책자 인원을 고려하여 인원 규모에 따라 기능 확대 및 축소를 고려한다. 예를 들어 기능의 중요도가 아무리 높더라도 인원의 규모가 작다면 본부 및 부문에 크기를 부여할 수 없기에 실이나 팀으로 분류하여야 하며, 이에 따르는 기능을 재설계해야 한다.

조직구조 진단

조직구조 진단은 외부 환경이나 내부 상황 변화에 따라 조직구조 개편이 필요할 때 실시한다.

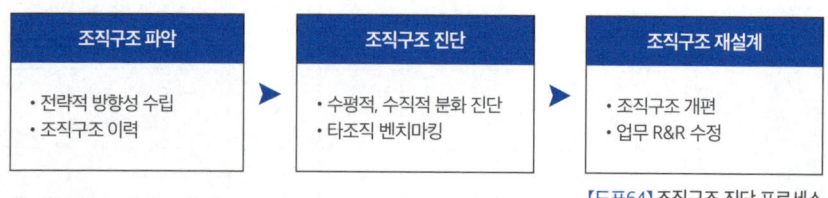

【도표64】조직구조 진단 프로세스

조직구조 파악 단계에서는 과거의 조직구조에 대해 살펴볼 필요가 있다. 과거 몇 년간의 범위에 대해 정해진 부분은 없으나 조직 방향성이 바뀐 시점 이후부터 확인하는 것이 타당하다. 조직개편 최신 자료를 바탕으로 부서의 신설과 변경 등을 수반하는 기능에 대한 내용과 특징을 살펴봐야 하는데, 상위부서와 하위부서를 조직별로 분석하여 이전의 조직구조로 운영했을 때 발생한 장애 요소나 긍정 요소를 도출한다.

조직구조 진단 단계에서는 현재 조직구조의 수평 및 수직적 분화에 대한 현재 상황에 대한 파악이 필요하다. 이때 수평 및 수직적 분화 원칙에 따라 조직편제를 갖추고 있는가를 진단해야 한다.

수직적 분화 원칙은 크게 각 계층별 R&R과 의사결정체계의 진단이 이루어진다. 계층별 R&R이 조직의 전략적 방향성과 일치되도록 명확한 의사결정 단계가 설정되어 있는지, 역할 단계에 따라 역할 분화가 적절하게 이루어져 있는지 살펴봐야 하며, 역할의 유사성이나 중복성 확인을 통해 불필요한 단계의 삭제를 검토해야 한다.

의사결정 체계 효과성에 대한 부분도 빠른 의사결정 혹은 의사결정 장애 요소 등의 부분도 살펴봐야 한다. 특정 계층의 전결 비중이 지나치게 높다면 의사결정의 병목 현상 발생이나 업무의 과부하 등으로 귀결될 수 있기 때문이다.

마지막으로 계층 간 커뮤니케이션 역시 장애 요소가 있는지, 역할 중복에 의한 불필요한 커뮤니케이션이 이루어지지는 않는지 등에 대한 파악이 필요하다.

수평적 분화원칙으로는 기능 및 업무 유사성을 살펴봐야 한다. 업무의 영역이 중복되거나 명확한지 살펴봐야 하고, 기능의 업무 수행 전문성 및 적합성에 대해 확인해야 한다. 또한, 부서나 기능별 관리 및 통제 범위와 적정성 여부, 그리고 부서나 기능별로 업무 수행이 가능한 전문성 등을 가졌는지를 진단해야 한다. 단순히 부서별 인원수가 중요한 것이 아니라 직무 역량 기반에 따른 역량 수준도 병행해야 한다.

마지막으로 타 부서 간 협업 및 업무 협조가 유기적으로 잘 운영되고 있는지 봐야 한다.

다음으로 동일 및 유사 업종이나 동일 지역 조직의 조직구조를 벤치마킹하여 상호 비교를 통한 적정성 검토를 진행해야 한다. 단, 벤치마킹의 경우는 참고용으로만 검토하는 것이 바람직하다. 동일 및 유사업종이라 하더라도 조직의 특성과 문화가 다르기 때문에 선진 기업을 벤치마킹 하더라도 맹목적인 추종은 지양해야 한다. 타 조직이 가지고 있는 조직구조의 의미나 전략적 방향성 등에 대해서 표면적인 조직구조만을 가지고는 깊이 있는 파악이 어렵기 때문이다. 예를 들어, 당사 조직은 현재 비즈니스 사업에 대한 집중 및 확장을 전략적 방향성으로 잡아 현재 조직구조의 강화에 집중한 반면, 동일 업종의 타 조직의 경우는 신사업에 대한 탐색 및 시장 타당성 분석을 위해 기존 조직을 간소화하고 전략 및 기획 기능을 강화했다고 하면 동일 업종이라 하더라도 완전히 다른 조직구조를 가지게 된다.

조직구조 파악 및 조직구조 진단 후, 조직구조 재설계 단계에서 적합한 수평적, 수직적 분화 구조 재설계와 더불어 업무 R&R 수정을 통해 조직구조를 개편하게 된다.

조직행동 관점 진단

조직행동 관점 진단은 1장에서 다뤘던 조직을 이루는 세 가지 축인 조직화, 조직행동, 조직문화 중 역량을 기반으로 하는 조직행동에 대한 진단이다. 조직행동 진단은 방법이 광범위한데, 그 중 조직에서 많이 활용되는 대표적인 ESI/EOS 진단과 내부고객 만족도[CSI] 진단에 대해 알아보도록 하자.

ESI / EOS 진단

ESI는 조직 효과성 측면에서 실제 실무에서 활용되는 내부과정적 접근 방법의 대표적인 조직행동 진단이다. 조직 내 KPI[Key Performance Indicator] 지표로 많이 활용되고 있는 ESI 진단을 실제 사례를 통해 소개한다.

ESI 진단은 구성원의 태도[attitudes], 신념[beliefs], 견해[opinions], 행동[behavior intentions], 기타 특성에 관하여 응답자가 직접 작성한 정보를 얻어내는 조사 방법이며 조직의 조직관리, 인사관리 및 노사관계 관리와 관련된 내용이나 경영혁신 등에 관한 구성원의 현재 의견을 수집하고 분석하는 것을 말한다.

ESI 진단은 가치와 비전, 관리 스타일, 역량 등 거의 모든 진단 범위를 총망라한 진단으로, 다양한 요인을 통해 현재 수준과 바람직한 수준의 차이를 알아보고자 활용한다. ESI 진단을 바탕으로 건강한 조직문화 정착 및 경영 성과를 위한 장단기 HR시스템 도입을 통해 회사의 충성도 및 조직 역량 강화 증대를 도모하며, 매년 조사를 통해 도출된 결과를 해당 본부, 부서의 KPI와 연동시키거나 HR시스템에 반영한다.

정성적 요인에 대한 부분으로는 직무만족, 신뢰, 의사결정 과정, 의사소통, 조직몰입, 보상 공정, 이직 의도, 조직문화 등의 요인이 포함된다. 이러한 요인 등을 포함하여 매년 혹은 단발적으로 조직 내 ESI 혹은 EOS 진단을 한다.

처음 ESI 조직진단을 실시할 경우는 최대한 많은 요인을 조사 범위에 넣어 조사 후 나오는 결과에 따라 진단 범위를 재조정하는 것이 바람직하다.

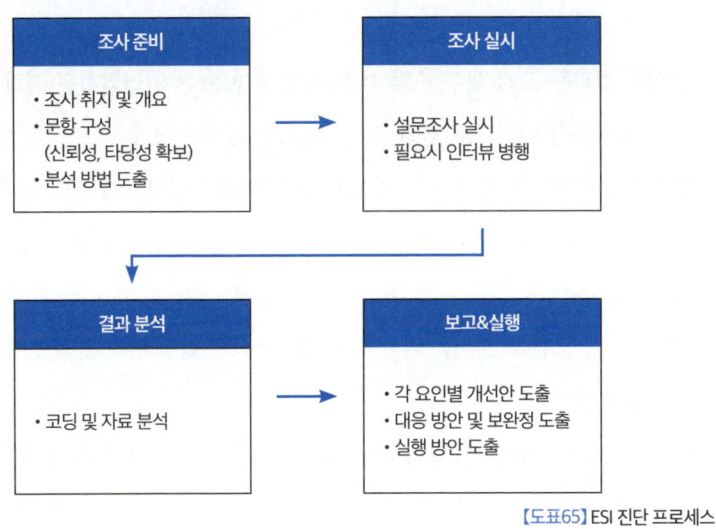

【도표65】 ESI 진단 프로세스

다음은 일반적인 구성원 만족 평가 항목 외에 더욱 다각적인 결과를 도출하기 위해 직무만족, 조직몰입, 보상 공정, 이직 의도, 교육, 비전·전략, 조직 기반 자긍심, 조직문화를 포함한 8개 부문과 부문의 세부 요인으로 급여·복리후생, 업무 만족, 승진기회, 상사의 리더십, 조직 내 의사소통, 조직몰입, 보상 공정, 이직 의도, 교육, 경력개발지원, 비전·전략, 조직 기반 자긍심, 조직문화의 13개 요인으로 확장한 진단 사례를 소개한다. ESI 진단을 위한 각 요인에 대한 문항은 국내외 선행 연구 및 문헌을 통해 설문지 문항을 발췌하여 실시한다.

<선행 연구 참고 사이트>

학술연구정보서비스 RISS http://www.riss.kr
국회도서관 https://www.nanet.go.kr
한국학술정보 KISS https://kiss.kstudy.com
DBpia https://www.dbpia.co.kr

 분석된 결과는 조직 재구축 및 각종 제도 시행, 개선과 인적자원 전략 수립 등의 목적으로 활용할 예정으로 결과 평균average 및 데이터 통계statistics를 병행하였으며, 표면적으로 나타난 지표의 의미 해석 및 원인에 대한 상관관계 분석에 주력하였다.

 평균 수치 주요 분석결과에는 각 요인 중요도 및 만족도, 그리고 중요도와 만족도의 차이, IPAImportance Priorities Analysis 분석과 OLAOrganization Loyalty Analysis 분석이 기재되며, OLA 유형 분류 예측을 위한 다항 로직스틱과 판별 함수 분석 등을 통해 결과를 도출하였다.

 우선적으로 ESI 요인 중 만족도 및 중요도 분석이 필요하다. 조직 만족도와 중요도 분석 결과, 만족도와 중요도의 차이가 큰 요인부터 조직 내 우선순위 이슈로 설정하도록 한다.

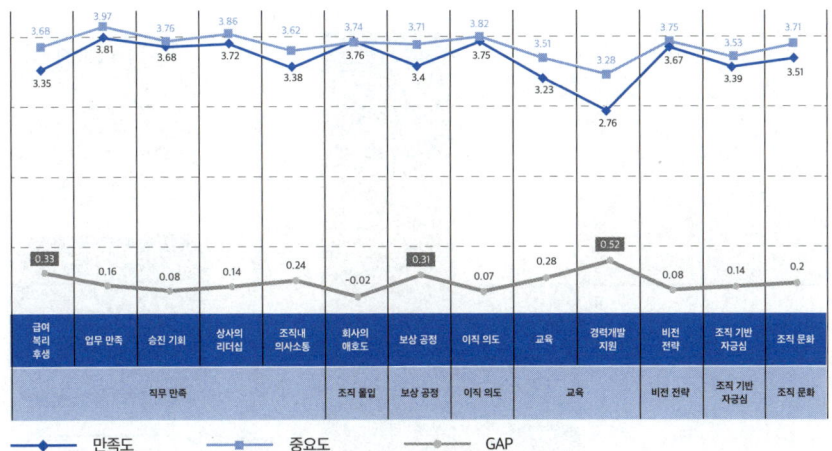

【도표66】 ESI 만족도, 중요도 조사 결과 예시

<도표66>의 각 요인의 득점 분석에 대해 살펴보면 경력개발지원, 급여 복리후생, 보상 공정에 대한 요인이 만족도와 중요도의 차이가 큰 요인으로 도출되었다. 득점 분석의 결과로 우선순위를 설정하여도 무방하나, IPA(Importance-Performance Analysis) 분석이나 Borich 계수 방법으로 우선순위를 선정하는 방법도 있다.

IPA 분석은 요인에 대한 중요도와 만족도를 토대로 하여 상황을 파악하고 개선의 우선순위를 결정하여 자원을 효율적으로 투입하도록 판단하는 방법으로 사용된다. 즉, 중요도와 만족도의 평균을 토대로 어느 사분면에 위치하는지 파악하는 방법이다.

IPA 분석을 위해 8개 부문, 13개 요인의 중요도 및 만족도 수치에 따른 사분면 매트릭스 설정을 통해 분석을 실시하였다. 5점 척도의 특성상 설문 응답자들이 상당수 보수적으로 3점에 응답할 가능성이 높은 것으로 판단되어, 50% 수준의 2.5점에 기준을 맞추지 않고 75% 수준인 3.75점에 기준을 맞추어 각 요인을 분류하였다.

2장. 조직 진단

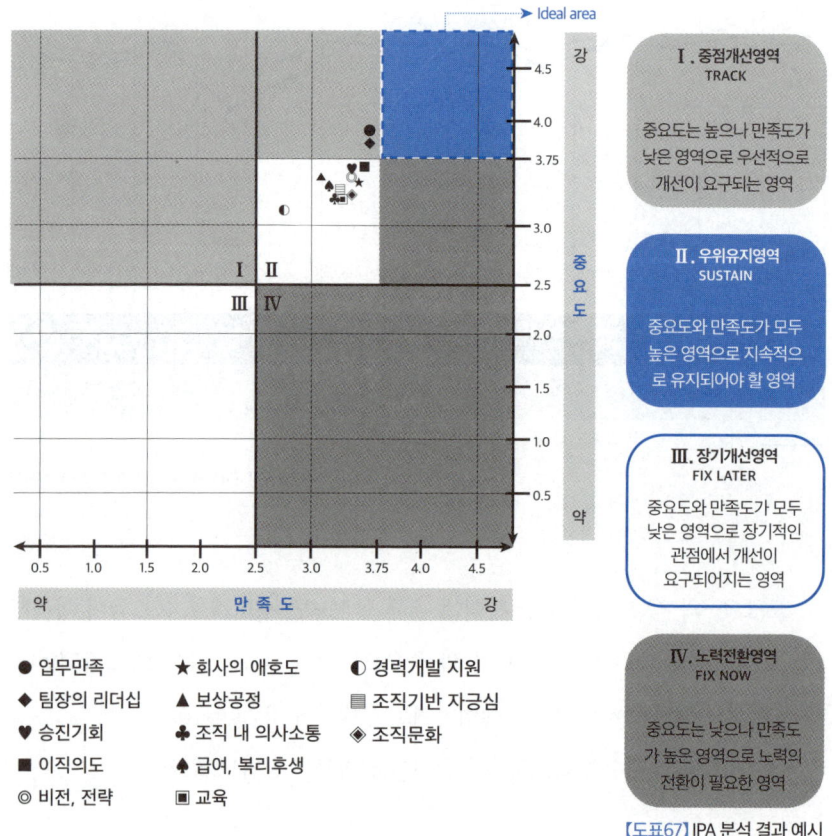

【도표67】 IPA 분석 결과 예시

<도표67>에서 요인들이 모두 우위 유지 영역에 속해 있지만 상대적으로 ◐경력개발 지원이 중점 개선 영역에 가깝게 자리 잡고 있음을 볼 수 있다. IPA 분석 결과 역시 ◐경력개발 지원을 우선적으로 개선해야 할 요인으로 도출되었다.

우선순위를 정하는 다른 방법인 Borich 계수 분석의 계산식은 아래와 같다.

Borich 계수 : 우선 요구도 = (중요도-현재 수준) × (항목의 중요도 평균값)

전체 항목의 평균값이 3.5이고 업무 만족 요인의 중요도가 4.5, 현재 수준이 4.0이며, (4.5-4.0)×3.5=1.75로 나타난다. 점수가 높을수록 우선순위인 것으로 해석한다.

요인	우선요구도	순위
경력개발 지원	1.70	1
급여, 복리후생	1.21	2
보상공정	1.15	3
교육	0.98	4
조직 내 의사소통	0.87	5
업무만족	0.63	6
상사의 리더십	0.54	7
조직기반 자긍심	0.49	8
승진 기회	0.30	9
비전, 전략	0.30	9
회사의 애호도	0.07	11

[도표68] Borich 계수 결과 예시

Borich 계수 결과 역시 득점 분석 결과와 마찬가지로 경력개발 지원 요인이 가장 개선이 시급한 요인으로 나타났고, 다음으로는 급여 및 복리후생, 보상 공정에 대한 요인으로 나타났다.

OLA 분석은 이직 의도 요인 중 '현 직장 이직 의사가 있음'의 문항과 조직몰입 요인 중 '타인 입사 추천 여부'의 문항을 활용하여 조사한다. 가로축은 지속근무 경향, 세로축은 타인 추천 의향으로 구분하고 5점 척도의 동일 응답자의 결괏값을 표시하면 된다. 응답자가 지속 근무 경향 4점, 타인 추천 의향 2점으로 표시했다면 비판이탈형으로 도출된다.

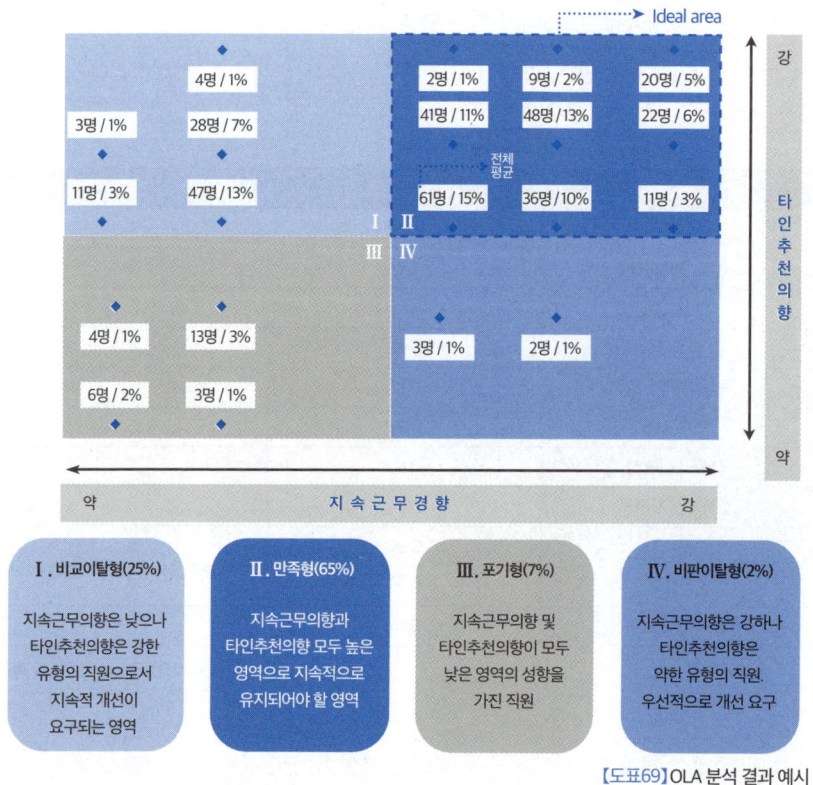

【도표69】 OLA 분석 결과 예시

    4가지 유형 중 유심히 살펴보아야 할 유형은 지속 근무 경향은 강하나 타인 추천 의향은 약한 유형인 비판 이탈형이다. 조직에 불만이 있는 인력이기에 회사에 대한 비판 등을 동료에게 전파하여 조직 내에 나쁜 영향을 미치는 유형이기 때문이다.

    이직 의도에 영향을 미치는 요인을 살펴보기 위해서는 정준 판별함수를 사용하여 분석하였다.

    정준판별함수는 각각의 집단으로 구분될 수 있는 판별 점수를 측정하는 기준점이 되는 함수로, 판별함수에 따른 각각 케이스의 결괏값이 집단중심점과 비교하여 어디에 위치하느냐에 따라 집단을 구분하는 기준이 된다.

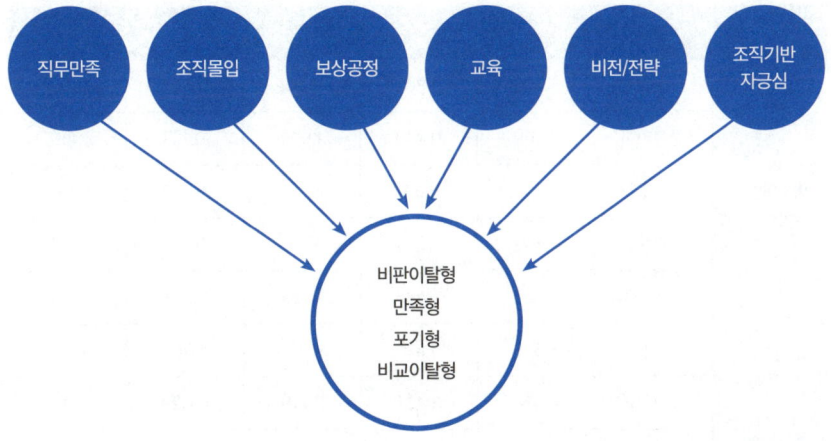

【도표70】 OLA 유형의 예측 요인 검증 모형

OLA 유형 중 비판이탈형과 만족형 두 유형에 대한 각 요인과의 상관관계 분석 결과는 <도표72>에서 제시된 것처럼 만족형은 95.9%의 예측력을 가지고 있지만, 비판이탈형은 8.7%의 예측력을 가지고 있어 비판이탈형의 예측 설명력이 상당히 부족한 것으로 도출되었다.

만족형의 경우 집단 중심점을 기준으로 조직몰입이 좋을수록 6.3배, 교육이 잘 진행될 수록 4배, 승진 기회가 높을수록 2.6배 가량 만족형이 될 확률이 높다고 설명될 수 있다. 비판이탈형의 경우 예측 수준 및 만족형의 유의한 요인과의 중복 여부를 검토할 경우, Exp 수치를 역으로 해석이 가능할 것으로 판단된다. 즉, 역으로 91.3%(100%-8.7%)의 예측력을 고려할 때 집단중심적으로 조직몰입이 나쁠수록 5배, 교육 유무에 따라 3.6배, 비전과 전략이 구성원들과 공유되지 않을수록 1.6배 정도 비판이탈형으로 될 확률이 높다고 판단할 수 있다.

OLA(a)		B 추정값	표준 오차	Wald	유의확률	Exp(B)
비판이탈형	절편	4.588	0.884	26.959	0.000	
	승진기회	0.619	0.443	1.949	0.163	1.857
	조직몰입	1.607	0.641	6.281	0.012	4.990
	교육	1.269	0.510	6.202	0.013	3.558
	비전, 전략	0.493	0.445	1.229	0.268	1.637
만족형	절편	5.663	0.879	41.495	0.000	
	승진기회	0.954	0.437	4.779	0.029	2.597
	조직몰입	1.840	0.636	8.376	0.004	6.295
	교육	1.390	0.504	7.608	0.006	4.013
	비전, 전략	0.048	0.432	0.013	0.911	1.050

【도표71】 OLA 유형 중 비판이탈형과 만족형의 예측 요인 검증 예시

관측수준	예측수준				
	비판이탈	만족형	포기형	비교이탈형	분류정확 %
비판이탈형	9	90	3	1	8.7%
만족형	11	281	0	1	95.9%
포기형	2	6	18	0	69.2%
비교이탈형	1	4	2	4	36.4%
전체 %	5.30%	88.00%	5.30%	1.40%	72.1%

【도표72】 OLA 유형의 예측 요인 검증 예시

그 외 데이터 통계의 주요 분석 방법으로는 회사생활 전반 만족도와 조직몰입, 이직 의도와 직무만족 간의 단계적 및 다중회귀분석을 통한 예측 관계 등을 진단할 수 있다.

<ESI 만족도·중요도 설문지>

* 만족도는 총 55문항으로 구성되어 있습니다. 본인이 인식하는 만족도에 따라서
  √ 표시하여 주시기 바랍니다.

[예시]	매우 그렇다	그런 편이다	보통 이다	그렇지 않다	전혀 아니다
우리 회사의 비전에 대해서 알고 있다.	√5	4	3	2	1

No.	회사생활 전반 만족도	매우 그렇다	그런 편이다	보통 이다	그렇지 않다	전혀 아니다
0	나는 회사생활에 전반적으로 만족한다.	5	4	3	2	1

No.	만족도 문항	매우 그렇다	그런 편이다	보통 이다	그렇지 않다	전혀 아니다
I	급여 및 복리후생					
1	회사의 급여에 만족한다.	5	4	3	2	1
2	회사의 복지 제도에 만족한다.	5	4	3	2	1
3	동종 회사와 비교해서 회사의 급여에 만족한다.	5	4	3	2	1
4	동종 회사와 비교해서 회사의 복지 제도에 만족한다.	5	4	3	2	1
II	업무 만족					
5	나는 내가 하는 업무에 성취감을 느낀다.	5	4	3	2	1
6	나는 내가 하는 업무에 도전 가치를 느낀다.	5	4	3	2	1
7	나는 내가 하는 업무에 대체로 만족한다.	5	4	3	2	1
III	승진기회					
8	나는 현재의 내 직위보다 높은 직위로 이동할 수 있는 기회를 충분히 가지고 있다고 생각한다.	5	4	3	2	1
9	내가 쌓아온 경험과 노력은 나의 승진 가능성을 높인다고 생각한다.	5	4	3	2	1
IV	상사의 리더십					
10	나의 상사는 같이 일할 때 달성할 수 있는 것에 대한 비전을 제시한다.	5	4	3	2	1
11	나의 상사는 내가 본받아야 할 모델이다.	5	4	3	2	1
12	나의 상사는 불명확하고 혼란스러운 것에 대해 새로운 안목으로 사물을 보는 방법을 알려 준다.	5	4	3	2	1

V	조직 내 의사소통						
13	회사는 회사의 경영상태를 알려주려고 노력하고 있다.	5	4	3	2	1
14	회사는 업무 관련 정보를 제공하려고 노력한다.	5	4	3	2	1
15	회사는 나의 의견을 존중하고, 이를 업무에 반영하려고 노력한다.	5	4	3	2	1
16	동료들과 업무와 관련된 정보를 많이 나눈다.	5	4	3	2	1
17	부서 간에 업무 협조가 잘 되고 있다.	5	4	3	2	1
18	동료들과 동호회, 친목회와 같은 비공식 모임이 활발하다.	5	4	3	2	1
VI	조직몰입(회사의 애호도)						
19	내가 회사의 일원임을 남들에게 말하는 것은 자랑스럽다.	5	4	3	2	1
20	나는 회사의 어려움과 장래를 진심으로 걱정한다.	5	4	3	2	1
21	회사의 발전을 위해서는 어떤 직무라도 하겠다.	5	4	3	2	1
22	나는 주변 사람들에게 우리 회사 입사를 적극 추천하고 싶다.	5	4	3	2	1
VII	보상 공정						
23	현재 내가 받는 보수는 내가 수행하는 업무와 공헌도를 감안할 때 적정한 수준이다.	5	4	3	2	1
24	내가 맡고 있는 업무 성과와 책임의 양을 비추어 볼 때 우리 회사는 나에게 공정한 보상을 해준다.	5	4	3	2	1
VIII	이직 의도						
25	나는 현재의 직장을 그만둘 생각을 한 적이 있다.	5	4	3	2	1
26	나는 조만간 동일 업종의 다른 직장으로 이직하기 위해 취업의 기회를 찾고자 한다.	5	4	3	2	1
27	나는 근무조건이 비슷하더라도 동일 업종의 다른 직장으로 옮기고 싶다.	5	4	3	2	1
28	나는 현재의 직업이 아닌 다른 직업에 종사하고 싶다.	5	4	3	2	1
29	나는 동일 업종의 다른 직장의 취업 기회에 관해 정보를 접하게 되면 자세히 알아보려 한다.	5	4	3	2	1

※ 1년 이내에 이직을 하려 한다면 그 이유는 무엇입니까?

1) 회사의 비전이 없어서   2) 급여가 적어서   3) 직무가 맞지 않아서   4) 상사의 리더십 부재 및 신뢰가 어려워서
5) 업무량이 과다해서   6) 개인 성장 기회가 없어서   7) 인간관계에 문제가 있어서   8) 개인사정으로
9) 기타 (   )

IX	교육						
30	나의 직무에서 최신을 유지하도록 지속적으로 교육을 받고 있다.	5	4	3	2	1
31	회사에 나의 성장을 독려하는 사람이 있다.	5	4	3	2	1
32	미래의 직무에 대한 개인 역량 개발에 대한 기회가 많다.	5	4	3	2	1
X	경력개발 지원						
33	회사의 조직 구성원의 경력개발에 대한 비전 제시가 명확하다.	5	4	3	2	1
34	회사의 경력개발 지원 프로그램은 경영목표 달성과 연관되어 있다.	5	4	3	2	1
35	회사에는 인적자원의 미래 수요에 따른 경력개발 지원계획이 수립되어 있다.	5	4	3	2	1

36	회사에는 경력개발 지원을 위한 교육훈련체계가 체계적으로 운영되고 있다.	5	4	3	2	1
37	회사에는 개인의 경력 계획 설계를 위한 경력 상담제도 등이 운영되고 있다.	5	4	3	2	1
38	회사에는 개인의 경력개발 지원을 위한 정보시스템이 구축되어 있다.	5	4	3	2	1
39	회사에는 직무 공모, 직무순환 등을 통한 다양한 경력 경로가 제공되고 있다.	5	4	3	2	1
XI	비전, 전략					
40	회사의 비전에 대해서 알고 있다.	5	4	3	2	1
41	회사의 비전을 구성원들과 공유한 적이 있다.	5	4	3	2	1
42	비전을 달성하는데 필요한 행동규범을 이해하고 있다.	5	4	3	2	1
43	회사의 경영전략은 비전 달성을 위한 목표와 일치한다.	5	4	3	2	1
44	나는 업무를 수행할 때 비전과 경영전략을 충분히 고려한다.	5	4	3	2	1
XII	조직기반 자긍심					
45	나는 회사(혹은 부서나 팀)에서 가치 있는 존재이다.	5	4	3	2	1
46	나의 회사(혹은 부서나 팀)에서는 내 능력을 믿는다.	5	4	3	2	1
47	흥미 있고 성취감 주는 일이라면 낮은 급여를 받더라도 상관없다.	5	4	3	2	1
48	높은 급여가 주어진다면 단순하고 반복적인 일도 상관없다.	5	4	3	2	1
XIII	조직문화					
49	회사는 구성원 간 공동체 의식이 강하다.	5	4	3	2	1
50	회사는 근무시간 내 구성원의 행동에 대한 제약이 엄격한 편이다.	5	4	3	2	1
51	회사에서 문제가 발생하면 각자 자신의 행동에 책임을 진다.	5	4	3	2	1
52	회사는 구성원 간에 예의를 중시한다.	5	4	3	2	1
53	회사는 회의 시 자율적인 의견 개진이 가능한 분위기를 가지고 있다.	5	4	3	2	1
54	부서는 직무수행과정에서 서로 협조한다.	5	4	3	2	1
55	부서는 부서원 간 인간적 관계를 중시한다.	5	4	3	2	1

【도표73】ESI 만족도 설문 문항

No.	중요도 문항	점수
I	급여 및 복리후생	
1	급여 만족도	
2	복지제도 만족도	
3	동종 회사와 비교, 회사 급여 만족도	
4	동종 회사와 비교, 회사 복지제도 만족도	
II	업무 만족	
5	업무에 대한 성취감	
6	업무의 도전 가치 정도	
7	업무 만족도	
III	승진기회	
8	충분한 승진기회	
9	경험, 노력과 승진 가능성의 관계	
IV	상사의 리더십	
10	상사의 비전 제시	
11	본받아야 할 모델로서의 상사	
12	구성원에게 불명확성에 대한 새로운 안목 제공	
V	조직 내 의사소통	
13	회사의 경영상태에 대한 정보 알림	
14	회사의 업무관련정보 제공여부	
15	나의 의견 존중과 업무에의 반영 정도	
16	동료들과 업무관련 정보 교환	
17	부서 간에 업무협조 원활	
18	사내 취미 동호회, 친목회 비공식 모임 활발	
VI	조직몰입(회사의 애호도)	
19	회사의 일원임을 자랑스럽게 타인에게 언급	
20	회사의 어려움과 장래에 대한 진심 어린 염려	

21	회사 발전을 위한 희생	
22	주변 사람에게 우리회사의 입사 적극 추천	
VII	**보상 공정**	
23	수행하는 업무와 공헌도와 현재 내 보수의 적정성	
24	업무성과, 책임의 양과 보상의 공정성	
VIII	**이직 의도**	
25	현 직장 이직 의도	
26	동일 업종 이직 준비	
27	근무조건이 비슷해도, 동일 업종의 이직 의도	
28	다른 직업 희망	
29	동일 업종의 타사 이직 정보 탐색	
IX	**교육**	
30	지속적 교육 실시	
31	성장의 지지자 조직내부 존재	
32	미래의 직무에 대한 개인 역량개발 기회	
X	**경력개발지원**	
33	경력개발 비전 제시의 명확성	
34	경영목표 달성과의 연관성	
35	인적자원 미래 수요 대비	
36	체계적인 교육훈련체계 운영	
37	개인 경력 계획 설계를 위한 경력 상담제도 등 운영	
38	개인 경력개발 지원을 위한 정보시스템 구축	
39	직무 공모, 직무순환 등, 다양한 경력 경로의 제공	
XI	**비전, 전략**	
40	회사의 비전 인지	
41	비전 구성원과 공유	
42	비전 달성에 필요한 행동규범 이해	

43	경영전략과 비전 달성 목표와의 연계	
44	업무 수행 시 경영 전략과 비전 고려	
XII	**조직기반 자긍심**	
45	회사에서 가치 있는 존재	
46	나의 능력에 대한 회사의 신뢰	
47	낮은 급여이나 흥미, 성취감 주는 일	
48	높은 급여이나 단순, 반복적인 일	
XIII	**조직문화**	
49	구성원 간 공동체 의식	
50	구성원에 대한 통제	
51	문제 발생시 책임감의 정도	
52	예의 중시	
53	자유로운 회의문화	
54	직무수행 시 협동의 정도	
55	구성원간 관계 중시	

【도표74】 ESI 중요도 설문 문항

내부고객 만족도(ICSI) 진단

ICSI 진단은 협업 장애 요인 및 내부고객 만족도 조사로써 조직행동화 조사이며, 진단 목적은 내부고객 만족도 조사를 통한 내부 업무 및 협조체계를 개선하여 부서 간 커뮤니케이션 활성화 및 지원체계 강화를 통해 외부 고객 만족 향상에 있다.

부서 혹은 기능 간 협업의 중요성 부각으로 인해 인사평가 시 협업 지표를 추가하는 경우도 많다. 그러나 상호 간 지표 비중에 대한 논란 및 업무의 책임 회피 등의 역효과가 나타나기도 한다. 그래서 이를 보완하기 위해 나타난 것이 바로 ICSI 진단으로, 부서 간의 사내 만족 정도를 알아볼 수 있으며 결과에 따라 협업 지표 활용도 가능하다.

ICSI 진단 전 상호 협업이 많은 부서 위주로 진단을 실시하여 협업 장애 요인을 파악한 후 내부 고객만족도 조사를 하는 것이 바람직하다. 규모가 작은 조직의 경우 전 부서(팀)을 대상으로 조사가 가능하지만, 조직 규모가 큰 경우에는 피평가자의 응답 복잡성과 더불어 결과 분석에도 많은 시간과 노력이 필요하다. 이 역시 정해진 개수는 없지만 5~10개 부서 정도가 적당하다. 부서 간 소통 및 협업이 원활하지 않은 이유를 사전에 부서가 가지고 있는 장애 요인을 파악하여 부서 혹은 개인별 맞춤식 대응이 가능하기 때문이다.

우선, 부서 내의 협업 장애 요인을 진단한 후, 부서 간 업무 교류 및 업무 협조가 빈번한 부서를 대상으로 내부고객 만족도 조사를 실시한다. 이때 주요인으로는 신뢰성, 정확성, 신속성, 적극성, 의사소통으로 총 5개 요인으로 구성하고, 보조 요인으로는 NPS Net Promoter Score, 전반 만족도를 추가하여 조사를 실시한다.

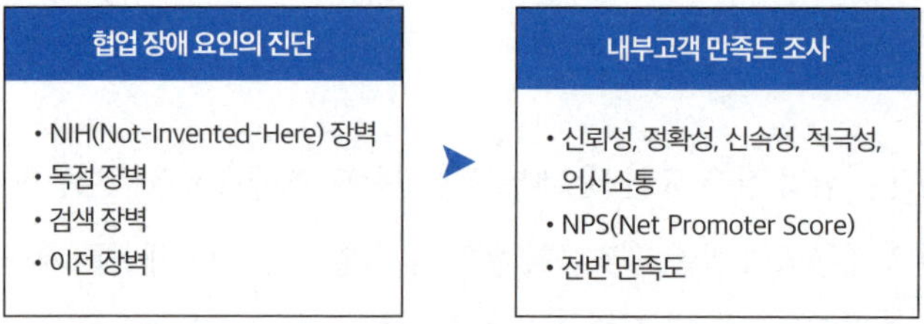

협업 장애 요인의 진단		내부고객 만족도 조사
• NIH(Not-Invented-Here) 장벽 • 독점 장벽 • 검색 장벽 • 이전 장벽	▶	• 신뢰성, 정확성, 신속성, 적극성, 의사소통 • NPS(Net Promoter Score) • 전반 만족도

【도표75】 ICSI 진단 프로세스

협업 장애 요인은 NIH(Not-Invented-Here) 장벽, 독점 장벽, 검색 장벽, 이전 장벽의 4분류로 이루어져 있으며, 각 장벽당 3문항씩 총 12문항으로 구성되어 있다.

NIH 장벽은 외부 부서로부터 조언을 구하려 하지 않는 장벽이며, 독점 장벽은 타 부서에서 정보를 제공하거나 요청을 받았을 때 도움을 주기를 꺼리는 것을 말한다. 검색 장벽은 찾고자 하는 정보와 사람을 찾지 못하는 경우이며, 이전 장벽은 부서 간에 복잡한 지식을 이전하지 못하는 경우를 말한다.

다음의 설문에 각 문항당 1점 단위로 최소 1점에서 최대 100점의 점수를 기입한다. 각 장벽당 최소 3점에서 최대 300점의 점수가 나오게 된다.

장벽	설문 문항	0~100점 기입
NIH	1. 우리 부서 직원들은 도움이 필요할 때에도 외부 부서에 도움을 요청하는 것을 꺼린다.	
	2. 우리 부서 직원들은 문제에 부딪혔을 때 외부의 도움을 구하지 않고 내부에서 해결하고자 노력한다.	
	3. 우리 부서에는 자신의 문제는 스스로 해결해야 하고, 소속 부서가 아닌 외부의 도움에 의존해서는 안 된다는 생각이 널리 퍼져 있다.	
	소계	
독점	4. 우리 부서 직원들은 전문지식과 정보를 독점하고 다른 부서와 공유하는 것을 꺼린다.	
	5. 우리 부서 직원들은 타 부서를 돕는 것을 꺼린다.	
	6. 우리 부서 직원들은 외부인의 도움을 요청하는 전화나 이메일에 대해 거의 답을 하지 않는다.	
	소계	
검색	7. 우리 부서 직원들은 종종 필요한 정보와 전문지식을 가진 타 부서 직원을 찾기가 어렵다는 고충을 토로한다.	
	8. 우리 기업 내의 전문가들을 찾기가 어렵다.	
	9. 우리 부서 직원들은 사내 데이터베이스와 지식관리시스템에서 필요한 문서와 정보를 찾는데 많은 어려움을 겪는다.	
	소계	
이전	10. 우리 부서 직원들은 암묵적 지식을 타 부서로 이전하기 위한 효과적인 협업 방법을 알지 못한다.	
	11. 타 부서 직원들과 협업에 익숙하지 않아 협업을 어려워한다.	
	12. 우리 부서 직원들은 타 부서에 복잡한 기술과 우수사례의 이전을 위한 협업을 어려워한다.	
	소계	

【도표76】 협업 장애요인 진단 설문 문항

도출된 수치 결과에 따라 아래의 표와 같이 해석이 가능하다.

설문 문항	하위 25% (최저)	차 하위 (하위25%초과 ~50%미만)	중앙 값	차 상위 (상위 50%초과 ~25%미만)	상위 25% (최고)
NIH	3-105	106-159	160	161-200	201-300
독점	3-60	61-99	100	101-140	141-300
검색	3-90	91-134	135	136-180	181-300
이전	3-110	111-167	168	169-210	211-300
영향	장벽이 문제가 되지 않음	장벽이 약간의 문제가 될 가능성이 있음	장벽이 문제가 될 가능성이 있음	장벽이 문제가 됨	장벽이 큰 문제가 됨

【도표77】협업 장애요인 진단 결과 수치 해석

각 장벽에 대한 대응은 다음과 같이 세 가지 구분으로 해결 방안을 마련할 수 있다.

① **통합**
사람들을 통합하고, 사람들을 통합할 공동의 목표를 수립하고, 팀워크 핵심 가치를 천명하며, 협업의 가치를 설파한다.
② **T자형 인재**
T자형 경영 환경을 육성하고, 협업에 적합한 경영 환경을 육성하기 위하여 다양한 직무를 경험할 수 있도록 순환보직 등을 실시한다.
③ **기민한 네트워크**
기민한 네트워크를 구축하고 검색 문제와 이전 문제를 개선하려면 부서 간에 적절한 인맥 네트워크를 형성하도록 격려한다.

장벽	수단 1: 통합	수단 2: T자형 인재	수단 3: 기민한 네트워크
NIH	+++	+++	+
독점	+++	+++	+
검색		+	+++
이전		+	+++

【도표78】 장벽에 따른 문제해결 방안(+++: 가장 효과적, +: 효과적)

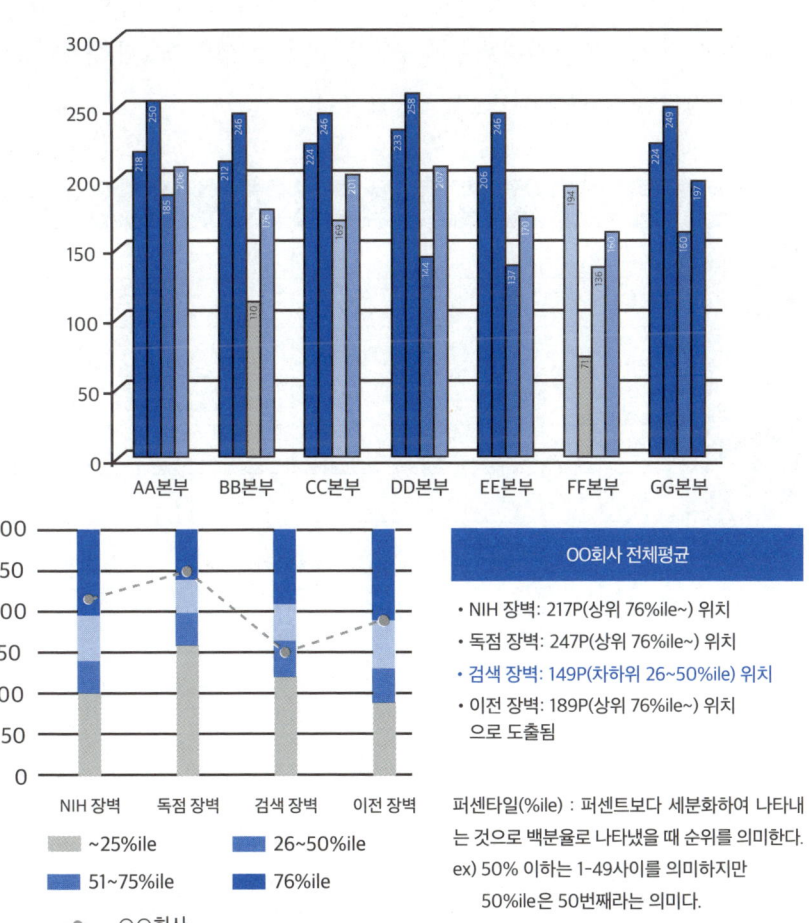

OO회사 전체평균

- NIH 장벽: 217P(상위 76%ile~) 위치
- 독점 장벽: 247P(상위 76%ile~) 위치
- 검색 장벽: 149P(차하위 26~50%ile) 위치
- 이전 장벽: 189P(상위 76%ile~) 위치
  으로 도출됨

퍼센타일(%ile) : 퍼센트보다 세분화하여 나타내는 것으로 백분율로 나타냈을 때 순위를 의미한다. ex) 50% 이하는 1-49사이를 의미하지만 50%ile은 50번째라는 의미다.

【도표79】 협업 장애요인 결과 예시

<사회네트워크 분석 프로그램 UCINET>

　상호 간 교류가 많은 부서를 파악하기 위해 사회네트워크 분석을 통해 부서 간 연결성을 조사하였다. UCINET은 프리웨어로 누구든 무료로 다운로드(https://sites.google.com/site/ucinetsoftware) 받아 사용할 수 있다.

　UCINET의 사용법은 어렵지 않다. 여기서는 Visualize 메뉴를 사용하기 위해 엑셀 파일에다 부서별 쌍대 매칭을 통해 구현한다. 참고로 쌍대 매칭의 수는 아무리 많은 연결점을 가지더라도 0과 1로만 기입해야 한다.

구분	A팀	B팀	C팀	D팀	E팀	F팀	G팀
A팀	1	1			1		1
B팀			1				1
C팀			1	1	1	1	1
D팀			1	1			1
E팀						1	1
F팀						1	
G팀							1

【도표80】팀 별 쌍대 매칭 예시

위와 같은 형식의 파일을 UCINET의 Visualize로 전환하면, 아래의 그림과 같은 형태로 도출된다.

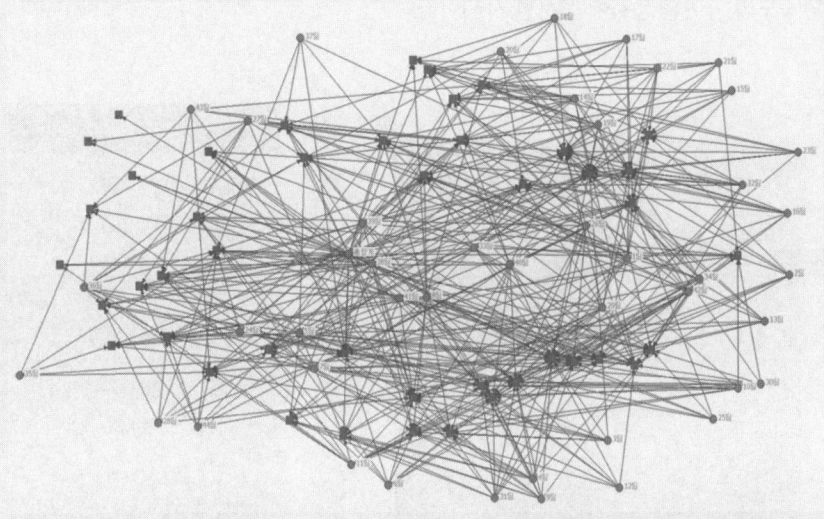

[도표81] 팀 별 쌍대 매칭 net draw 메뉴로 전환 예시

그림의 한 점은 각각의 부서이며, 각 부서 간의 In-degree(업무 협조 요청 받음), Out-degree(업무 협조 요청함)을 파악한다. 그리고 In-degree가 많은 팀과 Out-degree가 많은 팀, 상호 연결성이 많은 팀을 도출하여 이 중 부서 간 상호 연결성이 높은 부서를 우선순위로 하여 내부고객 만족도 조사를 실시한다.

IPA 분석을 통해 도표화시키기 위해 중요도 및 만족도의 차이를 동시에 설문하여도 되고, 만족도만 실시해도 조사에는 큰 무리가 없다. 본 사례에서는 중요도와 만족도의 차이를 동시에 설문한 사례이다.

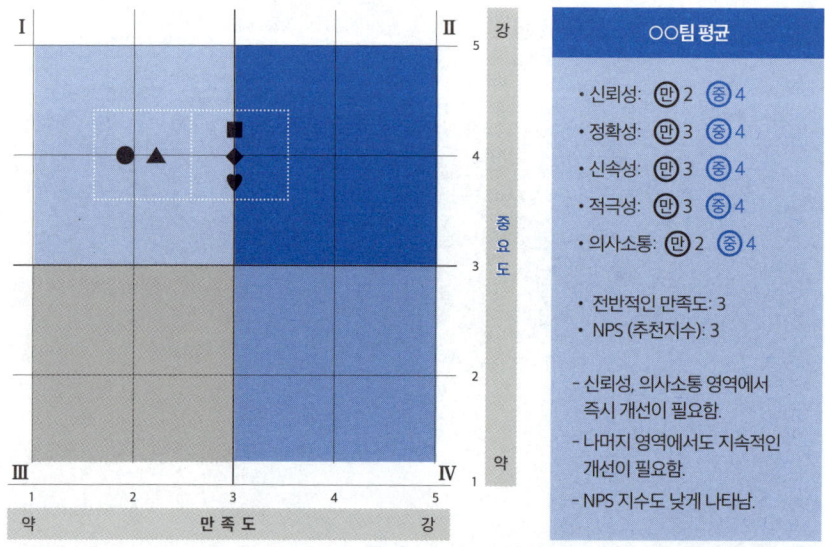

【도표82】내부고객 만족 IPA 분석 예시

이와 같은 결과들을 토대로 다음과 같은 결과 활용이 가능하다.

동인 (Driver)	주요 요인	해결 방안	시행방안		
			제도	캠페인	진단

협업
장애요인
	NIH 장벽
	독점 장벽
	검색 장벽
	이전 장벽
		검색 장벽의 문제 요인 도출 : Agile network
		⇒ 주요 직무 전문가 선정
		⇒ KM(Knowledge Management) 경영 검토,
		   암묵지의 Know-how 형식지로 EP(Enterprise
		   Portal) 등 등재
			●		

부서간
네트워크
	In-degree
	(업무 협조 요청 받음),
	Out-degree
	(업무협조 요청함)
		밀접한 해당 부서 간의 협업(collaboration) 강화
		⇒ 밀접한 상호 연결성을 가진 부서간의 Co-work
		   캠페인 실시(Lunch box, Hof day, Sport day
		   등), 상호만족도가 떨어지는 부서에서 우선 실시
				●	

ICIS	신뢰성, 정확성, 신속성, 적극성, 의사소통	적극성, 신뢰성이 전반 만족도에 미치는 영향이 높으므로 본부, 팀 별 피드백을 통한 개선 유도 정기적 진단을 통한 본부장, 팀장 평가에 반영 검토			●

【도표83】 내부고객 만족도 결과에 따른 주요 활용 방안

<내부고객 만족도 설문지>

* 내부고객 만족도에 관한 설문으로 우리 부서와 협업을 많이 하는 부서 위주로 최대 5개 팀에 대하여 본인이 선택한 팀에 현재 만족하는 만족도와 업무 처리 등 관점에서 중요하다고 생각하는 중요도에 따라서 체크하여 주시기 바랍니다.

No.	(	)팀	매우 그렇다	그런 편이다	보통 이다	그렇지 않다	전혀 아니다
I	신뢰성						
1	업무처리에 신뢰감이 든다	만족도	5	4	3	2	1
		중요도	5	4	3	2	1
2	업무처리를 공정하게 처리해 준다	만족도	5	4	3	2	1
		중요도	5	4	3	2	1
3	관련 정보 및 자료를 우리 부서와 충분하게 공유한다	만족도	5	4	3	2	1
		중요도	5	4	3	2	1
II	정확성						
1	정확한 업무처리 기준이 있어 일관성 있게 처리해 준다	만족도	5	4	3	2	1
		중요도	5	4	3	2	1
2	업무처리 및 의사결정이 정확하다	만족도	5	4	3	2	1
		중요도	5	4	3	2	1
3	업무 자료와 정보 등을 명확하게 제공한다	만족도	5	4	3	2	1
		중요도	5	4	3	2	1
III	신속성						
1	전화나 방문을 하면 신속하게 통화하거나 만날 수 있다	만족도	5	4	3	2	1
		중요도	5	4	3	2	1
2	업무처리를 정해진 기한 내에 신속하게 처리해 준다	만족도	5	4	3	2	1
		중요도	5	4	3	2	1
3	관련 자료를 정해진 기한 내에 신속하게 제공해 준다	만족도	5	4	3	2	1
		중요도	5	4	3	2	1
IV	적극성						
1	타 부서의 상황을 이해하며 그 입장을 반영해 준다	만족도	5	4	3	2	1
		중요도	5	4	3	2	1
2	회사를 위해 적극적으로 업무를 수행한다	만족도	5	4	3	2	1
		중요도	5	4	3	2	1
3	상대방을 위해 불합리한 제도나 불편사항을 개선하려고 노력한다	만족도	5	4	3	2	1
		중요도	5	4	3	2	1

V	부서간 의사소통						
1	업무협조 및 협의 등에 있어 의사소통이 원활하다	만족도	5	4	3	2	1
		중요도	5	4	3	2	1
2	업무협조 및 협의 등에 있어 친절하게 응대해 준다	만족도	5	4	3	2	1
		중요도	5	4	3	2	1
VI	전반적으로 OO팀에 대해 어느 정도 만족하십니까?		5	4	3	2	1
VII	OO팀을 업무와 관련해 본보기(모범)가 되는 팀으로 추천하실 의향이 있으십니까? (NPS)		5	4	3	2	1

[도표84] 내부고객 만족도 설문지 예시

통합 진단

마지막으로 통합 진단은 1장에서 다뤘던 조직을 이루는 세 가지 축인 조직화, 조직행동, 조직문화가 모두 포함된 진단을 의미한다. 통합 진단의 범위는 세 가지 관점 진단 중 진단 범위가 가장 넓다. 통합 진단 중 조직에서 가장 많이 활용되고 있는 전략적 적정 인원 관리 진단에 대해 알아 보도록 하자.

전략적 적정 인원 관리 진단

조직의 성과는 대체로 영업이익이나 순이익, 매출과 같은 정량적인 수치로 인식되고 있다. 이러한 연유로 조직이 위기 상황에 닥칠 때마다 인당 매출액, 인당 인건비 등의 수치를 기반으로 적정인력 및 인력계획을 다시 수립하게 된다. 이는 곧 고정비 중 인건비 조율이 제일 가시적이고 금전적 변동 효과가 뛰어나기 때문이라 판단된다.

하지만 사람의 생물적인 특성에 따라 조직성과 및 방향성에 따른 정확하고 이상적인 전략적 적정 인원 산출은 현실적으로 불가능하다. 물론 일차적으로 타사 혹은 동종업계 비교를 통한 생산성이나 노동 숙련도 등을 고려할 필요는 있지만, 회사의 특성 및 내외부 상황을 고려하지 않고 단순하게 정량적 관점에서 접근이 가능한 것인지는 고민해 볼 필요가 있다. 내생 변수만을 가지고 분석하기에는 너무나 많은 외생 변수가 존재하기 때문에 경영진과 주요 의사 결정권자들의 의사결정 시 참조할 만한 근거 자료 제시 정도의 수준으로 판단하는 것이 바람직하다.

최근 고용 없는 성장 및 직무 가치에 의한 인재 채용 전쟁 등으로 전략적 적정 인원 관리와 조직 내 적정 인원 관리에 대한 중요성이 커지고 있다. 이를 위해서는 조직화 및 조직행동을 모두 고려해야 하나, 대체로 조직화 진단 측면이 더욱 많다.

전략적 적정 인원 관리는 조직구조 적절성, 적합성, 기능의 R&R과 더불어 적합성, 목적성의 조직 관점과 사람 관점의 역량, 업무 수준, 전략적 미래 인원 방향성까지 두루 고려해야 하므로 다음과 같은 순서로 검토하여야 한다.

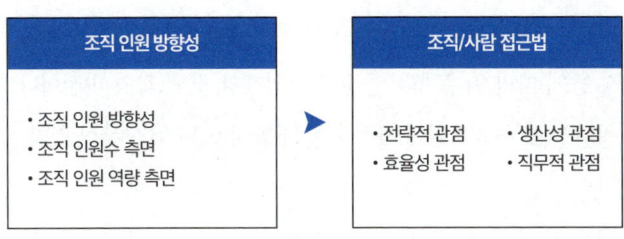

【도표85】전략적 인원 진단 프로세스

우선, 향후 미래 조직 인원 방향성을 수립해야 한다. 기존 비즈니스 확대 혹은 유지, 감소 방향과 신규 비즈니스 검토, 진출 등에 따르는 조직구조와 기능을 진단하고 사람 관점에서 구성원 역량과 업무 수준, 난이도, 역할과 책임 등에 대해 진단한다. 인건비 총량 측면에서 매출액 및 이익 등을 고려한 조직 구성원 총 인원에 대한 가용 가능한 총량 인건비를 우선 검토하고, 이어서 현재 조직 구성원의 역량 수준에 대해서도 검토한다.

다음으로 조직의 전략적 방향성과 조직의 비전, 핵심 가치에 기반하여 조직화 관점의 조직구조 및 기능적인 측면에서 검토 후 조직행동 관점에서 적합한 사람에 대해 고려하여야 한다. 이때 전략적, 생산성, 직무적, 효율성의 네 가지 관점으로 접근한다.

그 외에 적정인력 산출법으로 회귀분석regression이나 마르코프 체인법markov chain, 몬테카를로법monte carlo 등이 있으나 이는 과거의 환경을 기준으로 예상되는 현재 또는 미래 환경이 비슷할 경우 사용하는 산출법이어서 변화가 극심한 작금의 시기에는 적절하지 않은 분석법이다. 하지만 완벽한 HR시스템이나 진단은 없기에 최대한 신뢰성 및 타당성 있는 가설로 접근하는 것이 중요하다.

전략적 관점

전략적 관점은 조직구조 및 기능 역할 등과 같은 조직화 측면 진단이 필수적이다. 다만 전략적 관점은 HR 측면에서 주도적인 역할보다 최고경영진 및 전략 부문의 의사결정 등에 따라 좌우된다. 중장기 사업계획 및 조직의 비전이나 미션에 의한 전략적 방향성 및 신규사업에 따라 기능의 확대 또는 축소 등이 있다.

내부, 경쟁사, 동종 업계, 고객 관점에서 진단 후 외부 상황 진단을 통해 HR 측면에서 반영할 수 있는 부분을 도출하는 작업을 진행한다. 다음으로 타사 및 동종 업계의 벤치마킹이 필요한데, 전략적 관점의 경우 조직의 구조에 대해 알아보는 것이 필요하다. 타사 조직구조, 조직구조 원칙, 조직구조의 전략 방향 등의 조사가 필요하지만 대외비적인 성격으로 파악이 쉽지 않다. 그렇기에 전략적 방향성 등을 유추할 수 있도록 조직도 파악이 필요하다.

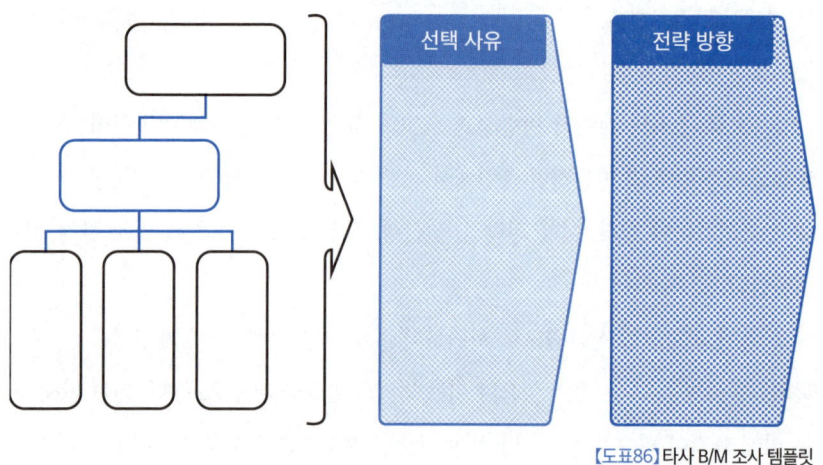

【도표86】타사 B/M 조사 템플릿

내부 진단은 전략적 관점에 따라 향후 나아갈 방향성 및 경영진의 의지에 따라 부서 및 팀의 통폐합 또는 신설 작업이 필요하며 이에 따른 구성원의 선발과 배치 전략이 동반되어야 한다.

생산성 관점

인당 매출액, 인당 생산 금액, 노동 분배율 등의 조직 접근법과 같은 다양한 생산성 지표인 HCROI Human Capital Return on Investment, HCVA Human Capital Value Added 등의 준거 집단 혹은 동료 집단과 비교 후 부문별 등 인원의 적정 여부와 과거 데이터 분석의 시계열 추세를 통해 대략적인 흐름을 분석할 수 있다.

생산성 관련 HR 관련 지표를 통해 인력 및 인건비 비교를 통한 가설적 적정인력 및 인건비 도출을 해야 하며, 타사 외 동질 사업부서 peer group 간의 비교가 필요하다.
이익 관리 관점으로는 인당 매출액, 인당 영업이익, 인당 부가가치, HCVA가 있으며, 비용관리 관점으로는 노동 분배율, HCROI가 있다.

구분	지표	주요 내용	산식
이익 관리 관점	인당 매출액	매출액의 증감을 고려하여 적정 인당 매출 기준으로 인력 운영의 효율성을 판단	총 매출액 ÷ 인력 수
	인당 영업이익	영업이익의 증감을 고려하여 적정 인당 영업이익 기준으로 인력 운영의 효율성을 판단	총 영업이익 ÷ 인력 수
	인당 부가가치	총 부가가치액 중 개인에게 기대되는 인당 부가가치액을 기준으로 인력 운영의 효율성을 판단	(경상이익 + 인건비 + 임차료 + 세금과 공과 + 감가상각비) ÷ 종업원수
	HCVA	영업이익이 부가가치를 창출하는 정도를 기준으로 인력 운영의 효율성을 판단	(경상이익 + 인건비) ÷ 종업원수
비용 관리 관점	노동 분배율	생산성 대비 적절한 인건비 수준을 판단하여 인력 운영의 효율성을 판단	(인건비 ÷ 부가가치) × 100
	HCROI	회사가 직원들에 대해 급여 및 복리후생 등을 투자하여 벌어들이는 수익률을 고려하여 판단	(경상이익 + 인건비) ÷ 인건비

【도표87】생산성 관점 진단 주요 지표

우선, 자사에 대한 생산성 분석 후 타사와의 비교가 필요하다. 최소 3개년 시계열의 조사가 필요하며, 다양한 생산적 지표 중 이상적인 지표는 없으나 손실이 났을 경우 지표의 왜곡이 생길 가능성이 크기에 이익(경상이익) 등의 지표보다는 생산량이나 매출액 등이 비교에 더 적합하다. 또한, 타사 비교 시 같은 지표로 상호 비교를 하여야 한다.

제조업에서 주의해야 할 부분으로는 제품과 상품의 비율을 대략 알아야 상호 비교가 가능하다. 예를 들어, A라는 회사와 B라는 회사의 매출이 각각 1,000억 원이라고 가정할 때, A사의 구성원은 100명, B사의 구성원은 300명이라면 B사의 인력 효율성에 큰 문제가 있는 것으로 예측이 가능하다. 그러나 그 이면에 제품과 상품의 비중 차이가 있을 수 있다. A사의 경우 자체 제품 비중이 20%에 불과하고 나머지 80%는 외주에 의한 상품으로 100명의 임직원이 1,000억 원 매출 중 약 200억 원 매출에 해당하는 제품만을 생산하고 있는 것이고, B사의 경우는 반대로 20%가 외주이고 80%가 자체 제품 생산으로, 300명의 구성원이 800억 원을 생산하고 있는 것이다.

즉, A사의 경우 인당 매출액은 2억, B사의 인당 매출액은 2.66억으로 오히려 B사가 높은 인당 매출액을 가진 것으로 나타나게 된다. 물론 A사의 경우 B사보다 많은 외주 업체 관리로 해당 관리 인원이 더 필요할 것으로 예상되지만, 생산성 관점에서는 보이는 수치만으로 해석하는 것이 바람직하다.

구분	0000년	0000년	0000년	비고
총 매출액				
개별 매출액				
연결 매출액				
영업이익				
경상이익				
총 인건비				
총 종업원 수				
생산부서 종업원 수				
제품/상품 비율				개별/연결 구분

【도표88】 생산성 관점 타사 B/M 조사 템플릿

구분	당사	A기업	비교
매출액	3,000억 원	2,000억 원	× 0.7
상품 제외 시 매출액	1,800억 원	1,500억 원	× 0.8
총 인원	400명	200명	× 0.5
제조 인력	250명	100명	× 0.4
판매관리 인력	150명	100명	× 0.7
총 인당 매출액	7.5억 원	10억 원	× 0.8
제조 매출액 (상품매출제외)	7.2억 원	15억 원	× 1.6
판매관리 매출액	20억 원	20억 원	× 1.0
총 인당 부가가치액	500만 원	700만 원	× 0.7
인당 제조 부가가치	2억 원	3억 원	× 0.7
인당 판매관리 부가가치	5,000만 원	7,000만 원	× 0.8

【도표89】 타사와 생산성 비교 예시

동종 업계와 매출액, 부가가치 등으로 단순 수치 비교가 가능하며, 제조업체의 경우는 제조와 판관을 분리하여 비교해야 한다.

<도표89>를 참고로 생산성 관점의 인력 비교를 해보자. 매출액 비교 시 동종 업계 수준으로 설정을 하게 되면 적정인력은 300명이 되어야 한다. 현재 인원에서 약 100명의 축소가 필요하다.

제조와 판관을 구분해 보면 제조는 현 기준 250명에서 120명 수준이 되어야 인당 매출액이 15억 원이 되므로 130명의 축소가 필요하며, 판관은 현 수준이 적정한 것으로 나타났다.

제조의 경우 상품을 제외한 제품의 매출액만을 산정하는 것이 타당하며, 판관의 경우 제품과 상품을 모두 합친 매출을 보는 것이 더 타당하다 할 수 있다. 즉, 제조는 제품 매출액을 기준으로 제품생산만을 위한 직접인력만을 비교하는 것이 바람직하며 판관은 제품과 상품을 포함한 매출을 기준으로 제품생산을 위한 직접인력뿐만 아니라 상품을 구매하는 구매 부서, 품질 검사를 담당하는 품질 부서, 회계 관리를 담당하는 재무 부서 등과 같은 지원 부서 인력까지 포함하여 비교하는 것이 바람직하다.

인당 부가가치의 관점에서는 전체 약 100명 축소, 제조 70명, 판관은 30명 축소로 도출된다. 하지만 동종 업계reference group 간 비교는 많은 내·외적 변수 및 영향이 존재하므로 참고용으로만 활용하고, 동종 업계와의 다양한 비교가 필요하다.

다음으로는 동질 사업부서peer group 간 비교로 동일 조직 내 다른 지역 사업장이나 대리점 간의 비교를 통해 도출하는 방법이다. 같은 제품 및 서비스를 제공하는 특성상 매출 비교가 가능하기 때문에 타사 비교보다는 타당한 결과를 얻을 수 있다. 다만, 내부 비교 특성상 매출 등 금전적 수치 외 내부 인적자원의 구성도 병행해서 보아야 한다.

업무 숙련도(직급)에 따라 1인당 매출액을 산출한 단계	
1단계	인당매출액 산정
1-2단계	직무별 환산
2단계	직급 역량에 따른 인원 환산
2-1단계	직급 역량에 따른 인원 환산
3단계	환산 인원 대비 인당 매출 적용 인원 & 매출액

우선, 각 사업장별로 인당 매출액을 산정한다.

사업장	매출	인원	인당 매출액
서울	1,000억 원	120명	8억 원
부산	800억 원	80명	10억 원
대구	1,200억 원	150명	8억 원
인천	400억 원	30명	13억 원
평균	850억 원	95명	9억 원

【도표90】 1단계: 인당 매출액 산정 예시

일부 부서 혹은 본부 등을 한정하여 같은 방식으로 산정하는 것도 가능하다.

사업장	매출	기획 부서 인원	인당 매출액
서울	1,000억 원	5명	200억 원
부산	800억 원	6명	133억 원
대구	1,200억 원	5명	240억 원
인천	400억 원	2명	200억 원
평균	850억 원	4.5명	189억 원

【도표91】 1-2단계: 직무별(기획 부서) 환산 인원 대비 인당 매출 인원 증감 예시

다음으로 직급 역량에 따른 환산 인원을 산정하는데, 각 사업장의 직급 분포에 따른 역량의 차이를 반영하는 것이다.

사원부터 부장까지 각 1단계씩 최고 5단계로 설정하여 사업장 직급 분포에 따라 환산 인원을 재산정하였다. 직급 평균 수치는 전 직급을 1~5로 변환하여 총 점수에서 총 구성원의 수를 나눈 평균값이다. 이는 직급 역량에 따라 업무 범위 및 질이 높아질 것이라는 가설로 인한 것인데, 아래 장표의 수치를 보면 대구사업장의 경우는 저직급 인원이 많고 인천 사업장의 경우는 고직급 인원이 많은 것을 알 수 있다.

내부 인원 선정을 할 때에는 직급 및 역할 등을 두루 고려하여 적정 인원 산정을 진행한다.

※ 사원: 1, 대리: 2, 과장: 3, 차장: 4, 부장: 5, 평균 수준 2.6점 적용

사업장	역량 점수	실 인원	환산 인원
서울	323	120명	124명
부산	208	80명	80명
대구	338	150명	130명
인천	105	30명	40명

【도표92】 2단계: 직급 역량에 따른 인원 환산 예시

같은 방식으로 일부 부서 및 본부의 인원을 산정한다.

※ 사원: 1, 대리: 2, 과장: 3, 차장: 4, 부장: 5, 평균 수준 2.9점 적용

사업장	역량 점수	기획 부서 실 인원	환산 인원
서울	14	5명	4.8명
부산	18	6명	6.2명
대구	12	5명	4.1명
인천	8	2명	2.7명

【도표93】 2-1단계: 직급(기획 부서) 역량에 따른 인원 환산 예시

마지막으로, 환산 인원에 따른 인당 매출액 인원을 기준으로 내부 상대 비교에 따르는 적정 인원을 1차로 도출한다.

※ 인당 매출 평균 9억 원 기준

사업장	환산 인원	인당 매출 적용 인원	증감
서울	124명	111명	-13
부산	80명	89명	+9
대구	130명	133명	+3
인천	40명	44명	+4

【도표94】 3단계: 환산 인원 대비 인당 매출 인원 증감

같은 방식으로 일부 부서 및 본부의 적정 인원을 산정한다.

※인당 매출 평균 189억 원 기준

사업장	기획 부서 환산 인원	인당 매출 적용 인원	증감
서울	4.8명	5.3명	+0.5
부산	6.2명	4.2명	-2
대구	4.1명	6.3명	+2.2
인천	2.7명	2.1명	+0.6

【도표95】 3-1단계: 환산 인원(기획 부서) 대비 인당 매출 인원 증감 예시

직무적 관점

사람의 숙련도, 다기능 등을 검토하며 업무량 조사, 비핵심이나 저부가가치 직무 및 직무 가치 등 효율성 측면에서 유사 직무와 숙련도를 파악하여 적정 직무의 범위를 재산정하고 비핵심 직무를 소거한다. 이를 위해서는 직무 분석에 기반한 업무 범위 및 업무량 조사가 우선 도출되어야 한다. 그러나 업무량 조사의 경우 일반적으로 본인 혹은 부서 내에서 자체 업무량 조사를 실시하므로, 실제 업무에 비해 과중하게 설정하는 경우가 대부분이다. 이에, 타사와의 절대 비교는 불가하고 내부 계열사 간 혹은 사업장 간 비교를 통해 조정하는 작업이 필요하다. 내부 진단의 경우 업무 프로세스나 시스템이 거의 동일하기에 계열사 간 사업장 간의 상호 비교가 가능하며 동일 과업 등에 대해 과도하게 차이가 나는 경우를 집중적으로 인터뷰 등을 통해 조정하여야 한다. 다만, 각 직무의 고유 업무나 일상 업무보다 수명 업무 등이 많은 부분에 대해서는 고려해야 한다.

[도표96] 업무량 조사 양식 예시

기획업무 R&R

※ R: Resposibility(업무수행자), S: Support(보조/지원자), A: Accountability(승인자), I: Information(결재권한 없이 보이 보고 받는자)

Duty	Level	과업내용	Activity	업무 빈도					업무분석		aa 사원			bb 대리			cc 대리			dd 대리			ee 과장			ff 제우 과장			gg 부장			총 시간 H
				수시	월	분기	반기	년	중요도 (5점 만점)	난이도 (5점 만점)	역할	연간H	숙련도 (5점 만점)	역할	연간H	숙련도 (5점 만점)	역할	연간H	숙련도 (5점 만점)	역할	연간H	숙련도 (5점 만점)	역할	연간H	숙련도 (5점 만점)	역할	연간H	숙련도 (5점 만점)	역할	연간H	숙련도 (5점 만점)	
사업 계획 수립	2	자료수집 및 분석	1.1 그룹 회장실로부터 사업계획 수립지침을 통보 받아 자체 사업계획 수립안을 검토 및 보고할 수 있다.					3	5	4											R	72	4.5							R	36	5	180
			1.2 국내외 경제 및 경영동향을 수집하여 당사 사업계획 수립하고 경영방향을 수립 할 수 있다.					2	5	4				R	32	3										R	48	4.5	R	24	5	136
			1.3 당해 및 과거년도 매출 손익 투자 등의 실적을 정리 및 분석할 수 있다.					3	5	5																		R	36	5	300
	2	팀별 사업 계획 수립	2.1 사업계획 수립지침과 과거 실적치를 전 부서에 통보 후 사전 협의과정을 수행할 수 있다.					3	5	4.5				R	48	3.5	R	48	4	R	48	4.5	R	48	4	R	48	4.5	R	24	5	264
			2.2 각 부서에서 수립된 사업계획을 취합할 수 있다.					3	5	4				R	48	3.5	R	48	4	R	72	4	R	48	4	R	48	4.5				288
			2.3 취합된 사업계획서를 검토할 수 있다.					3	5	5				R	72	3.5	R	48	4	R	72	4	R	48	4	R	48	4.5	R	24	5	312
	3	전사 사업 계획 수립	3.1 취합 및 검토된 팀별 사업계획을 수정 및 보완할 수 있다.					3	5	5				R	48	3.5	R	48	4	R	120	4	R	48	4	R	48	4.5	R	24	5	384
			3.2 수정 및 보완된 사업계획을 바탕으로 전사 사업계획을 작성할 수 있다.					3	5	5				R	48	3.5	R	48	4	R	120	4	R	48	4	R	48	4.5	R	24	5	384
			3.3 작성된 전사 사업계획서를 최종 검토 후 보고할 수 있다.					3	5	5				R	24	3.5	R	24	4	R	96	4	R	24	4	R	24	4.5	R	48	5	264
		투입시간 (소계)										152			392			312			672			312			432			240		2,512
손익 실적 분석	2	자료수집	1.1 법인별 회계마감 실적을 확인할 수 있다.			1			5	4	R	24	3	R	24	3.5	R	24	4	R	24	4	R	24	4	R	24	4.5	R	24	5	168
			1.2 손익과 관련된 추가자료를 확보 및 검토 할 수 있다.			1			5	4.5	R	24	3	R	24	3.5	R	24	4	R	24	4	R	24	4	R	24	4.5	R	24	5	168
			1.3 데이터 및 자료의 누락 및 오류 발생시, 해당부서에 재확인 및 추가 요청할 수 있다.			1			5	4.5	R	24	3	R	24	3.5	R	24	4	R	24	4	R	24	4	R	24	4.5	R	24	5	168
	3	자료분석	2.1 확정된 자료를 종합적으로 취합 및 집계할 수 있다.			1			5	4	R	24	3	R	24	3.5	R	24	4	R	24	4	R	24	4	R	24	4.5	R	24	5	168
			2.2 계획대비 실적 특이사항을 분석(변화) 할 수 있다.			1			5	5	R	32	3	R	32	3.5	R	32	4	R	32	4	R	32	4	R	32	4.5	R	32	5	224
	3	보고서 작성	3.1 전월 및 당월, 그리고 누계실적을 집계하여 보고할 수 있다.			1			5	3	R	8	3	R	8	3.5	R	8	4	R	8	4	R	8	4	R	8	4.5	R	8	5	48
			3.2 손익특이사항에 대하여 별도의 자료를 작성할 수 있다.			1			5	5				R	72	3.5				R	72	4				R	8	4.5	R	48	5	56
			3.3 손익실적을 합고하여 익월 손익예상자 료를 작성 보고할 수 있다.			1			5	5				R	72	3.5																192
		투입시간 (소계)										160			208			136			208			136			136			208		1,192

사업장	실제 업무 시간	현 기준			과부족	증감
		인원	근로일	근로시간		
서울	11,587	5명	225	9,000	-2,587	+1.4
부산	10,520	6명	225	10,800	+280	-
대구	10,652	5명	225	9,000	-1,652	+0.9
인천	4,598	2명	225	3,600	-998	+0.6

● 근로 일수 = (가동 일수 연 243일 - 개인 연차(평균 18일)) = 225일(1,800시간)
● 근로 시간 = 사업장별 인원수 x 근로 일수

【도표97】업무 시간 기준 인원 증감 예시

    조직 내 유사 사업장 혹은 계열사 간 비교 후 연간 시간을 기준으로 적정인력을 산출한다.

    아래에는 일부 부서인 기획부서의 사례만을 설명하였다. 전사 혹은 본부별 조사도 같은 방식으로 조사를 진행한다.

    기존의 직무 외에 전략적 방향성 및 미래 전략 구도에 따른 조직 재설계, 직무 가치의 변화에 따라 전략적 인원 관리도 병행되어야 한다. 예를 들어, 차후 조직의 전략 방향성을 위해 기술 동향의 선제 대응, 글로벌 물적·인적 유기적 최적화, 조직 내 체계적 협업 및 변화 관리 등이 선정되었다면 이에 따르는 산업 변화의 대응으로 인한 신규, 확장, 축소 등의 직무 등이 발생할 수 있다. 마지막으로 직급 구성 및 부서 구성에 따른 조정도 가능한데, 이는 직급에 따른 역할과 책임에 따르는 직급 역할론, 직급 정원 관리에 따른 인력관리도 필요하다.

효율성 관점

효율성 관점에서는 기능별 업무 R&R 및 업무 프로세스와 같은 조직화 진단이 필요하다. 조직화 진단을 통해 비효율적인 부분을 도출하며, 도출된 비효율 업무를 기반으로 중요도 및 난이도가 낮은 업무부터 이관, 폐기 등을 검토한다.

기능적 특성 분류는 부서 간 업무 중복성 파악 후 군집 및 동질 부서를 파악하여 부서나 팀의 통합, 확대, 축소 등을 도출한다.

기능별 업무 R&R 및 업무 프로세스를 통한 업무 효율성 파악을 진행할 때는 직급 및 직책 역할의 정의 및 업무 프로세스를 참고하여 진단한다. 타사와의 비교에는 타사의 업무 역할 및 프로세스를 파악하여야 하며, 내부 조직 비교에는 타 사업장이나 공장 등의 상대 비교가 가능하다.

	부서 구성	업무 R&R/프로세스
	○○팀	
Ⅴ 부장		• XXX • XXX • XXX
Ⅳ 차장		• XXX • XXX • XXX
Ⅲ 과장		• XXX • XXX • XXX
Ⅱ 대리		• XXX • XXX • XXX
Ⅰ 사원		• XXX • XXX • XXX

【도표98】 타사 업무 R&R, 프로세스 B/M 조사 템플릿

다음으로 부서 간 기능적 특성 분류는 부서 간 업무 중복성 파악 후 군집 및 동질 부서를 파악해 부서 조정 및 조직 개편에 활용이 가능하다. 조직의 규모에 따라 부서의 매칭 수를 조정하여야 하는데, 따로 정해진 개수는 없다. 다만 너무 많은 매칭

의 경우 조사 및 추후 분석 시 장애가 발생되므로 5개 내외의 매칭이 적당하다.

※ 부서 간 기능적 업무 연관성 특성에 관한 설문으로 최대 5개의 쌍에 대하여
  본인이 인식하는 정도에 따라서 체크하여 주시기 바랍니다.

팀 vs 팀	업무 중복성이 전혀 없음	약간의 업무 중복성	통상적인 업무 중복 수준	통상적인 수준 이상의 업무 중복	매우 밀접한 업무 중복
( )팀 vs ( )팀	5	4	3	2	1
( )팀 vs ( )팀	5	4	3	2	1
( )팀 vs ( )팀	5	4	3	2	1
( )팀 vs ( )팀	5	4	3	2	1
( )팀 vs ( )팀	5	4	3	2	1

【도표99】 부서 간 기능적 특성 분류 설문

부서 간 기능적 특성 분류로 밀접성, 연결성 중심을 알아보기 위해 사회 과학용 통계 패키지인 SPSS statistical package for social science를 이용하여 다차원 척도 분석을 실시하였다.

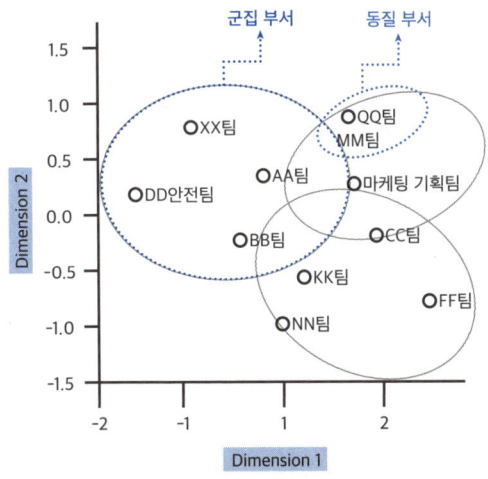

【도표100】 다차원 척도 분석을 통한 부서 간 기능적 특성 분류 결과 예시

밀접성 수준에 따라 동질 및 군집 부서를 도출한다. 위 결과에 따르면, QQ팀 및 MM팀이 매우 밀접하다는 것을 알 수 있으며, KK팀과 NN팀의 경우는 밀접하지는 않더라도 동질한 성격을 가지고 있는 것으로 나타났다.

군집 부서의 경우는 직군, 직렬, 직무 체계 재구성 및 업무 프로세스 체계 수립을 시행하고, 동질 부서의 경우는 중복 및 유사 업무 도출 후 업무 또는 부서 통합을 검토하여야 한다.

부서	부서	밀접성	판별
MM팀	QQ팀	+++	●
AA팀	BB팀	+	○
XX팀	DD팀	+	○
KK팀	NN팀	++	◐

● 해당 부서 TASK별 업무 분석 필수
◐ 해당 부서 TASK별 업무 분석 여부 검토

【도표101】부서 간 기능적 특성 분류 결과에 따른 활용 방안 예시

다음으로 업무 내 비효율 업무를 파악하는 것이 필요하다. 비효율 업무의 양을 계량화하여 폐기 혹은 개선 등으로 업무 효율화 및 물리적 시간 확보가 가능하기 때문이다.

중요도 및 난이도가 낮은 업무부터 이관, 폐기 등의 검토가 필요하다. 또한, 개개인의 업무 숙련도 조사를 통해 직급, 직책 역량에 부합하지 않는 고·저숙련자 도출을 통해 업무 재배정 및 업무 순환 등을 고려해야 한다.

설문 응답은 부서의 업무 및 부서원을 잘 아는 부서장이 작성하는 것이 바람직하나, 주관적인 판단에 따른 신뢰성과 타당성의 문제가 제기될 수 있다. 설문 전 응답 설명회 등을 통해 이러한 문제점을 최소화해야 한다.

[도표102] 업무 효율화 설문 양식

NO.	업무 분석 대분류	중분류	소분류	업무비중 (100%)	중요도 (5점)	난이도 (5점)	직원1 업무비중 (100%)	직원1 숙련도 (5점)	직원2 업무비중 (100%)	직원2 숙련도 (5점)	직원3 업무비중 (100%)	직원3 숙련도 (5점)	...	...	업무비중계
1	생산기술 업무	공정개발 업무	신차/설변품 공정설계검토 보고	10%	5	3	10%	3							100.00%
2			공정개발 일정 관리 (이행률 관리)	10%	4	3	0%	...							100.00%
3			...	...	...	...	...	...							100.00%
4			...	...	...	...	...	...							100.00%
5			공정 실패사례, F/Proof, E/Proof 반영	20%	3	2	10%	2							100.00%
6			PFMEA 작성	10%	3	3	20%	5							100.00%
7			공정 구성 및 셋업	10%	3	4	...	...							100.00%
8			...	...	...	...	...	...							100.00%
9		공정개선 업무	선진업체 공법/공정 벤치마킹	10%	3	5	10%	3							100.00%
10			신기술/신공법 개발	10%	5	5	30%	4							100.00%
11			...	...	...	...	...	...							100.00%

업무비중 합산은 100%

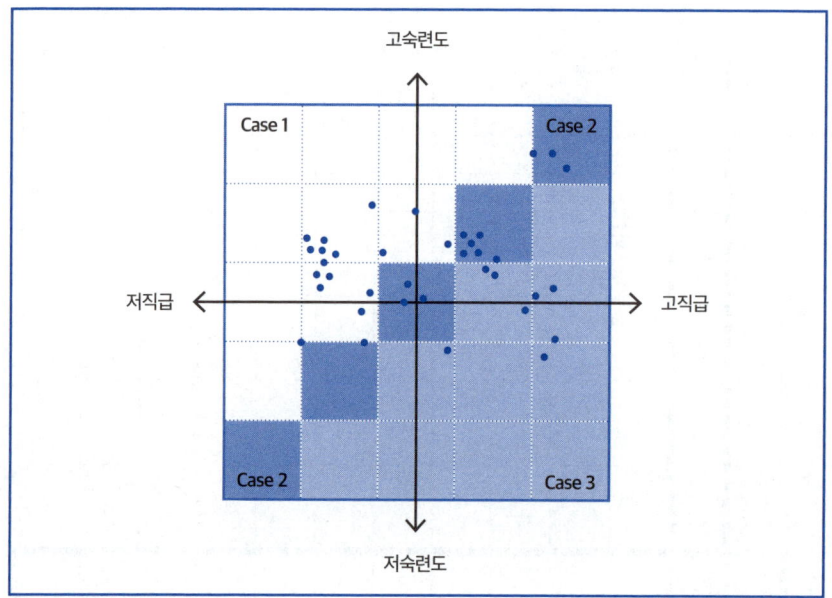

【도표103】 업무 숙련도 결과 예시

Case 1. 직급 수준 < 숙련 수준

우수 인재로 분류하고 양성할 필요가 있으나, 업무 쏠림 현상 및 역할 대비 책임 과중으로 인한 번아웃 burn out 을 겪지 않도록 리더의 관리가 필요하다.

Case 2. 직급 수준 = 숙련 수준

현재 업무 및 역할을 지속하면 되나, 보다 도전적인 업무 및 역량 개발을 통해 Case 1을 목표로 한 방향설정이 필요하다.

Case 3. 직급 수준 > 숙련 수준

숙련도 향상을 위해 직무 역량 개발로 개선을 유도하거나, 직무 미스매칭 등을 고려하여 직무 순환 및 역할 이동을 통해 변화를 시도한다. 하지만 일정 기간이 지나도 개선이 어려울 경우 향후 인력 조정 대상으로 고려된다.

다음으로 직무 중요도와 난이도에 따른 업무 개선 및 폐기 등을 업무 다이어트를 통해 인원을 관리할 수 있다. 중요도와 난이도의 5점 척도로 매트릭스 형태를 구현하면 되는데, 해당 중요도와 난이도의 최저 기준값은 정해진 바가 없고 진단 및 조사자의 주관 또는 해당 직무 전문가의 의견 등을 종합해서 설정하면 된다.

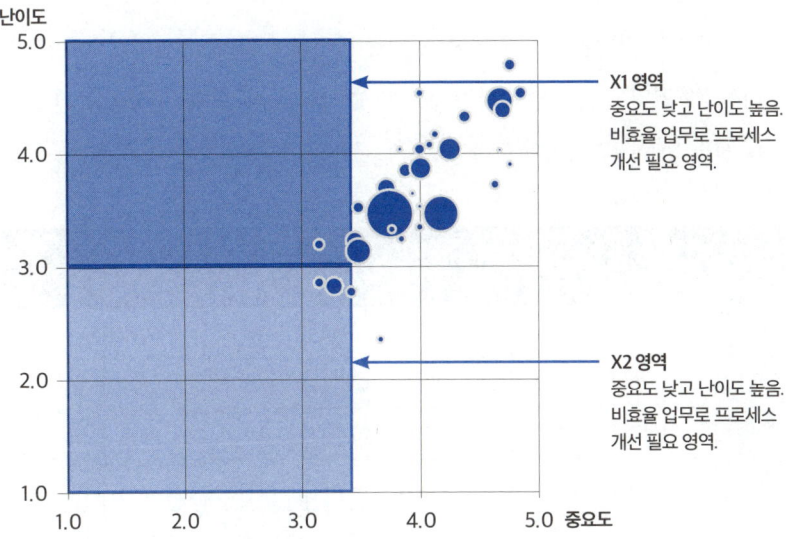

【도표104】 비(핵심)효율 업무 결과 예시

분류	과업 내용	업무 비중	
X1 영역	회의, 워크숍 주재 업무	3.8%	4.7%
	보고서 작성	0.9%	
X2 영역	비용전표 처리	3.2%	4.7%
	소모품 신청	1.0%	
	출장비 관리	0.5%	

【도표105】 비(핵심)효율 업무 내용(기획 부서) 예시

X1 영역과 같은 비효율 업무는 업무 방식 변경 혹은 프로세스 개선을 통해 절대적인 업무량 축소를 검토하여야 하며, X2 영역과 같은 저효용 업무는 아웃소싱이나 업무 폐기 등을 고려해야 한다.

직무 분석 등을 통해 도출된 업무량 분석을 토대로 효율적 업무 영역을 가감한다. X1, X2 영역을 다 가감할 수도 있고 한 영역만 반영할 수도 있다. 일반적으로 X1 영역 보다는 X2 영역을 반영한다. 다만, X1, X2 영역의 개선 및 폐기, 이관 등의 프로세스 및 시점 등을 고려하여야 한다.

소속	실제 업무시간	X2 영역	폐기 가능 업무시간	조정 업무시간	근로시간	과부족	증감
서울	11,587	4.7%	545	11,042	9,000	-2,042	+1.1
부산	10,520	5.9%	620	9,900	10,800	+900	-0.5
대구	10,652	4.7%	500	10,152	9,000	-1,152	+0.6
인천	4,598	4.7%	216	4,382	3,600	-782	+0.4

【도표106】폐기 가능 시간 조정 포함 인원 증감 예시

전략적 적정 인원 도출

전략적, 생산성, 직무적, 효율성 관점을 모두 고려하여 전략적 적정 인원에 대해 가설적으로 제시하는 방법도 있다.

여기서는 전사 전략적 적정 인원 도출 예시보다는 한 부서의 예시를 살펴보자. 우선 매출액 및 HCROI 등의 생산성 관점에서 도출된 가감수치와 업무량 분석을 기반으로 비핵심이나 저부가가치 등의 직무적, 효율성 관점에서 도출된 가감수치와 전략적 방향성에 따른 전략 과제를 고려한 가감수치를 포함하여 가설적인 전략적 적정 인원 도출이 가능하다. 전략적 관점의 적정 인원은 진단에 의해 도출되기보다 경영진 등에 의해 정성적으로 나타나는 수치이므로 예시를 들기 어렵다. 구체

적인 산식은 다음과 같다.

생산성 관점 ± (직무적 관점 ± 효율성 관점) ± 전략적 관점

소속	생산성 관점	직무적/효율성 관점	전략적 관점	가설적 전략적 인원	검토
서울	0.5	1.1	±0	1.6	1~2명 충원
부산	-2	-0.5	±0	-2.5	2~3명 축소
대구	2.2	0.6	±0	2.8	2~3명 충원
인천	0.6	0.4	±0	1	1명 충원

【도표107】 가설적 전략적 적정 인원 제시 예시

구분	요인 (factor)	방법	산출물	주요 활용 Point	직무	정량/정성	비고
전략적 관점	전략 과제, 전사 조직 목표 등	• MECE, 시나리오 기법 등 HR 관점의 수행 과제 도출	기능 및 조직 변화에 따른 신규 직무, 직무 확대, 축소 등	ERRC (Eliminate/제거, Reduce/감소, Raise/증가, Create/창조) 직무 인원 산정	전 직군	정성	
생산성 관점	전사 매출, 이익, 인건비 등	노동생산성	인건비 인당 생산 금액 HCROI HCVA	전사, 본부, 부서(팀) 적정 인원 산정	(2), (4)	정량	현재 기준으로 과거 및 미래의 인력 산출 시 왜곡 가능성 높음 (직접 노동 투입률 대비 산출물이 일정한 직무에 한정)
		• 회귀 분석 • 마르코프 체인 • 스태핑 비율	적정인력 규모(전사, 본부, 부서 등)		(2), (4)	정량	
		AHP	조직 내 직무 상대 가치			정성	직무 간 다툼 가능성 높음, 조직 성숙도가 높은 조직의 활용이 바람직함
	준거 그룹 (reference group)	동종 업계 비교 분석	노동생산성 산출물		전 직군	정량	공시 자료 등 활용 시 왜곡 가능성 높음, 조직 간 직접 정보 공유 시 활용 (제품, 상품 비율 등)
	본부(부서) 그룹 (peer group)	조직 내 유사 본부(부서) 비교 분석	노동생산성 산출물			정량	동일 환경 및 조건으로 통제 후 비교

관점					전직군	정량/정성	비고
효율성 관점	협업 조사	사회네트워크 분석	조직 내 부서간 In(out)degree 수치	아웃라이어 본부(부서) 진단	전직군	정량	모수 대비 최소 응답률 50% 이상 (부서, 팀 별)
	중복 동질 부서	다차원 척도 분석	군집, 동질 부서 도출	동질 부서 위주 통폐합 검토		정성	유클리디안(euclidean) 유사도 기준에 대한 부서간 논란 소지 있음, 일반적으로 1 이내로 한정
	비(핵심)효율 업무 조정	업무 분석	비(핵심) 업무 도출	비(핵심) 업무 R&R 재선정 OS 검토 등		정량	OS(Outsourcing)의 경우 비정규직 이슈에 대한 논란 있음 SSC(Shared Service Center) 등으로 비핵심 업무 통합을 통한 조정 검토
	업무 숙련도 업무 조정	직원 숙련도	직급, 부서(팀) 내 C Player 도출	업무 R&R 재선정 직무교육 퇴출		정량	작성자 주관적 영향이 높으므로 교차 검증 (double check)등을 통한 신뢰 및 타당성 확보 필수
직무적 관점	직무 가치	Hay Guide Charts IPE* GGS** 등	직무 가치 도출 직무 숙련도	부서(팀)/직급별 직무 숙련 Gap 부서(팀) 구성 Gap	전직군	정량	직무 가치에 대한 조직 내 합의가 선행되어야 함
	직급별 TO	직무 숙련도 전략 방향 역할(직책) 리더십 진단	직급별 적정 인원 부서(팀) 적정 인원	진단에 따른 Gap 전략 방향성에 맞는 직급, 부서(팀) 적정 인원		정량/정성	리더십 진단 부분에 대한 검증 필요
	업무의 양	직무 분석기반에 따른 과업에 따른 업무 시간	업무의 양	일정기간 표준 업무시간에 따른 가감		정량	실제 업무 시간 대비 과대 계상에 대한 조정 필요
	ESI	직무만족 조직(성과) 몰입 이직 의도 등	직무 만족도 조직 몰입도 이직 의도 등	주요 강점과 약점 요인 도출에 따른 개선 방안		정량/정성	각 진단 별 세부 실행방안 작업 필요 각 변수간 상관관계 분석을 통한 후속 작업 필요
	조직성과	성격 유형 리더십 유형 조직문화 등	직무 및 조직에 맞는 성격, 리더십, 조직문화 유형	조직성과와 상관관계가 높은 진단별 유형도출		정량/정성	

* IPE(International Position Evaluation), Mercer.
** GGS(Global Grading System), Towers Watson.
※ 비고: (1)관리 직군 (2)생산 직군 (3)R&D 직군 (4)영업/판매 직군

【도표108】 전략적 인원 관리 4가지 관점 요약

조직진단에 따른 HR시스템 설계 및 개선

조직화와 조직행동 관점 진단에 따른 후속 조치로는 HR시스템 설계 및 개선이 따라와야 한다. 조직진단의 목적은 진단 자체로 끝나는 것이 아니라 진단 후 도출된 문제에 대해 대응 및 개선 방안을 제시하는 것이 중요하기 때문이다.

조직진단에 따른 HR 제도 개선 및 설계 시 검토 사항은 아래와 같다.

HR 시스템	조직화 관점			조직행동화 관점		
	조직구조	기능	검토 사항	독립변수	종속 변수	검토 사항
채용 시스템	조직 구조 개편	기능 변화	채용 방식, 채용 도구	조직 정합성 (인성평가, 면접평가) 직무 적합성 (직업기초역량, 서류/면접 평가) EVP (보상공정, 승진기회, 조직문화, 리더십 등)	조직 정합성 (조직몰입, 조직 애호도, 이직 의도 등) 직무 적합성 (성과 평가 등) EVP (조직몰입, 성과 몰입 등)	서류/인성/면접 평가 기준 개선, 채용 방식, 채용 도구, 보상/승진 제도 개선, 조직문화/리더십 개선
교육 시스템			직급/직무 R&R, 직무교육 체계	리더십, 조직문화, 의사소통, 비전/전략 등	조직몰입, 성과 몰입, 직무만족 등	교육체계 수립, 교육 과정 수립, 조직활성화 등
평가 시스템			평가 등급 단계, 평가 비율, 평가 가중치, 평가자 단계 등	리더십, 평가 방식, 평가 목적 등	조직몰입, 성과 몰입, 직무만족, 평가 만족도 등	평가자 교육, 상대/절대 평가, 평가 목적 (고/저성과자)
승진 시스템			승진률, 승진대상 등	승진 기회	조직몰입, 성과 몰입, 직무만족, 동기부여 등	전반적 승진제도
보상 시스템			보상차등화, 보상 수준 등	보상공정	조직몰입, 성과 몰입, 직무만족, 동기부여 등	전반적 보상제도
직급 시스템			직급단계, 직급 표준년수, 기능별 이중경력경로 (dual ladder), 호칭	조직문화	조직몰입, 성과 몰입, 직무만족, 동기부여 등	직급단계, 호칭

【도표109】

이어서 채용시스템과 연관된 조직진단에 대해 알아보도록 하자.

조직화 진단 관점에서는 조직구조 개편 및 기능 진단으로 인한 채용방식 및 채용도구에 대한 검토가 필요하다. 예를 들어, 조직 개편이나 기능 진단 등으로 주요 직책 및 고위 직급 채용이 필요할 때 일반적인 채용 방식보다는 써치펌이나 내부 추천에 의한 채용 방식이 더 적합할 것이고, 채용 도구는 면접 외에도 레퍼런스 체크, 직무 기술 시연과 같은 다양한 선발 도구를 통해 검증하는 것이 필요하다.

조직행동 관점에서는 신규입사자를 대상으로 조직 정합성과 직무 적합성 관점에서 조직성과와의 상관관계를 살펴봐야 한다. 여기에 추가하여 진단할 부분은 조직이 가지고 있는 고용 브랜드$_{\text{EVP, Employee Value Proposition}}$에 대한 조사도 함께 실시하는 것이 바람직하다. 고용 브랜드란 조직의 고용관계에 대해 조직의 내부 구성원뿐 아니라 외부 인력이 떠올리는 총체적 이미지로, 그 가치 정도가 조직이 원하는 핵심 인재 확보와 유지를 위해 가장 중요한 전략 요소이다. 고용 브랜드의 형태는 금전적 보상 가치 강조형, 비금전적 보상 가치 강조형과 이 모두를 포함하는 포괄 형태가 있다. 금전적 보상 가치형태는 대표적으로 급여, 승진 등이 있고 비금전적인 보상 가치는 리더십, 워라밸 등이 있으며 포괄 형태에는 조직문화가 있다. 조직 관점에서 신규 입사자의 조직성과와 상관관계를 통해 도출된 결과를 바탕으로 채용시스템을 보완하는것도 중요하지만, 신규입사자 관점에서 조직에 만족하지 못하는 고용 브랜드 요인을 진단하고 보완하여 우수한 인재를 유인할 수 있는 고용 브랜드를 갖추어야 한다.

조직 정합성 요인으로는 조직몰입, 조직 애호도, 이직 의도와 인성 평가 또는 면접 평가 결과와의 영향 관계를 살펴보고, 직무 적합성 요인으로는 직업기초역량, 서류·면접 평가 요인 등을 활용하고, 고용 브랜드는 신규 입사자가 민감하게 반응하는 보상, 승진 기회 요인과 조직몰입, 성과 몰입 등을 활용하여 조사를 실시한다. 조사 대상은 신입사원은 입사 2~3년 내외가 바람직하고 경력사원은 입사 1년 이내가 바람직할 것으로 판단된다. 신입사원은 선행연구 등에서 보통 조직 적응 후 성과를 내는 시점이 2~3년 이내로 조사되었으나 경력 사원은 보통 조직에서 1년 이내에 성과를 내는 것을 기대하고 채용하기 때문이다. 또한, 직무별로 구분하여 진단을 실시해야 한다. 직무에 따라 조직성과와 조직 정합성, 직무 적합성, 고용 브랜드와의 상관관계가 다르게 도출되는 경우가 일반적이라 직무별 접근 전략을 달리하여 채용 시스템을 개선해야 한다.

예를 들어, 회계 직무를 담당하는 신규 입사자의 경우 조직 정합성 요인에서 성격 유형 중 내향적 성격 유형이 조직성과에 긍정적인 영향을 주는 것으로 나타났다면 채용 방식 및 채용 도구에 대한 개선이 필요하다. 면접과 같은 채용 도구는 대체로 외향적 성격을 가진 사람에게 유리하므로, 다른 채용 도구에 대한 선정이 요구된다.

직무 적합성 요인에서 직업기초역량 중 문제해결 역량이 조직성과에 긍정적인 영향을 주는 것으로 나타났다면 채용 도구에서 이러한 역량을 파악할 수 있는 채용 도구 개발이 필요하다. 반대로 고용 브랜드 요인에서 보상이 조직성과에 부정적인 영향을 주는 것으로 나타났다면 보상 시스템에 대한 개선이 따라야 한다.

신규 입사자에 대한 조직성과 진단은 단발적으로 끝나는 것이 아니라 주기적인 진단 및 모니터링이 지속되어야 한다. 꾸준한 데이터 확보를 통해 유효한 결과를 얻는다면 바람직한 채용 시스템 구축이 가능할 뿐만 아니라, 조직의 HR시스템 개선에도 많은 영향을 줄 수 있기 때문이다.

다음으로 교육시스템과 연관된 조직진단을 살펴보면, 조직화 진단관점에서는 조직구조 개편 및 기능 진단으로 인한 직급·직무 R&R과 직무교육체계에 대한 검토가 필요하다. 조직과 기능 진단을 통해 도출된 주요 직무에 대한 직무교육 체계 수립을 우선하여 설계하여야 하며, 조직구조 개편에 따른 역할과 책임의 변화로 인한 직책 등의 역할 변화 교육 설계가 필요하다.

조직행동 관점에서는 조직몰입, 성과몰입, 직무만족과 리더십, 조직문화, 의사소통, 비전·전략 등과의 영향 관계를 통해 조직몰입, 성과몰입, 직무만족에 가장 큰 영향을 미치는 리더십, 조직문화, 의사소통, 비전·전략의 요인을 도출하여 이를 바탕으로 교육 체계 수립이 필요하다.

평가시스템과 연관된 조직진단을 살펴보면, 조직화 진단관점에서는 조직구조 개편 및 기능 진단에 따라 기능별, 부서별 중요도 및 영향력 등을 고려하여 평가 등급 단계, 비율 및 평가 가중치 및 평가자 단계를 검토하여야 한다. 예를 들어 신기술 개발의 전략 과제로 인해 R&D 기능의 중요성이 대두되었다면, R&D 기능의 평가 등급 비율을 상위 등급의 비중을 높여 주거나 타 부서에 비해 평가 가중치를 높여야 한다. 또한 조직구조 개편에 따라 수직적 분화가 단순화되었다면 평가자 단계 설정도 마찬가지로 단순화가 필요하다.

조직행동 관점에서는 조직몰입, 성과몰입, 직무만족, 평가 만족도와 리더십, 평가 방식, 평가 목적 등과의 영향관계를 분석한다. 조직몰입, 성과몰입, 직무만족에 가장 큰 영향을 미치는 평가 방식 및 평가 목적에 따라 평가 제도 설계가 필요하고, 평가 만족도와 리더십의 영향 관계를 통해 평가자 교육 및 평가 운영 개선 등에 활용한다.

승진시스템과 연관된 조직진단을 살펴보면 조직화 진단관점에서는 조직구조 개편 및 기능 진단에 따라 승진율 및 승진 대상에 대한 검토가 필요하다. 주요 기능에 따라 승진율 및 승진 대상을 높이거나, 조직구조 개편으로 인해 수직·수평적 분화 관점에서 조직이 단순화되었을 경우에는 직책별 승진율을 조정하여야 한다. 예를 들어, 직책자에 한하여 부장 직급을 부여해 수평적 관점에서 30개 부서에서 20개로 축소되었다면, 부장 승진율을 보수적으로 설정해야 한다.

조직행동 관점에서는 조직몰입, 성과몰입, 직무만족과 동기부여와 승진 기회와의 영향 관계를 통해 승진 유형 및 승진 프로세스에 대한 전반적인 설계 또는 개선이 필요하다.

　보상시스템과 연관된 조직진단을 살펴보면 조직화 진단관점에서는 조직구조 개편 및 기능 진단에 따라 보상 차등화 및 보상 수준에 대한 검토가 필요하다. 예를 들어, 기능의 중요도에 따른 보상 차등화 및 직책 및 역할자의 인원 및 직무, 기능 중요도에 따른 보상 수준의 검토를 시행해야 한다. 20개 부서에서 30개 부서로 확대되었다면 총량 보상 차원에서 부서장 역할 보상에 대한 검토와 직무 가치에 의한 보상 수준도 검토해야 한다.

　조직행동 관점에서는 조직몰입, 성과몰입, 직무만족과 동기부여와 보상공정과의 영향 관계를 통해 보상 수준에 대한 전반적인 설계 또는 개선이 필요하다.

　마지막으로 직급 시스템과 연관된 조직진단을 살펴보면 조직화 진단관점에서는 조직구조 개편 및 기능 진단에 따라 직급 단계에 대한 검토가 요구된다. 예를 들어, 조직구조 단순화에 따른 직급 단계 검토가 필요하며 기능이나 부서의 중요도나 규모의 성장 등에 따라 직급 시스템과 연동하는 것이 바람직하다.

　조직행동 관점에서는 조직몰입, 성과몰입, 직무만족과 동기부여와 조직문화와의 영향 관계를 통해 직급 단계 및 호칭에 대한 전반적인 설계 또는 개선이 필요하다. 수평적 조직문화가 조직몰입, 성과몰입, 직무만족과 동기부여에 가장 큰 영향을 미치는 조직문화로 나타났다면, 직급 또는 호칭을 단순화하는 개선이 이루어져야 할 것이다.

3장
직무

0. 들어가며

앞서 조직화에 대한 내용 중 조직구조를 이루는 제일 기본적인 요소는 직무다. 직무들이 합쳐져 부서화가 되고, 이를 기반으로 보고 체계, 통제의 범위 등을 설정해 조직구조를 완성하게 된다. 그렇기에 조직 구성 및 인력 구성에 가장 기본이 되는 영역은 직무이며, 조직의 기능을 이루는 가장 기본적이고 중요한 근간이라 할 수 있다.

최근 들어 직무와 연관 없는 역량은 지양하고 직무와 연관 있는 역량만으로 채용 및 육성을 위해 국가적인 차원에서 실시하는 NCS National Competency Standards 의 영향으로 직무 역량이라는 용어를 많이 사용하고 있다. 이는 급격한 산업의 패러다임 전환에 따른 학문의 융복합, 직무 간 클러스터 기능 등의 변화에 배치되는 부분이기는 하지만, 직무와 연관 없는 불필요한 역량 개발에 드는 시간 등을 고려하면 직무 역량 기반으로의 변화가 이루어지기 적절한 시점이라 생각된다.

직무 가치에 대한 중요성은 급격한 산업 패러다임의 변화 및 신사업, 신기술로의 확장을 통한 업의 변화를 위해 계속 커지고 있다. 직무 가치에 의한 HR 체계 및 제도 수립의 중요성은 글로벌 경영으로 인한 수요와 공급의 법칙, 시대적 변화와 지역적 또는 국가적 특성에 기인한다.

코로나19 팬데믹으로 인해 언택트 사업, 바이오 사업 등 전문 인력에 대한 수요는 전 세계에서 폭발적으로 늘고 있지만, 이에 대한 전문 인력 수급은 국가별로 차이를 보이고 있다. 이와 더불어 현재의 직무에 대한 가치 분석 및 직무 중심의 HR 시스템 운영도 중요하지만, 차후 미래 먹거리 선점 및 변화에 따른 선제 대응을 위해 새로운 직무에 대한 사전 발굴과 준비가 더욱 절실히 필요한 시점이다. 비록 연공서열 체계에 익숙한 국내 조직에서 직무 가치에 따라 성과나 보상과 같은 HR시스템에 대한 저항이 발생할 수 있지만, 시대 상황에 따른 패러다임 변화, 글로벌 경쟁의 관점에서 급속한 변화가 예상된다.

직무 가치에 대한 조직 내 구성원의 수용성 여부, 직무 가치 평가 방법에 의한 신뢰성 및 타당성 문제 등으로 직무급 적용이 쉽지 않은 것은 사실이다. 하지만 디지털 트랜스포메이션과 4차 산업혁명 등에 따라 노동 시장에서 필요한 직무 수급이 부족한 주요 직무부터 우선적으로 적용을 검토할 필요가 있다.

1. 직무

직무$_{job}$란 1명이 수행 가능한 유사한 역량, 지식, 기술이 요구되는 과업$_{task}$의 집합 및 작업의 종류와 수준이 비슷한 업무들의 집합으로, 기본적인 직업 분류 개념이다. 직무를 바탕으로 조직화가 이루어지며 조직행동이 구성된다. 또한, 직무는 과업의 성과 책임과 크기, 이를 위한 요건을 정의하므로 이에 대하여 보상 수준, 성과 관리 및 평가, 교육 등 HR 전 영역의 기반이 된다. 즉, 직무의 목적에 따라 직무의 크기가 정해지며, 성과 책임에 따른 성과 관리 영역과 더불어 업무 수행 및 직무 수행 요건에 기반한 직무 수행 영역을 모두 아우른다.

이에 따라 직무는 동일 직무에 있어서는 과업 내용, 역량, 지식과 기술 등이 유사해야 하며, 동시에 그 유사성이 타 직무와 명확히 구분되어야 한다.

직무에 대해 이해하려면 우선 제일 상위 개념인 직군$_{job\ family}$, 그리고 하위개념인 직렬$_{sub\ job\ family}$, 직무$_{job}$, 책무$_{duty}$, 과업$_{task}$ 간의 관계를 구분하고 이해할 수 있어야 한다.

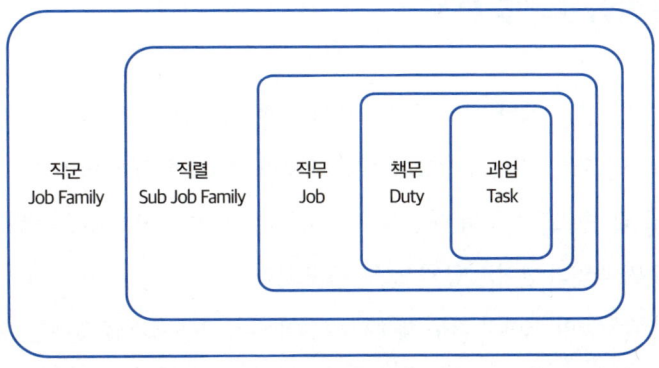

【도표110】

　직군은 조직 내에서 직무의 성질이 유사한 직렬을 한데 묶은 것을 말한다. 업종의 특성상 직군의 구분은 다소 상이하게 구분되는데, 업종의 특성을 고려해야 하며 인원의 규모 및 직무의 중요성 등에 따라 구분한다.

　예를 들어, 서비스업종은 영업 및 판매 직무가 중요하므로 영업 직군, CS(Customer Satisfaction) 직군, 경영지원 직군으로 구분할 수 있으며, IT 업종은 기술 직군, 기술지원 직군, 경영지원 직군 등으로 구분할 수 있다. 일반적으로 제조업의 경우 생산 직군, 영업 직군, R&D 직군, 경영지원 직군으로 구분한다.

　직렬은 직군과 직무 사이에 두는 직무 분류 단위이며 유사한 직무 역량이 요구되고, 업무 분야가 유사한 직무들의 집합이다. 직렬 체계를 구비하는 것은 인력 규모가 큰 조직에서는 바람직하지만, 인력 규모가 작은 조직은 직군과 직무 체계로도 충분하다. 반대로 책무는 직무의 하위 개념으로, 직무 수행자의 유사한 과업들을 모아 놓거나 책임이나 능력을 영역별로 분류한 것이다. 과업은 책무의 하위 개념으로, 일의 활동 단위를 의미한다.

직무의 범위와 직무 체계

직무의 범위를 구성할 때는 양적인 측면과 질적인 측면 모두를 고려해야 한다. 양적인 측면으로는 1명이 수행할 수 있는 직무의 양을 파악해야 하며, 여기서 직무의 난이도 및 중요도는 고려 대상이 되지 않는다. 질적인 측면으로는 역할과 책임을 따져보며 과업의 난이도 및 중요도를 고려한다.

이러한 직무들이 모여서 직무 체계가 이루어진다. 직무 체계를 설계할 때는 수평적, 수직적 분류 및 사업 전략적 관점에 따라 세분화할 필요가 있으며, 또한 조직의 특성, 직무의 영역 및 범위, 조직의 규모, 중요도 등을 고려한다.

작은 조직일 경우 인사와 노무의 직무를 합쳐서 하나의 직무로 선정하고 규모가 큰 조직일 경우 인사와 노무의 직무를 구분하는 것이 좋다. 그러나 규모가 작은 회사라도 조직 내 인사의 중요성, 경영진의 관심 등에 따라 인사와 노무의 직무가 분리될 수 있다.

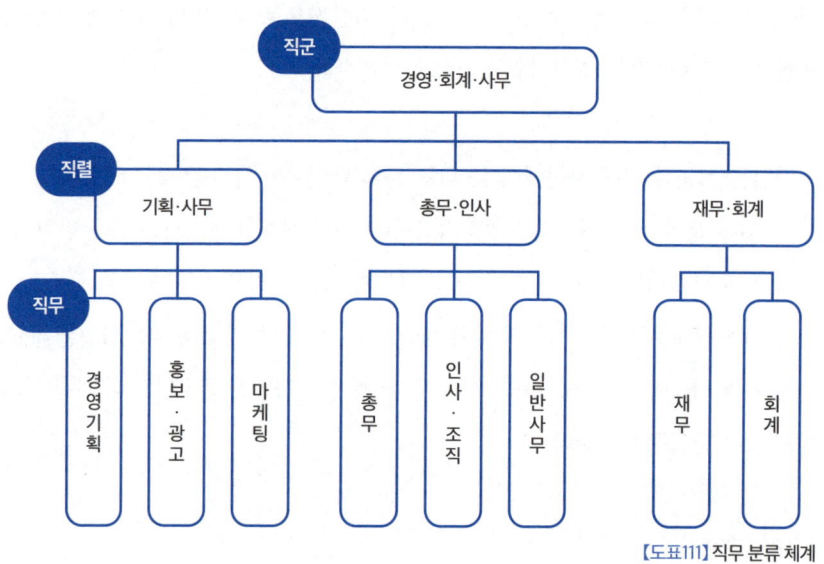

【도표111】 직무 분류 체계

직무 체계 수립 프로세스

직무 체계 수립은 일반적으로 다음의 4단계로 진행된다.

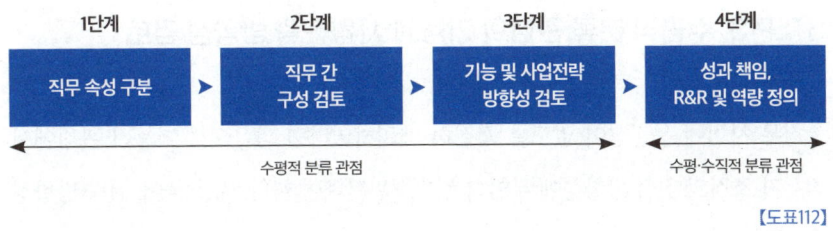

【도표112】

STEP 1. 수평적 분류 관점에서의 직무 속성 구분

직무 체계 구성 시에는 직무 속성에 따라 직군, 직렬, 직무로 구분해야 한다. 이때는 업무의 크기, 역할, 난이도, 책임, 업무 유관성, 업무 속성 및 성격 등을 다양하게 고려하여 구분한다. 특히 직렬 수준의 범위나 크기를 직무로 구분하거나, 반대로 직무 수준의 범위나 크기를 직렬로 구분하는 오류를 범하지 않도록 주의하여야 한다. 직무 간 수준이나 가치와는 무관하게 수평적 분류 관점에서 직무를 나열하면 된다. 인사, 기획, 회계, 자금, 총무, 북미 영업, 중남미 영업, 국내 영업, 품질, 설계 등으로 구분하여 나열하는 방식을 말한다.

STEP 2. 수평적 분류 관점의 직무 간 구성 검토

직무 속성에 따라 구분하였다면 다음은 직무 간 구성 여부를 검토할 단계다. 구분된 직무 간에 동질성이 없는지, 적합하게 배치되어 있는지 등에 대한 구성 여부를 파악해야 한다. 앞의 예시에서 북미 영업과 중남미 영업의 직무 내용 차이가 없고 업무 범위도 협소하다면, 동질성 측면에서 직무 통합을 검토해야 한다.

STEP 3. 수평적 분류 관점의 기능과 사업전략 방향성 검토

직무 사이에 동질성이 없도록 적절히 배치하였다면 다음으로 기능적 관점에서 직무가 조직의 전략 방향성에 부합하는지를 판단해야 한다. 예를 들어, 전략 방향성을 신규 아이템의 매출 비중을 30% 이상으로 늘리는 것으로 설정했다면 이에 부합하는 신제품 직무를 강화하거나 신설해야 한다.

STEP 4. 수평 및 수직적 분류 관점의 성과 책임과 R&R 및 역량 정의

마지막으로 수평적, 수직적 분류에서의 성과의 책임에 따른 역할과 책임, 역량에 대해 정의를 내릴 단계다. 수직적 분류 관점에서 역할 또는 직급에 따라 역할과 책임, 역량을 정의한다. 즉, 대리 직급의 역할 및 직무 역량과 부장 직급의 역할 및 직무 역량의 정의는 달라야 하는 것이다.

직무 체계를 수립하고 운영하면서 발생하는 조직의 사업 및 방향성, 수익의 변화 및 문제에 따라 기존 직무에 대한 재검토와 변경이 필요하다. 또한 조직이 통합되거나 신설, 분할, 확대, 축소되는 경우에 따라 직무조정이 요구된다. 그러나 조직의 대대적인 변화 및 중장기적인 비전, 전략적 과제 또는 조직의 업종 변경 등의 사유가 아니라면 수평적 분류 관점의 직무 속성 구분은 조정 없이 유지하는 것이 바람직하다. 너무 잦은 직무 속성 변경은 구성원들의 혼란과 더불어 직무 전문성 관점에서 문제가 될 수 있기 때문이다.

직무를 조정할 때는 수평적 분류 관점의 직무 간 구성, 기능과 사업전략 방향성 검토와 수평, 수직적 분류 관점의 성과의 책임, R&R 및 역량 정의 등을 참고한다. 특히, 수평·수직적 분류 관점의 성과의 책임, R&R 및 역량 정의에 대한 리포지셔닝 repositioning이 필요하며, 그 외에 사업 단위, 사업 기능, 혼합형의 조직구조의 변화에 따라서도 직무 체계를 통합, 신설, 확대, 축소해야 한다. 다만, 변화가 일시적이거나 단순 업무 분장 등 직무 자체의 변화가 없을 경우는 현 체계를 유지하도록 한다.

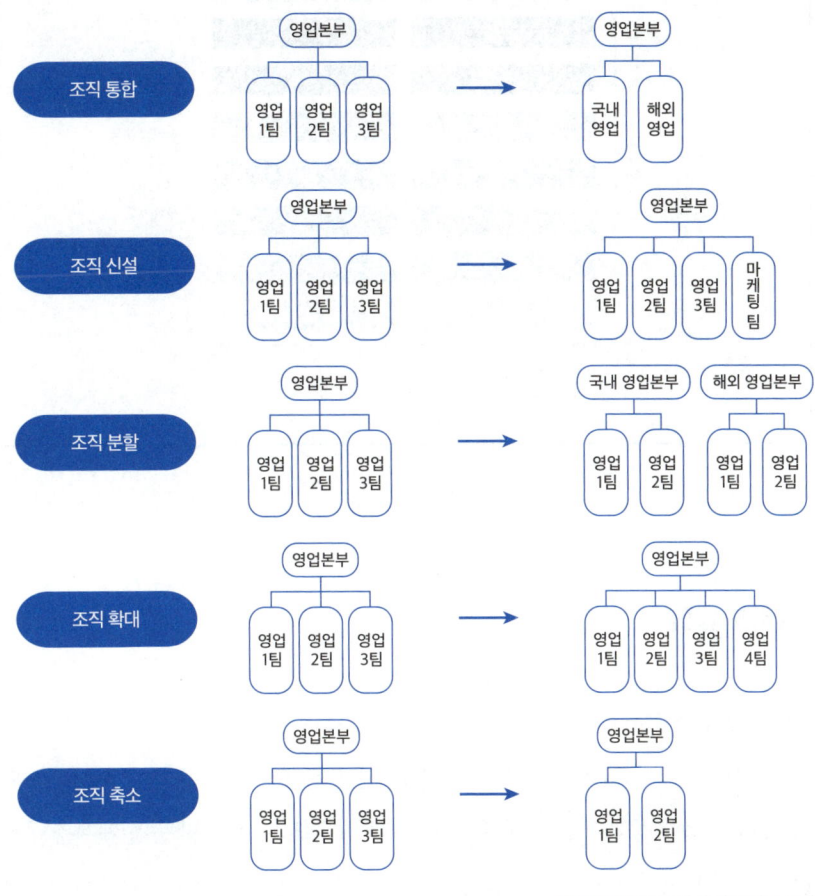

【도표113】 조직 변화에 따른 직무 조정

직무 체계 기반 HR시스템

직무는 역량과 더불어 HR에서 중요한 기반이다. 직무는 직급과 승진의 체계 설계, 성과 관리, 보상, 채용, 육성, 이동 및 배치 등 전 영역에 활용되고 있다. 직무에 따른 수평 수직적 분류를 바탕으로 직무 체계 및 주요 HR시스템의 활용방안을 알아보자.

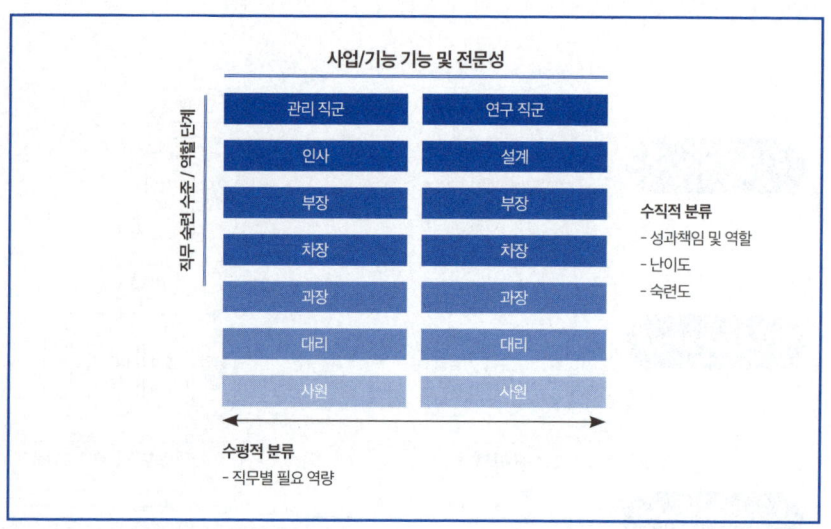

【도표114】직무의 활용 범위

직급과 승진

직무에 따른 차등 직급 및 승진 체계를 설계한다.
수평적 분류의 직급과 승진은 생산, 영업, 연구, 품질 등과 같은 직접 부서와 HR, 기획, 회계, 총무 등과 같은 지원 부서를 구분하여 별도의 직급 및 승진 체계를 구성할 수 있으며 특히, 연구 인력만을 별도로 하여 직급, 승진 체계를 구축하는 사례가 많다. 이는 지원 부서의 경우 높은 직급에 위치한 사람에게 직무 역량보다는 부서를 이끄는 리더십 역량이 중요한 요소인 반면, 연구직은 리더십 역량보다 직무 역량이 더욱 중요하기 때문이다. 연구 직무는 부서원을 관리하고 육성하는 역할은 최소한으로만 주어 연구 활동에 전념할 수 있는 환경을 제공하고자 한다.

직급 단계 역시 지원 부서의 경우는 관리 단계를 촘촘히 하여 사원, 대리, 과장, 차장, 부장 등으로 직급 단계로 설계하고 연구직은 연구 성과를 위한 수평적 조직 문화를 위해 연구원, 책임연구원, 수석연구원 등으로 직급 단계를 간소화하거나 호칭 자체를 다르게 하여 구분하고 있다.

수직적 분류의 승진은 여전히 대다수의 조직에서 연공서열에 의해 승진을 하고 있으나, 앞으로는 직무 숙련도 및 역할에 따른 승진이 이루어져야 할 것이다.

성과 관리

성과 관리는 수평적 분류의 인사·총무·영업·개발 등과 같은 직무, 2급갑·2급을과 같은 직급, 인사직무 대리·인사직무 과장 등과 같은 직위, 인사팀장·인사 실장 등과 같은 직책의 유형에 따라 구분하고 있다.

수평적 분류의 직무에 따른 성과 관리에서 생산이나 영업 관련 직무는 수율, 불량률이나 매출액, 영업이익과 같은 정량 지표 관리를 중요시하는 반면, 지원 부서는 업무 특성상 수치화할 수 없는 기획, 보고서, 사람 관련 등의 정성 지표를 병행하여 성과 목표를 설정한다. 더하여 직무별 특성 및 성격에 따라 직무 역량을 구분하여 성과 관리를 실시한다.

수직적 분류의 성과 관리는 직급 및 직책에 따른 역할 수준이나 성과 책임의 범위, 필요한 요구 역량에 따라 차등하여 시행한다. 직급 단계에 따라 직무 역량 수준을 달리 평가하거나, 직무 성과 수준에 차별화를 두어 성과를 제시할 수 있다.

보상

대부분의 조직은 수평적 분류보다는 수직적 분류인 직급이나 직책에 의한 보상의 차이를 둔다. 그래서 수평적 분류인 직무에 따른 보상 차이는 거의 없고 직급이 올라가거나 직책이 부여된 경우에 보상의 차이가 나는 것이 일반적이다.

그러나 현시점에서는 직무 가치에 따른 수평적 직무 차등과 더불어 직급, 직책의 성과 책임 및 관리의 범위와 영역에 따른 차별 보상이 바람직하다. 국내에서는 OECD 국가 대비 현저히 떨어지는 노동 생산성 개선 및 조직성과를 위해 직무급 보상 전환이 수년 내 현실화될 것으로 예상된다. 즉, 조직 내 직무 가치를 판단하여 보상을 차등화하는 것이 골자인데, 보상을 직무별로 차등하는 방식과 직무별 성과에 따라 개별 혹은 부서별 차등 성과급으로 지급하는 방식이 있다.

직무에 따른 차등 보상은 조직 내 특성 및 전략 방향성에 따라 직무별로 기본 보상을 차등하여 지급하는 방식이다. 가령 신기술 개발을 조직의 전략 방향으로 설정했다면 연구개발과 같은 직무가 다른 직무에 비해 높은 보상을 받게 된다. 직무별 초봉부터 직급별 보상까지 직무에 따라 차별 보상을 시행한다. 연구 직무 과장이 연봉 5,000만 원이라면 경영지원 직무 과장은 연봉 4,500만 원으로 다르게 보상을 설계한다.

다만 모든 구성원은 보상에 민감할 수밖에 없기에 사전에 구성원과의 충분한 합의가 필요하다. 가치 사슬에 의해 수직계열화가 이루어진 제조업체의 경우 직무 간 협업에 의해 성과 창출이 가능한 것이므로 직무 간 우선순위를 선정하기에 어려움이 있다.

직무별 성과에 따라 개별 또는 부서별로 차등 성과급을 지급하는 방식은 기본 보상은 직무에 상관없이 동일하지만, 성과에 따라 직무별로 차이를 두는 방식이다. 앞에서와 같이 조직 내에서 연구개발을 중요시 여기는 조직이라면 동일한 직급의 성과에 대해 연구개발 직무는 성과급 1천만 원을 지급하고, 경영지원 직무는 500만

원을 지급하는 방식으로 보상 설계를 다르게 설정할 수 있다.

채용

직무기술서 job description 를 기반으로 구체적인 직무 소개를 통해 해당 직무에 적합한 인재의 지원을 유도할 수 있다.

인사팀의 과장급 채용을 진행한다고 하자. 수평적 관점의 인사팀 직무에 대한 직무 소개와 더불어 수직적 관점의 인사팀 과장 직급의 직무 소개를 통해 지원자의 혼란을 방지하고, 조직 관점에서는 자세한 직무 설명 및 직무 수준, 직무를 수행하기 위해 필요한 역량 요건 등을 명시해 미스매칭에 의한 리스크를 줄이고, 퇴사로 인한 유·무형적 비용 손실을 저감할 수 있다.

예전에는 공개 채용과 더불어 직군 혹은 직렬 수준의 직무 소개만으로 인해 직무 매칭이 적절하게 이루어지지 않은 경우가 빈번했다. 이러한 이유는 철저히 지원자 관점에서 채용 공지를 해야 함에도 조직 관점에서만 채용 공고를 낸 사유가 크다. 실질적인 직무는 영업 직무인데, 채용 공고 타이틀을 조직에서 쓰는 부서나 팀의 타이틀로 공고를 내는 경우가 대표적인 사례다.

만약 '호스시트 사업팀 OO명'으로 채용 공고를 냈다고 하면, 지원자 입장에서는 타이틀만으로 지원하고자 하는 직무에 대해 쉽게 이해하기가 어렵다. 조직에서 쓰이는 부서나 팀 차원으로 채용 공고를 내다보니 자신이 지원하는 직무에 대한 이해도가 떨어질 수밖에 없는 것이다.

교육

교육 측면에서도 직무의 활용 중요성이 확대되고 있다. 이는 저성장 및 근로 시간 단축에 따라 효율적인 노동 생산성 향상이 더욱 중요해지고 있기 때문이다. 노동 생산성 향상을 위한 가장 최적의 방법은 구성원들의 직무 역량 강화와 직무 개선을 돕는 직무교육을 설계하는 것이다. 체계적이고 짜임새 있는 직무교육 설계로 상대적으로 단시간 내에 노동 생산성 향상을 기대할 수 있다.

하지만 국내 조직 교육의 대부분은 태도 역량과 단편적인 스킬 역량 교육 위주로 구성되어 있어 실질적인 역량 향상을 가시적으로 보여주기에는 한계가 있다. 이는 조직에 맞는 적합한 직무 육성 체계를 수립하기에는 많은 시간이 소요되고, 여전히 대부분의 국내 조직은 교육을 투자보다는 비용의 관점으로 접근하기 때문이다.

또한 직무 역량 교육은 외부 교육 컨설팅 업체에서 대행할 경우, 해당 조직 직무에 대한 이해도가 떨어져 적합한 직무 역량 교육을 실행하기에는 한계가 있고, 사내 강사와 같은 내부 자원으로 교육을 실행하기에는 강의 전문성 문제 등으로 소기의 목적을 달성하기가 어렵다.

그래서 성과 관리를 통해 직무 역량 평가에서 강점과 약점을 도출하여 개인별로 교육계획을 세우는 것이 바람직하다 할 수 있다. 그러나 개개인별 교육체계를 수립하기에는 해당 부서의 물리적인 시간이 많이 소요되고, 소수 인원을 대상으로 집합교육을 시행하기에는 교육 비용 부담이 증가하기에 일정한 인원 규모가 담보되어야 한다.

수직적 분류의 교육은 직급 및 직책에 따른 역할과 책임의 교육과 직급에 따른 직무 역량에 기반한 계층별 교육이 있다. 직급 및 직책에 따른 역할과 책임에 맞는 계층별 교육은 바람직하나 직급에 따른 직무 역량 교육은 같은 직급이라 할지라도 개개인의 직무 역량 수준의 차이로 인해 세밀한 진단이 필요하다.

특히, 수평적 직무 분류 관점에서 인사, 기획, 영업, 생산, 개발 등 해당 직무에서 필요한 직무 역량과 요구되는 수준 또한 상이함에도 동일한 수준의 내용의 교육을 진행하기에는 교육 효과성 측면에서 한계가 있다.

이상적인 직무 역량 교육은 개개인의 직무 역량 진단 후 진단 결과에 따라 교육을 시행하는 것이 바람직하지만 직무 역량별, 수준별 교육 대상이 한정적일 수 있어 교육 비용이 증가할 수 있으므로 최소한 수평적 분류에 따른 직무별 역량 교육을 설계하여야 한다.

이동 및 배치

수평적 분류의 경우는 직무 순환 측면에서 고려할 필요가 있다. 현재 직무와 유관한 직무의 순환을 통해 직무 영역의 확장을 꾀할 수 있으며, 경영 전문가 경로의 경우라면 본인의 직무와 무관한 직무로 이동할 수도 있다.

다음으로 수직적 분류의 역량과 활용 및 관계를 살펴보면, 직무 역량은 동일 직무 내에서 단계를 구분하는데, 직급 혹은 역할 단계에 따른 직무 역량을 제시한다. 설득력 직무 역량이 주니어 레벨에서는 행동 준거 및 지표를 '긍정적인 인상을 심어주기 위한 노력 등을 통한 설득'으로 정의된다면, 매니저 레벨에서는 '다양한 논리와 방법을 활용한 설득' 등으로 달리 정의할 수 있을 것이다.

또한 이동 및 배치는 승진과 밀접한 연관이 있다. 기본 동일 직무 내 조직의 성장 등으로 인한 조직 분화의 이동 및 배치를 제외하고는, 직책 및 직급의 T.O 등을 고려하여 이동 배치하는 경우가 대부분이다.

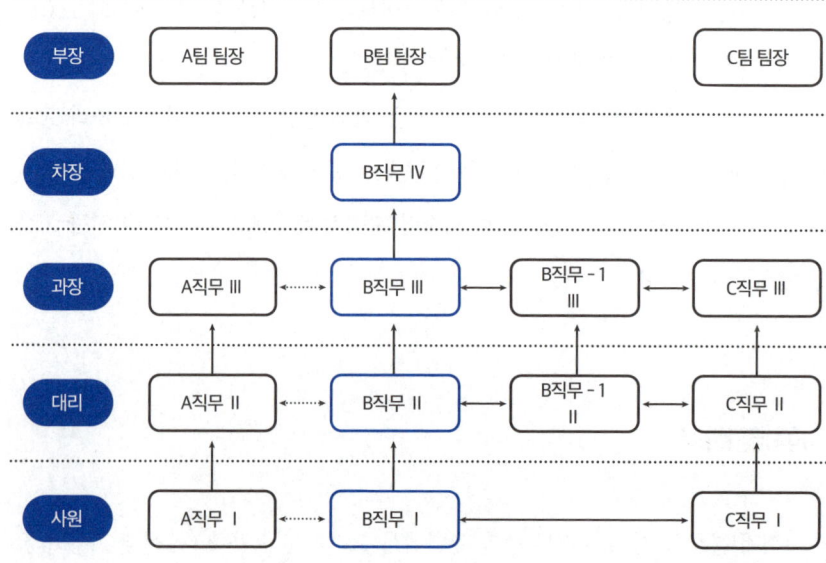

【도표115】직무 순환 예시

2. 직무 가치 측정 기법

국내에서는 연공서열에 의한 인사 체계 및 유교 문화적 요인 등으로 인해 직무급에 대한 저항이 존재하지만, 현재 연봉의 3~5배에 달하는 급여를 제안받은 주요 기술자나 연구자들이 해외로 유출되고 있는 글로벌 경쟁 시대에는 직무 가치에 따른 직무급 도입이 필수적이다. 앞으로도 직무 가치에 의한 인재의 중요성이 커지고 있는 상황에서 보았을 때 이는 매우 심각한 문제로 인지되어야 한다.

직무 가치를 측정하는 대표적인 방법에는 4가지가 있는데, AHP 방법을 제외한 나머지 글로벌 컨설팅 방법론의 궁극적인 전제는 주로 재무적 의사결정 권한의 조직 영향력, 직무 역량, 리더십, 문제해결 역량과 같이 유사한 전제 요소를 포함하고 있다. 다음의 네 가지 직무 가치 측정기법에 대해 알아보도록 하자.

IPE (International Position Evaluation)
GGS (Global Grading System)
Hay Guide chart
AHP (Analytic Hierarchy Process, 계층분석법)

Mercer의 IPE (International Position Evaluation)

IPE는 직무의 상대적 기여도를 평가하고 조직 내에서 직무 순위를 매기기 위한 구조화된 프로세스로, HR 의사결정과 구성원의 커뮤니케이션을 위한 체계적 기반 제공을 목적으로 한다. IPE 평가항목은 조직 영향력, 커뮤니케이션, 혁신, 지식의 4개 요소에 대한 10개 차원으로 구성되어 있다.

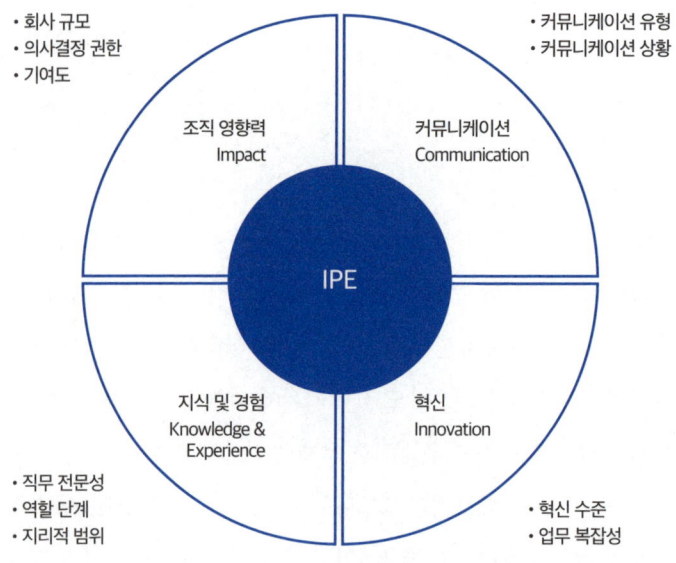

【도표116】 Mercer의 IPE 구성요소

조직 영향력impact 요소는 직무수행 결과가 회사의 경영성과에 미치는 영향력 및 공헌의 수준을 측정한다. 영향력의 세부 차원은 회사 규모size of organization, 의사결정 권한impact, 기여도contribution로 구분된다.

회사 규모는 해당 조직의 매출액과 구성원 규모를 고려하는데, 조직 내 부서 인원이나 부서에서 발생하는 매출 등이 높을수록 직무의 가치는 높아진다.

의사결정 권한은 해당 직무가 조직에 미치는 영향력의 범위와 행사 방식을 말하는데, 전결(專決) 규정에서는 자금 규모와 사안의 중요도가 높을수록 의사결정 권한이 높아진다. 1백만 원 이하만 결제할 수 있는 권한을 가진 직무보다는 1천만 원까지 결제할 수 있는 직무의 가치가 더 높기 때문이다.

기여도는 해당 직무가 조직에 미치는 상대적 공헌도를 뜻하며 조직 내 상대적인 직무의 중요성을 고려한다. IT를 중심으로 하는 조직의 경우는 R&D 직무가 다른 직무보다 상대적으로 더 중요할 것이고, 영업을 중심으로 하는 조직은 영업 직무가 더 중요하기에 직무 가치가 더 높게 도출된다.

커뮤니케이션communication 요소는 직무 특성으로, 직무 자체의 속성과 복잡성 수준을 의미한다. 이는 커뮤니케이션과 혁신innovation의 세부 차원으로 구분된다.

커뮤니케이션 유형은 바람직한 결론에 도달하기 위해 직무에서 요구되는 커뮤니케이션의 중요도 및 난이도를 말하며, 커뮤니케이션 상황은 커뮤니케이션 대상 및 특성에 따른 난이도를 말한다.

커뮤니케이션 상대는 내외부 고객을 모두 고려해야 한다. 내부 고객은 직급이나 직책에 따라 중요도나 난이도에서 차이가 나는데, 주니어 직급보다는 시니어 직급이나 최고 경영진이 커뮤니케이션의 중요도나 난이도가 더 높기 때문이다.

외부 고객은 조직 내 직무의 역할과 책임 및 외부 고객의 영향력이나 중요도 등에 따라 달라진다. 일반적으로 품질 직무는 구매 직무보다 외부 고객과의 커뮤니케이션이 다소 어려운 것으로 나타나는데, 구매 직무는 소비자 입장에서 더 쉽게 외부 고객에게 다가설 수 있는 반면, 품질 직무는 제품이나 상품에 대한 불만을 제기한 고객을 상대하기에 난이도가 높기 때문이다. 또한, 외부 고객의 조직 내 위치 등에 의한 영향력에 따라서도 차이가 발생한다. 외부 고객의 조직 내 역할 및 책임의 범위가 넓을수록 중요도와 난이도가 높아진다.

혁신 요소는 혁신 수준과 업무의 복잡성으로 구분한다.

혁신은 해당 직무에서 업무 수행을 위해 독자적으로 수행되어야 할 혁신의 범위 및 수준이며, 업무 복잡성은 해당 직무의 복잡성을 말한다. 혁신 수준은 일상적 업무나 시스템에 의해 진행되는 직무보다는 스스로 문제를 해결해야 하거나 창의적으로 접근해야 하는 직무가 중요도나 난이도 측면에서 높게 평가된다. 업무의 복잡성 또한 직무를 수행하기 위해 고도의 스킬이 필요하거나, 다양한 이해관계자와 연관되어 있을 때 직무의 중요도나 난이도가 높게 나타난다.

마지막으로 지식$_{knowledge}$ 요소는 직무전문성$_{knowledge}$, 역할단계$_{teams}$, 지리적 범위$_{breadth}$의 세부 차원으로 구분된다.

직무수행 요건은 해당 직무를 수행하는 데 필요한 역할 및 이에 요구되는 최소한의 직무 지식, 기술 수준, 적용 범위로 지식 및 경험$_{knowledge\ \&\ experience}$에 해당한다.

직무 전문성은 직무수행을 위한 지식, 스킬 역량 수준 등이 높은 직무일수록 높게 평가된다. 역할 단계는 해당 조직 내 역할 수준이 높을수록, 지리적 범위는 해당 직무에서 관할하고 있는 물리적, 지역적 범위가 넓을수록 직무 수준이 높게 나타난다.

Towers Watson의 GGS (Global Grading System)

GGS는 표준화된 직무 계층hierarchy과 검증된 객관적인 등급 구분 방법론에 따라 직무를 등급화하는 시스템이다. 전 세계의 실제 임금 데이터를 통해 가장 신뢰성이 높은 것으로 검증된 7가지의 평가요소compensable factor를 사용한다는 점에서 강점이 있다.

GGS의 주요 특징으로는 다단계 직급구조에서 벗어난 기여도 중심contribution-based의 평가 방법을 사용하는 것이며, Band Decision Tree에 기반하여 누구나 이해하기 쉬운 평가 기준을 제시한다. 그 외에 간단한 교육을 통해서도 쉽게 적용 가능하여 신속한 평가가 가능하다는 장점을 가지고 있다.

시스템상에서 Band Decision Tree의 질문에 따라 각 직무의 특성 및 성격에 따라 Yes or No로 응답하면 시스템에서 최종결과를 계산하는 프로세스로, 각 직무별 밴드 결과를 Managerial, Professional Track으로 나누어 1~6단계 중 하나의 밴드로 표현한다.

7가지의 검증 요소는 직무 역량Functional Knowledge, 대인 관계Interpersonal Skill, 재무적 영향력Nature of Impact, 영향력의 범위Area of Impact, 리더십Leadership, 비즈니스 전문성Business Expertise, 문제 해결Problem Solving로 구성되어 있다.

【도표117】 Towers Watson의 GGS 구성 요소

Hay의 Guide chart

Guide chart는 모든 직무에 공통으로 적용할 수 있는 평가 기준을 선정하고 가중치를 부여한 후, 평가 요소별 등급 기준을 정하여 평가한 점수를 토대로 순위를 부여하는 방식이다. 지식과 기술을 활용하는 노하우Know-How, 업무상 문제를 기반으로 하는 문제해결 능력Problem Solving, 조직성과에 기여하는 권한Accountability으로 구분된다.

【도표118】Hay Guide chart의 GGS 구성 요소

노하우는 역할과 직무에 요구되는 지식, 경험의 범위와 수준의 기술적 스킬Practical/Technical Knowledge, 조직 내 사업, 기능을 통합하고 관리하는 수준인 관리적 스킬Planning, Organizing & Integrating Knowledge과 조직 내외부 의사소통 및 대인 영향력 수준인 대인 스킬Communicating & Influencing Skills로 구분된다.

문제해결 능력은 문제해결 규칙, 방법론, 프로세스, 정책, 전략 등에 이미 규정되어 있는가의 여부와 규정된 바를 넘어서 사고해야 하는 여부를 판단하는 과제 난이도Thinking Environment, 문제 상황의 복잡도와 문제에 얼마나 새롭게 접근해야 하는가에 대한 수준을 말하는 과제 복잡도Thinking Challenge로 구분된다.

권한은 요구되는 성과 결과 도출을 위하여 의사결정을 할 수 있는 역할과 직무의 기준 및 행동의 범위인 의사결정 자유도Freedom to Act, 해당 역할과 직무에 영향을 주는 최종 재무적 결과의 양적 혹은 질적 수준의 재무적 규모Magnitude, 해당 역할과 직무의 재무적 규모에 직접적 영향력을 미치는 재무적 기여도Nature of Impact로 구분된다.

직무 가치 산정의 프로세스는 다음과 같다.

> (1) 각 평가 요소의 등급을 결정하고, 각 등급에 해당하는 매트릭스의 직무 가치를 산정한다.
> (2) 낮은 기술적 스킬과 높은 관리적 스킬이 연결될 수 없듯이 보편적으로 부적합한 조합은 가이드 차트상에서 금지한다.
> (3) 문제해결 능력 역시 각 요소의 매트릭스로 표현되며, 해당 문제해결 능력 수준은 노하우를 문제해결에 얼마나 이용하는지를 백분율(%)로 표현된다.
> (4) 노하우의 점수와 문제해결 능력 수준을 곱하여 점수를 산정한다.
> (5) 권한의 매트릭스를 통해 점수를 산정한 후, 이를 더하여 직무평가점수인 헤이 포인트hay point를 산정한다.
> (6) 헤이 포인트 수준에 따라 유사한 보상 수준으로 묶을 수 있는 레퍼런스 레벨reference level이 정해진다.

Hay의 Guide chart는 검색 사이트에서 내려받아 활용할 수 있다.

하지만 Hay의 Guide chart와 Mercer의 IPE, Towers Watson의 GGS는 여러 점에서 한계를 보인다.

우선, 직무 평가 범위가 전통적인 경영 가치 및 간접 직무 위주로 편향되어 있다는 점이다. 이는 고도의 기술이 필요한 기술직이나, 연구에만 매진하는 연구 직무의 가치가 훼손될 우려가 있다. 또한 여성이 수행할 가능성이 높은 직무보다 남성 중심의 직무 기능을 중시하기에 여성 인력이 주로 수행하는 직무의 가치가 상대적으로 낮게 평가될 가능성이 있다.

　마지막으로, 노동조합과의 합의 및 참여가 이루어지지 않는다면 노동조합과 노동자의 저항 및 수용성 문제가 일어날 수 있다.

AHP (Analytic Hierarchy Process)

　AHP 계층분석법은 상대적으로 적용이 간편하다. 응답 대상으로는 전체 구성원을 대상으로 하는 방법이 가장 객관적이나, 조사 실시 및 데이터 가공에 많은 시간이 소요된다. 그래서 부서장 및 경영진의 응답으로 진행을 하는 것이 일반적인데, 전체 직무에 대한 이해 부족과 본인이 속한 직무에 대한 평가 관대화의 오류가 발생 될 수 있다.

　직무 가치 평가 요소 산정 요인은 전략적 중요도, 직무난이도, 직무 내용 등이 포함된다.

Categories	Evaluation Factor	척도
전략적 중요도 (Strategic Important)	의사결정의 영향력	매우 행사 - 행사 - 보통 - 미흡 행사 - 아주 미흡
	기여도 및 책임범위	매우 기여 - 기여 - 보통 - 미흡 - 아주 미흡
직무 난이도 (Job Complexity)	요구되는 지식수준	상 - 상중 - 중 - 중하 - 하
	요구되는 역량수준	최고 전문 - 전문 - 일반 수준 - 기본 - 초보수준
직무 내용 (Job Contents)	직무의 중요도 수준	고 - 고중 - 중 - 중저 - 저
	직무의 난이도 수준	매우 복잡 - 복잡 - 보통 - 획일 - 기초

【도표119】 AHP 직무 가치 평가요소

　다만, AHP 역시 객관적 측면 및 이론적 근거가 부족하며 의사결정자의 주관적 개입이 있을 수 있어 객관적 자료로 활용하기에 한계가 있다.

3. 직무 분석

앞에서는 직무의 개념을 이해하고 직무 체계를 수평적, 수직적 분류에 기반하여 수립하는 방법에 대해 알아보았다. 그러나 신규, 기존조직에 따라 직무 체계를 수립하는 접근방법이 달라진다. 신규 조직의 경우 직무를 분석한 다음 직무 체계를 수립해야 하나, 기존 조직은 이미 직무 체계가 수립되어 있기 때문이다. 따라서 기존 조직은 직무 체계 변경이나 개선 시 수립된 직무에 대한 구체적인 직무 내용 요약과 더불어 역량과 능력, 직무 수준, 직무 범위 등을 도출하기 위한 직무 분석이 필요하다.

직무 분석 전 조직과 구성원의 관점에서 접근할 필요가 있다. 우선 구성원의 관점으로 업무 및 경력개발 등에 대한 방향성을 제시하여야 한다. 구성원이 어떤 일을 해야 하는지, 업무를 수행하기 위해서는 어떤 역량과 요건을 갖추어야 하는지, 직무 수행에 요구되는 역량을 갖추고 성장하기 위해서는 어떠한 교육을 받아야 하는지에 대해 고민해야 한다.

반대로 조직의 관점에서는 목표 달성을 위해서 구성원들은 어떠한 업무를 해야 하는지, 어떤 역량과 요건을 갖춘 구성원을 채용하고 육성해야 하는지, 필요한 구성원으로 육성하기 위해서는 어떠한 교육을 해야 하는지 등에 대한 검토가 필요하다.

직무 분석은 특정한 직무가 해당 조직에서 어떠한 형태와 의미로 존재하는가를 밝히기 위한 작업이다. 조직에서 수행되는 모든 업무를 분석하여 각 구성원에게 분담 가능한 직무의 크기로 구조화하고, 이 직무를 담당하는데 필요한 직무 요구를 파악하여 일과 사람 관리에서의 원칙과 효율성을 도모하고자 한다.

직무 분석을 실시하는 목적은 다양하나, 대표적으로 직무 단위와 업무처리 방법의 표준화, 책임과 권한의 명확화를 통한 직무 표준화, 목표 정원관리, 적격자 채용 및 배치, 인사고과의 객관화, 체계적 경력관리를 통한 효율적 인적자원 채용 및 배분에 있다. 또한, 효율적인 조직관리를 위해 직무 분석을 통한 직무 체계 도출로 조직구조의 적합성 및 각 기능의 책임과 역할을 제시해 준다. 이와 더불어 현업자의 교육 니즈를 반영한 체계적 교육 체계 수립을 통해 효과적인 직무수행을 위한 현장 밀착형 체계적 교육훈련 진행을 목적으로 한다.

직무를 분석할 때 사용하는 대표적인 직무 분석법은 아래와 같다. 직무 분석법은 최초 분석법 new analysis과 기존 분석법 existing analysis으로 구분된다. 설문지법, 면접법, 관찰법, 중요사건 기록법은 두 분석법 모두에 활용이 가능하지만, 비교 확인법과 데이컴법은 기존 분석법에서만 활용이 가능하다. 기존에 없던 신규 직무의 경우 비교할 기존 직무가 없을뿐더러, 직무 전문가라고 할 수 있는 SME 등이 부재해 데이컴법 사용이 불가능하기 때문이다.

- 설문지법 Questionnaire
- 면접법 Interview
- 관찰법 Observation
- 중요사건 기록법 Critical Incident Method
- 비교 확인법 Comparison Method
- 데이컴법 DACUM, Developing A Curriculum

설문지법은 표준화된 설문 양식을 사용하여 직무담당자나 부서장이 직무에 관한 내용을 서술하는 방법으로, 다른 분석법에 비해 시간과 비용이 절약되고 폭넓은 정보를 얻을 수 있다. 구조화된 질문지는 직무정보에 대한 계량적 분석을 가능하게 하며, 다수를 대상으로 실시할 수 있어서 효율적이다. 하지만 응답자가 질문을 충분히 이해하지 못한 상태로 응답하거나, 무성의하게 또는 자신에게 유리한 방향으로만 응답하는 경우에는 결과의 신뢰성 및 타당성에 문제가 생긴다.

면접법은 직무담당자와 면담을 실시하여 직무에 관한 정보를 수집하는 방법이다. 직무를 수행하는 작업자나 감독자를 면접하는데 질문과 답변 내용 및 양식이 명확하여 작업자가 지각하는 직무의 특성 이해에 도움이 된다. 또한, 다른 직무 분석 방법과 달리 직접 직무 수행자와 면접을 통해 쌍방향 커뮤니케이션이 가능하여 직무 수행자의 정신적, 육체적 활동을 모두 파악할 수 있는 장점이 있다. 반면, 직무 분석자의 주관적 관점이 포함될 수 있고 직무수행자의 적극적인 참여가 선제 되어야 한다. 주로 관리 및 감독 업무, 사무적 업무에 널리 이용된다.

관찰법은 직무 분석자가 직무 수행자를 관찰하는 방법이며 직무 분석자의 사전 훈련이 필요하다. 사전 훈련 없이 관찰법을 실시하면 개인적 주관에 따라 직무 분석 결과가 상이하게 나올 수 있기 때문이다. 관찰법은 훈련된 외부자의 관찰을 통해 직무를 파악하는 방법이므로 사무직이나 다양한 활동으로 이루어진 복합적인 직무보다는 수작업이거나 표준화되어 짧은 순환 과정의 활동을 주로 하는 직무인 생산직의 직무 분석에 적합한 방법이다. 관찰법의 자료는 체크리스트, 작업표, 대화 형식 등으로 기록된다. 관찰법은 시간과 비용이 많이 소요되는 단점이 있다.

중요 사건 기록법은 직무 수행자의 각종 행동에 초점을 두는 방법으로, 효율적인 행동과 비효율적인 행동을 기록한다. 일반적으로 백화점의 영업사원, 은행 창구의 직원, 행정기관의 민원부서, 교사 등 대인적 접촉이 많은 경우에 활용되는 분석법이다.

비교 확인법은 지금까지 분석된 자료를 참고하여 현재의 직무 상태를 비교하고 확인하는 방법이다. 분석 대상이 되는 직무의 폭이 상당히 넓기에 단시간의 관찰을 통하여 파악하기는 어렵지만 참고문헌과 자료가 충분하고, 널리 알려진 직무를 분석할 때 효과적인 방법이다. 일반적으로 직무기술과 직무명세가 수록되어 있는 직무사전과, 그 직무에 관한 전문서적을 참고문헌으로 이용할 수 있다. 조직의 특성 및 실정에 알맞게 수정 및 보완하는 방식으로 직무자료를 수집한다. 단, 기존 직무 방식에만 활용이 가능하며 신규 직무 분석에는 사용이 불가능하다.

데이컴법은 8~12명의 전문가로 이루어진 데이컴 위원회가 집중적인 워크숍을 통해 직무를 분석하여 비교적 단시간에 직업을 분석하는 방법이다. 국내에서 2012년부터 도입이 시작된 NCS National Competency Standards 역시 데이컴법으로 이루어졌다 할 수 있다. 현재 데이컴법은 많은 조직에서 활용되고 있다.

NCS 기반 직무 분석

직무 분석의 다양한 분석 방법 중 데이컴법을 바탕으로 한 NCS 기반 직무 분석은 국가적인 차원에서 이루어진 최초의 직무 분석으로, 국내에서 활용성이나 파급성에서 다른 분석 방법보다 현업에서 활용 가치가 높다. NCS 기반 직무 분석은 직무에 따라 하위 요소로 직무명, 능력 단위, 능력 단위 요소, 수행 준거 및 K·S·A 역량으로 구성되어 있는데, 이는 데이컴법의 직무명job, 책무duty, 과업task, 요소element와 매우 유사한 형태를 가지고 있다.

직무명	능력단위 (책무)	능력단위요소 (과업)	수행준거 (요소)
경영기획	사업환경분석	내부환경 분석하기	1. 경쟁사 대비 자사의 핵심 역량 분석을 위해 기업의 제품 또는 서비스의 강점과 약점을 파악할 수 있다.
			[K] 핵심역량의 개념 [S] 경영환경 분석 기법 [A] 자사의 보유역량에 대한 냉철한 판단자세

【도표120】 NCS 기반 직무 분석 예시

NCS 기반 직무 분석 방법을 실제로 적용하기 위해서는 해당 직무에 대한 직무 전문가를 8~12명 정도 소집하여 워크숍을 진행해야 한다. 워크숍은 퍼실리테이터facilitator의 주도로 진행되며 서기 1인도 필요하다. 워크숍은 브레인스토밍 방식을 이용해 직무 전문가로부터 최대한 많은 의견을 청취하되 의견의 중복이나 업무의 범위, 양, 질 등을 고려하여 그룹화 작업을 실시한다. NCS 기반 직무 분석의 프로세스는 다음과 같다.

```
(1) 분석 대상 직무를 정의한다.
         ▼
(2) 참석자들로부터 8~12개의 능력 단위를 도출한다.
         ▼
(3) 능력 단위를 바탕으로 능력 단위 당 3~5개의 요소를 도출한다.
         ▼
(4) 도출된 능력 단위 요소에 대해 3~5개의 수행 준거를 도출한다.
         ▼
(5) 수행 준거별 K·S·A를 도출한다.
         ▼
(6) 능력 단위 요소별 수준을 책정한다.
```

【도표121】 NCS 기반 직무 분석 프로세스

인사직무를 NCS 직무 분석으로 도출한 결과는 다음의 표와 같이 예를 들 수 있다.

직무명		인사		
(1) 직무정의		인사는 조직의 목표 달성을 위해 인적자원을 효율적으로 활용하고 육성하기 위한 방법이다. 인사직무는 직무조사 및 직무 분석을 통해 채용, 배치, 육성, 평가, 보상, 승진, 퇴직 등의 제반 사항을 담당하며, 조직의 인사제도를 개선 및 운영하는 업무를 수행하는 일을 맡는다.		
(2) 능력 단위		(3) 능력 단위 요소	(4) 수행 준거	(5) 수준
1	인사기획	1) 인사 전략 수립하기 2) 인력 운영계획 수립하기 3) 인건비 운영계획 수립하기	1) 조직의 비전과 중·장기 사업전략에 따라 인사전략 환경을 분석할 수 있다. 2) 인사전략 환경 분석 결과에 따라 중·장기 인사전략의 방향성을 수립할 수 있다. 3) 중·장기 방향성에 따라 당해 연도의 인사전략을 수립할 수 있다. (4) K·S·A 작성 【K. 지식】 • 전략적 인적자원관리 • 인사전략 환경 분석법 • 관리회계 【S. 기술】 • 환경 분석 • 비전과 중장기 사업 전략 분석 • 문서작성 능력 【A. 태도】 • 전략적 사고 • 포괄적 시각 • 거시적 시각	5
2	직무관리	(중략)		
3	인력채용		(중략)	...
4	인력이동 관리			
...	...			

【도표122】 인사직무 NCS 직무 분석 결과 예시

직무 정의

　분석 대상에 대한 직무를 정의한다. 첫 순서로 직무 정의를 작성하여 작성된 직무 정의에 따라 능력 단위, 능력 단위 요소를 순차적으로 작성하는 방법보다는 능력 단위를 우선 도출하여 도출된 능력 단위 중 주요 키워드를 중심으로 직무에 대한 정의를 수립하는 것이 더 효과적이다.

　능력 단위를 전체적으로 포괄하여 설명할 수 있도록 능력 단위 요소들을 핵심 중심으로 작성하여 '이 능력 단위는 무엇을 하는 능력이다'의 한 문장으로 해당 직무를 나타낼 수 있도록 작성한다.

　NCS 인사직무는 '인사는 조직의 목표 달성을 위해 인적자원을 효율적으로 활용하고 육성하기 위한 방법이다. 인사직무는 직무조사 및 직무 분석을 통해 채용, 배치, 육성, 평가, 보상, 승진, 퇴직 등의 제반 사항을 담당하며, 조직의 인사제도를 개선 및 운영하는 업무를 수행하는 일을 맡는다'로 정의하였다.

능력 단위

　참석자들에게서 능력 단위를 도출한다.

　최대한 많은 의견을 받아 퍼실리테이터의 진행 하에 참석자들과 비슷한 단위로 그룹화하거나 삭제할 단위들을 정리하는 작업이 필요하다. 책무의 양과 질의 범위를 고려하여 8~12개 정도의 능력 단위를 도출하는 작업을 실시한다.

　NCS 인사직무 능력 단위는 인사 기획, 직무관리, 인력 채용, 인력 이동 관리, 인사 평가, 핵심인재 관리, 교육훈련 운영, 임금관리, 급여 지급, 복리후생 관리, 조직문화 관리, 인사 아웃소싱, 퇴직 업무 지원, 전직 지원으로 총 14개의 능력 단위로 구성돼 있다.

능력 단위 요소

도출된 각 능력 단위당 3~5개 정도의 능력 단위 요소를 도출한다.

여기서 종결어는 '~하기'로 정리한다. NCS 인사 직무 능력 단위 요소는 14개의 능력 단위 별 2~5개의 능력 단위 요소로 구성되어 있다. 인사기획의 능력 단위의 능력 단위 요소는 인사전략 수립하기, 인력 운영계획 수립하기, 인건비 운영계획 수립하기의 총 3개의 능력 단위 요소로, 총 14개의 능력 단위에 46개의 능력 단위 요소로 구성되어 있다.

수행 준거

도출된 각 능력 단위 요소에 대해 3~5개 정도의 수행 준거를 도출한다.

도출 결과는 조건, 준거, 수행의 형식으로 행동 동사로 표현한다. 조건은 작업환경이나 장비, 지식, 기술 등에 관해 진술하는데, '~장비를 사용하여, ~지식을 기초로, ~기술을 활용하여' 등으로 표현한다. 준거는 해당 능력을 수행함에 있어 도달해야 할 기준에 관해 진술하는데, '~때까지, ~에 따라, ~에 의거' 등으로 표현한다. 수행은 수행자가 무엇을 할 수 있는가에 대한 것으로 성과를 제시하는데, '~을 분석할 수 있다, ~을 작성할 수 있다' 등의 행동 동사로 표현한다.

수행 준거의 4개 영역은 업무처리 과정, 결과물, 행동 및 태도, 시간의 4개 영역으로 구분된다. 업무처리 과정은 해당 순서가 끝났을 때의 결과를 판단할 수 있는 내용을 준거로 제시하며, 결과물은 결과 산출이 해당 능력 단위에서 중요할 때 제시한다. 행동 및 태도는 사람들과의 커뮤니케이션 및 작업 시 태도가 해당 능력 단위에서 중요한 경우이며, 시간은 작업의 시간이 해당 능력 단위에서 중요한 역할일 경우를 말한다.

NCS에서의 수행 준거는 조건condition, 준거criteria, 수행performance의 순으로 작성되는데, 조건은 포함하지 않을 수 있으나 준거와 수행은 반드시 포함하도록 되어있다. 이는 직무에 대한 준거 기준 및 행동 동사로 측정이 가능해야 한다. 즉, '이해할 수 있다'와 같은 알아야 하는 수준의 동사가 아닌 '설명할 수 있다'와 같은 할 수 있는 수준의 동사로 표현하고 모호한 표현의 사용을 지양하고 있다.

예를 들어, '적당히', '잘'과 같은 정량적 측정이 힘든 부사나, 준거 기준이 모호한 함양(涵養), 배양(培養), 증진(增進) 등의 단어 사용을 지양한다.

무엇보다 중요한 부분은 수행 준거마다 K(지식), S(스킬), A(태도) 역량을 각 2~3개 정도 도출하여야 한다. 이로 인해 직무를 수행하기 위한 역량을 구체적으로 명시할 수 있다.

목표 진술은 대표적으로 Tyler(1949)[14]의 방식과 Mager(1962)[15]의 방식이 있는데 NCS에서는 Mager의 방식을 준용하고 있다. Mager 방식은 반드시 행동 동사로 서술하여야 한다.

> **Tyler 방식**: 학습자 + 학습내용 + 행동
> ex) 교육생은 ADDIE 모형의 5단계를 열거할 수 있다.
>
> **Mager 방식**: 조건 + 준거 + 행동
> ex) 교육학 용어 20개가 주어졌을 때, 18개 이상의 용어를 설명할 수 있다.

K·S·A 작성

각 수행 준거에 따른 K·S·A를 각 3개 내외로 작성한다.

관련 지식과 기술 및 태도의 범주는 용어, 개념, 대상물, 처리하는 방법, 수단, 관례, 관습, 경향, 순서, 절차나 판단 기준, 요건, 제한사항에 관한 것이다.

지식은 사실, 개념, 원칙 등을 말하며 개론 수준의 크기로 제시하는 것을 지양하고 무엇의 조작법이나 무엇의 특성에 대한 지식처럼 전공 도서의 인덱스$_{index}$의 크기로 설정함이 적절하다.

기술은 정신적, 물리적 능력 등을 말하며 도구 조작 기술, 보고서 작성 기술 등을 서술한다.

태도는 행동, 가치, 신념 등을 말한다.

K·S·A 작성 시 각 역량에 대한 단어의 구분이 필요한데, 직무를 수행하는 사람의 입장에서 혼란을 방지하기 위함이다. 예를 들어, 분석적이라는 단어는 스킬(S)역량으로 구분할지, 태도(A)역량으로 구분 할지 등에 대한 정리가 필요한데, 작성자의 기준에 따라 분석적 스킬로 작성하면 스킬 역량으로, 분석적 마인드로 작성하면 태도 역량으로 구분이 되어 직무 수행자의 입장에서 혼란이 생길 수밖에 없을 것이다.

또한, 단어의 통일도 필요하다. 스킬역량 중 작성자에 의해 '문서 작성 능력', '보고서 작성 능력', '페이퍼 작성 능력' 등으로 혼재해서 작성한다면, 이 역시 직무 수행자 입장에서 혼동될 수 있다. 본질적으로 같은 의미라 하더라도 통일된 용어로 정리하는 것이 바람직하다.

K·S·A 작성은 아래의 내용 등을 위주로 작성하면 된다.

- 관련 법령 및 법규, 규칙에 관한 지식
- 각종 설계기준, 시공 편람 및 상위 기관의 지침에 관한 지식
- 당해 사업 지역의 계획 목표 연도 설정에 관한 지식
- 각종 통계자료를 분석하는 기술
- 장래 단계별 계획 시설용량 산정에 관한 기술
- 비정규적 근로시간을 기꺼이 감내하는 태도
- 이해관계자들의 각기 다른 배경 또는 가치관에 대한 관용

수준

능력 단위 요소별 수준을 책정한다.

NCS는 총 8단계로 구성되어 있다. 이는 초등학교 학력 수준부터 설정한 부분이라, 조직에서는 일반적으로 4~5단계 수준으로 책정하면 된다.

수준은 조직의 직급 단계와 연계를 통해 설정하는 것이 활용적인 측면에서 유용하다. 수준 책정 시 유의할 점은 사람 기반이 아닌 업무 기반을 고려하여 설정해야 한다는 것이다. 예를 들어, 사원부터 부장까지 5단계의 직급 체계를 가지고 있는 조직에서 현재 교육 운영 업무를 차장급이 진행하고 있다고 해서 4단계로 설정해서는 안 되고, 업무의 수준 및 역량을 고려하여 1~2단계로 설정해야 한다.

직무 수준	
역량단계	직무수준별 정의
5	조직에 대한 폭넓은 이해를 토대로 인사 전반의 권위자로서 실무자를 양성하고, 비전을 제시할 수 있다.
4	조직의 인사 트렌드와 방식을 분석하고, 적합한 방식을 제시하여 조직 내의 직무상의 요구에 적합한 인재 운용에 기여할 수 있다.
3	인사의 실무 책임자로서 중장기 조직의 전략과 계획에 적합한 인사를 계획하고, 유관부서와의 원활한 소통을 통해 주도적으로 실무를 수행할 수 있다.
2	조직에서 발생하는 일련의 인사 전반의 프로세스를 이해하고, 각 단계별로 수행해야 하는 과업을 충실히 수행할 수 있다.
1	조직의 인사 전반에 발생하는 업무의 보조자로서 상사의 지시나 업무상의 요구에 따라 성실히 업무를 완수할 수 있다.

【도표123】 인사 역량 단계별 직무 수준별 정의 예시

역량 단계별 요구 자격			
역량 단계	학력(전공)	교육이수 및 자격 면허	직무숙련기간
5	대학원(박사) (인사조직, HRM)	노무사	3~5년
4	대학원(석사) (인사조직, HRM)	SPHR / GHR	3~5년
3		PHR	3~5년
2	대학교(학사) (경영학)	인적자원 관리사	2~3년
1	-	워드프로세서, 컴퓨터 활용능력	6개월~1년

【도표124】 인사 역량 단계별 요구 자격 예시

대표 직무 분석 완료 후 조직 내 유사 직무는 완료된 직무 분석을 기반으로 내부 비교 및 인터뷰, 설문 조사 등을 통해 보완을 진행한다. 내부 비교는 업무수행방식, 역량 및 업무 요건, 협업체계 등을 고려하여 수정 및 보완을 진행한다. 인터뷰 및 설문 조사는 내부 비교에서 나타나지 않는 요소를 보다 심층적으로 알아보기 위해 진행할 수 있다.

팀	직무													
	전략	혁신	기획	회계	자금	IR	경영지원	홍보	자산관리	HR	GHR	노무	환경	보건	안전	위생
기획팀	V	V	V													
총무팀							V	V	V							
노사팀												V				
환경안전팀													V	V	V	V
인사팀										V	V					
회계팀				V												
자금팀					V	V										

【도표125】 지원 부문 직무 Matching Matrix 예시

직무 분석을 수행할 때 직무의 크기, 직무의 명칭, 직무를 구성하는 과업 간의 관계를 중요하게 살펴보아야 한다. 또한 직무를 구성하는 각 과업 난이도 간의 일관

성, 직무수행에 요구되는 지식, 기술, 태도, 경험, 직무 편성에 동반되는 현 구성원들의 업무 분담 조정 필요성, 직무수행 결과에 따른 성과 책임과 크기 등도 고려해야 한다.

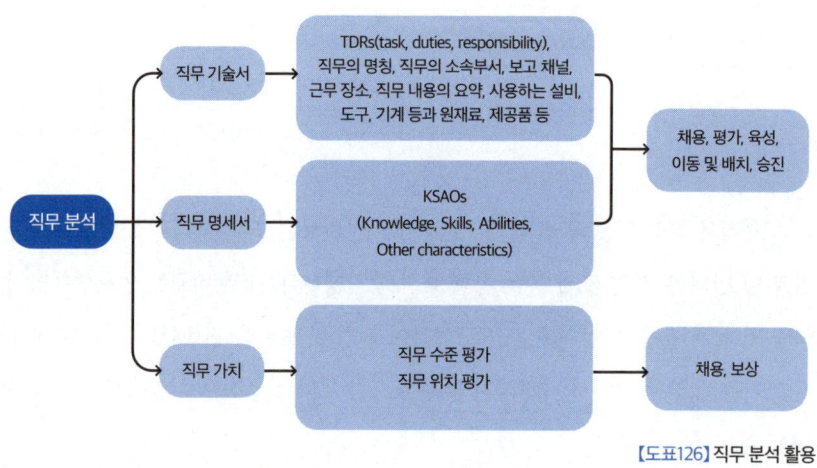

【도표126】직무 분석 활용

직무 분석을 통해 도출되는 주요 자료는 직무 기술서와 직무 명세서가 있는데, 직무 기술서는 업무와 직접적으로 연관된 직무 관련 사항을 서술한 문서이다. 주요 TDRs Task, Duties, Responsibility 와 직무의 명칭, 직무의 소속 부서 혹은 위치, 보고 채널 등이 기본 내용으로 명시되어 있다. 그 외에 다른 직무와의 관계, 직무 내용의 요약, 사용하는 설비 및 원부자재 등이 명시되어 있으며 직무를 이루고 있는 구체적인 과업의 종류 및 내용, 대내외 접촉 기관 등이 여기에 포함된다.

직무 명세서는 업무를 할 수 있는 역량과 능력을 말하며 사람 중심의 내용이 포함되어 있다. 대표적인 역량인 KSAOs Knowledge, Skills, Abilities, Other characteristics 와 작업 경험 Work History 등이 포함된다.

이전에는 직무 기술서와 직무 명세서를 별도로 작성하였으나, 지금은 함께 작성하는 것이 일반적이다. 직무 명세서의 항목 등이 포함된 직무 기술서의 예시는 아래와 같다.

OO 관리직 직무 기술서					
기준일	0000. 00				

직무정보						
직무명	HR	공통 Grade	G5	직급		부장
직군	경영지원		직렬		HR	
소속	인사전략팀		근무지			
보고 대상	인사담당 임원		주요 협업 부서		전략, 혁신, 기획, 재무, 각 사업/지원 부서	

직무 정의 (Definition)
글로벌/중장기 HR 전략 및 운영기준 수립

성과 책임 (Accountabilities)		
성과 영역	세부 설명 (문제 해결상황, 업무 방식/결과물 및 협업 관점)	
중장기 HR 전략 수립	업무 상황/의사결정 범위	전사 HR 운영 원칙 및 중장기 전략 수립
	업무 방식/결과물	그룹 가치에 따른 HR철학 및 인재상 정립, 장/단기 글로벌 사업전략에 따른 HR 운영전략 수립, 글로벌 보상/인력 계획 가이드라인 제시
	협업 대상 및 방식	전략, 기획, 재무
글로벌 HR 운영기준 수립	업무 상황/의사결정 범위	글로벌 HR 거버넌스 체계 구성
	업무 방식/결과물	글로벌 인사운영 원칙 구성, 권한위임 기준 정립, 해외사업장 HR 관리 항목 정의, 해외사업장 HR 관리/의사결정 프로세스 구성
	협업 대상 및 방식	해외사업장 HR
경영진 HR 의사결정 지원	업무 상황/의사결정 범위	경영진 주요 HR 의사결정 사항 지원
	업무 방식/결과물	주요 리더 포지션 보임/승진, 조직개편, 장단기 인력운영, 장단기 보상 운영, 성과급 지급 결정등 주요 경영진 의사결정과 관련한 분석 및 실행방안 제시
	협업 대상 및 방식	전략, 혁신, 기획, 재무, 각 사업부서

업무 환경	
업무 장소	
업무 시간	주 5일 근무
기타 환경/위험	

직무수행요구사항 (Requirements)

학력

필요 학위	전공	필수	선호
학사	경영학, 교육학	O	
	인적자원관리, 노사관계		O

업무 경력

기간	업무 영역	필수	선호
사내 최고 전문가	인사	O	

어학

언어	수준	필수	선호
영어	Medium	O	
…	…		

정의: Beginner (기본적인 일상회화 및 언어 구조 습득), Medium (업무관련 대화 및 읽기/쓰기 가능), Advanced (통역/번역 도움 없이 전문적 의사소통 가능)

직무 지식 및 기술 (기술역량)

항목	수준	필수	선호
인사제도 기획 및 인력관리에 대한 지식/노하우	Advanced	O	
해외 HR마켓 특성 및 인사제도 프랙티스에 대한 지식	Advanced	O	
조직설계 방법론 및 권한위임 체계 설계 지식	Medium	O	
OO 산업 직무에 대한 지식	Advanced	O	
보고서 작성/전달 기술	Medium	O	

정의: Beginner (기본적인 개념 및 구조 습득), Medium (원활한 업무 활용 및 시장 내 평균적 역량 수준), Advanced (기본 원리에 대한 이해 및 시장 선도적 지식/경험 보유)

직무 역량 및 수준 (행동 역량)

항목		목표 수준	행동 지표
공통	탁월한 성과를 위한 열정	4	이익 대비 가치, 성과를 비교, 효율적인 성과 개선 추구
공통	열린 사고를 통한 유연성	4	변화를 이끌 수 있는 계획, 근본적인 목표와 전략 차원의 변화 수립
공통	핵심을 파고드는 통찰력	4	새로운 개념 및 아이디어 제시
공통	글로벌 포용력	4	내외부 다양한 문화에 따른 관점과 차이 이해 및 설득
직무	분석적 문제해결	4	다차원적 분석을 통한 다양한 해결책 마련
직무	기획력	4	실현 가능한 구체적인 전략 수립 및 변화 방향 제시
직무	장기적 관점	4	장기적 예측을 통한 전략 수립
직무	공감적 소통	4	원활한 의사소통 분위기 조성
직무	사업적 감각	4	새로운 사업적 기회 창출

역량은 총 10개 항목 이내로, 공통 역량 외 리더십 역량과 직무 역량은 목표 수준을 달성한 후에는 개인별 역량 개발 계획에 따라 항목 및 목표 수준 변경 가능함

경력 경로 (Career Development)			
직무 이동 Guide			
유형	직무	단계	인접도
상위 직무			
상위 직무			
인접 직무			
인접 직무			
직급 연계 Guide						
사원	대리	과장	차장	부장
				승진 조건

직무 정보 관리			
직무 담당자	이름:	확인:	날짜:
팀장	이름:	확인:	날짜:
본부장	이름:	확인:	날짜:
HR 담당자	이름:	확인:	날짜:

[도표127] 직무 기술서 예시

PART 2
HR시스템

4장
채용과 교육

5장
평가·보상·직급과 승진

6장
GHR

4장
채용과 교육

0. 들어가며

채용은 성과를 낼 수 있는 인재를 조직 구성원으로 뽑기 위한 중요한 절차다. 최근에는 다양한 채용 프로세스와 채널을 통해 인재를 선발하고 있다. 그러나 채용을 할 때는 어떤 요인이 가장 주요하게 성과 요인에 영향을 미치는지, 반대로 대표적인 성과 요인을 어떤 것을 우선순위에 두어야 하는지에 대한 명확한 판단이 필요하다. 채용 여부에서 중요히 판단하는 대표적인 기준인 지식, 스킬, 태도 등 개인의 자질이나 역량을 확인해야 하는 것이다. 단, 업종 및 지역의 특성뿐만 아니라 조직마다, 고유의 조직문화에 따라 차이가 크기 때문에 개별 조직 차원에서 많은 데이터를 갖고 있어야 신뢰할 수 있는 결과가 나올 것이다.

채용 방식에 대해서도 재고해보아야 한다. 대부분의 조직은 각 전형 절차마다 정해진 조건을 충족하지 못한 지원자를 탈락시키는 네거티브negative 방식을 채택하고 있는데, 창의적이고 다양한 인재를 선택하기 위해서는 각 직무에 필요한 사람을 채용하는 포지티브positive 방식으로의 변화가 필요하다.

평생직장의 개념이 사라져 감에 따라 채용 이후 교육의 정의 및 방향성에 대해서도 고민해 볼 필요가 있다. 먼저 인간이 왜 인적자원인지, 인간이 자원에 불과한 것인지, 단지 자본주의 사회에서 자원의 한 종류에 불과한 것인지에 대한 원론적 고민이 필요하다. 그저 직무 역량 강화를 위한 지식, 스킬, 태도 교육에 한정된 채 과업을 수행하기 위한 최적화된 인적자원만을 양성하는 것은 아닌지, 또는 더 이상 교육은 인간의 성장이 아닌 인적자원을 생산하는 산업이 되어 버린 부분에 대한 반성과 더불어 처음부터 교육의 개념과 바람직한 방향성에 대한 고찰이 필요할 것이다.

그리고 조직의 성과 차원에서의 직무교육과 더불어 개인의 성장이라는 관점에서 평생학습에 대한 방향성도 필요하다. 이는 조직이 단순히 단기적 조직성과를 위한 인적자원을 양성하려는 것 이상으로 국가적 인재 양성을 도모하는 거시적인 차원으로 접근해야 한다.

1. 채용

채용이란 최고의 인재best people가 아닌 조직에 적합한 인재right people를 뽑는 과정이다. 각 조직에 맞는 채용 방식을 선정하고, 채용하고자 하는 직무의 특성에 맞는 선발 도구를 활용하여 인재를 뽑아야 한다. 채용은 인재의 중요성이 날로 커지고 있는 현실에서 시대적 상황을 반영하고 조직의 지속 가능한 경영을 위해 관심을 가져야 하는 부분이다. 특히 조직에 맞는 인재를 채용할 수 있으며 채용된 인재를 유지할 수 있는 고도화된 채용 시스템의 구축이 필요하다.

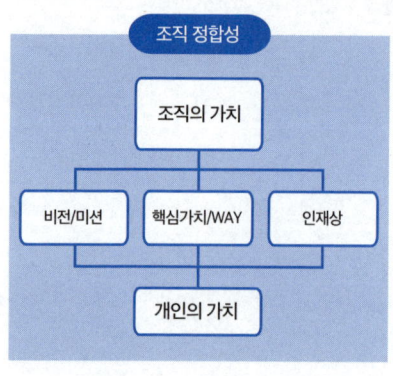
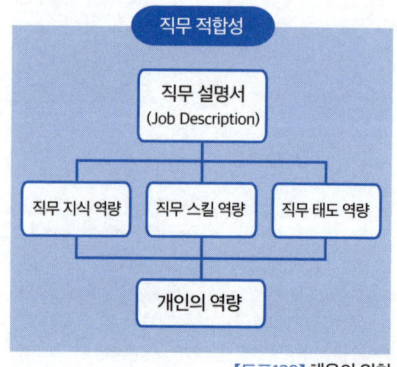

【도표128】채용의 원칙

조직에 적합한 인재인지에 관한 판단의 기준은 크게 조직 정합성과 직무 적합성으로 구분할 수 있다.

조직 정합성이란, 거시적으로 조직문화와 인재상과 같은 조직의 가치와 개인의 가치가 최대한 일치하는 인재를 채용하는 것이다. 미시적으로는 조직에서 채용하고자 하는 부서와의 관계의 정합성도 조직 정합성으로 볼 수 있는데, 부서원 간의 협업 가능성과 부서 내 상사가 가지고 있는 부서 방향성에 일치하는 인재를 채용하는 것이다. 조직 정합성에 어긋난다면 아무리 직무 역량이 우수하더라도 채용이 어려운 경우가 있는데, 이는 조직이 가지고 있는 조직 가치와 조직문화 등이 직무 적합성보다 우위에 있다는 것을 의미한다.

직무 적합성은 조직에서 채용하고자 하는 직무 설명서(JD, Job Description)에 맞는 인재를 채용하고자 하는 것이다. 이때는 직무 역량을 가진 인재를 찾게 되는데, 조직 내 고성과자가 가지고 있는 직무 역량에서 도출한 K·S·A 역량을 기반으로 채용을 진행하게 된다. 즉, 고성과자의 특성인 K·S·A 역량을 가지고 있는 인재 채용을 통해 조직 내 고성과자와 같은 성과를 낼 수 있을 것이라는 기대를 하는 것이다.

세 가지 직무 역량		
지식역량	스킬역량	태도역량
지원자의 전공 및 자기소개서, 구술 면접을 통해 지식 수준을 확인하는 과정	지원자의 기술 수준을 직무와 연관된 자격증으로 검증을 대체하는 것이 일반적	심층 면접 및 자기소개서 질문을 통해 지원자의 태도를 파악하는 과정

【도표129】

지식역량 측정은 지원자가 지원한 이력서 및 자기소개서를 통해 파악이 가능하다. 지원자의 전공으로 지원한 직무와 일치하는지에 대한 일차적인 정보를 얻을 수 있으며, 학점을 통해 간접적으로 지식역량의 수준을 판단할 수 있다. 자기소개서에서 작성된 직무 관련 경험 등을 통해서도 측정이 가능하며, 직무 역량 수준 확인을 위해 면접을 실시한다. 하지만 블라인드 채용을 진행하는 조직에서는 학점의 미기재 등으로 지식역량 측정에 더욱 심혈을 기울일 필요가 있다. 전공과 무관한 직무의 경우라면 학점에 대한 중요성은 낮을 수 있으나, 직무와 밀접한 연관이 있는 전공의 경우 학점을 통해 간접적으로 지식역량 수준에 대해 파악이 가능하였지만, 블라인드 채용은 학점 미기재로 인해 이에 대한 보완이 필요하기 때문이다.

스킬역량은 직무와 관련된 것으로, 직무 공통적으로는 외국어 스킬과 컴퓨터 활용 스킬이 있으며 공학계열은 직무에 따라 전기, 전자, 기계, 화공, 산업공학 등 다양한 직무스킬이 있다. 하지만 채용 전형상 스킬역량을 검증하기에는 물리적인 시간과 비용이 많이 들어 공인 자격증으로 검증을 대체하는 경우가 많다. 이에 공인 외국어 점수 및 공인 컴퓨터 자격증을 요구하고 공인 기능사, 기사, 기술사 등의 자격증을 통해 스킬역량을 판단한다. 최근 들어 외국어 스킬의 경우 조직의 글로벌화에 따른 회화 실력 및 문제해결 역량을 검증하기 위해 채용 전형 단계에서 직접 외국어 스킬역량을 검증하는 조직이 많아지고 있다.

태도역량은 자기소개서에 직무 관련 경험 등을 통해 나타나는 역량을 기반으로 보통 면접을 통해 검증한다. 하지만 직무에 따른 명확한 직무 태도역량이 정의되어 있는 조직은 거의 없어, 중요도는 지식역량과 스킬역량에 비해 떨어진다.

채용 트렌드

채용 시스템은 제4차 산업혁명, 디지털 트랜스포메이션, 고용 없는 성장과 같은 산업 차원의 변화뿐만 아니라 저출산 및 고령화에 의한 인구변화에 의해서도 변화의 시기를 맞고 있다. 특히 A.I와 자동화로 인해 채용 방식도 변화하고 있다. 이에 따라 채용의 공정성 및 객관성 확보와 더불어 A.I 및 자동화에 따른 업무 효율을 높이고자 한다. 또한 고용 없는 성장에 따라 인재의 질적인 측면이 중요해져, 바로 실무에 투입하여 성과를 창출할 수 있는 인재에 대한 선호가 더 높아짐에 따라 신입사원보다는 경력사원의 선호도가 높아지고 있다.

이러한 변화에 따른 채용 트렌드는 아래의 3가지로 정리할 수 있다.

직무 중심의 채용

직무 중심의 채용 방법은 직무수행 능력 중심 및 실무형 인재를 채용할 수 있다는 장점이 있다. 반면에 인성 및 조직 정합성에 대한 검증이 부족하기에 면접 등의 선발 전형에서 조직 적응도 및 조직 이해도의 부분을 검증하여야 한다. 또한, 구직자에게 정확한 직무 정보를 공유하는 부분과 현업 부서의 면접 역량이 뒷받침되어야 효과적인 직무 기반 채용이 가능하다.

이러한 시대적 변화 및 상황에 따라 국가 주관으로 NCS를 통해 전 직무에 걸쳐 직무 분석을 시행하였다. 이와 더불어 학습 모듈 활용 등에도 확대되어 고등학교를 포함한 전문대학교까지 적용되어 실행되고 있다. 이처럼 NCS 기반 교과과정은 직무 표준화를 통한 직무 미스매칭을 줄일 수 있고, 직무 역량 강화로 취업에 유리할 수 있다. 그러나 대학 졸업 후 취업만이 아닌 지속적인 학문 연구 및 창업 등의 다양한 진로 등을 고려할 때, 전 교과과정을 NCS 기반으로 개편하기에는 무리가 있을 것이다.

NCS의 방향성과 특성상, 4년제 대학교의 교육과정까지는 확대되지 않았지만 궁극적으로 직무 기반 교육과정으로 변화가 이루어지고 있음은 분명하다. 공기업 및 금융기관 등으로 취업하기 위해서는 반드시 NCS 기반으로 직무 중심의 취업 준비가 필요하며, 사기업도 직무 중심 채용으로 전환되어 직무 역량 기반의 채용 준비는 필수적인 흐름이 되고 있다.

블라인드 채용

블라인드 채용은 차별 금지 및 기회균등이라는 관점에서 적합한 채용 방법으로 알려져 있다. 주로 서류 심사에 활용되고 있으며 인적 사항, 교육 사항, 자격 사항, 경력 사항에는 지원한 직무 분야와 연관된 활동만을 기재하게 되어 있다.

블라인드 채용의 서류심사에 포함되는 항목들	
인적 사항	지원자를 식별하고 관리하기 위한 최소한의 정보(생년월일, 연락처 등)
교육 사항	직무수행에 필요한 지식·기술·태도를 갖추고 있는가를 평가하기 위한 항목으로, 크게 학교 교육과 직업 교육으로 구성되어 직무에 대한 지원자의 관심과 노력을 판단하는 척도로 활용하나 출신학교와 학점 등은 적지 못하게 되어 있다.
자격 사항	본인이 지원한 직무와 연관된 자격만 명시하여야 한다.
경력 및 경험 사항	직무와 관련된 일이나 경험 여부를 평가하기 위한 항목으로 직무능력 소개서에 구체적으로 작성토록 하며 면접 시 참고자료로 활용 가능하도록 하였다.

【도표130】

하지만 위와 같은 기본적인 사항으로만 적합한 인재를 선발하고자 하면 한계에 부딪히게 된다. 특히, 서류심사의 항목에 대한 변별력이 우려되는데, 최소한의 정보만 나와 있어 서류만으로 수많은 지원자를 선별하는 것은 불가능하다. 또한 채용 후 조직, 업무 성과와의 상관관계를 규명하기에는 시기적으로 블라인드 채용 시행이 이른 경향이 있다.

이러한 여러 제약으로 인해 블라인드 채용 시 필기 전형을 추가하여 보는 경우가 나타나고 있다. 그러나 필기 전형으로 인해 다양한 인재의 선발에 제약이 생기기도 한다. 한 실례로, 2010년 중반만 하더라도 금융권 신규입사자의 경우 지역 안배별, 다양한 면접 스킬을 통해 지역 및 지역 거점 대학교 졸업자들이 골고루 채용되는 경향을 보였으나, 필기시험이 포함된 이후로는 명문대생들이 대거 합격하는 현상을 보인다.

우리나라의 고등교육은 내용을 암기하고 이해한 후 시험을 보는 지식역량 강화 교육에 치중되어 있다. 이런 환경에서는 대학 입시 시험에서 우수한 결과를 받아 명문대에 입학한 학생은 지식역량이 우수하다고 판단한다. 그렇기에 아무리 NCS 기반의 필기시험이 다양한 역량 기반으로 고도화 되었다고 하나, 필기시험 자체는 지식역량을 중점적으로 평가하는 특성이 있기에 상대적으로 지식역량이 우수한 명문대생들의 합격률이 높은 것으로 추정된다.

A.I 기반 채용

A.I 기반 채용은 공정성 및 객관성 이슈에서 벗어나 보이기도 한다. 그러나 데이터 기반 알고리즘의 공정성, 다양성이 무시되는 획일화된 인재 채용과 더불어 면접관과 지원자와의 쌍방향 커뮤니케이션에 의한 상호 작용이 불가하다는 맹점이 존재한다.

데이터 기반 알고리즘의 공정성 문제는 알고리즘 개발자가 가지고 있는 고정관념, 가치관 등에 따라 알고리즘이 설계되기에 개발자의 주관성에 치우칠 수 있다. 최대한 다양한 성별sex, 인종, 연령에 따라 개발자를 구성한다고 하더라도, 겉으로 잘 드러나지 않는 가치관, 정치관, 이념, 종교 등까지 파악하기는 어렵기 때문에 A.I 기반 채용에 오류가 발생할 수 있다.

만약 한국인 남성 개발자들 위주로 알고리즘을 설계하였다고 하면 채용 결과는 아마도 상당수 한국인 남성 지원자의 합격으로 나타날 확률이 높다. 최대한 객관적으로 알고리즘을 설계하더라도, 본인이 가지고 있는 무의식적인 편향까지 제어할 수는 없기 때문이다. 따라서 A.I 기반 채용은 학습된 데이터 및 개발자의 성향에 좌우되는 경향이 있기에 가급적 많은 데이터의 확보 및 개발자의 다양성 등에 대한 보완이 선행되어야 한다.

획일화된 인재 채용에 대한 우려는 더 있다. A.I 채용은 설계된 프레임frame 안에 들어와야 합격이 되는데, 프레임을 벗어난 아웃라이어outlier가 가지고 있는 개성적이고 창의적인 인재를 놓칠 수 있는 함정에 빠질 수 있다. 물론 인사담당자 및 면접관의 편견에서 오는 휴먼에러도 분명히 존재하나 기계적 오류 대비 상대적인 충격이 덜 한 측면이 있고, 면접의 경우 면접관이 가지고 있는 노하우나 통찰력 등까지 A.I가 대체 하기에는 무리가 있을 것으로 판단된다.

마지막으로, A.I 면접은 커뮤니케이션의 기본 전제인 공감이 결여되어 있어 사람끼리의 상호작용이 불가하다는 근본적인 한계가 있다. 또한, 면접을 보는 일반적인 두 가지 영역인 인성과 직무 중 인성 면접은 언어적, 비언어적 관점으로 구분할 수 있는데, 이 중 비언어적인 관점으로 얼굴 표정, 이미지 메이킹 및 태도 등에 대한 평가가 한정적일 수밖에 없어 이에 대한 보완이 필요할 것으로 판단된다. 다만, 사람과 A.I가 채용 프로세스에 함께 참여하여 서로 가지고 있는 강점을 부각시킬 수 있다면 시너지 효과가 기대된다.

채용 방식과 채용 프로세스

국내의 전통적인 채용 방식은 공개 채용과 수시 채용이 주류를 이루고 있다. 이는 대학교 졸업 시즌에 맞춰 인재를 선점할 수 있다는 장점이 있으나, 채용 트렌드가 변하고 있는 요즘 시대에는 부적합하다. 고도화된 중장기의 전략적 인력 계획이 조직 내에 마련되어 있지 않은 한, 변화에 따른 대응이 힘들뿐더러 설사 준비가 되어 있다 하다 하더라도 내외부적 외생 변수에 적절한 대응이 힘들기 때문이다. 조직 구성원이 한날한시에 퇴사하는 경우도 드물고, 갑작스러운 사세 확장 또는 조직의 전략적 과제를 달성을 위해 적시에 채용이 필요함에도 공개 채용 방식으로는 이러한 흐름을 따라갈 수 없다.

국내의 공개 채용은 조직의 홍보 효과 및 정부의 신규 채용 확대에 화답하기 위한 전략적 접근이라는 이유가 있다. 그러나 공개 채용은 주로 한국과 일본과 같은 아시아권을 제외하고는 쓰이지 않는 채용 방식이며, 직무 가치 및 직무 기반의 채용이 일반화되어 있는 미주 및 유럽권의 경우 수시 채용 및 내부 추천이 주류를 이룬다. 반면 국내에서는 여전히 공개 채용이 주류를 이루고 있긴 하지만 최근 들어 공개 채용을 실시하지 않는 기업들이 늘어나고 있으며, 점차 다양한 방식을 통해 인재를 구인하려 노력하고 있는 모습을 보인다.

그 외 주요 채용 방식을 살펴보면 현대자동차 그룹의 잡페어, 롯데그룹의 SPEC 태클 전형 등 5분 내외의 PR 등을 통해 다양한 인재를 뽑기 위해 노력하고 있다. 또한 그 외에 내부 추천제 활용이나 고급 인재의 영입을 위해 써치펌을 통한 의뢰 등이 있다.

이 중 내부 추천제의 경우 채용 완료 후 일정 기간이 지난 시점에 추천자에게 일정 금액을 지급하는 경우도 있으며, 추천 인원수에 따라 차등 보상하는 경우도 있다. 내부 추천 채용방식은 조직 입장에서 채용으로 인한 유무형 기회비용을 아낄 수 있을 뿐만 아니라 다른 채용 방식에 비해 조직의 애호도 및 조직 적응이 더 높다는 것이 현업에서 채용을 담당하는 사람들의 공통된 의견이다. 이는 내부 추천자와의 신뢰 관계가 형성되어 있는 인재이며, 입사 전에 조직문화와 조직 이해를 충분히 인지 후 입사하기 때문이다.

내부 추천제 추천 양식 (Employee Reference)

1. 추천자 및 지원자 정보

추천자 정보(Referrer)		지원자 정보(Candidate)	
성명		성명	
현 근무부서		현 직장/직위/직무	
직위/직책		지원 부서/직무	
연락처		연락처	

2. 지원자와의 관계 및 평가

  2-1) 지원자와는 어떤 관계입니까?
    □ 동창 (Alumni)   □ 전직 직장 동료 (Supervisor, 선배, 동료, 후배 등)
    □ 친구   □ 거래처 또는 고객사 직원 (Business Associate)
    □ 기타 (　　　　　　　　　　)

  2-2) 지원자를 알고 지낸 지 얼마나 되었습니까?
    □ 1년 미만 □ 1년~2년 □ 2년 이상 □ 기타 (　　　　　　)

3. 지원자의 장단점 기술

지원자의 장점	지원자의 단점
1.	1.
2.	2.
3.	3.

4. 추천 이유 및 근거 (Reason for Referral)

(실제 관찰한 사례를 중심으로, 지원자의 강점 등의 추천 사유를 작성해 주세요)

[HR Use Only : 진행 상황]

A. 인터뷰 진행 여부 : □ Yes* □ No * (Yes라면) 인터뷰 일시 :	Referral Bonus 1차 지급 일시 : (지급 안 했다면, 사유는?)
B. 최종 선발 여부: □ Yes** □ No ** (Yes라면) 입사일 :	Referral Bonus 2차 지급 일시 : (지급 안 했다면, 사유는?)

【도표131】내부 추천제 추천 양식 예시

국내의 채용 프로세스는 일반적으로 서류 심사-면접-채용의 단계를 거친다. 조직의 특성 및 방향성에 따라 인성 및 적성검사나 외국어 역량평가가 포함되기도 한다. 최근에는 직무 역량을 기반으로 평가하며, 블라인드 채용을 적용해 출신 학교나 학점을 보지 않는 조직도 늘어나고 있다. 이에 따라 서류 심사 기준이 많이 완화되고 있다.

하지만 여전히 상당수 조직에서는 서류 심사 기준을 기반으로 면접 대상자를 선정한다. 서류 심사를 수행할 때의 일반적인 기준으로 출신 학교는 '등급제도', 학점은 '구간제도', 기타 어학은 '등급제도', 자격증은 '가산점제도', 자기소개서는 '등급제도'와 같이 구분하여 심사를 진행한다.

면접의 경우 1차 면접은 실무 면접이며, 공통 역량 및 직무 역량 위주로 면접을 진행한다. 2차 면접은 임원 면접으로, 인성 및 조직관점 위주로 면접이 진행된다. 간혹 3차 면접을 대표이사까지 진행하는 경우도 있으나 이는 채용 포지션이 주요 직책이나 고위직급일 때 해당하고, 신입 및 주니어급 경력 채용의 경우 보통 2차 면접에서 종료된다. 면접에 합격하였다면 신체검사가 이루어지며 이상이 없다면 채용이 최종 확정된다.

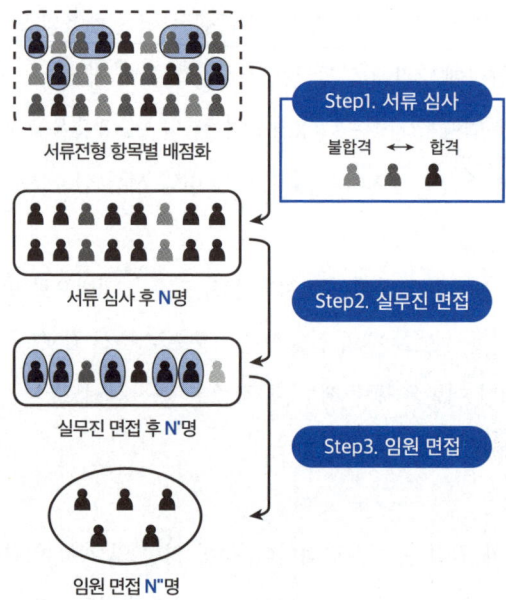

[도표132] 채용 프로세스

　입사 전 조직의 이해 및 조직의 애호도를 높이기 위해 합격자 대상으로 웰컴키트welcome kit를 제공하는 조직도 있다. 웰컴키트의 유형은 업무상 필요한 다이어리, USB, 필기구를 제공하는 유형, 조직의 이해도를 높이기 위한 창업자나 대표이사 저서나 조직 생활 수칙을 제공하는 유형과 가족 친화적인 접근으로 합격자 집으로 꽃바구니나 과일바구니를 제공하는 유형, 인근 맛집이나 술집 정보 제공 등 재미있는 분위기를 연출하기 위한 유형 등이 있다.

채용 도구

채용 트렌드의 변화와 다양한 채용 방식에 대응하기 위해서는 적절한 채용 도구가 필요하다. 국내의 대표적인 채용 도구로는 서류 심사 및 면접 심사가 많이 활용되고 있는데, 대기업과 일부 중견 기업에서는 인적성 검사를 채용 프로세스상에 추가하기도 한다. 이외에도 30여 개의 채용 도구가 존재하지만 국내외에서 가장 많이 활용되고 있는 채용 도구는 면접이다.

하지만 블라인드 채용 등으로 인해 전통적이고 강력한 선발 도구였던 서류심사가 간소화해짐에 따라 다른 선발 도구로의 대체가 필요해졌다. 이는 다양한 채용 도구와 채용 유효성에 대한 Schmidt(2016)의 연구를 확인해 보는 것이 좋다.[16] 해당 연구에서는 직무 성과와 직원 선발에 대한 상관관계에 대해 85년에 걸쳐 동일하거나 유사한 주제로 연구된 많은 연구물의 결과를 객관적, 계량적으로 종합하여 고찰하는 연구 방법인 메타 분석을 실시하였는데, 이 연구에서 언급된 선발 도구는 31가지로 조사되었다. 다만 글씨체, 연령, 성실성 시험 등 중량감이 떨어지는 선발 도구도 모두 포함된 개수이다.

메타 분석된 103편의 논문 중 대부분이 영어권 연구자와 연구 논문으로 한정되어 있어 동양권이나 한국의 상황과는 다를 수 있으나, 보편적인 채용에 대한 관점에서 보면 시사하는 바가 크다고 할 수 있다.

이 연구에서 면접 외에 가장 유효성이 높은 채용 도구는 GMA 시험으로 나타났다. GMA 시험은 일반정신능력 시험General Mental Ability을 말하며 일반적으로 두 가지 목적에 활용된다. 채용 도구의 목적에 맞는 역할과 직무 수준 및 각 산업군에 필요한 인재 확보를 위해 쓰이고 다른 하나는 경력 및 역량 개발에 활용되는 것이다. 아직 국내에서는 거의 활용되지 않는 채용 도구이지만, 이와 같은 유효성이 높은 채용 도구를 선정하여 국내에 맞게 변형하여 활용이 필요한 시점이라 생각된다.

측정도구	유효성 r		측정도구	유효성 r	
GMA시험	0.51	0.65	상황판단지식		0.26
무결성 시험	0.41	0.46	직무적합도		0.18
구조화 면접	0.51	0.46	심리점수법	0.11	0.11
비구조화 면접	0.38	0.58	동료평가	0.49	0.49
흥미	0.10	0.31	직무지식 시험	0.48	0.48
구조화 전화면접		0.46	행동일관성 측정	0.45	0.45
평판조회	0.26	0.26	실무시험	0.44	0.44
성실성 시험	0.31	0.22	실무 표본 시험	0.54	0.33
경험에 대한 개방성		0.04	상황판단 행위경향		0.26
직장 경력	0.35	0.35	능력기반 감성지수		0.23
감성지수		0.32	심리적 안정		0.12
직무수행기간	0.18	0.16	교육기간	0.10	0.10
조직 적합성		0.13	외향성		0.09
행정센터	0.37	0.36	글씨체	0.02	0.02
학점평균		0.34	연령	(0.01)	0.00

【도표133】 채용도구와 채용 유효성과의 상관관계
(검은색: 1998년 조사[17] / 청색: 2016년 조사)

직무 미스매칭

신규 인력의 입사 후, 직무 미스매칭이 일어날 수 있다. 이는 크게 조직 관점에서 신규 인력을 적절한 업무에 투입하였지만 기대했던 성과가 나타나지 않는 경우와 개인 관점에서 신규 입사자가 투입된 업무가 본인이 기대했던 업무가 아닐 경우로 나눌 수 있다. 이와 같은 직무 미스매칭이 발생하는 이유는 다음과 같이 두 가지로 구분해서 생각해볼 수 있다.

조직 관점의 채용 공고 문제	직무 탐색 미흡 문제
• 직군 혹은 직렬 수준의 직무 공고 • 조직 내 팀 타이틀로 공고 • 영어 약어 등으로 공고	• 조직 간 직무의 상이 • 조직 내 직무 분석 미흡

【도표134】직무 미스매칭의 원인

조직 관점의 채용 공고에서는 채용 공고에 '경영지원 OO명'과 같은 직군 혹은 직렬 수준의 공고로 인해 직무의 범위가 넓어 구직자가 원하는 직무와 미스매칭되는 경우의 문제가 크다. 경영지원은 직군의 개념이기에 경영지원 내에 인사, 총무, 기획, 회계 등 모든 직무가 포함되어 있으므로 구직자가 가지고 있는 직무 역량과 연관이 없을 가능성이 크다. 지원자는 총무 직무를 원해 지원하였지만, 조직에서 구인하고자 하는 직무는 인사 직무일 경우 직무 미스매칭이 나타나게 된다.

또 다른 사유로는 조직에서 쓰이는 팀이나 부서의 타이틀을 그대로 공고로 내어 구직자 입장에서 혼란이 생기는 경우다. 예를 들어 조직에서 사용하는 '커플러 사업부서', '호스시트 사업부서'로 공고를 내면 구직자 입장에서 어떤 직무인지 알 도리가 없다. 실제 직무는 영업 직무인데 해당 조직이 가지고 있는 제품군에 기반한 부서 타이틀로 공고로 내서 혼란이 생기는 것이다. 채용 공고에는 조직에서 제품 혹은 상품에 기반한 부서 이름을 실제 직무로 대체하여 공고를 내어야 한다. 예를 들어 '커플러 제품 국내 영업팀'이나 '호스시트 제품 해외 영업팀'으로 풀어서 공고를 내어야 한다.

조직 내에서 사용하는 영문 약어로 채용공고를 낸 경우도 있다. 예를 들어 일반적으로 PE~Pattern Engineer~는 제품 패턴을 설계하고 프로토타입~prototype~을 제작하는 부서이고, MES~Manufacturing Execution System~는 제조업체의 공장 관리를 위한 부서로, 생산현장을 최적화하고 생산 현장의 원가를 절감하는데 목적이 있다. 그런데 PE 부서, MES 부서로만 공고를 낼 경우 구직자에게 큰 혼란을 주게 된다. 채용 공고에는 적어도 약어를 풀어 공지하거나, '패턴 제품 설계부서'나 '제조실행 개선 부서' 등과 같이 실제 업무에 대한 상세 설명이 꼭 필요하다.

또 다른 직무 미스매칭 원인에는 직무 탐색 미흡도 있다. 범용적인 직무 역할은 유사하나 주요 업무의 내용이 상이한 경우가 많기 때문이다. 이는 조직의 특성 및 조직 방향성에 따라 달라질 수 있는데, 예를 들어 A조직의 기획 부서는 사업계획 수립이나 손익 실적 분석, 예산관리와 같은 일반적인 기획 기능을 하는데 비해, B조직의 기획 부서는 일반적인 기획 기능에 더하여 사업 타당성 검토, 밸류에이션~valuation~ 진단까지 하는 경우도 있기 때문이다.

다른 원인으로는 사업장의 규모나 위치 등에 따라 달라지는 경우도 있다. 공장을 보유한 A조직 사업장과, 시내의 오피스에 위치한 B조직의 총무 직무는 차이가 나게 된다. A조직은 공장을 보유한 총무 직무이기에 자산관리, 시설물 관리, 건축 및 토지 관련 업무 등 관리의 범위가 매우 넓지만, B조직은 단순히 행정 업무, MRO~Maintenance, Repair and Operation~나 근무 환경개선 등으로 같은 총무 직무임에도 업무 범위가 차이날 수 있다.

마지막으로, 조직 내 공식화된 직무 기술서나 직무 명세서가 부재해 조직에서 실제로 필요한 직무와 부합되지 않는 경우가 있다. 앞서 3장에서 설명한 직무 기술서나 직무 명세서에는 업무와 직접적으로 연관되어있는 직무 관련사항 및 업무를 할 수 있는 역량, 능력과 직무 수준 등이 포함되어 있다. 만약 이러한 직무 기술서나 명세서를 보유하고 있지 않다면 주먹구구식 채용이 진행될 수밖에 없으며, 불친절한 채용 공고로 나타나게 된다. 그러므로 조직이 채용하고자 하는 직무에 대한 명확한 인지 없이 채용을 진행한다면 직무 미스매칭이 일어날 가능성이 높다. 직무 기술서나 명세서에 근거한 채용을 하였음에도 불구하고 직무 미스매칭이 나타날 수 있는데, 이는 본질적으로 직무 기술서나 직무 명세서의 오류에 기인한다. 이러한 오류는 실제 직무에 기반하지 않는 직무 기술서나 명세서로 인한 것으로, 실제 직무를 수행하는 직무 전문가를 통한 직무 분석을 실시하지 않고 범용적인 직무 또는 외부 직무 기술서나 명세서를 그대로 차용하여 나타나는 현상이다. 다른 이유로는 시대적 변화, 조직의 직무 변화 등에 따른 직무 기술서나 명세서를 업데이트하지 않고 예전의 직무 기술서나 명세서를 활용한 까닭으로 해석될 수 있다.

면접

다양한 채용 도구 중 가장 많이 활용되고 있으며 유효성 또한 높은 도구인 면접에 대해 자세히 알아보도록 하자.

면접방식	
구조적 면접	비구조적 면접

면접은 구조적 면접과 비구조적 면접으로 구분되는데, 구조적 면접은 질문 내용을 사전에 준비하여 면접을 진행하는 방식이다. 해당 질문에 대한 답변 역시 상중하 또는 1~5점의 리커트 척도 Likert scale 등으로 구간을 주어 면접 점수를 부여하는 방식을 가진다. 짧은 시간에 많은 정보를 얻을 수 있고 면접관의 주관적 개입을 방지하여 어느 정도의 객관성을 유지할 수 있지만, 심층적인 정보를 파악하기에는 한계가 있다.

비구조적 면접은 사전 준비된 질문 없이 면접관의 주관에 따라 평가 및 질문을 하며 평가하는 방식이다. 면접관의 면접 역량에 따라 차이가 나며, 주관적 개입으로 인한 면접의 객관성이 떨어지는 단점은 있으나 심층적인 정보를 파악할 수 있다.

이러한 차이 및 면접의 객관성 확보를 위해 많은 기업들이 비구조적 면접에서 구조적 면접으로 전환하는 추세다. 하지만 구조적 면접을 준비하려면 많은 시간이 소요되고, 조직성과와 조직 유효성 측면에서 아직까지 명확하게 제시된 경우는 없다. 즉, 면접관이 가지고 있는 암묵지의 노하우나 직관, 통찰력이 짜임새 있는 구조적 면접보다 더욱 효과적일 수 있다는 것을 시사하고 있는 것이다. 면접관으로 참석하는 임원 및 경영진이 언급하는 '나는 많은 사람들을 만나보고 면접해 봤기에 사람을 한번만 봐도 사람을 잘 안다'는 구시대적 언어로 치부되는 멘트를 달리 생각하면, 한 조직에서 오랫동안 많은 구성원들의 입·퇴사를 지켜보며 조직에 맞는 사람을 직관적으로 간파할 수 있는 역량이 자연스럽게 체득되어진 것일 수도 있을 것이다.

다만, 채용 절차의 공정화에 관한 법률 개정(2020.5.26)에 따라 해야 할 것과 하지 말아야 할 것의 기본 가이드만 제시하여 면접관들의 재량을 일정 부분 허용하는 것도 바람직한 방법이다. 이는 구조적 면접으로의 변화에 대한 면접관들의 저항과 더불어 채용 도구 중 구조적 면접이 다른 선발 도구보다 유효성이 높다는 확실한 검증이 없기 때문이다.

그럼에도 면접에 대해 두 가지 측면에서 고민해 볼 상황은 '면접이 채용 결정에 가장 우수한 도구인가?', '우수면접자의 채용이 과연 조직에서 성과를 내고 있는가?'의 문제다. 이 또한 조직 내에서 완벽하지는 않아도 최대한 객관적이고 타당한 조직성과 측정이 가능하다는 전제하에 제기될 수 있는 문제이다.

> 면접이 채용 결정에 가장 우수한 도구인가?
>
> 우수면접자의 채용이 과연 조직에서 성과를 내고 있는가?

이와 더불어 고성과자의 조직성과를 어떠한 측면에서 보는 것이 타당할지에 대한 부분도 고려해야 한다. 가령 생산성, 수익성, 성장성, 품질 등의 재무적 관점에서 보는 것이 맞을 것인지, 직무만족, 조직몰입, 이직의도 등의 심리적 관점에서 보는 것이 맞을 것인지, 아니면 결근, 통제 및 계획, 목표설정, 교육 및 훈련 등의 관리적 측면에서 보는 것이 맞을 것인지에 대한 명확한 측정 요인의 정의가 필요할 것이다.

신입 사원을 대상으로 한정할 때에는 일반적으로 입사 23개월 전후의 시점에서 성과 측정이 가능하다는 것이 사전 연구 등에서 밝혀진 바이지만, 이 역시 조직 적응도 측면을 강조한 나머지 업무 성과와의 직접적인 상관관계에 대해 분명한 규명을 하지 않은 것이 현실이다. 이러한 측면들을 고려할 때 면접 평가와 조직성과의 범위는 역량 평가와 이직률의 두 가지 측면에서 고려해 볼 필요가 있을 것이다.

```
        ┌─────────────────────┐
        │  신입사원 조직성과의 범위  │
        └─────────────────────┘
         ┌────────┐    ┌────────┐
         │ 역량평가 │    │  이직률 │
         └────────┘    └────────┘
```

여기에서 근무 평가의 범위를 역량 평가로 한정한 이유는, 신입 사원의 경우 업적 및 재무적 성과를 측정하기에 시기적으로 한계를 보일 수 있기 때문이다. 조직 적응도 역시 워낙 다양한 요인에 의해 영향을 받을 수 있기 때문에, 현실적으로 모든 요인을 통제하기 어려우므로 이직률 측면으로만 보는 것이 타당하다.

물론 면접 평가와 근무성적이 좋은 인재가 퇴사를 하는 경우라면 상사의 리더십 및 조직의 비전, 문화 등의 다른 요인에 문제가 있을 수는 있으나 그 자체 또한 조직의 문화이기에 조직문화에 적응하기 힘든 인재를 채용한 것으로 간주 될 수 있다.

역량평가의 경우 입사 전부터 본인이 본래에 가지고 있던 역량인지, 아니면 입사 후 교육 및 훈련을 통해 향상된 역량인지에 대한 구분도 필요하다. 전자의 경우 각 직무에 맞는 역량을 가진 후보자 면접을 통해 후보를 잘 선택한 면접관 혹은 조직의 성과로 면접 평가와 근무 평가 간의 상관관계를 충분히 도출할 수 있을 것이다. 반면 후자의 경우, 잘 설계된 조직의 교육 혹은 상사의 성과로 나타날 수 있기에 채용 전후에 대한 역량 차이를 분석하는 것이 선행되어야 할 것으로 판단된다.

면접의 유형

면접의 유형은 크게 구술 면접, 발표 면접, 토론 면접 등으로 구분된다. 구술 면접은 구조적 또는 비구조적 면접 방식으로, 발표 및 토론 면접은 구조적 면접 방식으로 구분한다.

	비구조적 면접	구조적 면접
구술 면접	○	○
발표 면접	-	○
토론 면접	-	○

【도표135】 면접의 유형

구술 면접은 일반질문, 경험질문, 상황질문으로 구분된다.

일반질문은 일반적인 자기소개, 지원동기, 장단점, 장래포부 및 목표 등의 질문을 하여 지원동기를 통해 지원자의 조직과 직무에 대한 관심과 흥미의 수준을 확인하는 절차다.

경험질문은 인재상 및 직무 역량과 관련한 구체적인 경험 사례 등 질문을 하는 형태로, 심층 질문은 STAR 기법을 많이 활용하고 있다. STAR 기법이란, 과거의 경험$_{BEI,\ Behavior\ Event\ Interview}$을 심층적으로 파헤쳐 인재를 찾는 입체적인 질문으로 자기소개서와 같은 내용의 검증을 위해 S$_{Situation}$, T$_{Task}$, A$_{Action}$, R$_{Result}$의 앞 글자를 따서 STAR 기법이라고 한다. 왜$_{why}$, 무엇을$_{what}$, 어떻게$_{how\ to}$ 의 접근 방식으로 질문한다.

	Situation	Task	Action	Result
WHY?	그런 상황이 왜 발생했나?	그런 방식이나 방법을 선택한 이유는?	왜 그렇게 행동(생각)했는가?	왜 그런 결과(성공/실패)가 나왔는가?
WHAT?	어떤 문제가 발생되었는가? (잠재적, 발생형 등)	문제에 대한 범위와 그렇게 한정한 이유는?	구체적으로 무엇을 했는가? (프로세스)	구체적인 결과는? 정량적(가시적), 정성적(노하우, 스킬)
HOW TO?	어떤 방식으로 접근하였는가?	어떻게 접근하였으며, 결과에 대한 기대는?	어떻게 효과적이고, 효율적으로 행동했는지?	해당 활동을 통해 얻은 것은? (시사점)
Q	• 그 당시 상황을 설명해 주십시오 • 구체적으로 어떤 점이 힘들었습니까?	• 그 당시 해내려고 했던 것은 무엇이었습니까? • 그 결과로 기대했던 것은 무엇이었습니까?	• 어떤 절차와 방식으로 그 일을 진행했습니까? • 왜 그 방식을 선택했나요?	• 그 결과는 어떠하였습니까? • 다시 그런 상황이 닥친다면 어떻게 하시겠습니까?

【도표136】 경험질문의 STAR 기법 질문 예시

상황질문은 어떠한 상황을 제시하고 지원자의 대처를 관찰하며 지원자의 상황인식, 논리적 사고, 문제해결, 의사결정 능력 등을 파악하는데 유용하게 사용되고 있다. 상황질문은 4가지 유형으로 구분되는데 윤리 상황, 조직 상황, 고객 상황, 업무 상황 유형이 있다. 최근에는 ESG 등에 기반한 윤리 경영이 중요해져 윤리적 상황 질문이 자주 나오는 편이며, 고객 대응이 많은 업종은 고객 상황적 질문을 주로 던진다. 조직 및 업무 상황은 전 업종 공통적인 유형으로, 조직 상황은 상사와 협업의 관계에 대한 질문이 많고 업무 상황은 업무 수행 과정에서 문제 해결 역량을 중점적으로 묻는다. 단, 상황 질문지를 만드는데 많은 시간이 든다는 단점이 있다.

발표 면접은 주어진 과제에 대해 지원자가 답변을 구상하여 간단한 프레젠테이션을 실시하는데, 면접 전에 과제를 주는 경우는 거의 없으며 면접 당일에 과제 제시 후 과제 작성 시간을 부여하는 것이 일반적이다. PPT를 직접 활용하는 경우도 있으나 판서 혹은 전지 등에 작성하여 발표한다.

과제 유형은 크게 특정 사안의 견해 제시와 문제해결형으로 구분된다. 특정 사안에 대한 과제는 최근 국내외 정치, 사회, 경제적 이슈에 대한 견해 제시를 요구하며, 예를 들어 '미·중 무역 전쟁으로 인한 한국 경제의 영향' 등을 주제로 선정한다.

문제해결형 과제는 내외부 환경 변화 등에 대해 묻는데, 지원한 회사의 내부 관점의 과제를 제시하는 경우가 많다. 예를 들어, '당사에서 수행하는 기술 사업의 현황에 대한 자료를 참고하여 향후 대응 방향과 급격한 원자재 가격 상승으로 인한 손익 실현 방안을 제시하라' 등을 과제로 선정한다.

토론 면접은 찬반 토론 또는 과제 해결을 위한 공통 토론의 형태로 이루어진다. 찬반 토론의 경우 '한일 관계에 대해 개선을 해야 한다, 또는 더욱 강력한 제재를 해야 한다'의 주제를 제시할 수 있고, 합의 토론의 경우 '20대의 취업률을 높이기 위한 방법은 무엇인가?'로 토론을 통해 의견을 고도화하는 방법이 있다.

국내 조직에서는 거의 활용되지 않는 면접유형이지만, 외국계 기업 및 일부 조직에서 창의 면접을 진행하기도 한다. 창의 면접은 페르미 추정fermi estimate을 기반으로 한다. 페르미 추정은 정확한 값을 구하는 것보다 스스로 가설을 세우고 문제를 해결해나가는 과정을 중시한다. 그래서 질문이 다소 황당할 수 있으나, 정답이 중요한 것이 아니라 문제를 풀어내는 과정과 타당성을 중요하게 본다. 면접관도 정답을 알 수 없는 문제를 제시하는 경우도 많다.

예를 들어 '시카고의 피아노 조율사는 몇 명인가?', '한국에서 하루에 팔리는 피자는 몇 판인가?', '골프공의 홈은 몇 개인가?' 등의 질문이 있다. 이 중 엔리코 페르미Enrico fermi 박사가 최초로 던진 질문인 '시카고의 피아노 조율사는 몇 명인가?'라는 질문을 받았다고 하자. 이 질문에는 정해진 풀이 과정과 정확한 정답은 없다. 질문에 대해 주제나 문제를 가장 중요한 것에서부터 시작하여 차츰 비중이 낮은 것으로 옮겨 가면서, 모든 구성 요소들을 나무 모양으로 체계적으로 분해 및 정리하는 로직 트리logic tree를 잘 활용하여 논리적으로 접근하는 것이 페르미 추정 평가의 핵심이다.

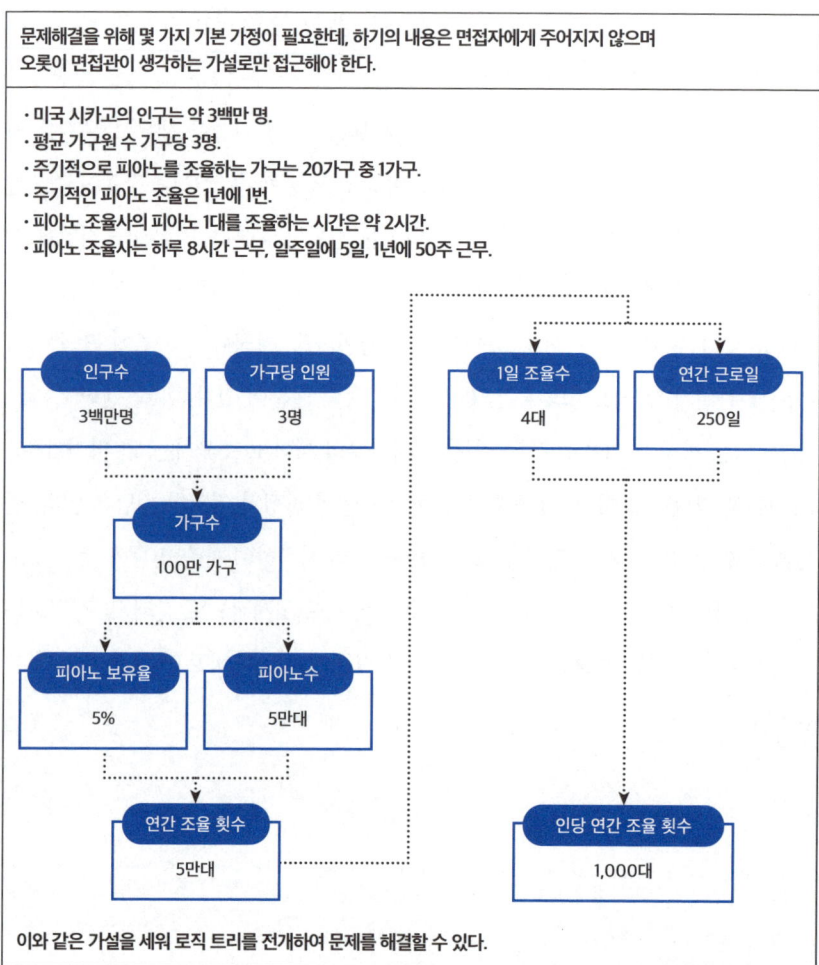

【도표137】페르미 추정을 로직트리로 전개 예시

    면접 외에 국내에서 대표적으로 사용되는 선발 도구의 경우 서류 심사 및 인적성 검사 등이 있다. 다만, 최근 블라인드 채용에 따라 서류 심사만으로 지원자들의 적격 여부를 판단하기가 힘들어 추가적으로 필기시험을 보는 곳이 많아지고 있음은 이미 언급한 바 있다.

    인적성 검사의 경우 상당수의 모집단 확보를 통해 준거 기준 설정 및 표준화를 이루고 있다고는 하나, 같은 테스트라 할지라도 업종 및 기업에 따라 차이가 있으므로 일률적인 잣대를 적용하기에는 무리수가 따른다. 인성 검사는 각 조직의 조직문화에 따라 주요 인성 동인$_{driver}$이 크게 차이 나고, 직무 능력 검사 역시 범용적 직무 진단으로써 조직마다, 조직의 업종 및 제품의 특성마다 차이가 나기 때문에 전체 모수 평균을 각 조직에 일괄적으로 활용하기에는 무리가 있을 것이다.

개별 조직의 모수 평균을 활용하는 것이 제일 바람직하나 일반적으로 신입 채용 규모 등을 고려할 때 충분한 데이터가 쌓이기 전까지는 활용적 측면에서 시간이 필요할 것이다.

분류	평가도구		과제 수행환경	평가 맥락	과제 맥락	발현 확인시점	운영 용이성	개발 용이성
관련 지식/경험/스킬	직무 지식 테스트 (Job Knowledge Test)		개별	서류-검사	지식/스킬	단기	상	중
	직무 기반 지원서 (Weighted Application Form)		개별	서류-검사	경험/지식/스킬	단기/반복적 경험	상	중
검사	인지능력검사 (적성)		개별	서류-검사	-	단기	상	하
	성격검사 (인성)		개별	서류-검사	-	단기	상	하
	감성지능검사		개별	서류-검사	-	단기	상	하
	상황판단검사		개별	서류-검사	가상 직무 상황	단기	상	하
구조적 면접	행동사건면접		개별-대인	면접	경험	반복적 경험	중	중
	상황면접		개별-대인	면접	가상 직무 상황	반복적 경험	중	중
(업무 유사) 과제수행	Simulation Exercises	Case/Situation Analysis 타입	개별	관찰 or/and 결과물	가상 직무 상황	단기	하	하
		Planning/Organizing 타입	개별	관찰 or/and 결과물	가상 직무 상황	단기	하	하
		Communication 타입	개별-대인	관찰-면접 동시	가상 직무 상황	단기	하	하
		Group Discussion 타입	집단	관찰	가상 직무 상황	단기	하	하
	Work Sample Test		개별	관찰-결과물	실제 직무 상황	단기	하	하

【도표138】채용 도구의 속성

면접 평가 측정

면접 평가는 인성과 직무를 나누어 볼 때, 인성은 언어적, 비언어적 부분으로 구분할 수 있다. 언어적 부분은 지식, 커뮤니케이션 스킬을 기반으로 하는 언어의 유창성 측면으로 볼 수 있으며, 비언어적 부분은 외모 및 이미지 메이킹 및 태도에서 나오는 호감성 측면으로 구분할 수 있을 것이다. 직무적인 부분은 해당 직무 역량을 말하며 직무지식, 직무스킬, 직무태도 역량으로 구분된다.

면접 평가의 일반적인 측정 영역	
인성	직무
• 언어적 : 지식, 커뮤니케이션 스킬 • 비언어적 : 외모, 이미지 메이킹, 태도	• 직무지식 • 직무스킬 • 직무태도

【도표139】

아직까지 현업에서의 일반적인 면접은 비구조적 면접으로 시행되는 것이 대부분이다. 이로 인해 주요 선발기준이 면접관의 성향 혹은 지원자의 역량, 자질 등에 의해 좌우되는 것이 현실이다. 이에, 면접 평가와 근무 평가 간의 유의한 상관관계를 얻기 위해서는 아래의 두 가지 요건이 충족되었을 때 조사 및 분석이 가능하다.

첫째, 자사의 인재상, 핵심가치 및 직무 역량에 기반한 구조적 면접 시스템이 구축되어야 하는데, 이를 위해 철저한 면접관 육성 및 교육이 선행되어야 한다.

둘째, 측정하고자 하는 근무 평가의 범위가 정확히 제시되어야 한다.

면접의 중요성에 대해 강조하지만, 채용 시장에서 수요(조직)와 공급(구직자)의 법칙에서 절대적으로 수요가 부족하고 공급이 넘쳐 나는 요즘과 같은 시대에 풍부한 인적자원으로 인해 면접을 포함한 선발 도구에 대한 연구의 필요성을 느끼지 못하고 있는 것이 현실이다. 하지만 다수의 지원자에 의한 지원율, 역량, 자질 등을 기반으로 하는 가시적인 수치보다는 부적합한 인재 채용, 빈번한 퇴사와 채용 등으로 인한 조직의 재무적, 비재무적 가치의 손실이 더욱 크다고 할 수 있기에 자사의 적합한 선발 도구의 개발로 조직성과와의 연관관계를 모색하는 것이 중요한 시점이다.

최근에는 과거의 경험을 바탕으로 역량 면접을 위주로 시행하는 경향이 있다. 역량 면접이란 기존에 정의된 명확한 기준criteria에 기반하여, 면접 과정에서 지원자의 역량을 측정하는 방법이다.

역량 기반 면접의 목적은 미래 행동과 성과를 예측하기 위해 개인의 과거 직무 경험 중 관련 있는 사건을 회상하도록 유도하는 것에 있는데, 예전에는 미래지향적 질문이 주류였으나 최근에는 과거지향적 질문이 대세를 이루고 있다. 이는 과거 성과나 행동 패턴은 현재 성과를 위한 기준basic foundation으로 활용될 수 있으며, 미래 성과를 예측할 수 있기 때문이다.

과거 지향 면접은 성공이나 실패에 중요한 영향을 미친 과거 사건들의 구체적인 모습을 떠올리게 한다. 당시에 발휘한 스킬, 행동, 대처 등에 대해 질문을 이어가는데, 개인의 행동 패턴은 안정적인 성격이나 특성이 쉽게 변하지 않는 점에 기반한다. 또한, 과거의 특정 문제 상황에서 발휘한 기술, 지식, 능력을 포함한 역량 행동에 초점을 맞추는데, 과거에 대응했던 행동이나 발휘했던 능력은 미래에서도 유사하게 나타날 가능성이 매우 높기 때문이다.

구분	평가 역량	정의	평가지표
공통 역량	열정	적극성과 도전의식을 가지고 보다 높은 성과 기준을 달성하기 위하여 끊임없이 노력한다.	• 새로운 업무방식을 전파하여 조직의 변화를 이끌어낸다. • 도전적인 목표를 설정하고 적극적으로 실행하여 목표를 성취한다. • 조직 소속감에 대한 자부심과 충성도가 높아 주인의식을 가지고 업무에 몰입한다.
	유연성	새로운 도전, 다양한 요구, 모호하고 급변하는 환경을 수용하고 적극적으로 대처한다.	• 다양한 상황변화에 원활히 대처하며, 미래에 유연하게 대응한다. • 틀을 벗어나 새로운 사고방식이나 아이디어를 통해 가치를 창출한다. • 개방적인 사고와 태도로 고객의 생각과 행동을 적극적으로 수용하고 공유한다.
	통찰력	객관적 자료를 근거로 문제의 원인을 정확히 파악하고, 문제의 핵심에 빠르고 정확하게 접근하여 문제를 해결한다.	• 문제의 본질을 정확히 이해하고 문제의 원인을 체계적으로 파악한다. • 발생된 문제에 대하여 적절한 정보, 경영자원을 활용해 적기에 문제를 해결한다. • 기존의 업무방식을 개선함으로써 새롭고 긍정적인 변화를 추구하여 회사의 목적을 달성한다.
	글로벌	다른 나라 및 문화에 대한 이해와 지식, 외국어 스킬을 향상시키기 위해 지속적으로 노력한다.	• 문화에 대한 이해 및 외국어 의사소통에 능하다. • 다양한 관점과 가치를 인정하고, 문화 및 특성의 차이를 학습과 성장의 기회로 여겨 시너지를 창출한다. • 세계 트렌드를 파악하고 경쟁자보다 앞서 나간다.
직무 적합도	직무 관련 지식/기술	지원 분야와 관련된 지식이나 정보를 지속적으로 습득하고, 이를 업무에 활용한다.	• 지원 직무 관련 지식 및 기술을 묻는 질문에 정확히 답변한다. • 지원 직무와 관련된 최근의 트렌드 및 이슈에 대해 알고 있다. • 지원 직무와 관련된 전문성을 향상시키기 위해 꾸준한 노력을 기울인다.

【도표140】 면접 평가지 예시

평가역량	평가기준
탁월한 성과를 위한 열정	적극성과 도전의식을 가지고 항상 보다 높은 성과기준을 달성하기 위해 끊임없이 노력한다.
핵심을 파고드는 통찰력	익숙하지 않은 문제에 당황하지 않고 논리적으로 일의 구조와 선후, 문제 해결을 위한 가설을 수립하며, 상황을 관통하는 핵심적인 의미와 주제를 잡아낸다.
직무 역량	지원직군(직무)에 관련된 직무 역량을 확인한다.
열린 사고를 통한 유연성	새로운 도전, 다양한 요구, 모호하고 급변하는 환경을 민감하게 인지하고 이를 적극적으로 수용, 대처한다.
글로벌 포용력	다른 나라 및 문화에 대한 지식 그리고 이해를 넓히고 이를 적극적으로 활용하고자 한다.

수험번호	지원자 성명	평가역량 별 평정					종합 평정
		탁월한 성과를 위한 열정	열린 사고를 통한 유연성	핵심을 파고드는 통찰력	글로벌 포용력	직무 역량	[/25]
		①-②-③-④-⑤	①-②-③-④-⑤	①-②-③-④-⑤	①-②-③-④-⑤	①-②-③-④-⑤	
		탁월한 성과를 위한 열정	열린 사고를 통한 유연성	핵심을 파고드는 통찰력	글로벌 포용력	직무 역량	[/25]
		①-②-③-④-⑤	①-②-③-④-⑤	①-②-③-④-⑤	①-②-③-④-⑤	①-②-③-④-⑤	
		탁월한 성과를 위한 열정	열린 사고를 통한 유연성	핵심을 파고드는 통찰력	글로벌 포용력	직무 역량	[/25]
		①-②-③-④-⑤	①-②-③-④-⑤	①-②-③-④-⑤	①-②-③-④-⑤	①-②-③-④-⑤	

[평가기준 점수 해석]				
① : 매우 미흡하다	② : 미흡하다	③ : 보통수준이다	④ : 우수하다	⑤ : 매우 우수하다
제시된 평가기준들에 대해 모두 매우 미흡한 수준을 보임	제시된 평가기준에 대해 부족한 수준을 보임	제시된 평가기준들의 충족 정도가 보통 수준임	제시된 평가기준들에 비추어 우수한 수준을 보임	제시된 평가기준들이 모두 매우 탁월한 수준을 지님

【도표141】 면접 평가표 예시

2. 교육

조직의 HR시스템 중 가장 넓은 범위에 해당하는 것이 교육이다. 채용 후 신규 직원의 유지, 조직에 대한 이해 및 가치관 연계를 위한 교육 시스템, 성과 평가 결과의 후속 조치로 필요한 고성과자를 위한 핵심인재 교육 시스템, 저성과자를 위한 직무 역량 위주의 교육 시스템, 조직의 방향성 및 전략적 방향성에 일치된 조직 역량 강화를 위한 교육시스템 등 HR시스템의 전 영역에 밀접하게 연관되어 있다.

교육은 성인 학습의 이해를 통해 조직의 목적에 맞는 기업 교육을 설계하여야 한다. 그러나 기업 교육은 교육 방법론에서는 성인교육과 유사하나, 교육내용에 있어서는 차이를 보인다. 일반적인 성인 학습은 개인의 성장 및 역량 증대에 중점을 두고 있다면, 기업 교육은 조직성과 관점에 중점을 두고 있다. 또한 기업 교육은 크게 장단기간의 교육체계 수립을 기반으로 과정 개발을 통해 교육 과정을 설계하고 운영한다.

최근에는 조직성과 연계로 인해 공통 역량이나 리더십 역량 교육보다는 직무교육 비중이 높아지고 있으며, 전 구성원에게 공평한 교육 기회를 주는 공평성 원칙에서 핵심 인재에게 교육의 기회를 더 부여하는 방향으로 변화하고 있다. 이는 예전의 교육이 비용 관점에서 구성원의 휴식 및 소양 증대 차원에서 이루어졌다면, 지금은 투자의 개념으로 보아 교육 효과성과 조직성과와의 관계를 중요하게 생각하고 있다. 하지만 리더십역량 교육에 대한 중요성이 직무역량 교육에 비해 상대적으로 약화되었다고는 하나, 주요 직책자들 대상의 리더십역량 교육은 오히려 더 확대되어야 한다. 직무역량 교육은 최소의 비용으로 단시간 내에 효과를 낼 수 있지만 이는 조직 운영에 단편적인 효과에 그치고 만다. 비록 단기간 내에 효과를 기대하기는 어렵지만 조직의 지속 가능한 경영과 구성원의 동기부여를 이끌어 내기 위하여 조직의 방향성에 일치된 리더십역량 교육은 꾸준히 유지되어야 한다.

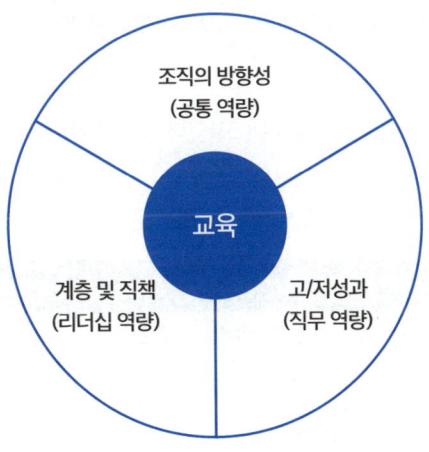

[도표142] 교육의 범위

조직 교육

교육 대상이 되는 조직 구성원에 따라 조직 교육은 의미를 달리한다. 신규 직원의 경우 조직에 대한 이해를 기반으로 조직 정합성을 극대화하기 위한 교육을 수행하고, 기존 직원은 조직의 비전 및 핵심가치와 같은 방향성의 지속적인 일치를 위한 가치관 교육을 수행한다. 또한 계층에 따라 리더십 역량을 증진하는 리더십 교육도 포함된다.

1920년대 교육 현장에서의 교육 방법에 대한 이론 준거의 틀은 페다고지pedagogy였지만, 조직 구성원을 대상으로 하는 교육은 1970년대에 들어오면서 안드라고지andragogy 모형인 성인 교육에 해당하게 되었다. 교육의 특성상 성인은 자발적인 학습자가 되어야 하며 스스로 학습을 진단, 계획, 실행하고 더 나아가 스스로 평가를 할 수 있어야 한다. 성인은 스스로 배우고 싶다는 동기가 있을 때 뛰어난 학습 효과를 보이기 때문이다.

구 분	PEDAGOGY	ANDRAGOGY
의 미	어린이를 가르치는 기술, 과학	성인 학습을 돕는 기술
학습자 개념	학생(student) - 의존적 존재	학습자(learner) - 자발적 존재
학습자의 경험	학습 출발점에 불과함	자신 및 타인에게 풍부한 학습 자원
학습 준비성	연령, 교과목 따라 동일	인생과 직무상 당면과제 중심
학습동기부여	외적 보상과 벌	내적 의욕과 호기심
풍토	긴장, 경쟁, 냉정, 권위 지향	신뢰, 상호존중, 온화, 지원적
계획에서 프로그램 디자인까지	• 교사, 일방적 교수자 경험 위주 • 전달 학습을 염두에 둠 • 실생활과 유리됨	• 학습자, 주관자 공동으로 상호협의 • 학습자 경험 위주 • 체험학습을 염두에 둠 • 실생활에 바로 적용
평 가	등급평가, 기준에 따름, 교사가 실시	도달수준 확인, 학습자 상호, 지도자, 전문가
교사의 역할	강사, 선생(teacher)	지원자, 조력자(facilitator)

【도표143】 페다고지와 안드라고지 이분법

교육의 영역은 크게 개인개발, 경력개발, 조직개발의 3가지로 구분된다.

개인개발 (ID, Individual Development)	학습과 훈련, 요구 사정, 교육/훈련/개발 (K·S·A), 프로그램 설계/개발/평가
경력개발 (CD, Career Development)	경력 계획, 목표, 경쟁력, 미래 기회, 경력·생애 설계, 경력관리, 인적·물적·재정적 자원의 배치계획
조직개발 (OD, Organizational Development)	HR시스템 정책과 구조, 평가·보상체계. 인력배치·운용, 인력개발 절차

조직에서의 교육은 일반적으로 개인개발 영역으로 한정되나, 최근 생애주기의 변화, 평생 직장 의미의 퇴색 등에 따라 경력개발 영역의 중요성이 커지고 있다. 특히 MZ세대들의 평생 학습을 통한 개인 경력개발은 단기적인 보상보다 지속적인 성장을 선호하기 때문에 조직의 교육영역 또한 차후 경력개발로도 보폭을 넓혀야 할 것이다.

또한 조직 교육 범위를 내용, 계층, 직무, 방식, 단계 기준으로도 구분할 수 있다. 내용은 교육의 내용에 따라 리더십 교육, 경영 교육, 직무 역량 교육, 글로벌 교육 등으로 다양하게 분류한다. 계층 기준은 조직의 직급이나 직책 등에 따라 구분되며 직무 기준은 조직 내 직무에 따라 분류된다. 교육 방식은 팬데믹의 영향으로 비대면 교육이 확대되고 있고 단계별 기준은 일반적으로 직무교육에 적용되는데, 직무 역량 수준에 따라 초급, 중급, 고급 등으로 구분한다.

구분	내용
내용 기준	리더십교육, 경영일반교육, 경영기본교육, 직무 역량교육
계층 기준	직급별 교육, 리더 후보자 교육, 직책자과정
직무 기준	영업교육, 생산교육, 회계교육, 품질교육, R&D교육
방식 기준	집합교육, 합숙교육, 통신교육, On-line 교육, Off-JT(the Job Training), OJT, SD(Self Development)
단계 기준	초급교육, 중급교육, 고급교육, 특별교육

【도표144】기업 교육의 분류

<훈련, 교육, 개발의 차이>

조직 교육에서 혼재되어 쓰는 용어 중 훈련, 교육, 개발 등이 있다. 교육 담당 부서도 교육 부서, 훈련 부서, HRD 부서, 조직개발 부서 등 다양하게 쓰이고 있지만 훈련training, 교육education, 개발development의 차이는 다음과 같다.

구분	훈련	교육	개발
정의	당면한 행동을 습관적 수준 또는 규칙적으로 자료화된 수준에 이르도록 되풀이되는 실천적 행동	인간행동의 계획적 변화과정	지식이나 능력 등을 더 나아지도록 이끄는 것
시간	현재의 직무와 관련된 학습	확정된 미래의 다른 직무에 대한 준비	조직 및 개인 성장을 위한 학습
효과	즉시 효과	보다 나중의 효과	효과가 가장 늦음

【도표145】훈련, 교육, 개발의 차이

조직 교육체계

넓은 의미에서의 교육체계란 필요한 인재를 육성하기 위한 구체적인 방법과 계획을 망라한 마스터플랜master plan으로, 경영전략 및 HR시스템과 연계된 전체적인 HRD Human Resources Development 시스템을 말한다. 인사관리체계와 밀접한 관련이 있는 교육체계는 경영이념·비전·전략을 HRD의 측면에서 구현할 실행방안을 제시하며, 교육 요구needs분석을 전제로 한다.

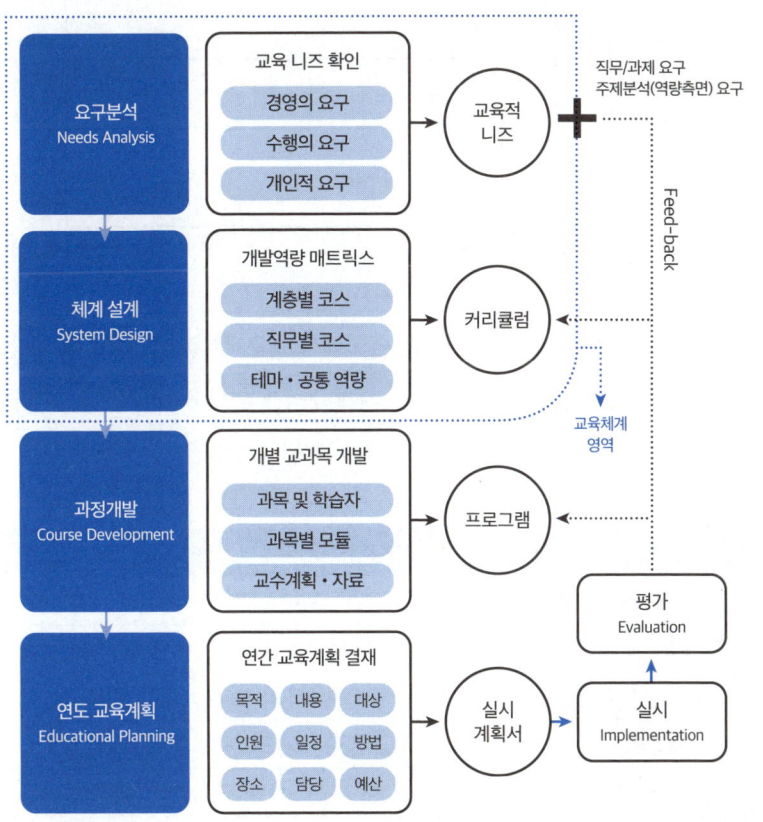

【도표146】 HRD의 흐름에서 교육체계 수립의 위치

협의의 개념으로는 교육과정별 학습방향 및 내용, 방법을 체계화한 교육 로드맵 learning road map, 교육목표를 달성하기 위한 교육내용과 학습활동을 체계적으로 편성하고 조직한 계획인 교육커리큘럼이나 대상자 및 학습 순서를 고려하여 교육과정 course 계열화를 의미한다.

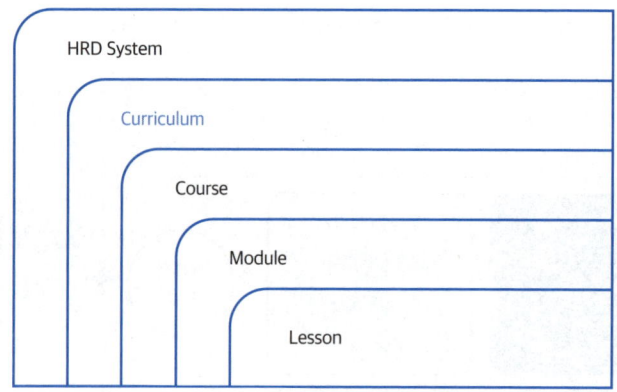

【도표147】인적자원개발 시스템

<도표147>과 같이 인적자원 개발의 영역에서 교육체계는 커리큘럼에 해당되며, 교육과정 course 보다 상위 개념이다. 교육체계 구성을 위한 6가지 요소에 따라 교육체계를 수립하며, 교육목표 및 전략에 따라 가감될 수 있다.

구분	내용
경영이념 및 비전	기업의 존재 이유와 미래상
조직 방향성 및 전략 과제	이념과 비전을 실현하기 위한 조직 방향성 및 전략 과제 수립
교육 전략	경영정책 실현을 위한 교육 부문의 실행계획
육성 로드맵	인재육성의 목적에 따른 효과적이고 효율적인 육성경로
계층별 교육	계층별로 필요한 역량을 개발하는 교육과정
직무별 교육	직무수행에 필요한 역량을 개발하는 교육과정

【도표148】교육체계 구성을 위한 6가지 요소

경영이념 및 비전

중장기적으로 조직의 이념 및 비전에 부합하는 교육체계 수립을 하여야 하는데, 우선적으로 검토해 봐야 할 부분은 조직의 이념, 미션, 비전 및 최고경영진의 신년사나 송년사 등의 주요 내용이다. 이때 미션과 비전을 혼재해서 쓰는 경우가 많은데, 미션과 비전의 개념 차이와 특징은 아래와 같다.

구분	미션(mission)	비전(vision)
개념	• 창업의 근본, 존재 의의, 행동 이념 • 정체성에 따른 사명감	• 성장전략을 통해 장기적으로 구현하고자 하는 목표 • 회사가 지향하는 바람직한 미래 모습 • 미션에 따라 구체적으로 달성해야 할 중장기 목표
특성	• 철학적 측면의 접근 (방향 지향성) • 보편적 가치	• 목표적 측면의 접근 (목표 지향성) • 시대적 가치
	• 상대적으로 불변	• 중장기 또는 단기 전략에 따라 가변
비고	고객과의 약속, 경쟁 기업과 차별화 요소	

【도표149】 미션과 비전

조직 방향성 및 전략 과제

기업의 경영이념과 미래비전을 실현하기 위한 조직 방향성 및 전략 과제를 구체화한 실행 방침으로 실행 전략을 담고 있다.

A사의 조직 방향성 및 전략 과제
• 프로세스 혁신을 통한 창조경영 실현 • 지속적 성장을 위한 사업 포트폴리오 최적화 • 원가절감 및 판매율 제고를 통한 수익성 극대화 • BSC(Balanced Score Card) 및 프로세스 혁신을 통한 전략 실행력 극대화

교육 전략

교육 전략은 조직 방향성 및 전략 과제 실현을 위한 교육 기능의 실행계획이다. 조직 방향성과 전략 과제를 달성하기 위해 교육 기능의 역할과 범위 내에서 수립하며, 단기와 중장기 교육 전략을 수립하는 것이 바람직하다.

초우량 기업 초우량 인재	창의성을 겸비한 직무전문가 육성	성과 창출 인재 육성
자기 분야의 확고한 정체성을 가진 **융합형 인재**	주요 4대 직무에 대한 단계적 **직무전문가 육성**	계층별 & 역량 레벨에 의한 **성과 창출 인재 육성**
C-Society로의 시대에 따르는 **창의, 변화, 컨버젼스, 협력형 마인드 고취**	직무 난이도 & 역량 레벨에 의한 **수준별 직무 교육 시행**	리더십, 커뮤니케이션 파이프라인에 따른 **계층별 R&R 강화**
그룹 성과 관리를 위한 **현업전이 및 교육 성과 측정**	핵심직무 및 핵심인재의 **심도 있는 교과과정 편성**	조직 역량 강화를 위한 **구성원 공통 역량 강화**

【도표150】 교육 전략 예시

육성 로드맵

육성 로드맵은 인재육성의 목적에 따른 효과적이고 효율적인 육성경로를 설정하는 것으로, 단계별로 필요한 교육적 지원 활동을 계획하여 구성하는 것이다. 업종이나 직군에 따라 구분이 필요하며, 이는 개인별 CDP Career Development Program 측면에서도 필요하다.

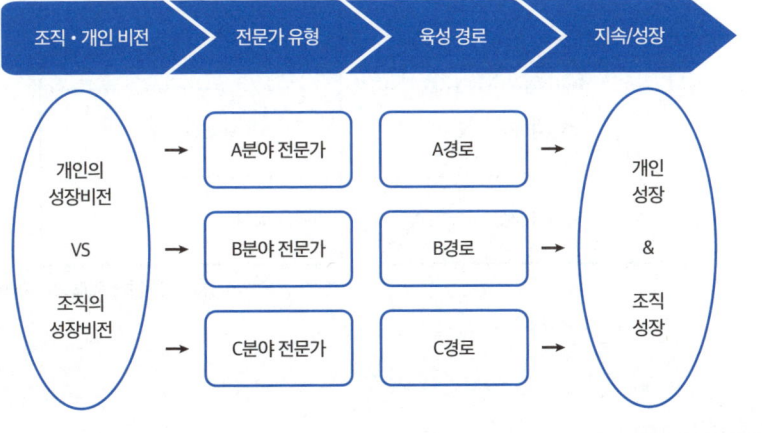

【도표151】육성 로드맵 예시

계층별 교육

계층별로 개발이 필요한 역량을 구분하여 제시하는데, 일반적으로 직책에 따라 본부장·부문장, 실장, 팀장 과정과 직위나 직급에 따른 부장, 차장, 대리 과정으로 구분된다. 하지만 학습자가 자신의 과거 경험 및 기억으로부터 자기만의 지식을 구성하는데 지식이 외부 훈련 및 교육을 통해 형성되는 것이 아니라 학습 이전에 학습자가 갖고 있던 개념을 토대로 내부로부터 형성되는 것이라고 보는 구성주의의 관점에서는 계층별 교육에 대한 회의론이 거세지고 있다. 개인의 살아온 성장배경이나 가치관이 모두 다르고, 개인마다 역량 차이가 있음에도 불구하고 직급이 같다는 이유만으로 같은 직급별 동일 교육과정으로 묶는 것은 교육의 효과성에 대해 한계가 있기 때문이다. 그럼에도 직책이나 직급 역할 및 책임이 명확히 설정되어 있다면 계층별 교육체계는 필요하다. 다만, 스킬 교육은 개인별 스킬 역량이 차이나기 때문에 직급별로 구분하는 것은 바람직하지 않다. 계층별 역량 교육은 Katz의 모형과 거의 유사하게 도출된다.

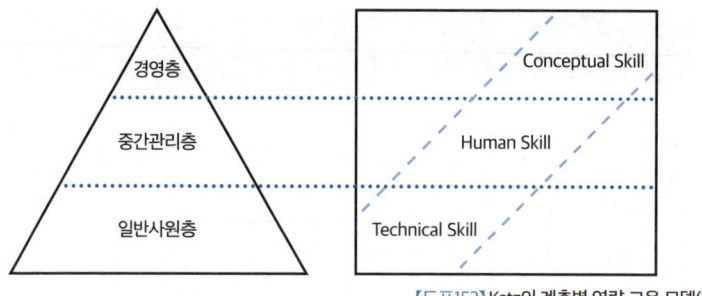

[도표152] Katz의 계층별 역량 교육 모델(1955)

직무별 교육

최근 들어 직무교육의 중요성이 공통 및 리더십 교육에 비해 더욱 커지고 있다. 직무교육은 상대적으로 많은 투자가 필요하지 않고 짧은 시간 안에 성과를 창출할 수 있기 때문이다. 그러나 공통 및 리더십 교육과는 달리 직무교육은 조직의 특성 및 제품, 상품 등에 따라 직무의 역할도 다르고 그에 수반되는 필요역량도 차이를 보인다. 이로 인해 외부컨설팅 등을 통해 교육체계 및 과정 개발을 의뢰하지만, 조직 및 직무에 대한 이해도가 깊지 않은 외부컨설팅이 직무교육체계를 수립하고 과정을 개발하는 데는 무리가 있다. 인하우스in-house 컨설팅을 통한 교육체계 수립 역시 내부 자원이 부족한 것이 현실이지만, 직무교육의 비중이 확대되고 중요성이 날로 커지는 현실에 맞게 자체 진단을 통한 직무교육체계, 과정 개발 도출이 가능하도록 역량을 키워나가야 한다.

직무교육체계를 수립할 때는 각 직군이나 직무별 인력이 갖추어야 할 바람직한 지식, 스킬, 태도를 구체적으로 제시하여 맞춤형 교육으로 전문 역량을 제시해야 한다. 그리고 진단 결과에 근거하여 육성 필요점을 도출하고, 조직 주도와 개인 주도의 개발이 균형 있게 실행되도록 해야 할 것이다. 직무교육체계 수립 과정은 다음과 같다.

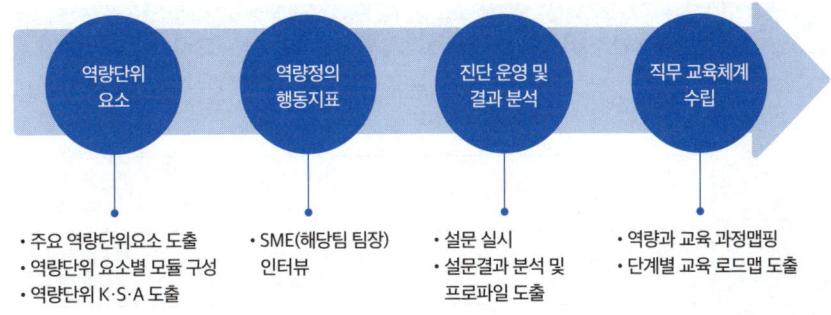

【도표153】 직무교육체계 수립 프로세스

첫째로 직무별 역량단위 요소를 도출하여 역량단위별 모듈 구성 및 지식, 스킬, 태도를 도출한다.

(ex) Level 1: 사원, Level 2: 대리, Level 3: 과장, Level 4: 차장, Level 5: 부장

직무명	해외, 국내 영업	역량단위	시장분석	구분	해외영업	국내영업	Level	3
업무 프로세스	역량단위 요소 1.1 시황 분석		역량단위 요소 1.2 경쟁력 분석		역량단위 요소 1.3 미래시장 예측		역량단위 요소 1.4 목표 설정	
세부 프로세스	수행준거		수행준거		수행준거		수행준거	
	관련 정보수집	☐	경쟁사 분석	☐	관련 정보수집	☐	영업목표 설정	☐
	정보가공		제품 트렌드 분석	☐	정보가공		이익률 및 리스크 분석	☐
	시장규모 세분화 및 선정		기술, 가격 경쟁력 분석	☐	미래시장 수요 예측		영업전략 수립	☐
			고객 반응 조사	☐				

【도표154】 역량 단위요소 도출 및 역량 단위 요소별 모듈 구성 예시

4장. 채용과 교육 267

역량단위	역량단위 요소	K(지식)	S(스킬)	A(태도)
시장분석	시황 분석	경제지식, 국제정세, 시장정보, 외환정보	데이터분류스킬, 정보수집스킬, 현황분석스킬, 보고서작성스킬, 외국어스킬	예측력, 분석력, 전략적사고
	경쟁력 분석	제품정보, 시장정보	시장동향분석스킬, 정보수집스킬, 보고서작성스킬	객관성, 적극성, 분석력
	미래시장 예측	제품정보	분석스킬, 정보수집스킬, 보고서작성스킬	객관성, 적극성, 분석력, 예측력
	목표 설정	영업전략지식, 시장분석	보고서작성스킬, 분석스킬, 영업전략스킬	분석력, 정확성, 객관성, 추진력
채권관리	결제기준 선정	회계지식, 법무지식	분석스킬, 보고서작성스킬	객관성, 윤리성, 정확성
	장기(부실)채권 관리	회계지식, 법무지식	보고서작성스킬, 재고관리스킬	객관성, 정확성, 예측력
물류관리	물류계획 수립	물류지식	공정관리스킬, 대응스킬, 외국어스킬	정확성, 예측력, 신속성
	사후관리	-	커뮤니케이션스킬, 외국어스킬	유연성, 정확성
거래처 발굴	제품 선정	제품정보, 시장정보	분석스킬, 조사스킬, 분류스킬	판단력, 분석력, 유연성, 전문성
	목표시장 설정	시장정보, 제품정보	문서작성스킬, 분석스킬, 조사스킬, 보고서작성스킬, 외국어스킬	분석력, 판단력, 전략적사고

【도표155】역량 단위 요소별 K·S·A 도출 예시

둘째로 역량 정의 및 행동 지표에 대해 현업 SME 및 고성과자 등을 통해 검증하는 단계를 거쳐야 한다. 직무교육은 고성과자가 가지고 있는 역량을 도출하여 도출된 역량을 기반으로 중·저성과자 대상으로 교육을 시행하는 것이므로 필히 직무 SME나 고성과자 대상의 인터뷰를 통해 역량의 정의 및 행동 지표를 도출해야 한다.

마지막으로 확정된 역량 단위 및 K·S·A를 기반으로 설문조사를 시행한다. 설문 대상은 해당 직무 전 인원을 대상으로 하는 것이 바람직하고, 직무교육 설문은 같은 문항을 자가 진단과 더불어 상사 진단을 구분해서 진단하는 것이 필요하다.

직무 역량은 본인이 인지하는 것도 중요하지만 상사의 위치나 관점에서 보는 것도 중요하기에 상호 간의 차이를 통해 현재 수준이 많이 떨어지는 역량, 상사와 부하의 수준 차이가 크게 나는 역량을 위주로 교육체계를 수립한다.

직무전문역량, ~L3

아래의 역량은 본인(부하직원)이 직무 수행시 성공적인 업무 수행을 위해 발휘하는 데에 관련된 전문역량입니다.

[정보수집력]	← 매우 그렇지 않다 ──── 매우 그렇다 →						
	1	2	3	4	5	6	7
다양한 채널(인터넷, 신문, 잡지, 사람 등)을 통해 정보를 신속하게 찾아 내는가?							
정보의 효용성에 따라 정보를 분류하고 정리하는가?							
대내외 네트워크 활용을 통해 정보를 수집하는가?							

【도표156】 직무 전문(K·S) 및 직무 행동(A) 역량 설문지 예시

교육 요구분석

요구분석은 바람직한 현재 수준과 미래 수준의 차이를 도출하여 그 격차를 줄여 나가는 작업이다. 교육체계를 수립할 때는 요구분석을 통한 세밀한 체계 구축이 필요하나, 대부분은 구성원의 니즈를 조사하여 그들의 욕구 충족을 위해 교육이 구성되는 경우가 일반적이다. 이는 조직 방향성 및 전략과제와 괴리되어 개인의 취향 및 선호도 조사로만 마무리될 수 있어 조직 전반의 교육체계 설계에는 한계가 있다.

물론 개개인에 따르는 교육 니즈가 자가 판단 기준으로는 적절할 수 있으나, 궁극적으로 교육은 조직의 성과와의 연계가 중요하다. 즉, 교육체계를 수립할 때는 조직의 방향성을 우선하여 진단한 뒤에 개별 니즈를 포함하여 설계해야 한다. 또한 교육 후 효과성을 측정하고 참가자의 만족도를 높이기 위해 측정 가능한 교육 목적 및 목표를 수립해야 한다.

요구분석에는 주로 설문지법, SME Workshop, FGI, BEI 기법 등을 사용한다.

이 중 BEI 기법은 역량 중심의 평가로, 역량과 연계된 과거 경험에 관한 질문과 더불어 치밀하게 설계된 면접 프로세스를 가지고 있다. 그렇기에 면접의 일관성을 위하여 사전에 면접자 훈련을 충실히 마쳐야 한다. 면접자에게는 다음과 같은 질문을 준다.

- 매우 다루기 어려웠던 고객을 만났던 경험이 있습니까? 어떤 상황이었습니까? 당신은 어떻게 행동했습니까? 결과는 어떻게 되었습니까?
- 당신이 했던 업무 중에서 가장 만족스러웠던 것은 무엇입니까? 무엇 때문에 만족스러웠습니까? 불만족스러웠거나 좌절을 주었던 업무는 무엇이었습니까? 그 이유는 무엇이었습니까?

그밖의 다양한 요구분석 기법은 아래와 같다.

다양한 요구분석 기법들
• 설문지법 • BEI(Behavior Event Interview) 기법 • 수행 문제 분석 • DACUM(Developing a Curriculum) • FGI(Focus Group Interview) • 현존 자료(선행연구) 분석 • 직무/과제 분석(ISD, Instruction Systems Development) • 주제 분석(SME, Subject Matter Expert)

【도표157】

요구분석은 크게 경영의 요구, 수행의 요구, 개인의 요구로 단계에 따라 구분한다. 가장 상위 개념인 경영의 요구는 조직의 방향성, 전략적 방향성을 기반으로 경영진 위주의 설문조사 및 인터뷰를 통해 요구분석을 실시한다. 수행의 요구는 경영의 요구분석에서 도출된 사안에 대해 필요한 현재 수행 수준과 필요 수행 수준의 차이를 살펴보는 과정이다. 마지막으로 개인의 요구는 수행 요구분석에서 도출된 수행 요인에 필요한 지식, 스킬, 태도를 도출하는 과정이다.

【도표158】 요구분석 프로세스

경영 요구

경영의 요구는 우선 CBI_{Critical Business Issue} 분석, 사업 요구분석 및 고객의 특성에 따라 도출한다. 경영진의 인터뷰와 더불어 주요 임직원의 FGI를 통해 주요 현황이나 이슈 등을 파악할 수 있으며, 하향식 top down 뿐만 아니라 상향식 bottom up 의 조사를 통해 조사의 품질을 더욱 풍성하게 할 수 있다. 상향식의 경우 부하 직원들을 대상으로 하기 때문에 인터뷰는 물리적 한계가 있어 설문조사로만 시행하는 경우가 일반적이다.

조직전반 조사(경영환경 조사)
1. 귀하께서는 현재 회사의 상황으로 보아 어떤 사항을 경영과제로 인식하고 있습니까? (해당번호에 V표시로 체크하되 5개 이내)
① 사업의 장기비전의 확립 ② 전사 통합 시스템의 구축 …… ⑧ 인재의 획득과 정착 ⑨ 인재의 개발과 육성
2. 회사의 경영과제를 해결하기 위해 귀하는 조직상의 어떤 점에서 문제가 있다고 생각하십니까? (해당번호에 V표시로 체크하되 5개 이내)
① 경영층의 의사가 현장에 전달되지 않는다. ② 부문간의 제휴(提携)가 잘 전달되지 않는다 ③ 현장의 일이 경영층에 잘 전달되지 않는다. ……

【도표159】경영 요구 설문조사 예시

수행 요구

수행 요구의 분석은 수행 문제인 수행상의 불일치, 즉 바람직한 수행 상태와 현재 상태 간의 불일치를 도출하고 그 원인을 규명하는 수행 문제 분석을 의미한다. 목표한 업무 성과가 달성되지 않을 경우 다음의 3가지 결함을 확인하도록 한다.

업무 스킬 결함은 수행할 업무에 대한 지식이나 스킬 등이 부족하여 제대로 업무를 수행할 수 없는 경우를 말한다. 이때 업무 스킬을 높일 수 있는 교육을 시행하거나 업무에 필요한 업무 스킬 역량을 가진 사람을 채용하여 문제를 해결한다.

하지만 업무 스킬 결함에는 문제가 없으나 업무 성과가 나지 않을 경우 살펴봐야 할 것은 동기 결함이다. 동기 결함의 주된 요인은 리더십 등에 의한 동기부여 문제, 평가와 보상의 문제가 대표적이다. 즉, 업무 성과를 낼 수 있는 충분한 업무 스킬을 보유했으나 리더십 및 평가, 보상에 대한 불만으로 업무에 몰입하지 않는 경우이다.

업무 스킬 및 동기 결함에도 문제가 없으나 업무 성과가 나지 않는다면 마지막으로 살펴봐야 할 것은 환경 결함의 문제다. 예를 들어 근무 환경이 너무 덥거나 춥고, 소음으로 인해 업무 집중이 어려운 경우, PC 및 사무용품의 노후화로 인한 업무 속도 지체 등의 문제가 있을 수 있다.

정리하자면, 업무 스킬 결함은 교육 등을 통해 개선이 가능하고 동기 결함은 조직행동 진단을 통해 개선점을 모색해야 한다. 그리고 환경 결함은 대체적으로 비용 등이 수반되는 부분이라 경영지원, 총무 부서와의 협업을 통해 해결하는 것이 바람직하다.

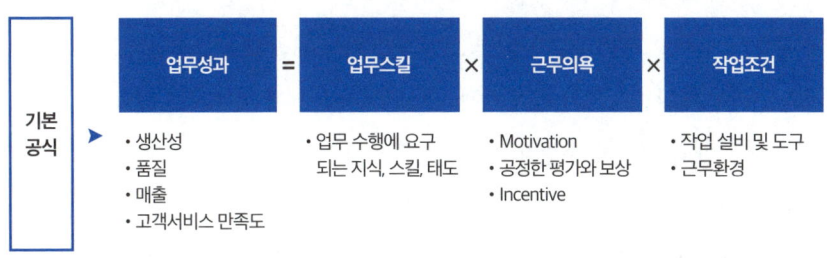

【도표160】수행 요구분석 기본 공식

개인 요구

개인의 요구는 개인의 지식, 스킬, 태도 역량을 도출하는 작업이다. 개인 역량을 도출하기 위해서는 직무, 직급별 역량 조사를 시행하지만, 개인의 요구조사는 개별 조사를 원칙으로 한다. 조직 구성원이 많으면 인터뷰 및 BEI 조사 등은 물리적 한계가 있어 설문조사가 보편적으로 활용된다.

역량평가 설문 방식으로는 다음의 세 가지를 들 수 있다.

평점 척도법 (Graphic Rating Scales)	BOS (Behavior Observation Scales)	BARS (Behaviorally Anchored Rating Scales)

평점 척도법은 역량의 종합평가 overall evaluation 를 단순 리커트 척도로 활용하고 있다. 이해가 용이하고 사용이 편리하고 개발이 쉽다는 장점이 있으나 평가자의 주관성 개입 소지가 있고, 육성 및 코칭의 기능이 미흡하다는 단점이 있다.

BOS는 역량 특성을 다차원으로 행동 지표화하는 것으로 절차적, 묵시적 요소에 주로 활용되며 보다 구체화된 리커드 척도를 활용한다. 역량의 다차원 접근으로 평가 타당성이 확보되며 이해가 용이하고 사용이 편리하다는 장점이 있고, 고·저성과자 구분의 기준을 기반으로 육성 및 코칭의 표준을 제공한다. 그러나 이 역시 평가자의 주관이 개입될 소지가 있어 객관성 측면에서 문제가 제기될 수 있다.

BARS는 개별 역량의 수준별로 특성을 정의하며, 주로 기술적이고 직무 중심인 명시적 요소에 주로 활용된다. 이때에는 어떠한 대상에 대한 가능한 많은 설명을 문장으로 만들어 놓고서 각 문항이 척도상의 어디에 위치할 것인가를 평가자들에게 판단하게 한 후 이를 바탕으로 연구자가 대표적인 문항들을 선정하여 척도를 구성하는 방법인 써스톤 척도 thurstone scale 를 활용한다.

평점척도법	BOS	BARS
도전 지향성 1 2 3 4 5 논리적 문제해결 1 2 3 4 5	고객지향성 1. 고객의 요구를 적극적으로 파악하고 피드백 한다. 1 2 3 4 5	L1. HR 영역에 대해 구분하여 설명할 수 있다. L2. 주요 HR 패키지인 인사 평가 수립 과정을 설명 할 수 있다. L3. 인사 평가제도의 각 옵션에 대해 설명 할 수 있다. L4. 조직에 맞는 인사평가 제도를 수립 할 수 있다.

【도표161】역량 평가설문 방식

설문지는 현재 수준 및 바람직한 미래 수준 혹은 중요도 등으로 조직에 맞게 구성하여 설문조사를 실시한다. 역량군의 구성은 Spencer & Spencer(1993)의 6개의 역량군과 21개의 역량[18], Carnevale & Anthony(1988)의 직업기초능력 7개 스킬 그룹으로 16개의 역량[19] 등이 많이 인용된다. 최근에는 NCS 기반 기초 직업능력 10개 역량군도 많이 활용되고 있다.

직무, 직급 역량 조사

아래의 항목은 필요한 역량별 행동양식의 각 항목에 대한 현재역량수준과 개발가능성에 대한 인식을 파악하기 위한 질문입니다.
(총 14개 역량군으로 구성)
아래의 중요도 및 현재수준은 개인이 생각하는 중요도와 개인의 현재수준을 자가 진단하여 체크해 주시기를 바랍니다.
(역량 : 조직의 구성원으로서 성과를 나타내기 위한 모든 업무수행에 필요한 행동을 의미)

1) 중요도 : 전적으로 그렇다는 경우 → 5번에 체크 V
2) 현재수준 : 가능성이 다소 낮다 → 2번에 체크 V

I. 성취지향성 역량: 일을 잘 하려는 관심이나 최고의 기준에 도전하고자 하려는 역량		매우 그렇다	그런 편이다	보통이다	그렇지 않다	전혀 아니다
1. 도전적이고 성취 가능한 목표를 세운다.	중요도					
	현재수준					
2. 나는 비교적 우수한 인재이기 때문에 동료들보다는 어렵고 중요한 업무를 맡아야 만족감을 느낀다.	중요도					
	현재수준					
3. 업무성과를 높이기 위해서 선임자들에게 배운 업무 방식과 다르게 일을 처리한 적이 여러 번 있다.	중요도					
	현재수준					
4. 가능성이 큰 업무에 노력을 집중하거나, 이익 가능성을 보고 의사결정을 한다.	중요도					
	현재수준					

【도표162】직무, 직급 역량 조사 예시

교육 과정 개발

교육 과정 개발이란 학습자의 니즈에 부합되는 목표를 설정해 학습 내용을 조직하고 학습방법을 선택하여 가장 적합한 교수 매체를 정하는 과정이다. 최근에는 성과 중심 교육에 대한 중요성이 대두되고 있는데 이는 경영성과에 기여하는 교육으로, 매출, 이익, 시장점유율과 연관된 교육을 의미한다.

과정 개발 모형은 ISD(Instructional System Development), CBC(Competency Based Curriculum), DACUM(Developing A Curriculum) 등이 대표적으로 사용되는데 이 중 ISD 모형이 주로 활용된다. 과정 개발 모형 간 차이는 아래의 <도표163>과 같다.

모형	ISD	DACUM	CBC
주요 특성	직무 분석을 통해 현재 수준과 기대 수준 혹은 중요도의 갭차이를 기반으로 교육이 필요한 K·S·A 도출	직책, 직무에 대한 고성과자의 K·S·A 역량을 도출	직무 분석을 통해 직무수행에 필요 K·S·A 역량을 도출
기반	직무 기반	직무 기반	역량 기반
분석 대상	전체 학습자	고성과자	조직/전략 방향성

【도표163】 주요 과정 개발 모형

ISD 모형

ISD 모형의 프로세스는 단어의 앞글자를 따서 ADDIE 모형이라 불린다. 프로세스는 교육목적 규명과 직무 및 요구분석 → 설계 → 개발 → 실시 → 평가의 순서로 실시된다.

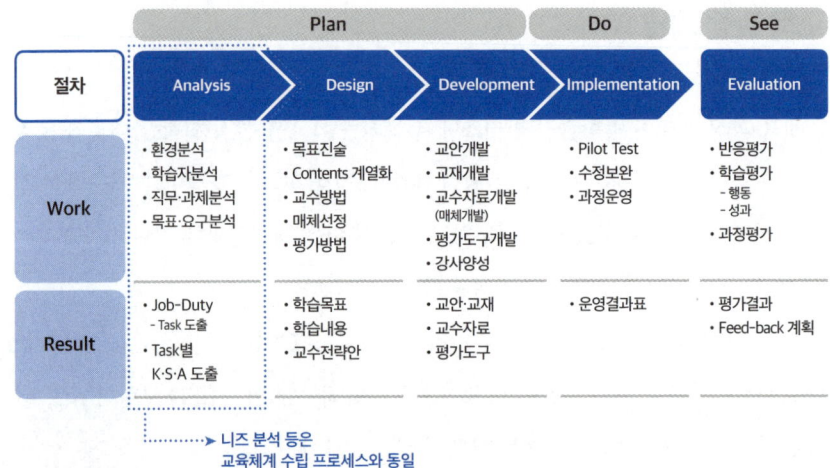

【도표164】 ISD 모형의 프로세스: ADDIE

교육체계 설계처럼 환경 및 학습자 분석과 더불어 직무 분석이 끝난 뒤에 분석 결과에 따라 설계design를 진행하는데, 가장 중요한 부분은 목표 진술과 학습 목표 부분에 있다. 학습 목표에 따라 평가 방법 및 교육 효과 측정이 가능하기 때문이다.

우선, 목적과 목표의 차이점에 대해 명확히 구분하여 이해할 필요가 있다. 목적은 목표의 상위 개념이며 과제나 일의 도달, 달성하고자 하는 취지 의미와 전략으로, "이 일을 왜 하는가?"의 답변은 "무엇을 하고자 한다"로 나타난다. 목표는 목적의 하위 개념이며 목적을 달성하기 위한 구체적 수단 과정 경로 지침 전략로, "그렇다면 어떻게 달성하는가?"를 의미한다.

목적은 보통 1개의 서술 문장으로 구성되며 목표는 최대 3개를 넘지 않도록 한다.

교육 목적		교육과정의 실시 배경과 이유, 교육실시 결과 요청되는 아웃풋 기술
교육 목표		교육 목적 달성을 위해 과정개발의 방향성을 제시하며 교육 내용, 교육수준, 학습전략의 지침이 됨

【도표165】교육 목적 설정

지식	정의하다, 서술하다, 파악하다, 분류하다, 나열하다, 비교하다, 명명하다 등
이해	변환하다, 방어하다, 구별하다, 추론하다, 확장하다, 설명하다, 예를 들다 등
응용	적용하다, 바꾸다, 계산하다, 시연하다, 발견하다, 시행하다, 운용하다 등
종합	분류하다, 조합하다, 편집하다, 조립하다, 작성하다, 설계하다, 제작하다 등
평가	평가하다, 비교하다, 기술하다, 구별하다, 판별하다, 해석하다, 요약하다 등

【도표166】행동 동사 예시

CBC 모형

CBC는 조직성과 달성을 위해 조직의 방향성 및 전략적 과제와 연계된 역량모형을 교육과정에 적용하여 역량을 개발 및 관리하는 모형이다. 직무 역량을 강화하기 위해 사용하는 동시에 거시적으로는 목표 달성을 통한 조직성과 창출에 그 목적이 있다.

CBC 모형에서 가장 중요한 부분은 성과 창출을 위한 필요역량에 따른 전형적 행동 typical action에 따라 K·S·A를 도출하는 것이다. 일반적으로 계층 및 직책 중심 과정을 설계할 때 활용한다.

단계	주요 내용
1	조직/전략 방향성
2	성과의 정의
3	역량(K·S·A)도출
4	과정 개발

【도표167】 CBC 모형 개발 프로세스

CBC 모형개발은 총 네 단계로 이루어진다.

1단계는 조직 방향성 및 전략 과제에 따른 내외부 환경 등을 고려하여 목표 달성을 위한 현재의 문제점 및 현상 등을 파악한다.

2단계는 목표 달성을 위한 성과를 정의하는 단계로, 요구분석에 따른 경영상, 업무 수행상, 개인 요구에 따라 필요한 성과의 유형에 따라 정의한다.

3단계는 고성과자를 대상으로 FGI나 관찰 등을 통해 역량을 도출하며, 각 역량별 K·S·A도 도출한다.

4단계로는 도출된 역량 K·S·A에 따라 개발 방향 및 학습 모듈을 통한 설계 후에 과정을 개발한다. 개발된 과정을 곧장 전사적으로 적용해 실시하는 것보다는 파일럿 과정을 통해 재검증 후 교육을 실시하는 것이 바람직하다.

교육 운영 프로세스

교육 담당자로서의 첫 역할은 교육 운영 업무에 집중된다. 교육 운영은 교육생 간의 소통, 강사의 강의 내용 체득 등 살아 있는 교육 설계를 위해 가장 중요한 역할이다.

교육 운영 담당자의 주요 역할은 교육생 출석 확인, 강의장 및 교육 기자재 점검 등의 하드웨어적인 업무와, 강사와 긴밀한 커뮤니케이션을 통해 교육 목적 및 방향에 따른 강의 내용 점검, 교육생 간 실시간 피드백을 통한 강의 내용 및 방향 수정 등의 소프트웨어적인 업무로 구분된다. 교육 전후에는 보통 행정적인 업무에 집중하게 되는데, 교육 대상자 입과 안내, 노동부 환급 과정의 환급신청 업무, 교육예산 및 이력관리와 교육 전후 강사와의 강의 요청 및 피드백 등의 역할이 있다.

또한 교육 담당자가 가져야 할 역량은 교육내용 관련 직무 전문성, 문제해결 능력, 프레젠테이션 스킬, 커뮤니케이션 스킬, 퍼실리테이터 스킬, 공감 및 감성 지능, 열정과 소명의식 등이 있으며 그중에서도 소통 능력이 가장 중요한 역량이다.

교육 행정 및 시작과 마무리 시점을 제외하고 강의 중에는 시간을 방치하는 교육 운영자를 종종 볼 수 있는데, 이는 중요한 사항을 간과하는 것이다. 특히 초기 교육 담당자들에게 교육을 세심하게 운영하는 일은 매우 중요하다. 먼저, 업무 시간에 유명한 강사의 강의를 들을 수 있는 소중한 시간임을 알아야 한다. 강사의 역량이나 강의마다 개별적 울림의 차이는 있을 수 있겠으나 강의를 듣는 시간은 교육 담당자에게 도움이 된다.

또한 내부 구성원과 자연스러운 소통을 할 수 있는 시간이다. 현실적으로 내부 구성원끼리도 같은 부서나 본부가 아니면 서로 교류할 기회가 많지 않은데, 다양한 직무를 담당하는 내부 구성원이 한 공간에 모여 있다는 것만으로도 중요한 소통의 기회임을 잊지 말아야 한다.

마지막으로는 개인의 성장에 도움을 얻는 것이다. HR에서 중요한 과업 중 하나는 강의 실력이다. 다양한 강사의 강의를 듣고 교육생들의 피드백 및 모니터링을 통해 직간접적인 강의 역량을 높일 수 있다. 전문 강사의 상당수가 교육 담당 출신들이 많은 것도 이러한 이유이다.

일반적으로 교육 운영자는 아래의 단계를 거쳐 업무를 진행한다.

STEP 1. 교육 기획

간혹 기획부터 운영까지 완성형 업무로 하는 경우도 있으나, 대체적으로 교육담당자의 첫 역할로 교육 기획 업무는 주어지지 않는 것이 일반적이다.

STEP 2. 강사 섭외 및 교육생 관리

과정에 맞는 강사 섭외 및 교육 요청서를 제공하여 과정 목표 및 교육생의 니즈에 맞는 강의 설계를 사전에 조율한다. 회사 소개 및 강의 요청 사항, 교육 대상 현황 내용을 작성하여 교육 사전에 강사와 조율한다.

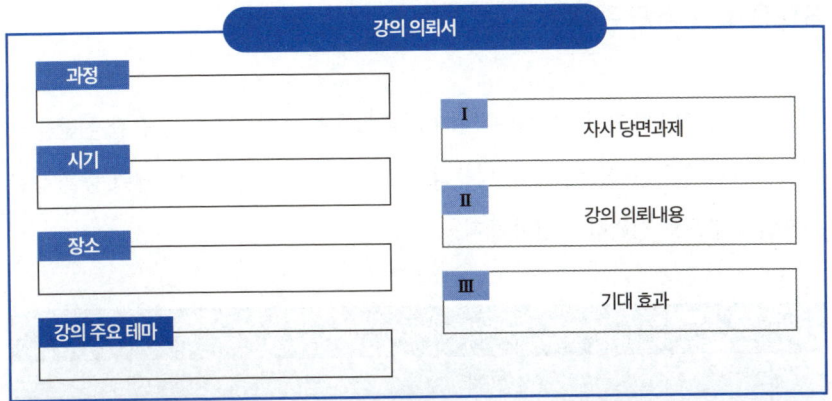

구분		주요 내용	
1	직급 구성비		
2	인원		
3	연령대		
4	남녀비율		
5	조직 내 역할		
6	교육이수 내용	교육이수 내용	이수 예정 내용

【도표168】강의 의뢰서 예시

STEP 3. 교보재 및 시설, 교육 기자재 관리

　교육 전 교재 발주 및 기자재와 교육장 환경 등을 점검하여 교육 당일 문제요소를 최소화 한다. 노트북과 빔프로젝터의 연결 단자를 미리 확인하고 연결하여 호환 상태를 미리 점검해야 한다. 마이크 상태 및 성능도 파악하고 여분의 마이크 배터리 등도 준비하도록 해야 한다.

STEP 4. 운영자 준비

교육 전중후의 체크리스트 및 운영 매뉴얼 등을 만들어 준비하는 습관을 만들고, 체득될 때까지 활용하도록 한다. 체크리스트는 전체 체크리스트 및 월력 등을 통한 시계열 구분으로 정리하는 것이 좋다.

No.	항목	세부내용	완료일정	담당자	필요량	비고
		교육장 Setting Check List				
1	교육장 Setting	빔 프로젝터				
2		노트북				
3		마이크 시스템				
4		안내 게시판(명단, 공지사항, 식단표)				
5		체육관, 숙소, 부대시설 확인				
6		난방, 조명, 생수, 화장실, 식당, 매점 확인				
7		교육장 청소 상태 및 정리정돈				
8		교육 프로그램 A3지로 확대 복사(사전 준비)				
9		보드마커 펜, 지우개 확인				
10		생수 및 컵 확인				
11		분임장 확인				
12		교재 및 부교재				
13		명찰(내외피)				
14		필기도구				
15	과정본부 Setting	문구류 일체				
16		각종 서류 및 양식(영수증, 강사료 봉투)				
17		훈련일지, 출석부, 강사 연락처 등				
18		복사용지				
19		브리핑 자료(현황표)				
20		노트북				
21		프린터				
22		커피, 음료수				
23		진행 참고자료 : 교재 Spot자료 등				
24		의약품, 진통제, 해열제, 파스, 지사제, 밴드, 소화제				

【도표169】

No.	항목	세부내용	완료일정	담당자	필요량	비고
	교육준비물 Check List					
1	교재 개발	목적				
2		주교재 내용				
3		경영 현황				
4		외부 변화				
5		내부 변화				
6	컨설팅선정	교육 제안서 요구				
7		강사 선정				
8		교육 내용				
9		진행 방법				
10	교육장	강의실				
11		분임실				
12	기숙사(호실)	이불, 베개, 매트, 침대커버, 빗자루, 휴지				
13		쓰레받기, 쓰레기통, 실내화, 비눗갑, 물컵				
14		음료수(생수, 자판기)				
15		냉난방 및 청소 상태				
16	강의실 내 기자재	빔 프로젝터				
17		노트북				
18		방송시스템				
19		지시 포인터				
20		기타				
21	시청각 자료	비디오				
22		오디오				
23	문구류	보드마커 펜				
24		화이트보드 지우개				
25		네임펜				
26		전지				
27		테이프				
28		칼라펜(3색)				
29		볼펜				
30	음료수	분임토의				
31		휴식시간				
32		강사용				
33	기타준비물	강사료 영수증				
34		교육장 내 게시자료				
35		무선 마이크용 건전지				

【도표170】

No.	항목	세부내용	완료일정	비고
	교육준비 Check List			
1	교육 니즈 조사	각 팀 교육담당자 회의 소집		
2		교육 내용 및 취지 설명		
3		특화교육 니즈조사 의뢰		
4		교육 니즈 취합		
5	교육실시품의	교육목표		
6		교육일정표		
7		교육대상자 명단 및 분석현황		
8		교육경비 내역서		
9	교육실시 통보	교육기간		
10		교육장소		
11		교육대상자 명단		
12		입과 안내 및 준비물 작성		
13	강사선정	강사선정		
14		원고준비		
15		강의 청탁서 작성		
16		강사 보안실 통보		
17	시설 확보	강의장		
18		숙소		
19		교육복		
20	차량배차 신청	입과 배차		
21		중식 배차		
22		귀가 배차		
23		지원 차량 배차		
24	교재 및 부교재 제작/발주	원고접수		
25		교재 발주 및 입고		
26		삼각 명패 및 내피		
27		노트		
28	매뉴얼 작성	입과 안내문 작성		
29		게시물 작성		
30		의식행사 진행 매뉴얼 작성		
31		훈련일지 작성		
32		비디오 리스트 작성		
33	강의장 비품확인	오디오, 비디오, 빔 프로젝터		
34		교육장 청소상태		
35		강사용 생수 및 컵 확인		
36		보드마커 펜, 지우개		
37		게시판(일정표, 조편성표, 숙소배정표)		

38	문구용품	보드마커 펜, 지우개		
39		전지약 및 컬러펜		
40		볼펜		
41		명패 및 내피		
42		번호표(흰색)		
43	가불신청	강사료		
44	교육생 인솔 준비	차량 및 집합 장소		
45		명단 및 기숙사 배정표		
46		인솔자용 매뉴얼		

【도표171】

STEP 5. 아이스브레이킹(Ice-breaking)

 강의 시작 전 학습자를 참여시키는 촉진활동인 SPOT이나 아이스브레이킹을 통해 교육생 간 어색함을 해소하여 교육 몰입 및 적극적인 참여 등을 유도하여야 한다. 또한, 간혹 강사가 불가항력적인 이유로 제시간에 오지 못하는 경우를 대비하여 30분, 1시간, 2시간 이후 등의 공백 시간에 따르는 동영상이나 아이스브레이킹을 위한 자료를 사전에 준비한다.

STEP 6. 교육 진행

 강의 시작 전 오리엔테이션을 진행한다. 안내 내용에는 과정의 목적, 교육 시간대에 따른 커리큘럼, 교육장 내외부 안내 등을 포함한다. 오리엔테이션 후 강사소개로 과정을 시작한다.

STEP 7. 교육생 동기부여

과정이 기대했던 만큼 매끄럽게 진행되지 못하는 경우가 많다. 보통 강사나 교육장 환경 문제 등의 이유가 될 수 있는데, 이 중 강사에 대한 영향이 가장 크다. 이는 강사의 역량 문제일 수도 있지만, 교육생 니즈와의 불일치나 교육 방법 등의 문제일 수도 있다. 그래서 교육 운영자는 실시간 모니터링 등을 통해 교육 중에 강사에게 피드백을 주어야 한다. 교육이 중반부로 넘어갈수록 교육 몰입도 등이 현저히 떨어지므로 교육생들에게 교육의 목적 및 기대효과 등을 인지시켜주는 행위를 지속해야 한다.

STEP 8. 교육 평가 및 결과 보고

교육 직후 설문지 등을 통해 교육 평가를 진행한다. 교육 효과성 측정 방법은 단계별로 존재하나 1단계 방법인 교육 직후 설문지를 통한 반응 평가를 우선적으로 시행한다. 모든 과정이 끝나면 과정 결과보고서를 작성하는데, 과정 만족도, 강사 만족도, 교육 환경 만족도, 주관적 피드백 등의 설문지 조사 결과와 소요된 교육 비용 등을 포함하여 작성한다.

STEP 9. 교육 이력 관리

노동부 환급 과정의 경우 환급 서류 준비 및 신청과 더불어 교육 이수 여부, 교육 소용 비용 등 이력 관리를 진행한다.

교육 효과 측정과 교육 평가 모형

조직 교육의 가시적인 목적은 개인의 역량 증대를 통한 성과 창출이다. 하지만 현실적으로 대부분의 교육생들이 교육 시간을 업무 외 휴게나 친목 도모의 시간으로 치부해 버리는 것이 사실이다. 조직이 긴급 상황이나 재무적 어려움에 닥치게 되면 제일 먼저 절감하는 항목이 교육비인 것을 감안하면, 교육 담당자로서 교육 효과성을 입증해야만 비용이 아닌 투자로써 인정받을 수 있을 것이다.

교육 효과 측정의 목적은 교육비 지출에 따른 효율성과 조직의 성과 향상의 기대 등으로, 교육이 경영 전략과 연계성을 유지하고 있는지의 확인을 목적으로 한다. 이를 위해 교육 훈련에 대한 지속적 관심을 유지 시킬 수 있는 근거 자료 제시가 요구되며, 경영성과 기여도 평가의 활용 및 더 나아가 교육에 투자한 비용이 경영성과에 회수되는 정도를 평가한다.

교육 평가의 종류는 사전 평가로 진단평가, 과정 중 중간 평가 개념인 형성평가, 과정 후 평가인 총괄평가로 구분한다.

진단평가 (diagnostic evaluation)	형성평가 (formative evaluation)	총괄평가 (summative evaluation)

진단평가는 교육 시작 전 학습자의 특성을 측정하여 학습자 수준에 맞는 교육을 하기 위해 실시하는 평가이다. 교육의 효과를 높이기 위해 사전에 학습자 대상으로 교육 전 학습할 주요 주제 및 내용의 진단 결과에 따라 교육 과정을 설계하는 것이 바람직하다.

한편, 진단평가로 볼 수는 없으나 플립 러닝 flipped learning 이나 블렌디드 러닝 blended learning도 오프라인 교육 효과를 높이기 위해 사전에 온라인 학습을 제공하는 것에 그 목적이 있다.

형성평가는 교육 중간평가 개념으로, 평가 결과에 따라 교육 방법 개선이나 교육 내용 및 주제를 수정하거나 가감한다. 단일 과정의 경우 학습 중간에 인터뷰나 간단한 설문, 강사의 질의로 진단을 실시하는 것이 일반적이다. 장기 차수의 교육 과정은 한두 차례 파일럿 과정을 거친 후 형성평가를 통해 다시 과정을 개발하는 경우가 일반적이다.

마지막 총괄평가는 교과과정의 종료 단계에서 교육의 효과를 알아보기 위한 평가로, Kirkpatrick(2006)의 4단계 모형, Phillps(1997)의 5단계 모형이 자주 활용된다.

Kirkpatrick의 4단계 평가모형

Kirkpatrick의 4단계 평가모형은 1단계 반응평가에서 4단계 결과평가까지의 단계적 평가를 제시하였다. 4단계로 갈수록 정보의 가치는 높아지지만, 기술적 난이도가 높아져 활용의 빈도는 낮아진다.[20]

1단계 반응평가는 교육프로그램 전반에 대한 학습자들의 반응을 통해 만족도를 측정하는 것으로 소위 고객만족도 평가나 Smile sheets 또는 Happiness sheets 평가라고 불린다. 반응평가의 특징은 사전 평가가 불필요하고 교육과정의 종류나 특성에 관계없이 평가방법과 평가항목이 유사하다. 또한, 자료 수집과 분석에 비교적 쉬운 기법이 사용되어 평가를 실시하기 쉬우며, 과정 전반에 대한 학습자의 심리적 반응을 파악할 수 있다. 그러나 강의 내용의 재미와 휴식적인 측면이 만족도 결과에 많이 반영되기에 평가결과와 학습 목표 달성도의 상관관계가 미미하다.

반응평가의 설계는 평가도구로 설문지, 인터뷰, 관찰 시트, 간담회, 체크리스트를 활용한다. 평가시기는 즉시 개선을 목적으로 과정 중에 실시하거나, 과정 피드백을 위해 과정 종료 후에 시행한다. 평가영역 및 주요 내용은 아래의 <도표172>와 같다.

구분	주요 내용
학습자 요인	• 학습 동기: 교육 전 관심 및 기대 정도, 교육목표 이해도, 행동 변화와 필요성, 자기개발 중요성 인식 • 학습 준비: 교육 참여도, 교육과정에 대한 사전 지식
강사 요인	• 열의, 강의 스킬, 전문 지식
교육내용 및 교수설계 요인	• 내용 만족도: 자기개발 및 업무에 대한 유용성, 적용성, 적절성 • 교육 수준: 교육 전반에 대한 이해도, 난이도 • 교수 설계: 교육 흥미 유발 방법, 교수 기법 등
학습환경 요인	• 교육 분위기: 전반적 분위기, 진행자의 역할, 인원의 적정성 • 물리적 환경: 숙박시설, 식사, 강의실
기타 요인	• 교육 기간, 일과 편성, 휴식 시간 적절성

【도표172】 반응도 평가내용

반응평가의 문제점으로는 교육생 개별 주관적인 기준에 따라 평가가 달라질 수 있는 점이다. 또한 반응평가를 실시하는 시점은 주로 학습 종료 시점인데, 그 순간의 심리상태에 따라 반응이 다르게 나타나 마지막 강사의 영향에 따라 교육 전반에 대한 호감도가 결정되는 경우가 생긴다. 더하여 강사 및 강의 내용과 무관한 교육장 환경, 숙소, 진행자, 식사 등에 대한 불쾌감이나 호감이 교육 전반에 대한 평가로 나타나는 경우가 있어 이를 분리해서 평가를 진행하여야 한다. 따라서 반응평가를 신뢰성 있는 자료로 인정하기에는 어려움이 있다.

<과정 평가지: 교육 직후>

본 설문지는 여러분의 교육효과를 집계한 후 분석을 통해 프로그램의 개선 및 발전을 위한 귀중한 자료로 사용됩니다.
본 설문에 기재되는 사항은 비밀로 보장되며, 모두 익명으로 처리되어 과정 개선 및 연구목적 이외에는 사용되지 않습니다.
한 문항도 빠짐없이 솔직하게 고견을 적어주시기 바랍니다. 감사합니다.

5점, 매우 그렇다 ▶ 1점, 매우 그렇지 않다

Ⅰ. 다음은 과정 전반적인 사항에 대한 내용입니다. 귀하의 느낌 정도를 '그렇다'라고 생각하시면 5점 방향으로, 그렇지 않다고 생각하시면 1점 방향으로 빠짐없이 '√' 표 해주십시오.

1	본 과정의 전반적인 만족도는 어떻습니까?	5	4	3	2	1
2	본 과정의 중요도는 어떻습니까?	5	4	3	2	1
3	본 과정의 전반적인 과정 유용성은 어떻습니까?	5	4	3	2	1
4	본 과정 수료 후 본인의 목적 달성도는 어떻습니까?	5	4	3	2	1
5	본 과정의 현업 활용성은 어떻습니까?	5	4	3	2	1
6	과정이 시작하기 전에 본 과정의 목적과 내용에 대해서 잘 알게 되었습니까?	5	4	3	2	1
7	본 과정은 나의 교육에 대한 니즈를 어느 정도 만족시켰습니까?	5	4	3	2	1
8	과정 기간에 대한 만족도는 어떻습니까?	5	4	3	2	1

과정 전반에 대한 건의 사항 및 제안 사항을 적어 주십시오.

Ⅱ. 다음은 교재에 대한 내용입니다. 귀하의 느낌 정도를 '그렇다'라고 생각하시면 5점 방향으로, 그렇지 않다고 생각하시면 1점 방향으로 빠짐없이 '√' 표 해주십시오.

1	교재에 대한 만족도는 어떻습니까?	5	4	3	2	1
2	필요한 경우에 과정 수료 후에도 교재를 활용할 수 있겠습니까?	5	4	3	2	1

교재 전반에 대한 건의 사항 및 제안 사항을 적어 주십시오.

	III. 다음은 강의에 대한 내용입니다. 귀하의 느낌 정도를 '매우 만족한다'라고 생각하시면 5점 방향으로, 그렇지 않다고 생각하시면 1점 방향으로 빠짐없이 '√' 표 해주십시오.					
1	강사에 대한 전반적인 만족도는 어떻습니까?	5	4	3	2	1
2	강의 이론적인 내용에 대한 만족도는 어떻습니까?	5	4	3	2	1
3	실습교육(참여식)에 대한 만족도는 어떻습니까?	5	4	3	2	1
4	팀 구성에 대한 만족도는(팀별 교육활동이 포함 시) 어떻습니까?	5	4	3	2	1
강의 전반에 대한 건의 사항 및 제안 사항을 적어 주십시오.						

【도표173】 반응도 평가 설문 예시

2단계 학습 평가는 교육을 통해 의도했던 지식, 스킬, 태도의 변화 정도를 측정하는 것이며 원리, 사실, 기술, 기능에 관한 이해 및 습득 정도와 태도의 변화 정도를 준거로 한다.

학습 평가의 특징으로는 교육목표를 평가 문항으로 개발하기가 어려워 목표 달성 여부 측정과 평가도구의 신뢰성 확보가 어렵다. 평가도구 개발 및 평가 결과 분석에 많은 시간과 노력이 요구되지만, 프로그램 유지, 개선 및 학습자의 학습 성취도 평가에 유용하다.

학습 평가의 설계는 평가도구로 필답, 문답, 실기 체크리스트를 활용한다. 평가시기는 교육 전, 교육 중, 교육 직후, 교육 후 일정 기간 경과 시점인데, 지식 및 스킬역량의 수준을 측정에 활용된다. 우선 지식역량 측정은 지필검사, 사례연구 등을 통해 파악하고, 스킬역량 측정은 롤플레이, 사례연구 등을 통해 측정한다. 태도역량 측정은 무형적이고 비가시적인 특성으로 인해 현실적으로 측정이 불가능하다.

일반적인 조직 교육에서는 지식역량을 측정하기 위해 지필 검사가 사용된다. 단, 지필 검사는 평가 문항의 유형, 난이도, 변별도 등을 검증하여 개발하여야 한다. 지필 검사 문항 개발은 문항 난이도P: Percentile of Correctness와 문항 변별도D: Differentiation를 검토하여 개발한다.

문항 난이도는 문항의 어렵고 쉬운 정도를 나타내는 지수(P)로써 전체 교육 참가자 중 정답을 맞춘 교육 참가자의 비율을 의미한다.

문항 난이도(P) = 정답지 수 ÷ 교육 참가자수

문항 유형별 난이도 적정수준: 진위형(0.85), 선다형(0.74), 기타 유형(0.5)

문항 변별도는 문항이 교육 참가자의 능력을 변별하는 정도를 나타내는 지수로써 평가 총점을 기준으로 상위 능력집단과 하위 능력집단 간의 정답률의 차이로 산출한다.

문항 변별도(D) = (상위능력집단의 정답자 수 - 하위능력집단의 정답자 수) ÷ 각 집단의 교육생 수

변별도의 적정수준: 양호(0.40 이상), 비교적 양호(0.20~0.39), 수정 필요(0.00~0.19), 전면 개선(음수)

3단계 현업 적용도 평가인 행동평가는 학습한 내용이 현장에서 어느 정도 적용되는가를 측정하는 것으로써 평가는 지식, 스킬, 태도가 현장에 전이되는 정도의 학습 전이에 초점을 맞춘다.

행동평가는 프로그램의 내용, 방법 등을 개선하기 위한 목적과 교육 종료 후 개인의 행동, 태도 변화를 파악하고 경영성과 기여도 평가를 위한 기초자료 생성이 특징이다. 그러나 학습자가 행동의 변화를 보여 줄 기회를 가져야만 측정이 가능하고, 행동 변화가 발생할 시점을 예측하기 어렵다. 또한 학습 내용을 직무에 적용하도록 하기 위해서는 긍정적 보상으로 여건을 조성해야 한다.

행동평가의 평가도구로는 관찰, 설문, 인터뷰, 관련 정보 분석, 체크리스트를 활

용한다. 평가시기는 비교 분석을 위해 교육 전후에 실시한다. 동일 평가 대상자의 대상자 사전, 사후 검사를 비교하거나, 교육을 한 대상집단인 실험집단과 교육을 하지 않은 대상집단인 통제집단을 비교한다.

평가 내용은 행동 변화에 방점을 두고 있으며, 학습자의 직무 행동 변화인 업무량, 업무 처리 속도, 목표 수준, 달성 수와 현업 적용을 위한 환경으로서의 지원 및 장애 요인, 아이디어 반영, 의사결정 참여, 보상, 교육 참여 권장, 환경개선 등이 있다.

직무교육보다는 리더십 등의 태도 교육 등에 주로 활용되며 다면 평가(360 degree) 등으로 행동 변화를 측정하는데, 이 역시 교육 외 다른 외생변수들을 통제하기 힘들기에 수치가 높아졌다 하더라도 오롯이 교육의 영향으로 수치가 상승했다고 결론 내리기는 힘들다.

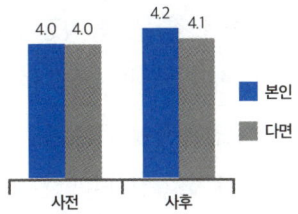

가치경영			
구분	사전	사후	변화율
본인	4.0	4.2	5%
다면	4.0	4.1	2%
GAP	0.0	0.1	3%

교육생과 다면평가자 모두 4.0 이상의 수치를 보여, 탁월한 역량을 일관성 있게 활용하고 있는 것으로 보였다. GAP차이 (사전0.0, 사후0.1)로 보아 교육생과 다면평가자 간의 인식차이는 문제가 없는 것으로 나타났다.

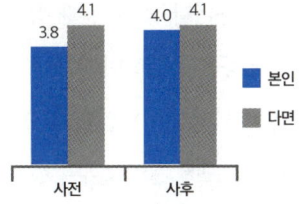

전략경영			
구분	사전	사후	변화율
본인	3.8	4.0	6%
다면	4.1	4.1	1%
GAP	-0.3	-0.1	4%

교육생은 교육 후 현 직급에서 요구되는 역량을 교육과정을 통해 강화하여 발전시킨 것으로 보았다. 또한 GAP차이 (사전-0.3, 사후-0.1)로 보아 교육생과 다면평가자 간의 인식차이는 문제가 없는 것으로 나타났다.

현장경영			
구분	사전	사후	변화율
본인	3.9	4.1	6%
다면	3.9	4.0	3%
GAP	0.0	0.1	3%

인재경영			
구분	사전	사후	변화율
본인	3.8	4.0	6%
다면	3.9	4.2	6%
GAP	-0.1	-0.2	0%

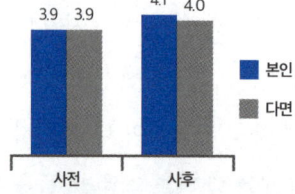

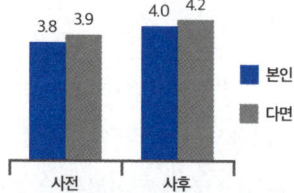

교육생과 다면평가자 모두 직급에서 요구되는 역량을 교육과정을 통해 강화하여 발전시킨 것으로 보았다. GAP차이(사전 0.0, 사후 0.1)로 보아 교육생과 다면평가자 간의 인식차이는 문제가 없는 것으로 나타났다.

교육생과 다면평가자 모두 직급에서 요구되는 역량을 교육과정을 통해 강화하여 발전시킨 것으로 보았다. GAP차이(사전 -0.1, 사후 -0.2)로 보아 교육생과 다면평가자 간의 인식차이는 문제가 없는 것으로 나타났다.

【도표174】 다면 평가 결과 예시

마지막으로 4단계 기여도 평가인 결과평가는 학습목표 달성 정도를 측정하는 모형의 하나로써 이직률 감소, 원가절감, 공정개선, 클레임 감소, 생산성 증가 등을 측정할 때 사용된다. 직무 성과 측정은 대체로 생산성, 품질, 직무능력, 시장 점유율, 영업 확대 등을 측정하며, 비용효과 분석은 교육 투자비용 대비 이익을 의미한다.

다만, 비용과 시간이 많이 소요되므로 교육 결과가 현업 수행에 긍정적인 효과를 가져왔거나, 교육 전의 업무수행 수준이 파악되어 있거나, 교육 실시에 많은 비용과 자원이 투입되었거나, 전략적 교육과 같은 특정 관심이 집중되는 교육 등으로 한정하여 평가 실시 여부에 대한 검토가 필요하다.

결과평가는 인력, 비용, 시간 등의 자원이 충분한 경우에만 실시하는 것이 바람직하다. 결과평가의 특징은 조직의 성과 지향에 따른 교육의 효과성 입증, 교육 투자비용에 대한 효과성 분석으로 교육이 비용이 아닌 투자로서의 당위성이 있음을 입증할 수 있다.

결과평가의 평가도구로 질문지, 인터뷰, FGI를 활용한다. 평가시기는 프로그램 실시 후 3~6개월이 경과한 때에 시행하며 주요 평가 내용으로는 이직률 감소, 원가 절감, 공정개선, 클레임 감소, 생산성 증가, 불량률 감소, 작업시간 단축, 개선 제안 건수 증가, 고객 만족도 증가, 안전사고 감소 등으로 평가한다.

Phillips의 5단계 평가모형

Phillips의 5단계 평가모형은 Kirkpatrick의 4단계 평가모형에서 5단계로 발전한 모형으로써, ROI Return On Investment에 중점을 두고 있다.[21] 1~4단계까지는 Kirkpatrick의 4단계 평가모형과 매우 유사하다. 설명 또한 유사하므로 바로 5단계 평가모형인 ROI에 대해 알아보도록 하자.

구분	Level	Focus	정보의 가치	중심 고객	사용 빈도	평가 용이성
1단계	반응 & 만족도	교육프로그램에 교육생의 반응과 만족도 측정	낮음	교육참가자	높음	쉬움
2단계	학습성취도	교육프로그램을 통해 습득된 스킬, 지식, 태도의 변화를 측정				
3단계	업무활용도	교육프로그램의 결과로 인한 업무현장에서의 행동 변화나 특정 분야에서의 적용 및 수행결과 측정				
4단계	성과기여도	교육프로그램의 결과로 인한 성과향상 정도 측정				
5단계	투자회수율 (ROI)	교육프로그램에 의해 창출된 경영성과와 투입된 비용을 금전적으로 비교	높음	교육후원자·지원자	낮음	어려움

【도표175】 Phillips의 5단계 평가모형

일반적으로 조직에서는 교육을 투자가 아닌 비용으로 판단한다. 이로 인해 교육과 조직성과와의 긍정적인 영향 관계에 대한 객관적인 검증이 필요했다. 이러한 배경으로 조직성과에 대한 HR 부문의 기여도를 파악하기 위해 경영진과 고객이 HR 부문의 투자수익률ROI 결과 도출을 요구하여 이에 대한 연구가 꾸준히 진행되었다. 즉, 교육 ROI은 교육에 소요된 비용 대비 교육훈련의 효과를 평가하기 위해 만들어진 기법이다.

그러나 결과에 영향을 미치는 변인이 많고 복잡하며, 교육의 결과를 금전적 가치로 전환하기 어려운 무형적 효과가 존재해 분석 및 측정이 어렵고 시간이 오래 걸린다는 점이 있다. 또한 투입 변수를 분석자 임의로 조정이 가능하므로 분석자의 주관이 들어갈 수 있어 결과에 대한 신뢰성이 떨어지기도 한다.

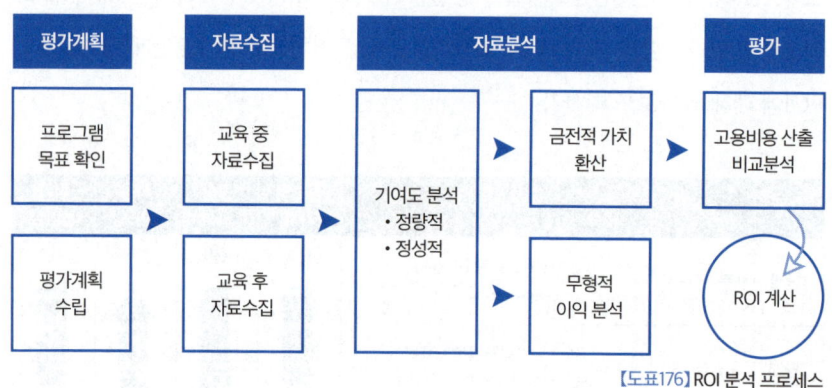

【도표176】ROI 분석 프로세스

ROI 분석 프로세스를 살펴보자. 먼저 비용, 시간, 산출물, 품질과 같은 양적 자료와 작업 습관, 근무 풍토, 태도 등과 같은 질적 자료의 수집을 한다. 시간과 비용의 제약조건을 고려하여 근무 상황과 프로그램 특성에 적합한 자료 수집 방법을 선정한다.

이후 교육 효과와 관계없는 요인을 분리 한다. 교육 시행 전후의 효과를 보기 위해 추세선 활용 및 교육 참가집단인 실험집단과 교육 비참여집단인 통제집단의 차이 분석을 실시한다.

다음으로는 자료분석을 실시한다. 성과 자료를 금전적 가치로 환산하는데, 성과 기여도 자료가 환산 대상이다. 수집한 자료에 타당한 금전적 가치를 부과하는 것은 데이터의 유형이나 상황에 따라 결정한다.

교육 비용 산출은 교육과 관련된 개발비, 강의료, 인건비, 숙식비, 출장비, 교육 관련 행정비 및 간접비 등의 모든 비용을 점검하고 계산한다.

질문 유형	자료 유형
산출물 증가	완료된 과제, 작성된 보고서, 작업추진율
품질 향상	고객불만율, 불량률, 재작업률, 낭비율
시간 절약	장비 고장 시간, 시간 외 작업 비율, 수리시간 비율
금전적 이익	금전적 회수율, 판매수익
작업 분위기	사기 수준, 불만·불평 수준, 직무만족 수준, 이직률
작업 습관	병가 일수, 결근율, 안전사고율
비용절감	작업비용, 사고처리비용, 프로젝트 비용
새로운 스킬 습득	새로운 스킬 사용빈도, 새로운 절차 활용 수준

【도표177】기여도 요인

마지막으로 최종 평가를 진행한다. 산출된 교육을 통한 성과를 금전적 가치로 환산한 금액과 교육에 투입된 총비용을 산출식에 투입한다.

$$ROI = (성과 - 교육\ 비용 \div 교육\ 비용) \times 100$$

성과 산출 금액이 2억 원이고 교육 비용에 1억 원이 들었다고 하면, (2억-1억÷1억)×100=100%로 도출된다. 이와 더불어 무형의 이익인 조직 전체에 미치는 영향, 향상된 직무만족도, 향상된 조직몰입도, 향상된 리더십, 감소된 스트레스, 증진된 팀워크, 증진된 고객서비스, 단축된 고객응대 시간 등을 파악하는데, 이러한 산출이 쉽지는 않다.

그래서 금전적 가치로 환산하는 것이 불가능하거나 적절치 못한 사항에 대하여 적절한 설명을 붙여서 무형의 이익으로 표시한다. 결과가 15% 이상이면 양호, 25% 이상이면 다른 투자 대비 우위, 0%면 무형적 효과 손익분기점을 넘는 수준이라 할 수 있다.

통계 분석

양적 분석에 해당하는 통계 분석에는 득점분석, 상관분석, 회귀분석 등이 있으며 가장 쉽게 활용할 수 있는 것은 득점분석이다. 평가를 통해 수집한 반응이나 점수에 대한 통계치를 구하고 빈도 분포도를 작성하는 작업으로 집중 경향치를 알아보는 최빈치, 중앙치, 평균치, 한 분포에 위치하는 여러 점수들이 집중 경향에서 퍼져있는 정도인 변산도(變散度)를 알아보는 범위, 사분편차, 변량, 표준편차와 빈도분석 및 평균 등이 포함된다.

Ⅰ. 다음은 과정 전반적인 사항에 대한 내용입니다. 귀하의 느낌 정도를 '그렇다'라고 생각하시면 5점 방향으로, 그렇지 않다고 생각하시면 1점 방향으로 빠짐없이 '√' 표 해주십시오.	
1. 본 과정 전반적인 만족도는 어떻습니까?	① --- ② --- ③ --- ④ --- ⑤
2. 본 과정이 중요도는 어떻습니까?	① --- ② --- ③ --- ④ --- ⑤

【도표178】득점분석 설문지 예시

상관분석은 상관계수의 변인 또는 측정치 간의 일치도, 공통성, 동질성의 정도를 양적으로 나타낸 지수를 의미한다. 공통 요인을 발견하려는 연구에 많이 사용되며 한 변인에 의한 다른 변인을 예언하는데, 상관관계가 높으면 두 변인 간의 함께 변하는 정도인 공변량이 높게 나타난다. 상관계수가 높게 나올수록 정확한 예언이 가능하다. 검사의 신뢰도 계수는 대개 0.9 이상을 요구하지만 0.6 이상이면 연관성이 있다고 판단한다. 즉, 상관계수가 높으면 교육내용과 교육 만족도 간의 공통 요인이 많은 것으로 보는 것이다.

기본 통계 분석에 자주 활용되는 회귀분석은 회귀 방정식을 이용하여 하나 또는 두 개 이상의 독립변인으로 종속 변인을 예측하거나 변산을 설명하기 위한 통계적 기술이다. 강사 만족도, 교육내용 만족도, 교육장 환경 만족도와 교육 전반 만족도의 예측 관계를 보고 싶다면 강사 만족도, 교육내용 만족도, 교육장 환경 만족도를 독립변인으로, 교육 전반 만족도를 종속 변인으로하여 분석을 실시한다.

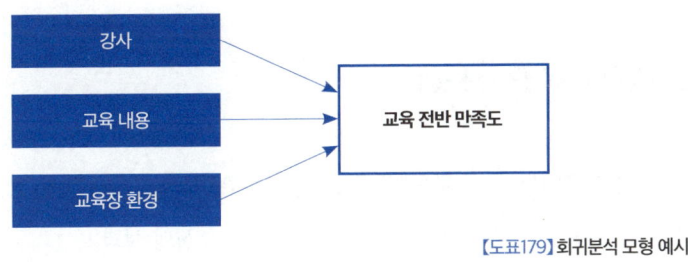

【도표179】회귀분석 모형 예시

차이 분석(t-검증)은 두 집단 간의 통계적 차이를 검증하는 모수적 검증 방법 중 하나이다. 예를 들어, 전사 직원 대상으로 핵심가치 교육 시행 후 팀장이나 팀원 간 또는 직급 간 과정 단원lesson 만족도 차이를 분석하여 차후 직책자 및 직급 교육 내용에 반영하려 한다면 차이 분석이 효과적이다. 아래의 결과를 보면 유의 수준 0.05 수준에서 변화관리 및 기업문화 단원이 팀원보다 팀장의 만족도가 더 높은 것으로 나타났다. 단, 차이 분석 결과만을 가지고 교육과정이나 내용 등에 대한 개선 방향이나 원인까지 추론하는 것은 불가하므로 만족 및 불만족 사유에 대한 주관적 서술 조사도 병행하여야 한다.

요인	구분	N	평균	표준편차	t값	P값
변화관리	팀장	69	3.5072	0.64308	2.390	0.017*
	팀원	376	3.2999	0.66584		
기업문화	팀장	68	4.0000	0.78755	2.303	0.022*
	팀원	373	3.7355	0.88515		
소통	팀장	69	3.8043	0.88790	1.686	0.093
	팀원	375	3.6280	0.78139		
핵심가치	팀장	68	3.8529	0.89105	1.707	0.088
	팀원	374	3.6667	0.81577		

*$p < 0.05$

【도표180】 차이 분석 결과 예시

그 밖의 교육 평가 모형

그 외 활용되는 주요 교육 평가 모형을 살펴보면 Kraiger, Ford & Salas(1993)의 평가 모형은 인지적 성과 cognitive outcomes, 기술 중심의 성과 skill-based outcomes, 정의적 성과 affective outcomes를 측정하는 절차를 제시하였다.[22]

성과	예시	측정 방법	측정 대상
인지적 성과 (cognitive outcomes)	• 안전규칙 • 전기 원리 • 평가 인터뷰의 단계	• 지필검사 • Work sample	• 지식의 습득
기술 중심의 성과 (skill-based outcomes)	• 실톱 사용 • 경청 기술 • 코칭 기술 • 비행기 착륙법	• 관찰 • Work sample • 평정(rating)	• 행동 • 기술
정의적 성과 (affective outcomes)	• 훈련에 대한 만족 • 다른 문화에 관한 신념	• 인터뷰 • Focus group • 태도 조사	• 동기 • 프로그램에 대한 반응 • 태도

【도표181】 Kraiger, Ford & Salas 평가 모형 주요 내용

CIPP 평가 모형은 교육프로그램 개선과 관련하여 올바른 의사결정을 내리는 데 필요한 정보를 제공하고, 그 결정이 갖는 장단점을 파악할 수 있도록 하는 것이 주된 목적이다. 이러한 교육적 의사결정에 관련되는 정보를 제공하기 위해서 교육체계를 상황, 투입, 과정, 산출로 구분하여 이들에 관한 정보를 제공할 수 있도록 상황평가context evaluation, 투입평가input evaluation, 과정평가process evaluation, 그리고 산출평가product evaluation의 4가지 측면에 대한 평가를 CIPP 평가모형이라 부른다.

Stufflebeam(1983)은 교육프로그램 개선을 위한 의사결정을 계획과 관련된 결정, 구조와 관련된 결정, 교육 실천을 위한 결정, 그리고 차기 계획과 순환을 위한 결정으로 구분하였다.[23]

구분	평가영역	평가항목	비고
상황평가 (Context Evaluation)	프로그램 관계자의 요구 내용	• 교육생의 요구내용 반영 • 계열사/교육담당 요구내용 반영	• 설문조사 결과지 참조 • 내용 반영
	프로그램의 목표	• 의미변별법 • 프로그램 효과성 검증	• 의미변별법 설문 조사 (교육 전후) • 독립(프로그램)→종속(교육 효과성) 회귀분석
투입평가 (Input Evaluation)	프로그램의 기획 및 설계	• 실제 수행과제 일치 여부	• 설문조사 (각 모듈 직후)
과정평가 (Process Evaluation)	학습내용	• 각 과목별 평가 • 학습자 평가	• 각 과목별 만족도 평가 (과목 종료 직후) • 학습태도, 관찰평가, 학습일지
산출평가 (Product Evaluation)	프로그램에 대한 만족도	• 강사의 만족도, 교육환경의 만족도	• 전체 종료 후 평가

【도표182】 CIPP 평가 모형 주요 내용

이 중 현업에서 많이 활용되는 의미변별법은 사물, 인간, 사건 등에 대한 개념이나 느낌의 양극의 뜻을 갖는 대비되는 형용사군을 만들어서 의미를 측정하는 방법이다. 두 형용사 사이를 5~7단계의 척도로 나누어 어떤 개념이 양극적인 뜻을 가진 형용사 중에서 어느 정도 생각되는지 표시하게 하여 설문 대상자의 개념 의미를 파악하는 기법이다. 보통 교육 전후에 실시하고 교육 기간이 긴 신입사원 입문 교육 과정 등에 활용하기 적합하다.

   같은 내용의 설문지로 교육 전 설문과 교육 후 설문을 통해 교육의 효과성을 판단하기 위해 교육 목적 및 내용을 중심으로 설문지를 작성해야 한다. 보통 형용사의 단어를 짧은 시간 안에 표기하게 할 때 솔직한 생각이나 감정을 나타내는 경향이 있어 결과에 대한 타당성과 객관성도 어느 정도 유지된다.

<학습 평가: 과정 전후>
본 설문지는 여러분의 교육효과를 집계한 후 분석을 통해 프로그램의 개선 및 발전을 위한 귀중한 자료가 됩니다. 본 설문에 기재되는 사항은 비밀로 보장되며 모두 익명으로 처리되어 연구목적 이외에는 사용되지 않을 것입니다. 한 문항도 빠짐없이 솔직하게 고견을 적어주시기 바랍니다. 감사합니다.

◆ 응답 요령

회사의 이미지를 나타내는 서로 반대되는 말들이 양쪽에 있습니다. OOO은 어느 쪽에 가까운지 느끼시는 바 그대로 표시 바랍니다. '√'표 하십시오.

사회에 봉사하는	<--②--①--⓪--①--②-->	영리 중심적인
사회에 이로운	<--②--①--⓪--①--②-->	사회에 해로운
환경친화적인	<--②--①--⓪--①--②-->	환경파괴적인
품질이 좋은	<--②--①--⓪--①--②-->	품질이 나쁜
창의적인	<--②--①--⓪--①--②-->	모방적인
다양한	<--②--①--⓪--①--②-->	단순한
믿을만한	<--②--①--⓪--①--②-->	믿지 못할
튼튼한	<--②--①--⓪--①--②-->	부실한

【도표183】 의미변별법 설문 예시

주요 평가 모형을 포함한 기타 교육 평가 모형을 정리한 표는 다음의 <도표184>와 같다.

모형	교육훈련 평가 준거
Kirkpatrick(1994)의 4단계 평가 모형	4레벨: 반응(reaction), 학습(learning), 직무행동(job behavior), 성과(result)
D.L. Stufflebeam(1983)의 CIPP 평가 모형	4레벨: 상황(context), 투입(input), 절차(process), 산출(product)
Brinkerhoff(1987)의 성과향상도 평가[24]	6단계: 목표수립(goal setting) 프로그램 설계(program design) 프로그램 실행(program implementation) 즉각적 성과(immediate outcomes) 중간 또는 활용성과(intermediate or usage outcomes) 영향과 가치(impacts and worth)
Kraiger, Ford & Salas(1993)의 교육평가 모형	학습성과(learning outcomes)의 3가지 준거(인지적,기능적 기반, 정의적 성과)를 구체적으로 분석하여 등급을 매기는 구조
Holton(1996)의 변수를 반영한 단계 예측 모형[25]	변수의 4가지 준거를 정의하고 그들과 관계를 평가 (이차적 영향, 동기적 요소, 환경적 요소, 성과, 능력/가능성 요소)
Philips(1996)의 5단계 평가모형	5레벨: 반응과 계획된 행동, 학습, 직무 행동, 비즈니스 성과, ROI

【도표184】 교육 평가 모형

5장
평가·보상· 직급과 승진

0. 들어가며

> 측정할 수 없으면 관리할 수 없고, 관리할 수 없으면 개선할 수 없다.
> - 피터 드러커

대다수의 조직은 성과의 관리 및 측정을 위해 인사평가를 시행한다. 그리고 HR 시스템 중 성과에 대해 객관적인 측정이 가능한 유일한 시스템이 바로 평가다. 평가에서 도출된 결과가 보상, 승진, 퇴출 등에 반영되는데, 이 때문에 내부 구성원이 민감하게 받아들이게 되고 불만 요소 또한 많이 표출된다.

그러므로 성과 관리는 평가의 목적 및 수용성, 그리고 공정성을 위한 설계가 우선된다. 성과 관리를 설계할 때는 프로세스마다 다양한 옵션을 고려하여야 하며, 성과 관리 시스템을 운영하기 전과 후에 지속적인 모니터링으로 개선을 이어가야 한다. 특히 성과평가로 인하여 부서 간 이기주의가 발생하지는 않는지, 혹은 의미 없는 목표를 설정한다거나 평가자의 권한에 따른 폐해에 대해 중점적으로 살펴봐야 할 것이다. 다만 전통적인 평가 지표에 대한 개선이 필요한 시점으로 특히, 팬데믹으로 인한 근무 형태 변화로 인해 성과 평가에 대한 접근 방식이 달라져야 한다.

일반적으로 평가 지표는 업적과 역량 지표로 구분되는데, 업적 지표는 조직성과 관점에서 접근하여 기존과 같은 방식으로 측정이 가능하나, 차후 보다 조직성과 관점에서 연계된 지표로 설정하여 조직성과와 어떤 연관이 있는지 제시하여야 할 것이다. 역량 지표는 현재처럼 단순히 공통, 직무, 리더십 역량보다는 조직 효과성 범위로 더욱 확장된 개념으로 연계된 지표가 필요하다. 현재와 같이 비대면 근무 등으로 인해 관찰 등이 필요한 역량은 측정이 불가할뿐더러 개개인의 역량이 궁극적으로 조직성과와의 연관 관계를 규명하기는 어렵기 때문이다. 즉, 내부 과정적 접근 방법으로 조직 효과성 판단 기준인 직무만족, 팀워크, 신뢰, 의사결정 과정, 의사소통, 조직몰입 등의 무형적 요인 중 조직성과와 가장 밀접하게 연관 있는 조직 효과성 요인을 도출하여 역량 평가로 대체하는 방향으로 검토할 필요가 있다. 이는 2장에서 언급한 조직진단 내용 중, 조직 및 전략 방향성과 조직성과와 조직 효과성과의 상관관계의 관점에 부합한다. 그러므로 업적 평가는 결과적인 조직성과로, 역량 평가는 과정적인 조직 효과성으로 결합하여 평가 시스템도 조직과 일치되게 개선하는 작업이 이루어져야 할 것이다.

조직에서는 평가를 수행한 뒤 결과에 따라 보상 차등, 승진 반영, 교육 반영, 핵심인재 반영, 경력 전환, 고용 조건 변화 등에 활용하게 된다. 이 중에 가장 밀접하게 관계된 것이 바로 보상과 승진이다. 평가 결과에 따라 보상이나 승진은 직접적인 영향을 받게 됨에 비해 다른 시스템 활용은 평가 결과의 일부만 반영하거나 참고하는 수준이다. 하지만 보상과 성과의 유효성에 대한 실무차원의 연구는 거의 없고, 대부분 심리적 실험에 의존하고 있기에 평가와 연동된 이상적인 보상 시스템 설계에 한계가 있다는 단점도 존재한다.

1. 평가

대부분의 조직은 평가 시스템을 운영하고 있지만, 정작 성과 관리의 본질적인 목적이 무엇인지 고민하지 않고 성과지표에만 국한하여 운영하는 경향이 있다. 이런 문제로 인해 최근에는 평가 시스템을 폐지하거나 절대평가로 전환하는 추세이다. 이들은 성과 관리가 오히려 조직 내 협업 및 상생의 가치를 훼손하고 있다는 공통된 시각을 갖는다.

또한 주요 평가 대상인 업적(성과)과 역량의 구분이 모호해져 역량을 규명할 기회를 놓칠 수 있으며, 평가자와 피평가자의 수직 관계 형성으로 인해 조직문화에 악영향을 끼칠 수 있음을 우려한다.

한국노동연구(2015)의 성과평가의 활용에 대한 조사 결과를 살펴보면 승진 결정(94.4%), 기본급 조정(56.3%), 성과급 지급(54.7%), 배치 이동(35.5%), 교육 훈련(25.6%), 개인 표창(20.6%)으로 국내기업의 평가활용은 주로 승진 및 금전적 보상에 치우쳐 있음을 알 수 있다.[26] 이와 같은 결과는 성과 관리 시스템 설계 시 의도한 것이라기보다는 가장 일반적인 평가의 활용이라 생각되어 나타난 결과이다. 결국 평가 목적에 대해 고민 없이 받아들여지고 있다는 것이 아닐까 싶다.

이 때문에 평가에 대한 무용론도 나오고 있으나 어떤 방식이나 형태라도 평가는 유지할 필요가 있다. 성과 관리 제도가 목적과 달리 운영에 있어 편협하게 활용되는 문제가 있다고 하더라도 조직의 성과를 관리하고 측정할 수 있는 유일한 HR시스템이 평가 시스템이기 때문이다. 또한, 이를 대체할 만한 HR시스템이 현재는 없으므로 문제점을 최소화할 수 있는 세밀한 성과 관리 설계 프로세스가 필요하다.

전 구성원이 만족하는 평가 시스템을 만들기는 어렵겠지만, 세대론 및 시대적 흐름에 따라 투명한 평가 시스템을 운영해야 한다. 무엇보다 평가자의 자질이 특히 중요하다. 아무리 정교하고 트렌드에 맞는 평가 도구를 활용하더라도, 궁극적으로 평가자에 따라 평가 결과가 도출되기 때문이다. 예를 들어, MBO 방식에서 성과 평가 트렌드인 OKR~Objectives and Key Results~로 평가 시스템을 개선하였음에도 평가 결과는 예전과 별반 차이 나지 않는 경우가 많다. 이는 시스템이나 평가도구를 바꾼다고 하여 평가 결과가 객관적으로 변화하는 것이 아니고, 평가자의 역량과 객관성을 키우는 것이 더 중요한 사안임을 반증한다. 그리고 과도하게 세세한 평가설계는 오히려 평가 운영에 매몰되어 시간만 낭비될 수 있다.

결국 평가 시스템 도입 및 운영, 결과에 이르는 프로세스의 투명한 공개와 더불어 특히, 평가 결과에 대한 평가자의 피드백 및 코칭 역량이 중요하다. 조직 내 성과 관리 차원에서 조직 부서 간 협업 및 소통이 가장 중요한 동인이므로, 인위적인 평가 등을 통한 협업 유도가 아닌 실질적인 부서 간 협업으로 유인해야 할 것이다.

조직평가와 사람 평가

조직에서의 평가는 크게 조직과 사람을 대상으로 한 평가로 구분할 수 있다. 조직평가는 조직의 특성 및 전략적 방향성에 따라 달라질 수 있는데, 일반적으로 정량 지표, 정성 지표, 공통 지표로 구분한다. 정량 지표와 공통 지표는 매년 잘 변하지 않으나 정성 지표는 해당 연도 전략 과제에 따라 지표 항목의 변화가 있다.

사람 평가는 업적평가와 역량평가를 바탕으로 성과 관리를 위한 설계 프로세스에 따라 이루어지며, 사람 평가가 모여 조직에 대한 평가가 된다. 다만 사람 평가는 가시적 관점에서의 업적평가와 비가시적 관점의 역량평가를 모두 수행하는 것이 일반적이지만 조직평가는 업적평가를 위주로 한다.

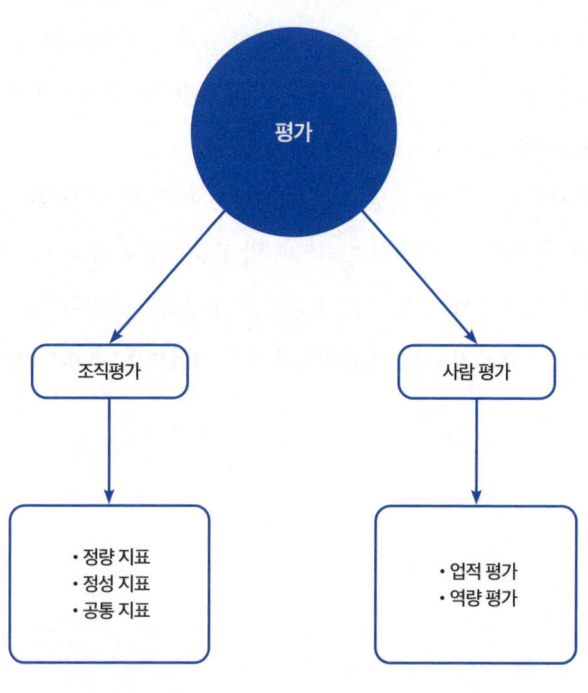

【도표185】

조직평가와 사람 평가의 주요 평가 항목은 아래와 같다.

	조직평가
정량 지표	• 매출, 수주액, 매출 성장률 등의 성장성 지표 • 영업이익, 세전이익, EBITDA(Earnings Before Interest, Taxes, Depreciation and Amortization), 손익 등의 수익성 지표 • 재무건전성 지표, 주당 수익률, 순 현금유동성, 부채비율, FCF(Future Cash Flow), EVA(Economic Value Added) 등의 안정성 지표
정성 지표	영업/R&D 기능 강화, 수익성 극대화, 리스크 관리 등 조직 전략과제에 따라 선정함
공통 지표	핵심 인재유지, 지속가능경영, 동반성장과 같은 ESG 지표 등
	사람 평가
업적평가	직군 및 직무별 KPI(Key Performance Indicator) 지표
역량평가	공통 역량, 리더십 역량, 직무 역량

【도표186】

조직평가와 사람 평가항목 프레임워크

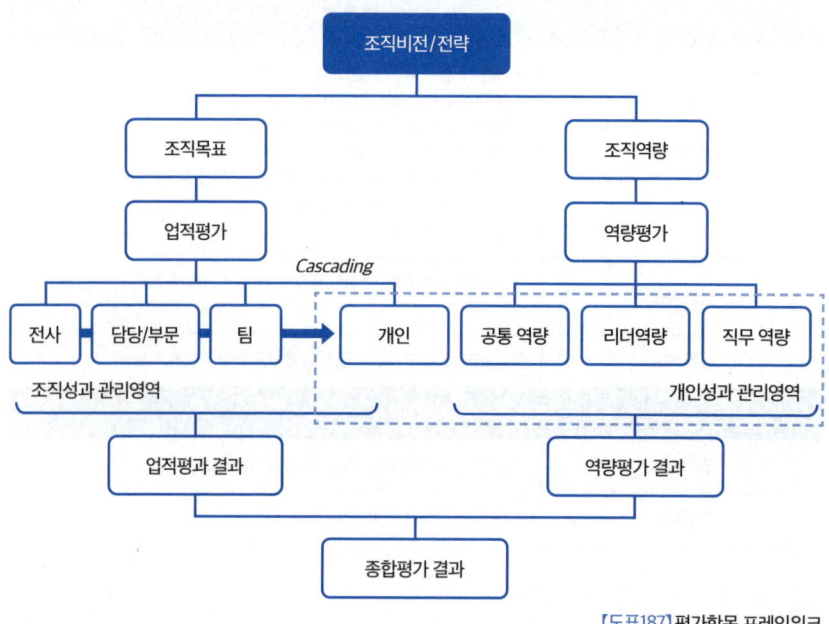

【도표187】 평가항목 프레임워크

조직평가를 위해서 조직의 비전 및 전략적 방향성에 따라 조직 목표를 도출하고, 해당 목표를 달성하기 위한 조직 역량을 탐색한다. 조직 목표는 대체로 정량적 관점에서 업적평가를 하게 된다. 전사적인 조직 차원에서 담당, 부문, 본부 차원의 목표에서 팀 목표로 업적평가 목표가 캐스케이딩cascading되며, 이것이 개인 성과 관리 영역으로 내려오게 된다.

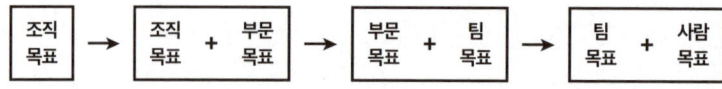

예를 들어 조직구조가 대표이사-부문-팀장-팀원의 4단계로 설계되어 있고 대표이사의 조직 목표가 매출액, 영업이익, 수익성, 영업·R&D 기능 강화, 핵심 인재 유

지로 목표가 설정되어 있다면, 부문은 이 중 해당 부문의 특성 및 역할에 맞는 조직 목표 중 일부를 가져와 목표로 설정한다.

경영지원 부문이라고 가정하면 조직 목표 중 경영지원 부문에 해당되는 지표를 할당하는데, 위의 조직 목표 중 경영지원 부문과 연관 있는 영업·R&D 기능 강화, 핵심 인재 목표와 더불어 경영지원 고유의 부문 목표를 포함하여 설정한다.

조직 목표와 더불어 경영지원 부문 고유의 목표인 조직문화 개선, 복리후생 및 사무 환경 개선을 포함하여 경영지원 부문 목표로 설정한다. 이처럼 경영지원 부문 하위의 인사팀 목표는 경영지원 부문 목표와 더불어 팀 고유 목표를 포함하여 팀 목표를 설정한다.

영업/R&D 직무교육 확대, 핵심 인재 유지 비율, 조직문화 제도 실행, 직급체계 개선이 팀 목표로 설정되었다고 하면, 개별 사람 목표는 팀 목표를 포함하여 설정한다.

인사팀 내에서 HRD 업무를 담당하고 있다면, 영업·R&D 직무교육 확대, 조직문화 제도 실행, 교육 이수율, 사내 강사 활용도 등을 개별 사람 목표로 설정한다. 여기서 개별 사람 목표는 업적평가 외에 역량평가가 추가되는데, 조직 목표를 달성하기 위해 가져야 할 공통 역량, 직무 역량, 리더십 역량을 도출하게 된다. 공통 역량은 전 구성원이 동일한 역량을 기준으로 평가하지만, 직무 역량은 직무에 따른 역량을 구분하며, 리더십 역량은 직책 및 직급에 따라 구분하여 평가하게 된다. 그리고 업적평가 결과와 개인의 역량평가 결과를 합쳐 종합평가 결과를 도출하게 된다.

단, 조직 목표를 담당·부문·본부 차원에서 일방적으로 개인 목표를 할당하는 것은 지양해야 하며, 개인으로부터 팀 목표, 담당·부문·본부 목표로 상향식bottom up을 통해 상호 보완하는 것이 바람직하다.

<평가 관련 용어>

평가와 관련된 용어에는 측정 또는 측량measurement, 검사test, 시험 또는 고사examination, 사정assessment 등이 있다.

측정 또는 측량은 사물의 특성을 구분하기 위하여 주어진 기준에 따라 수치를 부여하는 과정을 말한다. 양, 치수, 크기, 넓이, 길이, 두께 등과 같이 특성을 사회적으로 합의된 척도를 대입하여 숫자나 기호로 나타내는 것으로, 이는 아무런 가치 판단이 들어있지 않은 상태라 할 수 있다.

검사는 능력, 지식, 태도 기타의 심적 특성의 유무나 정도를 밝히기 위하여 일정한 조건에서 문제나 작업을 주고, 일정한 표준에 맞추어 판정하는 조직적 절차를 말한다.

시험 또는 고사는 지식 수준이나 기술의 숙달 정도를 알아보는 절차를 말하며 지능검사, 적성검사, 입학시험 등이 있다.

사정은 여러 가지 평가자료를 통하여 개인이나 대상의 전체적인 모습을 조명하는 전인적 평가로, 임원의 경우 다양한 요인으로 평가하여야 하기에 MBA 수료, 업적평가, 외국어 우수자, 다면 평가 등을 임원 사정이라고 한다.

평가와 관련하여 알아두어야 할 주요 용어는 다음과 같다.

용어	정의	예시
CSF	Critical Success Factor의 약자 기업이나 개인이 성공하기 위하여 반드시 수행해야 하는 핵심적인 요소로, 핵심 성공 요소라고 함	구매단가 최소화 기술 정보력 강화
KPI	Key Performance Indicator의 약자 정량/과제 목표의 달성 정도를 확인하기 위해 사용되는 성과 측정의 도구 핵심성과지표라고 함	영업이익 금액 판매율 매출 신장률 내부고객 만족도
전략과제	중장기 전략과제를 토대로 조직에서 수행해야 할 전략과 제들을 의미home	신규 사업 성공적 런칭(본부) 신규 영업망 구축(팀)
목표값 (Target)	KPI를 수치화한 값	영업이익 금액: 900억 원 조사 결과 보고서 제출 건수: 연 12회
할당 (Cascading)	상위 조직의 목표 및 KPI를 업무 연관성을 기준으로 하위 조직으로 할당하고 목표치를 부여하는 것을 의미함	전사: 영업이익 금액 1,000억 원 OO본부: 영업이익 금액 200억 원 OO팀: 40억 원
고유 목표	본부 고유의 전략 및 추진 과제를 기준으로 KPI를 도출하고 목표치를 설정함	각 본부만의 KPI
ICSI	Internal Customer Satisfaction Index의 약자 협업지표 등을 대신하기 위해 활용됨	내부고객 만족도(신뢰성, 정확성, 신속성, 적극성, 의사소통)로 조사

[도표188] 평가 관련 용어 정리

사람 평가 시스템 설계 프로세스

사람 평가 시스템 설계 프로세스는 다음의 7단계로 이루어져 있다.

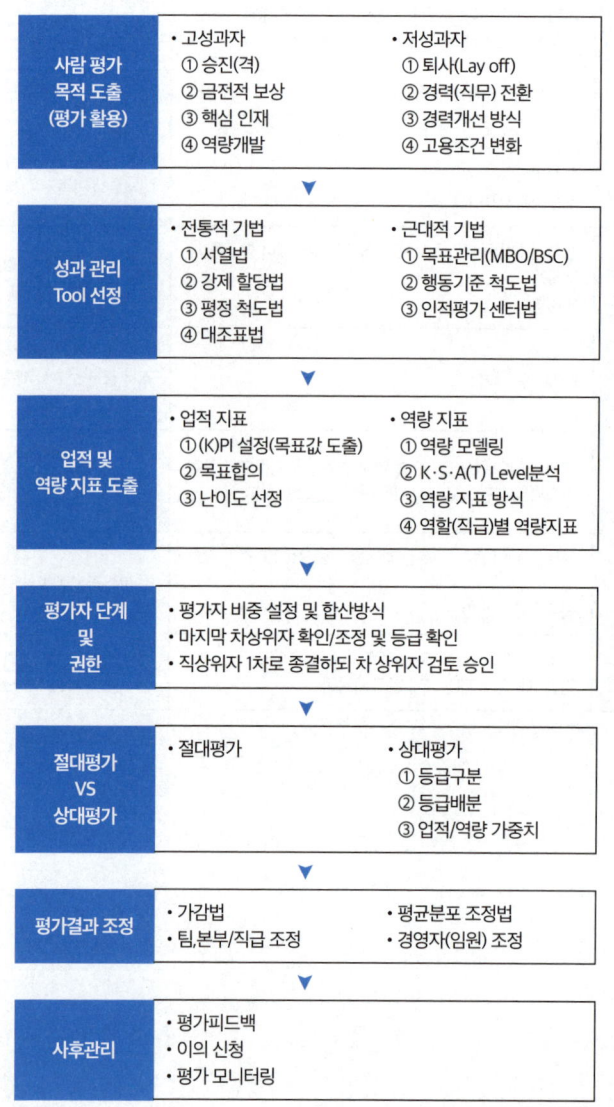

【도표189】사람 평가 시스템 설계 프로세스

STEP 1. 사람 평가 목적 도출

평가 시스템을 설계할 때는 성과 관리를 통해 조직이 얻고자 하는 목적이 분명해야 한다. 그래서 성과 관리 시스템을 설계하기 전에, 우선 조직의 성격과 특성에 맞는 평가활용의 목적을 확실하게 정립할 필요가 있다. 평가활용 목적은 다음과 같이 고성과자와 저성과자에 따라 구분한다.

고성과자	저성과자
· 승진 · 금전적 보상 · 핵심 인재 · 역량개발	· 퇴사 · 경력 전환 · 경력개선 방식 · 고용조건 변화

고성과자를 위한 평가활용법에는 대다수 조직에서 활용하고 있는 승진, 금전적 보상 외에도 핵심 인재 시스템, 역량개발이 있다. 이 중에서 핵심 인재 시스템을 도입하여 활용하거나 관리하는 조직은 적다. 이는 관리가 어려워 상대적으로 많이 활용되지 못하고 있는 것이 현실이다.

평가활용의 목적에는 역량평가 등을 통한 역량개발이 가장 중요한 부분이지만, 현실에서는 가장 적게 활용되고 있다. 그 이유는 조직 내에 직급이나 역할, 또는 직무에 연결된 역량 모델링이 선정되지 않은 부분에 기인한다. 조직 자체적으로 기존의 역량 풀을 참고하여 도출하는 경우보다는 기존 역량 사전을 참고하거나 Spencer & Spencer, Carnevale & Anthony 등과 같은 선행 연구의 역량군을 차용하는 것이 대부분이라 각 조직의 특성 및 인적 전략에 맞는 역량 모델링이 연결되어 있다고 보기에는 무리수가 있다. 전문 HR 컨설팅 조직의 컨설팅과 자문을 받아 역량 모델링을 도출하는 것 역시 해당 컨설팅 조직이 가지고 있는 역량 풀을 기반으로 사용하기에 이 역시 조직의 특성에 적합한 역량 모델링이라 할 수 없을 것이다.

또 다른 이유로 조직 내 역량개발 과정 및 프로그램이 미흡한 점을 들 수 있다. 자체 교육이나 컨설팅을 통한 교육체계 수립을 통해 역량 교육을 진행하고 있어도, 실질적인 효과성 부분에서 의구심이 드는 것이 사실이다. 그래서 조직의 특성 및 방향성에 따라 커스터마이징customizing을 진행하지만, 구성원이 느끼는 역량 향상을 체감하기는 쉽지 않다.

성과 관리 설계 시 역량이 업적에 비해 다소 가볍게 다뤄지는 경향이 있는데, 그것은 평가자가 가진 역량평가 기준이 모호하여 주관에 따라 평가하는 경우가 많기 때문이다. 따라서 앞으로는 역량평가 항목 및 측정 기준 등에 대해 보다 세밀한 설계가 이루어져야 할 것이다.

이와 더불어 조직의 역량 풀에 기반한 직무, 직급 및 역할에 따른 맞춤식 역량 교육으로 나아가야 할 것으로 생각된다. 특히, 구성주의 관점에서 구성원 개개인의 차이를 무시한 계층별 교육 등은 점차 지양되어야 하며 직무 행동 변화, 업무 활용도, 조직목표 달성, 성과 기여도 등 단계적 교육 효과 측정 및 접근 모니터링으로 지속적인 역량개발을 해야 할 것이다.

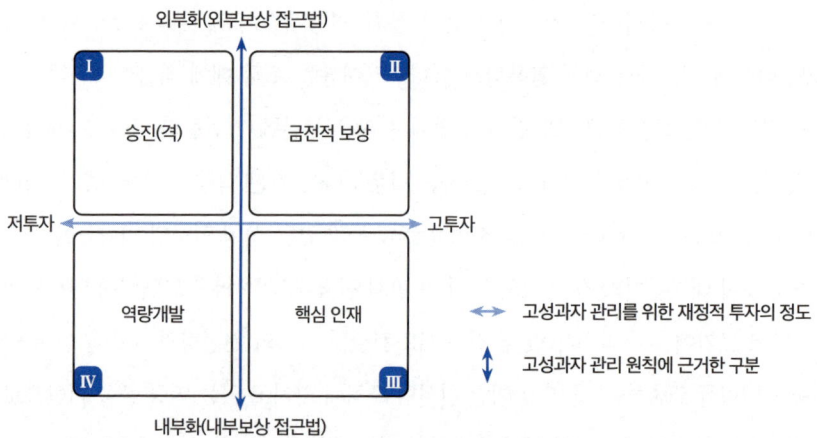

유형	승진(격)	금전적 보상	핵심 인재	역량개발
목적	Fast track 부여	단기성과에 대한 즉시 보상 부여	핵심 인재 유출 방지 및 관리	역량 증진을 통한 성과 향상
방식	승진 Hurdle 및 Point제에 평가결과 비중 확대	연간 성과급 재원을 감안하여 개인별 차등 지급	핵심 인재 제도 운영 (경영자 후보, 차세대 리더, 직무(글로벌) 전문가, 사내 강사)	역량평가 결과에 따른 교육제도 운영
충격	조직 내부 : 강 조직원 : 강	조직 내부 : 강 조직원 : 강	조직 내부 : 중 조직원 : 중	조직 내부 : 저 조직원 : 저
특징	조직 내 사회적 인정 욕구 및 책임 및 권한 확대에 효과적	경영성과에 따라 재정적 부담이 많으나 가장 강력한 동기부여	차별화된 육성 체계에 따른 전문화 및 핵심 인재의 Retention 효과	개개인의 역량맵을 통한 단계별 역량 교육 실시

【도표190】고성과자 평가활용

저성과자의 평가활용은 경력 및 직무 전환career transition, 역량 개선, 고용조건 변화 방식, 그리고 해고lay off 등이 있다.

경력 및 직무 전환이 일반적이기는 하나, 타 부서 이동 시 해당 부서에서의 거부 및 저성과자C-player로 소문이 나는 경우 부서 이동 후 적응이 쉽지 않다. 또한 저성과자의 역량을 개선하는 것이 가장 바람직한 방법이기는 하나 위에 언급한 대로 역량 모델링이 선제 되어야 할 것이다. 고용 조건 변화의 경우는 고연령자를 제외하고는 당사자의 수용이 쉽지 않다.

마지막으로 해고의 경우, 법률상 부당해고의 위험 소지를 주의 깊게 살펴야 한다. 특히, 조직 내에서 평가 등급 비율을 일률적으로 강제로 지정하는 '조직 내 강제 배분 상대평가'를 적용하였다면 비록 조직 내 저성과자로 분류되었다고 하더라도 해고 시 부당해고에 해당한다. 만일 각 등급 비율에 따라 구간 값을 적용하는 등급 가이드 라인이 있었다고 하더라도 법적 다툼의 여지는 존재한다.

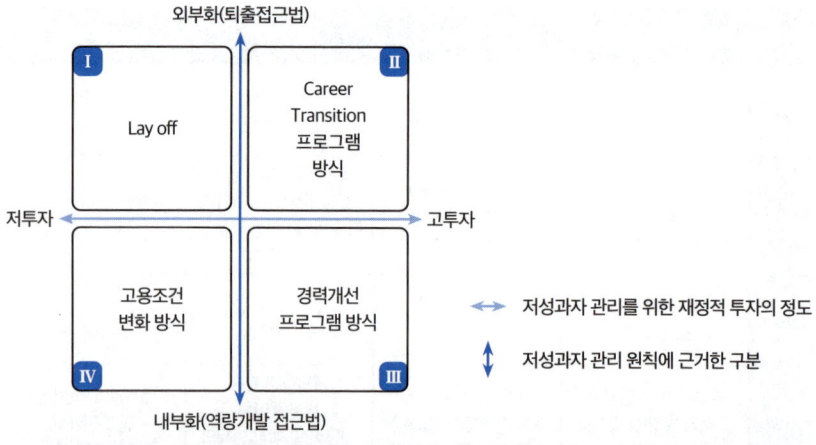

유형	Lay Off	Career Transition	경력개선 프로그램	고용조건 변화방식
목적	비효율성을 즉시 제거	퇴직자의 실업 요인을 최소화	저성과자 역량 개발 기회 제공	자발적 퇴직 유도
방식	정리해고, 권고사직 등	경력 전환프로그램 등을 활용, 창업 및 재취업에 대한 정보제공	내부 경력개선 프로그램 활용	새로운 직급 부여, 계약직으로의 직간 전환 등
충격	조직 내부 : 강 조직원 : 강	조직 내부 : 저 조직원 : 저	조직 내부 : 저 조직원 : 중	조직 내부 : 중 조직원 : 중
특징	시급성이 필요한 상황에 효과적	재정적 부담이 크나 잔류 직원의 충격 최소 및 실업자 없는 구조조정 가능	성과 관리 정착 단계에서 상시운용 필요하며, 장기적인 직원 육성책	저성과자를 위한 새로운 직급의 설정 및 인사제도 설정 운영

【도표191】저성과자 평가활용

STEP 2. 성과 관리 도구 선정

평가 방법은 전통적 기법과 근대적 기법으로 구분한다.

전통적 기법은 역량 및 업적 등을 정량화하여 순위를 정하는 서열법, 평가 대상에 따라 비율을 정해 강제로 할당하는 강제할당법, 주요 과업 분야별로 바람직한 행태를 유형과 등급으로 구분하여 등급마다 주요 행태를 기술하는 평점 척도법, 구성원의 업적이나 행동을 정의하여 서술문을 배열하고 평가자가 해당 서술문에 체크하는 대조표법이 있다.

근대적 기법으로는 목표관리, 행동 기준 척도법, 인적 평가 센터법이 있는데 목표관리 기법을 보편적으로 활용한다. 행동 기준 척도법의 경우 척도 기준을 만들기 위해 너무 많은 시간이 소요되며, 해당 기준 역시 객관성 및 타당성 시비에 휘말릴 수 있다. 인적 평가 센터법은 평가 대상을 세밀하고 고도화할 필요가 있는 경우 다각적 검증을 통해 평가하는 방법으로 보통 고위급 인사평가에 적절하다.

기법		내용
전통적 기법	서열법	능력과 업적에 대하여 순위를 매기는 방법
	강제할당법	미리 정해 놓은 비율에 맞추어 피평가자를 강제로 할당하는 방법 예) S-A-B-C-D
	평정 척도법	피평가자의 자질을 직무 수행상 달성할 정도에 따라 사전에 마련된 척도를 근거로 하여 평가할 수 있도록 하는 방법 (가장 오래되었고 널리 사용되는 방법)
	대조표법	업적 또는 특성을 특징지을 수 있는 서술문을 배열하고, 평가자가 해당 서술문을 체크하는 방법
근대적 기법	목표관리	상사와 협의하여 작업 목표를 정하고 이에 대한 성과는 부하와 상사가 같이 측정하고 평가하는 방법 (부하는 참여의 기회를, 상사는 지원의 기회를 얻음)
	행동 기준 척도법	업무수행 과정상의 수많은 중요 사실을 추출하여 몇 개의 범주 또는 차원으로 나눈 다음, 각 범주의 중요한 사실을 척도에 의해 평가하는 방법
	인적 평가 센터법	평가를 전문으로 하는 평가센터를 만들고 여기에 다양한 자료를 활용하여 평가하는 방법 (주로 관리자의 잠재 능력을 확인하기 위해 이용)

【도표192】평가 방법의 유형

STEP 3. 업적 및 역량지표 도출

조직의 비전에 따라 조직 목표와 조직 역량을 수립하여 평가하기 위해서는 업적지표와 역량지표가 필요하다. 업적지표는 조직 목표에서 개인이 수행할 수 있는 지표를 선정하고, 평가자와 합의되어야 최종 목표를 도출할 수 있다. 하지만 개별 목표에 따른 수준 차이가 있어 개인별로 가중치 및 난이도를 주어 목표를 조정할 필요가 있다. 역량지표의 경우 역할 및 직무별 역량을 구분하여 역량지표를 구성한다.

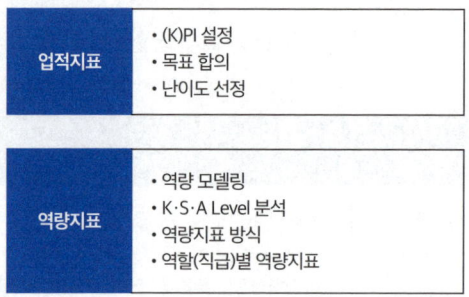

업적지표는 정량 지표와 정성 지표로 구분할 수 있으며 정성과 정량 지표의 속성은 양quantity, 질quality, 비용cost, 시기적절성time-line의 속성을 지니고 있다.

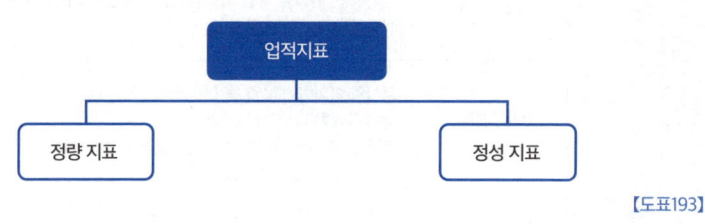

【도표193】

정량 지표는 성과 달성 정도를 계량적인 수치로 평가할 수 있는 지표다. 예를 들어 달성한 목표의 양적 수준으로 재무적 지표인 수익, 매출, 비용이나 영업적 지표로 영업 볼륨, 품질 지표로 클레임 건수 등이 해당된다. 평가 방법은 목표 대비 달성도에 따라 평가 등급을 정하여 평가하고, 평가 등급의 기준 설정이 쉽다는 장점이 있다.

정성 지표는 성과 달성 정도를 측정하기 위해 평가자의 주관적인 판단이 필요한 지표이다. 예를 들어 서비스에 대한 고객 인식, 보고서의 내용과 질 측면이나 적절성 등을 평가한다. 평가 방법으로는 누가, 어떤 요소를 평가할 것인지에 대해 사전에 정의가 필요하며 목표 설정 단계에서 등급별 수준에 대한 합의가 필수적이다.

구분	유형	지표 예시
정량 지표	목표유형	매출목표/이익목표 달성률
	추세유형	매출액 향상률, 원가 감소율
	절대유형	신규고객 개척수, 예산대비 비용 절감액
정성 지표	만족도 유형	내부 직원 교육/신제품 만족도
	전략 및 계획 수립 유형	마케팅 계획/사업계획의 적정성
	일반 업무수행 유형	홍보활동/조사 업무 활동의 적정성
	분석/보고서 작업 유형	실적분석의 정확성, 보고서의 충실성
	규정반영 및 업데이트 유형	대외 정책 반영/업데이트의 적시성

【도표194】 지표 유형

업적지표를 도출할 때는 업적지표를 통해 해당 직무를 담당하는 전 구성원을 대상으로 성과지표의 풀을 목록화하는 방법이 제일 바람직하기는 하나 시간적, 물리적 한계로 인해 해당 직무 SME나 평가자만을 대상으로 워크숍을 진행하는 방법과 기존의 성과지표를 참고하여 조직에 맞게 수정하는 방법이 있다. 단, 기존의 성과지표를 참고하는 경우는 기존의 직무가 있는 경우에만 가능한 방법으로, 산업의 변화 등에 의한 신규 직무에 대한 정의가 필요할 때는 적합하지 않다. 지표 설정 시 고려해야 할 유의 사항은 다음과 같다.

대표성 (representative)	성과지표가 업무의 성과를 직접 측정할 수 있도록 대표성이 있는지 파악하고, 목표 달성만을 의식하여 편협하고 지엽적인 지표를 제시하지는 않았는지를 검토한다.
계량성 (measurable)	계량화가 가능한 항목에 비계량 지표를 활용하고 있는지를 검토해야 하고, 의미 없는 계량적 항목인 회의 참석 횟수나 보고서 제출 건수 등은 배제한다.
명확성 (well-defined)	지표는 명확하게 표현되고 쉽게 이해되는지를 검토해야 한다.
적시성 (timely)	지표의 평가 결과 확인이 평가 기간 내에 가능한지 검토한다.
신뢰성 (reliable)	측정 대상을 일관성 있게 측정하는 정도를 말하는데, 내외적인 변수 등에 의해 변동이 심한 지표는 되도록 지표 수립에 배제한다.
비교가능성 (comparable)	참고할 수 있는 과거 지표가 있는 경우에만 해당되며, 수립된 지표가 과거 성과와 비교 가능한지에 대해 검토한다.
입증 가능성 (verifiable)	지표에 대한 정보 및 자료가 검증 가능하도록 수집되었고, 계산이 가능하며 이용 가능한 증거자료가 존재하는지 등을 고려한다.

【도표195】

업적지표 설정 시에는 객관적인 평가를 위해 기준이 되는 기준값 산출이 필요하다. 기준값 또는 중간값 설정은 네 가지 방법이 있다.

> 1) 기존 KPI 산식 기준 과거 3년 결괏값의 추세선이 있는 경우
> 2) 목표와 비교할 수 있는 전년도 실적 기준이 있는 경우
> 3) 절대 목표 수준 설정
> 4) 비 수치화된 정성적 목표 설정

먼저 기존 KPI 산식 기준 과거 3년 결괏값의 추세선이 있는 경우를 보자. 3개년도를 참고로 상승 또는 하락에 대한 연도별 차이의 합을 반으로 나누어서 증가 혹은 감소분을 계산한다.

아래의 <도표196>와 같이 2018년 1,100억, 2019년 2,700억, 2020년 3,200억 원의 매출이 발생되었다고 하면, 2021년도의 기준값은 2019년 매출에서 2018년 매출

을 뺀 금액과, 2020년 매출에서 2019년 매출을 뺀 금액을 합산하여 반으로 나눈 값이 기준값으로 설정된다.

년도	매출	차이	계
2018년	1,100억 원		
2019년	2,700억 원	2,700억 원 - 1,100억 원	1,600억 원
2020년	3,200억 원	3,200억 원 - 2,700억 원	500억 원

(1,600억 원 + 500억 원) ÷ 2 = 1,050억 원

2021년 기준값 = 3,200억 원 + 1,050억 원 = 4,250억 원

【도표196】 기존 KPI 산식을 기준으로 과거 3년 결괏값의 추세선이 있는 경우의 기준값 설정 방법 예시

목표와 비교할 수 있는 기준이 되는 전년도 실적이 있는 경우의 산식은 아래와 같다.

평가척도 예시 (당기 목표 6.0% / 전년 실적: 5.5%일 경우)					
S등급 (탁월)	A등급 (우수)	B등급 (목표)	C등급 (미흡)	D등급 (심각)
6.5% 이상	7.0% 미만 ~ 6.5% 이상	6.5% 미만 ~ 6.0% 이상	6.0% 미만 ~ 5.5% 이상	5.5% 미만

【도표197】 목표와 비교할 수 있는 전년도 실적 기준이 있는 경우의 기준값 설정 방법 예시

등급 구간 = 당기 목표 - 전년 실적
-> 등급구간 설정 6.0%-5.5%=0.5%

B등급 범위 설정: (당기 목표 + 등급 구간) ~ 당기 목표
-> B등급 범위 설정 (6.0%+0.5%=6.5%)~6.0%

【도표198】

절대 목표 수준이 설정된 경우에도 기준값을 설정할 수 있다. 전사적 차원에서 주어지는 사업실적이나 전략적 업무와 관련된 평가항목으로서 목표 수준이 최고경영진 등으로부터 확정되는 절대 목표인 경우이다.

목표대비 일정 달성 비율로 평가 등급 간격을 전개하는 방법				
S등급 (탁월)	A등급 (우수)	B등급 (목표)	C등급 (미흡)	D등급 (심각)
120% 이상	120% ~ 110%	110% ~ 100%	100% ~ 90%	90% 미만

【도표199】절대 목표 수준이 설정된 경우의 기준값 설정 방법 예시 1

전사적으로 동일한 수준의 등급간 기준제시				
S등급 (탁월)	A등급 (우수)	B등급 (목표)	C등급 (미흡)	D등급 (심각)
10억 원 이상 절감	10억 ~ 9억 5천만 원 절감	9억 5천만 ~ 8억 원 절감	8억 ~ 7억 원 절감	7억 원 미만 절감

【도표200】절대 목표 수준이 설정된 경우의 기준값 설정 방법 예시 2

   마지막으로 비 수치화된 목표인 정성적 목표를 설정하는 방법이 있다. 업무수행 과정이나 품질 등의 비계량 지표를 핵심성과지표로 설정할 경우, 목표 수준 설정은 단계별 성취 정도로 구분하여 기재한다. 정성적 목표의 경우 정답은 없으며 다소 주관적인 판단을 요구하게 되나, 판단 기준에 대해서는 사전에 평가자와 피평가자의 동의를 통해 구체적인 기준을 설정하여야 한다.

'부서별 성과목표 설정' 이라는 KPI가 수립된 경우				
S등급 (탁월)	A등급 (우수)	B등급 (보통)	C등급 (낮음)	D등급 (미흡)
개인별 성과 목표 기준 운영	부서별 성과 목표 기준 운영	부서별 성과 목표 설정	성과목표 설정 기준 교육	성과목표 설정 기준 마련

【도표201】비수치화된 정성적 목표 설정이 된 경우의 기준값 설정 방법 예시

   업적 목표의 개수는 정해진 것이 없으나, 많으면 관리 및 평가가 어렵고, 적으면 목표에서 배제된 업무를 소홀히 하는 경향이 나타난다. 보편적으로 목표 개수는 5~8개 정도가 적절하다.

【도표202】목표 정의서 예시

■ 20XX년 목표 정의서

소속: ( ) 팀 성명: ( ) 100%

구분	전략	CSF	팀 KPI 및 전략과제	계산식/정의	KPI 비중	목표값	목표값 S등급	A등급	B등급 (목표값)	C등급	D등급
부서 할당 목표	효율성 및 생산성 극대화를 위한 포괄적 구조개선 노력	노동 생산성 향상 및 효율적 인건비 운영	사업계획 대비 인건비 준수율	실제 발생 인건비 ÷ 사업계획상 인건비 × 100	20%	101%	99%	100%	101%	102%	103%
		D프로젝트	D프로젝트 일정 준수율	(인사 부문 일정/D프로젝트 일정) × 100 * D프로젝트 일정표 첨부	10%	90.00%	100.00%	95.00%	90%	85.00%	80.00%
	해외 권역별 관리를 통한 효율성 증대	중국 HR제도 개선	중국 HR제도 패키지별 개선 건수	1) 직무 체계 2) 지급/총칭 제도 3) 평가(업적/역량) 제도 4) 보상/승진 제도 5) 육성 제도	20%	3건	5건	4건	3건	2건	1건
팀 고유 목표	직장과 가정의 균형을 통하여 업무몰입도/생산성향상 추진	일할 맛 나는 조직 구축 및 임직원 삶의 질 향상	조직문화 개선 제도 실행 건수	조직문화제도 실행 건수(PC OFF제 등) + 조직문화 연관 교육 실행 건수(소통 과정 등)	20%	2건	3건	-	2건	-	1건
	업무프로세스 개선을 통한 비생산적인 업무 과감히 폐기	디지털 HR화 및 업무 프로세스 개선	업무 프로세스 개선 및 시스템 개발 건수	전자 근로계약 등 디지털 HR 개발 건수 + 업무 프로세스 개선 건수	20%	3건	5건	4건	3건	2건	1건
공통 목표	직장과 가정의 균형을 통하여 업무몰입도/생산성향상 추진	연차 사용 독려를 통한 Refresh	연차 사용률	연차 사용일 수(20181216~20191115) ÷ Σ(해당 조직 구성원 연차 지급일 수)	10%	90%	90%	85%	80%	75%	70%

목표 수립 Comment	피평가자	평가자

설정된 업적 목표마다 성과를 달성하는 데 난이도와 중요도에서 차이가 나타날 것이다. 이를 반영하기 위해서는 다음과 같은 세 가지 방법을 통해 가중치 및 난이도를 조정하게 된다.

> 1) 가중치 외 개별 난이도를 부여하지 않는 방식
> 2) 직무 가치를 고려하여 직무 난이도를 부여하는 방식
> 3) 가중치와 난이도를 모두 설정하는 방식

먼저, 가중치 외 개별 난이도를 부여하지 않는 방식이다. 이 방식은 각 지표의 전략적 중요도나 통제 가능성 등의 점수 등을 통해 도출된 가중치 순위를 기반으로 가중치를 평가자와 피평가자의 합의에 따라 부여한다. 예를 들어, 5개의 목표가 있다면 가중치 순위에 따라 총 100% 기준으로 1순위(30%), 2순위(25%) 3순위(20%), 4순위(15%), 5순위(10%) 등으로 가중치를 달리하면 된다.

평가자와 피평가자의 합의에 따라 가중치 비율을 정하면 되나 1순위 목표보다 2순위 목표의 가중치가 높아서는 안 되며, 같거나 낮아야 한다.

		성과지표 리스트	전략적 중요도					통제가능성					평가가능성					가중치 순위
			1	2	3	4	5	1	2	3	4	5	1	2	3	4	5	
1	정량	채용응시율			3					3							5	5
2	정성	채용프로세스 개선				4						5			3			1
3	정량	연차사용률			3					3							5	4
4	정량	특정 Cluster 입사 지원율				4				3							5	2
5	정성	복리후생 제도 개선			3						4					4		3

【도표203】1) 가중치 외 개별 난이도를 부여하지 않는 방식

두 번째 방식은 위와 같이 도출된 가중치 순위를 기반으로 지표 수에 따라 역산

하여 가중치를 강제로 설정하는 방법이다. 위의 방법은 가중치 순위에 따라 평가자와 피평가자 간의 합의에 따라 가중치 비율을 자유롭게 선정하는 방법이지만 이 방법은 지표수에 따라 가중치를 역산하여 도출하는 방식이다.

지표수	1순위	2순위	3순위	4순위	5순위
역수	5	4	3	2	1
5개	5/15 = 33.3%	4/15 = 26.7%	3/15 = 20.0%	2/15 = 13.3%	1/15 = 6.7%
4개		4/10 = 40%	3/10 = 30%	2/10 = 20%	1/10 = 10%
3개			3/6 = 50%	2/6 = 33.3%	1/6 = 16.6%

【도표204】 1-1) 가중치 외 개별 난이도를 부여하지 않는 방식

두 번째 방식으로 직무 가치를 고려하여 직무 난이도를 부여하는 방식이 있는데, 국내의 기업에서는 직무 가치 기반으로 HR시스템을 도입한 조직이 적어 현 상황에서는 접목하기 힘들 수 있으나, 점진적으로 직무 기반 HR시스템으로 변화하고 있기에 추후 도입을 검토해 볼 수 있다.

마지막은 가중치와 난이도를 설정하는 방식으로, 위와 같이 도출된 가중치 순위에 따른 가중치 비율과 함께 난이도를 추가하여 설정하는 방식이다. 업무수행 시 요구되는 역량 수준과 현 수준 간 차이 및 업무의 복잡성 및 도전성에 따라 난이도를 부여하며 High(1.2), Middle(1.0), Low(0.8) 중 하나를 선택해야 한다. 평가자는 피평가자 개인의 역할 및 역량을 고려하여 업무 난이도가 균형 있게 부여되었는가를 확인해야 한다.

팀원 수	총 팀원 중 난이도 등급 비율				
	30%	25%	20%	15%	10%
5명	1명	1명	1명	1명	1명
3명	1명		1명		1명
2명	1명				1명
4명	1명	1명	1명		1명
6명	1명	2명	1명	1명	1명
7명	1명	2명	1명	2명	1명
8명	1명	2명	2명	2명	1명
9명	2명	2명	2명	2명	1명
10명	2명	2명	2명	2명	2명

【도표205】 3) 가중치와 난이도를 책정하는 방식의 등급 비율

팀원	영업관리팀(5명)									
	High(1.2)					Low(0.8)				
	30	25	20	15	10	30	25	20	15	10
A				√						√
B		√						√		
C					√	√				
D	√								√	
E		√				√				

D평가지표	가중치	난이도	평가 등급	환산점수
KPI ①	30%	1.2	S	36
KPI ②	20%	1	S	20
KPI ③	20%	1	S	20
KPI ④	15%	0.8	S	12
KPI ⑤	15%	1	S	15
총계	100%	최종 평가점수		103점

【도표206】 3-1) 가중치와 난이도를 책정하는 방식 예시

업적평가는 급여 인상이나 성과급과 같은 보상에, 역량평가는 승진이나 보임 등에, 공통적으로는 경력개발에 활용하는 것이 일반적이다. 몇몇 기업은 업적평가 혹은 역량평가만 진행하는 경우가 있는데, 평가는 균형 있게 하는 것이 바람직하며 활용 목적에 따라 평가 비중을 달리해야 한다. 만약 업무 특성상 업적과 역량이 비례하지 않아 각각의 차이를 인정하고 구분하여 육성해야 하거나 평가 결과를 구분하여 활용할 때는 업적 및 역량평가를 분리하여 활용한다.

이와 같은 방법은 성과에 대한 보상 메시지가 명확해지고, 직무 이동에 대한 철저한 적합성 판단을 가능하게 한다. 다만, 평가자의 평가 역량이 높아야 하며 금전적인 보상과 밀접하게 연관된 업적평가의 경우, 피평가자 모두가 수용하는 결과를 도출하기가 매우 어렵다는 단점이 있다. 그런데도 직무 구분 및 직무별 성과 책임, 역량 정의가 명확한 조직이나 코칭 문화가 성숙되어 있다면 합리적인 방식으로 운영될 수 있다.

업적 및 역량평가를 통합하여 활용하는 종합평가도 있다. 업적과 역량 양자가 각각의 성과에 영향을 주며, 각 항목에 대한 평가가 완전하지 않을 경우에 업적 및 역량평가의 종합점수를 통해 보상, 승진, 경력개발 등에 활용하는 방법이다. 이 방법은 구성원의 저항이 크지 않고 균형 있는 평가 방식인 반면, 종합점수라는 함정으로 인해 평가가 형식적으로 이루어질 가능성이 크다. 또한, 평가자의 평가 부담 상승 및 HR의 전체적인 평가 운영 관리 역량이 필요하다.

업적평가 및 역량평가를 따로 구분하지 않고 종합평가 시 평가활용 목적에 따라 업적 및 역량 비중을 다르게 가중치를 주어 평가하는데, 다음과 같이 5가지 방법이 대표적이다.

> 1) 업적 강조
> 2) 역량 강조
> 3) 업적 및 역량 균등 반영
> 4) 직책 및 직급에 따른 구분
> 5) 직무에 따른 구분

업적 강조 방법은 역량의 비중보다 업적을 높게 평가하는 방법이다. 역량평가에 대한 객관성 및 신뢰도가 낮거나 성과 위주의 조직에서 활용하기에 바람직하나, 성과 창출의 방법으로써 역량의 의미가 상대적으로 감소하기에 단기적인 성과에 매몰될 우려가 있다.

반대로 역량을 강조한 방법도 있다. 협업 중심의 업무수행이 중심이거나, 내부보다는 외부요인으로 개인 성과 창출의 영향력이 적을 때, 역량 증진을 통한 거시적인 육성 측면에서 사용된다. 다만, 정량적 성과에 소홀해질 수 있으며, 협업으로 인해 무임 승차하는 구성원이 생길 소지가 크다.

위의 두 방법의 장점을 합친 업적 및 역량의 균등 반영도 있다. 직무수행 결과와 수행 과정에서의 가치, 행동 양식을 균형적으로 강조할 수 있으며 양자의 평가 객관성 및 타당성을 균형적으로 강조하고 상호보완적으로 운영할 때 사용된다. 다만, 업적 및 역량 평가와의 결과 차이로 인해 전체 평가가 왜곡될 수 있다.

직책 및 직급에 따라 차이를 두는 방법도 있다. 직급 및 직책에 따라 업적 및 역량 평가를 달리하는 것이다. 성과 위주의 목표라면 직책자나 고위직급일수록 업적을 높게 보지만 리더십이나 조직관리에 중점을 두어 역량의 평가 비중을 높게 가져가는 방법이다.

조직의 특성에 따라 다르겠으나 일반적으로 주니어급은 역량평가로 대체하고 그 상위 직급부터 업적평가를 병행하는 방법과 주니어, 시니어급 사원 모두 업적 및 역량평가를 실시하는 방법, 둘 다 업적 및 역량평가를 실시하되 업적 및 역량평가 비중을 달리하는 방법 등이 있다.

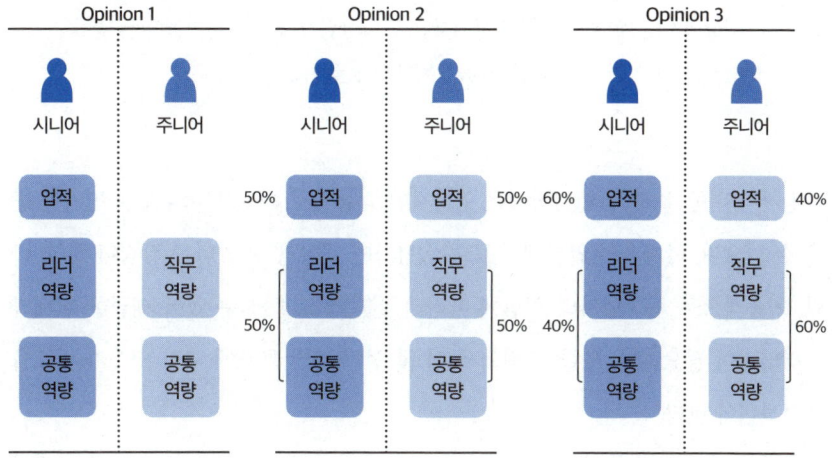

【도표207】직책 및 직급에 따른 구분

마지막으로 직무에 따라 차이를 두는 경우는 직무의 속성에 따라 차등을 주는 방식이다. 업무 성과가 가시적으로 드러나고 정량적 수치를 얻을 수 있는 영업 직군은 업적평가의 비중을 높이고, 업무 성과가 가시적으로 드러나지 않는 지원 부서의 경우는 역량평가의 비중을 높이는 방식이다.

STEP 4. 평가자 단계 및 권한

다음은 평가 기간이 종료된 후 평가 진행을 위해 평가자의 권한 및 단계를 설정해야 한다. 조직이 가지고 있는 조직구조의 계층layer 및 피평가자의 역할과 위치에 따른 평가자의 단계 및 권한 설정 방법으로는 대표적으로 3가지가 있다.

> 1) 평가자 비중 설정 및 합산 방법
> 2) 직상위자의 1차 평가로 종결하되 추가로 차상위자의 검토 승인을 받는 방법
> 3) 평가자 비중 설정 및 합산 후 차상위자가 평가 등급을 조정하는 방법

평가자 비중 설정 및 합산방식은 평가자인 직상위자, 차상위자의 고른 평가를 받을 수 있으며, 평가자의 입장에서 모두가 평가에 개입할 수 있다는 장점이 있다. 다만, 최종적으로 차상위자의 영향에 따라서 결과가 도출될 수 있어 세밀한 설계와 모니터링이 필요하다. 또한, 조직의 특성 및 성과 관리 목표에 따라 평가자 비중을 조정하여야 한다.

보통 조직의 규모에 따라서 평가 비중을 달리한다. 일반적으로 규모가 큰 조직의 경우 피평가자의 성과를 임원과 같은 차상위자가 인지하기 어려워 팀장과 같은 직상위자평가 비중을 높이고 차상위자의 비중을 낮추는 것이 바람직하며, 반대로 규모가 작은 조직의 경우는 직상위자와 차상위자의 비중을 같게 하거나 차상위자의 비중을 더 높이는 것이 바람직하다.

피평가자		평가자							
		1차	비중	2차	비중	3차	비중	4차	비중
부장 / 차장	팀장	실장	50%	담당임원	30%	본부장	20%		
		담당임원	60%	본부장	40%				
	팀원	팀장	40%	실장	30%	담당임원	20%	본부장	10%
			50%	담당임원	30%	본부장	20%		
과장	팀장	실장	70%	담당임원	20%	본부장	10%		
		담당임원	80%	본부장	20%				
	팀원	팀장	70%	실장	20%	담당임원	10%		
			80%	담당임원	20%				
대리 이하		팀장	70%	실장	20%	담당임원	10%		
			80%	담당임원	20%				

【도표208】평가자 비중 설정 및 합산방식 예시

두 번째로는 직상위자의 1차 평가로 종결하되 추가로 차상위자의 검토 승인을 받는 방법으로, 직상위자의 권한을 강화하는 방법이다. 피평가자의 성과를 대부분 직상위자가 관리하고 피드백하는 조직에 적합하다 할 수 있다.

세 번째로는 평가자 비중 설정 및 합산 후 차상위자가 평가 등급을 조정하는 방법으로 평가 등급을 최대 ±1단계 조정을 통해 상당 부분 직상위자의 권한을 부여하되, 차상위자의 평가 개입을 어느 정도 보장한 방법이다. 단, 성과 관리 목적에 따라 조정 인원을 일정 비율로 한정하는 방법과 한정하지 않는 방법이 있다. 일정 비율로 한정하지 않을 시 전체 평가 점수가 바뀔 수 있어 차상위자의 권한이 높아지며, 반대로 일정 비율로 한정하면 직상위자의 권한이 높아진다.

다만, 일정 비율로 한정하지 않을 시 평가자의 성향에 따라 상대적으로 피해를 보는 부서가 나타날 수 있다. 특히, 가혹화 성향을 보인 평가자의 부서원들이 피해를 볼 수 있어 되도록 일정 비율로 한정하는 것이 바람직하다. 예를 들어 피평가자 전체 인원 중 20~30% 수준 등으로 평가 조정 인원을 설정한다.

피평가자		평가자								
		1차	비중	2차	비중	3차	비중	4차	비중
부장/차장	팀장	실장	70%	담당임원	30% (합산평가 등급: A)	본부장	(조정등급: A)		
		담당임원	100% (평가 등급: A)	본부장	(조정등급: B)				
	팀원	팀장	50%	실장	30%	담당임원	20% (합산평가 등급:B)	본부장	(조정등급: A)
			70%	담당임원	30% (합산평가 등급: S)	본부장	(조정등급: A)		
과장	팀장	실장	70%	담당임원	30% (합산평가 등급:B)	본부장	(조정등급: A)		
		담당임원	100% (평가 등급: A)	본부장	(조정등급: A)				
	팀원	팀장	70%	실장	30% (합산평가 등급:B)	담당임원	(조정등급: A)		
			100% (평가 등급: S)	담당임원	(조정등급: A)				
대리 이하		팀장	70%	실장	30% (합산평가 등급: D)	담당임원	(조정등급: C)		
			100% (평가 등급: C)	담당임원	(조정등급: D)				

【도표209】 평가자 비중 설정 및 합산 후 차상위자가 평가 등급을 조정하는 방법

평가 단계는 조직의 특성에 따라 1~4단계까지 진행되지만, 국내의 경우 60% 이상이 2단계에서 종료된다. 평가 단계가 길어지면 평가 운영의 어려움 및 평가 결과의 왜곡이 일어날 수 있고, 반대로 1단계로만 종료한다면 평가자의 권한이 비대해져 평가자의 권력 오용과 남용이 우려될 수 있다.

STEP 5. 상대평가의 방식 선정

최근 들어 상대평가로 인해 부서 간에 협업이 원활하지 않고, 평가 결과에 대한 수용성 문제로 인해 평가 방식을 절대평가로 바꾸는 조직이 늘어나고 있다. 하지만

승진과 금전적 보상이 주된 목적인 경우라면 결국 절대평가도 상대평가로 전환 시켜야 한다는 맹점을 가지고 있다.

절대평가는 졸업방식으로 목표 도달 여부를 평가하는 방법이다. 일정 점수에 도달하면 인원수에 상관없이 평가점수를 부여한다. 95점 이상이 S등급이라고 했을 때, 전 구성원이 95점 이상을 받았다면 모두 S등급을 받을 수 있는 구조다. 이 방법은 성과지향 및 동기부여 제고로 적합할 수 있으나, 절대 기준의 산정이 어렵고 승진 및 보상 활용 시 승진율 및 보상 재원에 따라 다시 상대평가를 진행해야 하는 단점이 있다.

상대평가는 서열법으로, 일정 등급 구간에 따라 등급을 부여하는 방식이다. 승진 및 보상의 평가활용에 적합하나, 타 집단과의 상대 비교가 어렵다는 단점이 있다. 예를 들어, 평균 및 표준편차의 조절 계수 등을 통해 점수를 조정하더라도 직급 간 상대평가 시 평가자의 관대화 혹은 가혹화 성향에 따라 집단별 차이를 극복하기 어려울뿐더러, 집단별로 상대평가를 하더라도 집단 간의 성과 차이를 고려하지 않으면 반발을 가져올 수 있다.

절대평가 프로세스에 비해 상대평가는 더 세밀한 설계가 필요한데, 상대평가의 특성에 따라 모든 평가 대상자에게 같은 등급을 부여할 수는 없으므로 이에 따르는 등급 구분과 배분이 필요하다. 또한, 상대평가 활용 목적 등에 따라 업적 및 역량 결과 가중치를 달리하여 설계하여야 한다.

상대평가를 실시할 때는 먼저 등급을 구분하도록 한다. 상대평가의 등급 구분은 대체로 3단계에서 7단계로 설계하는 것이 일반적이지만, 국내 조직의 60% 이상은 5단계로 구분하고 있다. 주로 쓰이는 3-5단계 등급 구분의 특징 및 목적은 아래와 같다.

<등급 구분별 특징 및 목적>

3단계

기대 수준 달성에 초점을 두고 고성과자 인정 및 기대 수준 미달자에 대한 역량 육성 목적으로 쓰인다. 목표 달성에 초점을 두므로 개인 이기주의나 경쟁 의식을 완화해 협력을 촉진할 수 있으며, 인원이 작은 조직에 적합하다. 단, 성과 변별력이 낮아 타 제도와의 연계를 통한 동기부여 촉진 효과는 미미하다.

4단계

최고 성과를 내는 핵심 인재 선발에 초점을 두며, 우수한 성과를 낸 고성과자를 도출하는 방법이다. 최고 수준의 인재를 변별할 수 있고 장기적 관점에서 별도 관리가 가능하나, 5단계 항목평가에서 4단계로 이행하는 과정에서 구성원의 인식 상 일관성 저하가 일어나는 단점이 있다.

5단계

가장 많이 활용되는 5단계 구분은 성과 수준 구분을 세분하여 각각에 대해 인정하는 방식으로, 핵심 인재와 경고가 필요한 저성과자를 구분하는 방법이다. 핵심 인재와 저성과자 구분 및 세분화된 단계를 통해 동기부여와 더불어 4~5등급에 대한 부정적 메시지를 전하는 효과가 있으나, 업무 노력과 성과가 비례하지 않을 경우에 평가수용도가 저하된다.

등급을 구분하였다면 각 등급에 따르는 등급 배분을 설정해야 한다. 등급 배분 방식은 강제 배분, 등급 가이드라인 부여, 그리고 그 둘을 합친 방식까지 3가지를 주로 사용하고 있다.

등급 배분 방식	1) 강제 배분 2) 등급 가이드라인 부여 3) 믹스(mixed)

강제 배분 방식은 5단계로 등급 구간에 따라 비율을 고정해 놓은 방식이다. 평가 결과와 보상 연계 시 보상 재원을 예측, 산정하는 것이 상대적으로 용이하나 비율에 따른 강제적인 결과 조정으로 실제 성과와 평가 등급 간의 괴리가 발생할 수 있다.

등급 가이드라인 부여 방식의 경우 강제 배분과 달리 사전에 설정된 등급별 부여 가능 폭을 주어 더욱 유연한 평가를 진행한다. 등급 부여 가이드라인을 통해서 일정 부분 평가자 사이의 성향 차이를 보정할 수 있고, 고정된 비율이 아닌 가이드라인 적용에 괴리를 최소화할 수 있으나 부여된 한도 내에서 평가 관대화 등의 문제가 발생할 수 있다.

위의 두 방식을 합친 믹스 방법도 있는데, 특정 등급에 대해 고정비율을 적용하는 동시에 가이드라인을 부여하는 방식이다. 조직에서 관리하고자 하는 고성과 핵심 인재와 저성과자를 일정 비율의 강제 조정으로 인한 왜곡을 최소화할 수 있으나, 부여한 가이드라인 한도 내에서 평가 관대화 등의 문제가 발생할 수 있다.

강제 배분 방식				등급 Guideline 방식				Mixed 방식			
S	A	B	C	D	S	A	B	C	D	S	A	B	C	D
5	20	50	20	5	0-10	15-25	40-60	15-25	0-10	0-10	20	50	20	0-10

【도표210】 등급 배분 방식

등급 배분 방식이 정해졌다면 종합평가나 역량/업적평가 결과를 배분 방식에 맞도록 적절한 등급 비율을 정한다. 등급이 배분된 구간에 따라 수치를 조절하여 두 가지 비율 방식을 활용한다.

등급별 비율에 맞추어 등급 인원을 지정해 주는 피평가자 공통 적용 방식을 먼저 살펴보자. 가장 간단한 방법이긴 하지만, 모수에 따라 자연수가 나오기 힘든 경우가 많아 기준을 소수점 이상 또는 이하 적용 여부 등에 대해 평가자들의 애로 사항이 있다. 평가 그룹별로 정확한 기준점에 충족하기는 불가하므로 아래와 같은 산식을 적용한다.

b	S, D등급	A, C등급	B등급	산식 및 예시
0	T	2T	2T	
1	T	2T	2T+1	• 산 식: A(총 팀원 수) = 8T + b
2	T	2T+1	2T	(A, T = 0 또는 양의 정수, b는 상수)
3	T	2T+1	2T+1	• 총 팀원이 3명일 경우
4	T	2T+1	2T+2	3 = (8 × 0) + 3이므로 좌측의 b가 3인 행에서 A, B, C등급에 각 1명씩 득점 순위에 따라 등급 결정
5	T+1	2T+1	2T+1	• 총 팀원이 15명일 경우
6	T+1	2T+1	2T+2	15 = (8 × 1) + 7이므로 좌측의 b가 7인 행에서 S, A, B, C, D등급에 S: 2명, A: 4명, B: 3명, C: 4명, D: 2명씩 득점 순위에 따라 등급 결정
7	T+1	2T+2	2T+1	

【도표211】 피평가자 공통 등급 배분 산식 및 예시

예외 사항으로 팀원이 4명인 경우에는 1, 2, 4, 5등급을 각 1개씩 배분하여 3등급을 제외한다.

등급 배분 예시					
명	S등급	A등급	B등급	C등급	D등급
2		1		1	
3		1	1	1	
4	1	1		1	1
5	1	1	1	1	1
6	1	1	2	1	1
7	1	2	1	2	1
8	1	2	2	2	1
9	1	2	3	2	1
10	1	3	2	3	1
11	1	3	3	3	1
12	1	3	4	3	1
13	2	3	3	3	2
14	2	3	4	3	2
15	2	4	3	4	2

【도표 212】 피평가자 공통 등급 배분 예시

평가 집단별 총점제는 평가자의 권한 존중 및 등급 비율 강제 할당식으로 인해 우수 성과자가 복수인 경우에도 어쩔 수 없이 낮은 등급을 줘야 하는 경우를 방지하고자 시행한다. 예를 들어 팀원이 5명인 경우 예전 방식으로는 S, A, B, C, D를 각 1명씩 강제로 할당하였으나, 총점제의 경우는 등급을 점수화하여 S(5), A(4), B(3), C(2), D(1)의 15점으로 변환하여 팀별 점수를 할당하는 방식으로, 총 점수는 조직 내 성과평가의 방향성에 맞게 책정한다.

평가대상	MAX	S(5)	A(4)	B(3)	C(2)	D(1)	합계
3명	10	1	1			1	10
4명	13	1		2	1		13
5명	16	1	1		2	1	14
6명	19	2	1	1		2	19
7명	22	1	2	2	2		23
8명	25	2	2		3	1	25
9명	28	1	3	1	2	2	26
10명	31	1	5	1		3	31

【도표213】집단별 총점제 방식 예시

만약 보다 관대하게, 5명 대상자의 경우에 18점을 책정하였다고 하면 18점 이하로 등급 배분이 가능하기에 수많은 경우의 수가 나올 수 있어 평가자의 평가 자율성이 높아질 수 있다. 다만, 중심화 방지를 위해 한 등급당 총점의 60% 미만으로 점수를 책정하는 것이 바람직하다.

18점	S(5)	A(4)	B(3)	C(2)	D(1)	TOTAL
CASE 1	2	1	1		1	18
CASE 2	2	1	1		1	18
CASE 3	2	1		2		18
CASE 4	2		2	1		18
CASE 5	2		1	1	1	16
CASE 6	2			2	1	15
CASE 7		2	2	1		16

【도표214】 등급 배분 시뮬레이션

STEP 6. 평가결과 조정

평가자의 평가 성향에 따라 부서별로 편차가 발생하여 평가 결과의 공정성이 결여 되는 경우를 극복하기 위하여 평가 결과를 조정한다. 평가 등급 그룹 설정에 따라 적절한 방법을 선택하는 것이 바람직하다.

우선 가장 간단한 방법은 조정을 하지 않는 것이다. 원 등급을 그대로 반영하는 것으로, 평가자의 역량이 우수한 경우나 소규모 기업에 적합하다. 하지만 평가자의 역량이 미흡하다면 결과 수용성에 문제가 발생하고, 동일 평가자가 아닌 다수의 평가자가 있는 경우 평가자의 관대화나 가혹화에 따라 집단 갈등의 요인이 될 수 있다.

경영자나 임원이 인사위원회 등의 회의를 통해 평가 결과를 조정할 수도 있다. 소규모 기업이나, 경영자가 각 직무 및 구성원에 대한 이해도가 높을 때 적합한 방법이며 규모가 큰 조직에서는 운영이 힘들다. 또한, 경영자의 영향력에 따라 평가 결과가 뒤바뀔 가능성이 커 성과 평가에 집중하기보다는 소위 사내 정치에 매몰될 수 있는 함정이 있다.

팀, 본부, 직급 간에 조정하는 방법도 있는데 이는 피평가자에 대한 평가자가 일원화 되어 있는 경우에 합리적이다. 이는 팀, 본부 평가 단위 및 직급에 따라 평가 등급을 할당하여 등급을 조정하는 방법으로, 같은 팀 내 상대평가 및 같은 본부 내 직책자를 대상으로 상대평가를 실시한다. 이 방식은 등급별 인력분포 할당으로 평가 결과 조정이 쉽고, 동일 평가자로 인한 관대화, 가혹화에 대한 객관성이 유지된다는 장점이 있다. 다만, 본부, 팀 평가 및 직급 및 역할에 따른 정확한 가이드라인이 부재하다면 공정성에 문제가 제기될 수 있다. 참고로 국내에서 평균 가감이나 표준편차 조정과 더불어 제일 많이 쓰이는 방법이다.

마지막으로 평균이나 표준편차를 조정하는 방법이 있다. 평가자의 관대화 및 가혹화 오류 등을 조정하기 위해 평가자의 평균 점수나 해당 팀과 직급의 표준편차를 그룹별 평균 점수나 표준편차를 활용하여 조정하는 방법이다.

평균(가감)법	\multicolumn{2}{l	}{평가자에 따른 관대화 등을 제거하기 위해 평가그룹별로 조정하며, 전사 평가그룹별 평균 점수와 평가자의 평균 점수를 비교하여 산출된 차이만큼 점수 조정}
	조정 산식	• 개인점수 + (평가그룹별 평균점수 - 평가자 평균점수)
	장점	• 평가그룹을 기준으로 관대화, 가혹화 오류 조정 가능 • 계산이 간단함 (체계적 오류 조정)
	단점	• 중심화 등 비체계적 오류에 대한 고려가 약함 • 일정 크기의 조정값으로 원점수를 가감하므로 원점수가 낮은 피평가자가 원점수가 높은 피평가자에 비해 상대적으로 크게 등락
표준편차 조정법	\multicolumn{2}{l	}{평가자의 평가오류를 평가그룹과 팀 차원에서 동시에 조정하기 위해 해당 평가 그룹의 평균 점수를 개인점수와 평가자 평균점수의 차이, 해당 평가 그룹 편차와 해당 팀의 표준편차의 비율로 조정}
	조정 산식	• 해당 평가 그룹 평균점수 + (개인점수 - 평가자 평균점수) × (해당 평가그룹 표준편차/해당 팀 표준편차)
	장점	• 그룹점수를 기준으로 관대화, 가혹화의 오류뿐 아니라 중심화 경향까지 조정 가능
	단점	• 동일 팀 내에서 평가그룹의 평균에 따라 피평가자의 순위가 변경될 수 있음 • 계산이 복잡함

【도표215】 평균(가감)법과 표준편차 조정법의 차이

STEP 7. 사후 관리

모두가 만족할 만한 완벽한 HR시스템은 없겠지만, 불만을 줄이고 수용성을 높이는 것이 HR 기능의 책무이다. 성과 관리 시스템의 효과성과 운영 효율성에 대한 만족도 조사를 통해 평가시스템에 대한 모니터링을 실시하는데, 설문조사가 가장 일반적인 조사 방법이다. 그 외로 수용성과 공정성 등을 높이기 위한 캘리브레이션 세션 calibration session, 이의 신청, 수시 평가, 점검 등이 있다.

캘리브레이션 세션은 임원, 본부장 등과 같은 차상위 평가자들이 모여 평가 결과를 논의 후 조정하는 방식인데, 직책이 높은 임원의 부서나 영향력 있는 부서가 유리하게 되는 경향 등의 부작용이 있으므로 신중히 접근해야 한다.

이의 신청 역시 기본적으로 평가자의 판단을 중시하되 불가피한 상황에 한하여 이의제기 절차를 진행하는 것이 바람직하며, 책임 평가제 방식에서 빈번한 이의 제기 절차는 평가권에 대한 훼손으로 받아들여질 가능성도 존재한다.

구분		설문 항목	1	2	3	4	5
평가 프로세스	목표설정	평가자는 연초 목표 설정에 있어 피평가자와 충분한 시간을 가졌습니까?					
	중간평가	평가자는 중간 평가 시 면담을 충분한 시간 동안 이행하였습니까?					
	최종평가	평가자는 평가 결과에 대한 면담을 약속된 시간에 충분히 진행하였습니까?					
	최종평가	평가자는 평가 결과 확정 후 결과 면담을 충분한 시간 동안 진행하였습니까?					
평가 효과성	목표설정	목표 설정 시 전사 방침 및 팀 방침에 대한 충분한 지도를 받았습니까?					
	목표설정	평가자가 피평가자의 능력 및 역량을 고려하여 적절한 수준의 목표를 선정하고 합의하였다고 생각하십니까?					
	중간평가	평가자는 중간 평가를 성실하게 진행하였습니까?					
	중간평가	목표 설정 이후 최종 평가 시까지 목표 달성 방향성에 대해 적절하고 구체적인 코칭을 받았습니까?					
	최종평가	평가 면담 시 기존 성과 관리 달성도를 면밀히 점검한 후 성과 및 역량 향상에 유익한 피드백을 받았습니까?					
	최종평가	지금까지의 성과 관리 과정에 미루어 보아 역량과 업적에 대해 납득할 수 있는 근거를 가지고 공정하게 평가를 받았다고 생각하십니까?					
		점수 평균					

【도표216】평가 설문지 예시

제조업종의 경우 가치사슬에 의해 지원 부서와 직접 부서가 밀접하게 연관되어 있다. 사업 단위의 조직은 그나마 부서 및 기능별 성과나 책임의 범위가 구분되어 있지만, 사업 기능 조직의 경우는 모든 부서와 기능이 유기적으로 연결되어 있어 성과나 책임의 범위를 명확히 구분하기는 매우 힘들다.

예를 들어, 사업 단위 조직은 A, B, C제품을 제품 사업부별로 매출 및 이익을 관리하기에 성과나 책임이 명확하지만, 사업 기능 조직은 제품별로 기능이 구분되지 않고 기능 공통으로 관리하여 성과와 책임의 경계선이 모호하다. 그래서 만일 B제품에 품질 문제가 발생하였을 때, 단순히 품질부서의 문제로 귀책 사유를 묻기에는 한계가 있다. 원부자재의 불량으로 구매 부서의 책임일 수도 있고, 설계를 잘못한 연구 개발 부서의 책임일 수도 있고, 생산 설비 문제나 생산인력의 휴먼에러로 설비부서나 생산 부서의 책임일 수도 있기에 품질부서에 책임을 단정 지어 전가할 수 없다.

이에 있어 협업 지표를 평가 지표에 포함하는 경우도 있지만, 이 역시 책임 비중 및 결과에 따라 부서 간의 이기주의로 표출될 가능성이 있으므로 협업 지표에 의한 평가보다는 ICSI 등을 통해 부서 간 협업 지표를 도출하는 것이 바람직하다.

협업 지표	소속 부서의 성과 지표 중 협업성과의 측정이 필요하다고 판단되는 지표를 기입
유형	협업의 5가지 유형 중 하나를 선택하여 기입
선정 사유	협업 성과의 측정이 필요한 근거를 자유롭게 기술
유관 조직	소속팀과 협업의 대상 조직을 함께 기입 (대상 계열사명/대상 부서명 등)
책임 수준	협업 성과의 책임이 어디까지인지 기입 → 실무자, 부서, 직책자 등
비중	본 소속 및 유관 조직이가지는 성과지표에 대한 책임 수준을 기입 (총합이 100%가 되도록 작성)
협업 방안	협업 성과를 향상시킬 수 있는 방안에 대해 자유롭게 기술

【도표217】협업 지표 주요 내용

구분	정의	협업지표예시
1. 부분 - 총합	조직별 정량적 성과의 합으로써 최종 성과 책임 공유	전사이익/매출에 대한 부서별 공유
2. 원인 - 결과	주요 부문 간 기능 실행을 통한 최종성과 책임 공유	전사 고객만족도에 대한 관련 부서 간 공유
3. 기획 - 실행	동일 부문 내 실행부서의 성과에 대한 기획 및 실행 부서의 책임공유	영업 기획 부서의 영업팀의 상품 매출 성과 공유
4. 선 - 후행	업무 흐름을 본 면에서 가치 사슬에 의해 기능 간의 유기적인 협력에 의한 성과공유	영업-설계-생산-품질부서의 납기 준수율
5. 기타	위 4가지 유형에 해당되지 않는 경우	

【도표 218】 협업 지표의 5가지 유형

2. 보상

평가를 바탕으로 제공되는 보상은 크게 금전적인 보상과 비금전적인 보상으로 구분할 수 있다. 비금전적 보상은 금전 외의 효익을 제공하는 것을 의미한다.

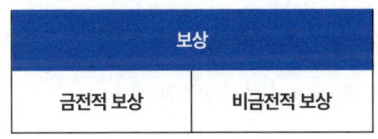

보상을 제공할 때는 금전적 보상과 비금전적 보상을 일괄적으로 적용하기보다는 보상의 효과성 차원에서 검토하여 적절한 방법을 찾아야 한다. 가령 생산이나 영업 기능과 같이 정량적 성과를 도출해낼 수 있는 기능에서는 금전적 보상이 효과적이지만, 사무직처럼 정성적 성과 위주의 기능에서는 금전적 보상은 휘발성이 크고, 효과가 미미하다는 점을 인지해야 한다. 최근 들어 조직의 특성에 맞는 비금전적 보상의 진단 및 실행의 필요성이 증대되고 있는 만큼, 차후 금전/비금전적 보상이 균형 있게 이루어져야 할 것이다.

또한 고성과자의 채용을 유지하고자 하는 목적을 우선으로 보상시스템을 설계하고자 한다면 성과연동형 보상과 연공형 보상의 각 장단점에 대해 이해해야 한다. 한국노동연구원(2015)의 연구에 따르면, 성과연동형 임금은 고성과자의 채용 유지에 유리한 것으로 나타난다.[26] 다만 인사평가가 공정하게 이루어지지 않는다면 임금정책에 대한 종업원의 불만이 생길 수 있으며, 성과연동형 임금에서 보상 차이가 크면 클수록 고성과자와 평균 성과자의 이직률이 높게 나타난다.

반면 연공형 임금은 인사평가가 공정하지 못하거나 체계적이지 않더라도 크게 불만이 생기지 않는다. 다만 이때에는 세밀한 직급 구분에 의한 수직적 임금 책정 및 동일 직급의 밴드에 의한 수평적 임금 분산 설계가 필요하다. 연공형 임금체계에서는 임금이 크면 클수록 고성과자 및 평균성과자의 이직 확률이 낮게 나타난다.

또한, 경영 성과에 따른 보상 목적으로 구성원 간의 보상 차이를 크게 둘수록 상호 신뢰 및 구성원의 집단규범 준수율, 협업 및 조직성과 측면에는 악영향을 미치는 것으로 나타났다. 조직의 규모가 크다면 이러한 악영향이 희석될 수 있으나, 조직의 규모가 크지 않다면 구성원 간 보상의 차이를 최소화하는 것이 바람직하다.

즉, 핵심 인재나 고성과자의 채용을 유지하고자 하는 목적의 보상시스템을 설계하고자 한다면 성과연동형 보상에서는 보상 차이를 협소하게 설계하고, 연공형 보상에서는 보상 차이를 크게 두는 것이 바람직하다.

보상 공정성

보상은 구성원들이 받아들이는 가장 민감한 부분이므로 조직의 보상 수준에 대해 결정하기 이전에 보상 공정성에 대해 검토해야 한다. 보상에 대한 공정성이 수반 되어야 수용성 있는 보상시스템 구축이 가능하기 때문이다. 또한 공정성 이슈는 개인과 조직의 거래 관계에서 발생한다. 구성원은 직무 공헌에 따라 받은 보상을 비교하여 공정성에 대해 자각하게 된다. 보상의 공정성은 크게 분배 공정성과 절차 공정성으로 구분할 수 있다.

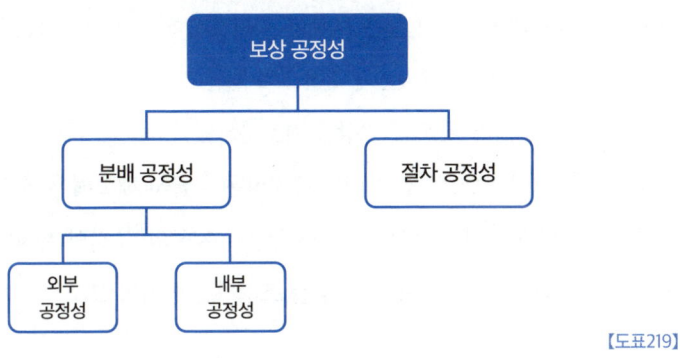

【도표219】

분배 공정성은 보상 배분의 결과적인 측면을 보는 것으로, 외부 공정성과 내부 공정성으로 구분된다. 외부 공정성은 타 업계와의 임금수준을 비교하는 것이 대표적이며, 내부 공정성은 구성원 간의 비교에 해당한다. 외부 공정성의 경우 핵심 인재 유지 및 구성원 이탈 등을 방지하기 위해 최소한 동종 및 지역 업계와는 보상 수준을 유사하게 유지할 필요가 있다. 그렇기에 임금인상이나 직급, 직무 등의 임금수준 결정 시 동종업계 및 지역 업계를 조사한다.

반면에 내부 공정성은 외부 공정성에 비해 해결하기 매우 어려운 문제가 될 수 있다. 구성원들이 각자 느끼는 심리적 요인 및 개별 성과와 역량에 대해 모두가 수용 할만한 보상 측정은 불가하므로, 내부 구성원 간의 갈등과 불만을 야기하는 경우가 더러 있기 때문이다.

내부 공정성이 성립되기 위해서는 나와 타인의 노력과 성과가 동일하다는 것을 전제로 했을 때, 동일한 보상에 대해 합리화가 가능하다. 성과에 대해서는 평가 시스템을 통한 가시적인 결과가 있으므로 어느 정도 수용성이 보장되긴 하지만, 노력이나 열정 같은 비가시적인 요소를 어떻게 평가할 것인지에 대한 고민이 필요하다. 가령 A구성원은 성과 달성을 위해 물리적인 시간과 에너지를 많이 투입하였으나 성과 결과가 좋지 않았지만 B구성원은 상대적으로 여유롭게 업무에 임하였음에도 불구하고 성과 결과가 좋게 나왔을 경우를 생각해 보자. 이때 일반적으로 성과 결과에 따라 B구성원에게 더 높은 보상이 주어지게 되는데, A구성원은 보상에 불공정성을 느끼게 되고 B구성원은 상대적으로 불편한 감정을 갖게 되기도 한다.

과거에는 연공 서열에 의해 보상을 평준화하였기 때문에 어느 정도 수용성이 있었으나, 성과 기반 보상의 경우 내부 공정성은 시급히 해결해야 할 부분이다. 해결 방안으로는 성과 측정의 객관성과 타당성은 유지하되, 조직의 특성에 맞게 구성원의 심리적 관점에서 보상 수준의 범위를 조정하는 방법이 있다.

절차 공정성은 결과를 중시하는 분배 공정성과 달리 보상 배분을 위한 과정을 중요하게 생각한다. 그래서 임금의 액수라는 결과보다 임금 결정이 이루어지는 절차를 중요히 여기는데, 그중에서도 임금을 결정할 때 구성원의 의견을 수렴하고 충분한 소통을 가지는 것을 중시한다. 구성원들이 느끼는 절차 공정성에는 다음과 같이 다섯 가지 관점이 있다.

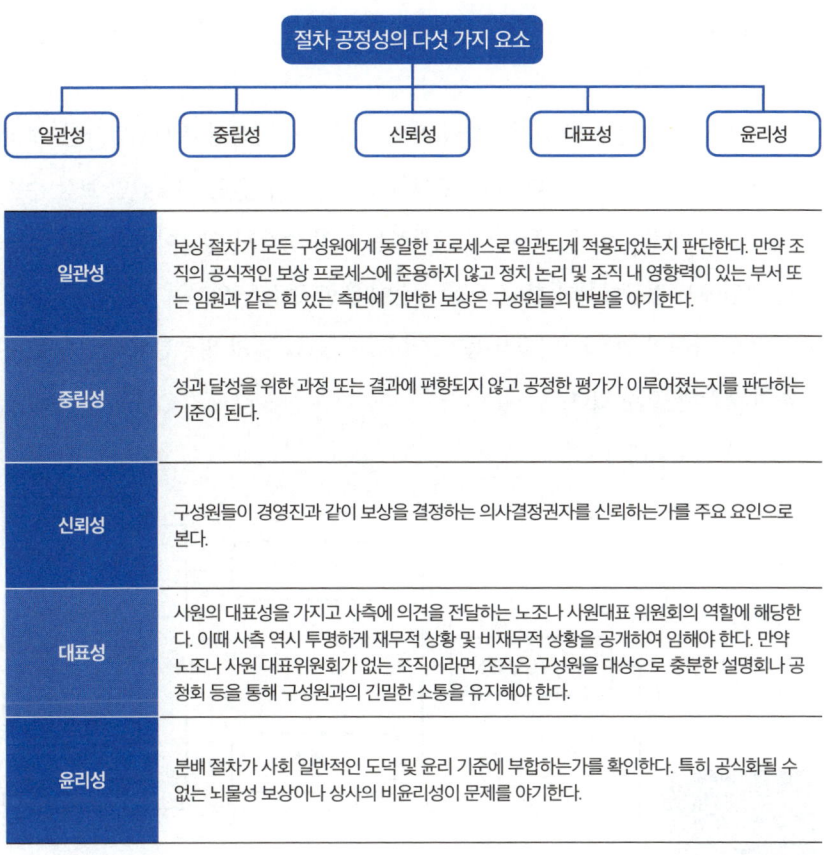

【도표220】

보상 수준

앞서 보상 공정성에 대해 검토하였고 어느 정도 공정성이 확보되었다면, 보상 수준에 대해 검토할 차례이다. 모든 구성원이 만족할 수 있는 이상적인 보상 수준은 없겠으나 보상 수준은 구성원이 체감하는 가장 중요한 영역이기에 최대한 다양한 관점에서 접근하여야 한다. 보상 수준에 대한 관점은 외재적 동기 부여extrinsic motivation의 금전적 관점과 내재적 동기 부여intrinsic motivation의 비금전적 관점으로 구분하여 생각해 볼 수 있다.

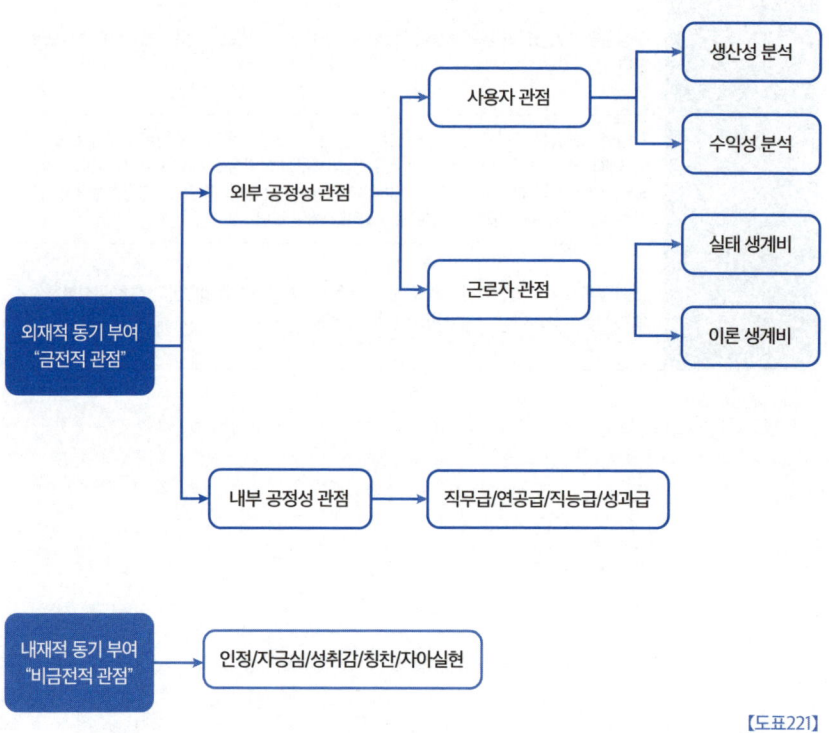

【도표221】

외부 공정성 관점의 보상

외부 공정성은 조직의 보상 수준을 지칭하며, 보상 수준은 기업의 재무 건전성에 기반하여 책정되어야 한다. 일반적으로 보상의 외부 공정성은 타 업계 비교 외 조직의 지급 능력, 생계비 수준, 노동시장, 임금수준 등의 개별 조직의 상황을 반영해야 한다. 조직은 먼저 보상 총액의 관점에서 지불할 수 있는 범위를 산정해야 한다.

외부 공정성 관점의 보상은 사용자 관점과 근로자 관점으로 구분된다.

사용자 관점의 보상은 생산성 분석, 수익성 분석으로 나뉜다.

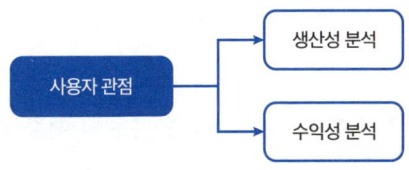

【도표222】

생산성 분석은 기업이 보유한 생산성에 근거하여 보상 수준을 결정하는 것으로 물적 생산성과 부가가치 생산성으로 구분되는데, 물적 생산성은 동일 노동의 가정 하에 단위 노동 생산요소 투입량에 대한 생산량의 비율이다.

예를 들어, 작년에 1,000명의 직원이 100,000개의 제품을 생산했다고 하면 생산량은 인당 100개이다. 올해는 1,200명의 직원이 150,000개의 제품을 생산했다면 인당 생산량은 125개가 된다.

즉, 동일 노동이라 가정하지 않을 시 100,000개에서 150,000개가 되었으므로 약 50%의 물적 생산성 증가로 볼 수 있지만, 동일 노동으로 가정하면 인당 100개에서 125개가 되므로 약 25% 물적 생산량 향상으로 도출된다.

그러나 가격 하락, 재고 등과 같은 시장 가치 반영이 미흡하고 물적 생산량이 줄었을 경우와 한번 오른 임금은 경제 여건의 변화에도 불구하고 떨어지지 않는 현상인 임금의 하방경직성 등을 고려할 때, 현실적으로 임금 인하의 가능성은 없다. 또한, 생산량 증대에 따른 노동력 기여도 산출이 매우 어렵다는 점도 있다. 생산성 증대는 업무 프로세스 개선, 원부자재 품질 개선 등 내·외생 변수가 다양하기 때문이다.

또한, 다른 제품과의 비교가 쉽지 않고 제품가격에 의한 생산성 비교도 원부자재의 비중이 제품마다 달라 비교가 쉽지 않다.

부가 가치 생산성은 근로자 한 사람이 일정 기간 생산해 낸 부가가치의 액수를 말하는데, 기업에서 노사 간의 임금 협상 시 주요 근거 지표로 활용한다.

수익성 분석은 지출에 대한 수익의 비율 profitability 에 근거하여 보상 수준을 결정하는 것으로, 손익분기점과 원가 구성 분석이 있다.

손익분기점은 총수익과 총비용이 일치하는 수준의 매출액을 말하며, 손익분기점을 넘을 때 추가 재원 산정 및 충원이 가능하다. 하지만 이 역시 손실이 생겨도 임금 하방경직성을 고려하면 실질적으로 임금 인하는 불가능하다. 손익분기점은 고정성 보상보다는 성과급, 이익 공유제와 같은 변동성 보상에만 활용하는 것이 바람직하다.

원가 구성 분석은 전체 원가 구성 요소 중 인건비 비율을 과거의 자료를 근거로 계산하여 임금수준 결정에 활용하는데, 정확한 원가계산 기법이 따라야만 기업의 지급 능력 지표로 활용될 수 있다. 이 또한 경영실적이 하락할 때 임금 하락 또한 수반되어야 하나, 실질적으로는 적용이 어렵다는 점에서 한계가 있다.

다음으로 근로자 관점의 보상은 근로자 생활 보장 및 노동의 재생산을 위해 생계비 산정이 필요한데, 국가는 이를 최저 임금제로 제도적 안정성을 보장하고 있다.

생계비는 노동을 제공하는 근로자가 시민으로서 더불어 같이 생활할 수 있는 수준의 보상을 말하며 실태생계비와 이론생계비로 구분될 수 있다.

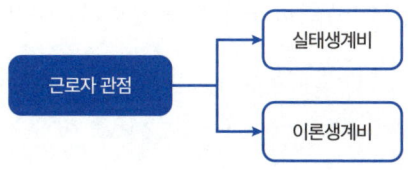

【도표223】

실태생계비는 도시근로자들의 가계부를 분석하여, 생계를 꾸리기 위한 지출을 분석한 것이다.

실제 생활에서 소요되는 지출로 포함되는 항목은 식료품비, 피복비, 주거비, 수도전기와 같은 공과금, 통신비, 교통비, 보건비, 문화비, 공산품 구매비, 세금 등을 포함한다.

국내에서도 정부와 한국노동조합총연맹, 전국민주노동조합총연맹 등에서 정기적인 조사를 실시하고 있다.

이론생계비는 생활 모형에 따라 파악하며, 최저 생계비와 표준 생계비로 구분된다.

이론생계비는 세대 인원수, 연령, 성별 등에 따라 일정한 소비 명세를 가정하여 사람이 건강하고 문화적인 생활을 유지하기 위해 필요한 최소한의 비용인 최저 생계비와 연령, 지역, 세대 인원수 등의 표준적인 소비유형의 비용을 산정한 표준 생계비로 구분된다.

우리나라의 경우는 최저 생계비를 기반으로 최저임금제를 적용하고 있는 나라인데, 대부분의 국가가 최저 임금제도를 도입하고 있으나 북유럽 등 일부 국가는 최저 임금제를 법제화하지 않고 있다.

최저 임금제의 도입 취지는 생계비 이하의 저임금으로 인한 빈곤 퇴치 및 임금의 부당 하락 방지, 기업 경쟁 조건 균일화, 불황기 구매력 유지의 역할을 수행하지만, 시장 가치보다 너무 높거나 낮은 최저임금 제도는 오히려 시장 경쟁 체제에서 역효과가 날 수 있다.

생계비의 측정 및 관점은 꾸준히 노사갈등의 원인이 되고 있어 양측간의 관점 차이가 크다고 할 수 있다.

내부 공정성 관점의 보상

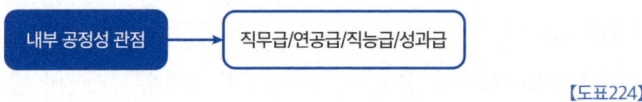

【도표224】

외재적 동기부여 중 내부 공정성 관점은 먼저 내부 조직 내 보상 배분 기준을 살펴볼 필요가 있다. 보상 배분 기준은 크게 직무급, 연공급, 직능급, 성과급으로 구분한다.

직무 가치를 기준으로 보상을 배분하는 직무급은 기업 내 존재하고 있는 직무들 간의 상대적인 가치를 바탕으로 한다. 이는 상대적으로 높은 가치의 직무를 수행하는 종업원이 더 높은 임금을 지급받아야 공정하다는 논리에 기반한다.

즉, 업종 및 시장 상황에 따라 조직 내 주요 직무에 대한 차이가 있을 수 있으며, 직무에 대한 수요와 공급의 법칙 및 시대적 상황에 따라 직무의 가치가 변하게 된다. 조직 내 내부적인 직무 가치에 따른 차이와 외부적인 상황에 따른 직무 가치의 차이도 있을 수 있다.

예를 들어, 최근 4차 산업 혁명이나 디지털 트랜스포메이션으로 인해 A.I 및 로봇 관련 직무에 대한 수요가 넘치지만 공급이 따라가지 못하는 시장에서는 이와 같은 직무의 가치가 높아질 수밖에 없을 것이다. 그런데 만약 A.I 및 로봇 관련 직무를 다른 직무와 동일하게 보상을 지급한다면 타 조직으로 이탈하거나 채용에 많은 어려움이 예상된다. 이러한 이유로 직무 가치에 따른 직무급 도입이 필요하다.

단, 직무급이 잘 구동되기 위해서는 직무들의 상대가치를 정확히 평가할 수 있는 직무 평가 시스템 구축과 HR시스템 구축이 필요하다. 무엇보다 조직 간에 노동 유연성이 선행되어야 한다.

직무급 설계 유형에 대해 알아보자.

첫 번째로 각각의 직무의 직무평가 점수에 따라 임금에 단순히 정비례하는 방법이다. 이는 조직에 직무의 수가 많은 경우 관리하기가 힘들어 거의 사용하지 않으나 직무의 수가 작은 소규모 조직에서는 적합한 방법이다.

두 번째로는 직무 평가 점수의 구간을 만들어 구간별 임금을 동일하게 지급하는 방법으로 관리하기가 용이하나 구간의 최하/최상 점수를 받은 직무 평가에 대해 동일 임금을 지급하여 당사자의 반발이 있을 수 있다.

마지막으로 변형 직무급은 직무 평가 점수의 구간을 만들어 다시 구간별 최하, 최상의 차이의 임금 밴드를 설정하여 주는 방법으로, 가장 많이 활용되는 방법이나 이 역시 관리하기가 복잡하다.

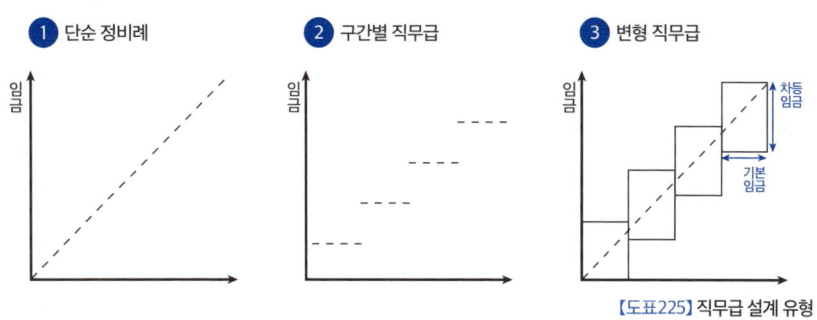

【도표225】 직무급 설계 유형

직무급 다음으로 국내에서 많이 채택하고 있는 연공급은, 연공이 높은 종업원이 더 높은 성과를 낼 것이라는 논리에 기반한다. 또한, 유교문화가 퍼져있는 동아시아권 국가에서 수용성이 높은 편이고 비교적 운영 및 시행이 간단하다는 장점이 있다. 그리고 성과 및 역량에 따른 차등 보상에 대한 조직 내 갈등 요소가 적다는 점에 있어 유리하다. 반면, 성과 및 역량과 무관한 보상으로 인해 역량 있는 고성과자들의 반발이 있을 수 있으며, 조직 내 이탈이 야기될 수 있다. 또한 생산성 및 조직성과와 무관한 보상으로 인건비 부담 및 소위 조직 내 무임승차자free rider 증가 등에 대한 문제가 있을 수 있다. 예를 들어, 경력 10년 차의 과장 직급 구성원이 다수 있다고 가정해 보자. 하지만 같은 연차의 과장이라 하더라도 업무에 따른 직무의 난이도 및 중요도, 업무 개인 역량 등에서 차이가 난다. 그러나 연차에 따른 동일 보상에 따른 문제와 더불어 조직성과 달성을 위한 공헌의 차이가 있음에도 불구하고 연공급을 따라 동일 보상을 지급한다면 문제가 발생하게 된다. 이는 구성원의 동기부여를 가로막아 조직성과 관리 차원에서 문제가 발생할 수 있다.

직능급은 종업원이 보유하고 있는 직무 수행 능력(직능)을 기준으로 임금을 결정하는 방법으로, 일본에서 주로 쓰이는 형태이며 국내에서는 거의 활용하지 않는다. 1990년대에 들어왔으며 역량 개념의 도입 이후, 직능급의 명칭이 '역량급competency-based pay'으로 전환되고 있다.

직능급의 기준은 기능, 자격, 지식, 숙련도 및 난이도, 근속연수와 학력 등을 참고한다. 이러한 기준을 바탕으로 업무에 필요한 직무 능력을 분석하고 범주화한 후, 직무 능력의 기준에 따라 직능등급을 결정하게 된다. 이때 대체로 근속연수 및 학력을 기본으로 하여 숙련도 및 난이도와 직무 자격을 활용하는데, 예를 들어 근속연수 및 학력에 따른 직급 단계에 따른 보상을 기반으로 업무 연관 자격, 숙련도 및 난이도 등을 가감하여 결정하는 것이다. 그 후 보상 공정성에 따라 임금수준 및 직능 간 임금 차이를 결정하여 최종적으로 직능등급별 임금을 책정한다. 해당 직종 내에서 여러 등급으로 자격 수준을 나누어 관리할 수 있도록 직능자격제도를 사전에 구축해 두어야 하는데, 직능자격제도의 구축이 어려운 직무라면 직능급 도입이 쉽지 않다.

성과급은 더 많은 역량과 노력을 투입하여 우수한 성과를 낸 종업원에게 더 큰 보상을 지급해야 한다는 논리에 기반한다. 성과급의 유형은 크게 개인 성과급과 집단 성과급으로 구분할 수 있다.

개인 성과급 유형			집단 성과급 유형			
구분	일정시간 당 생산단위	제품단위 당 소요시간	구분	업적 배분	수익 배분	이익 배분
임률 고정	단순 성과급	표준 시간급	방법	• 물적 생산성 • 원가 절감	• 스캔론 플랜 (Scanlon plan) • 럭커 플랜 (Rucker plan) • 임프로쉐어 플랜 (Improshare Plan)	• 순이익 • 배분가능이익
임률 변동	• 테일러식 복률 성과급 • 메릭식 복률 성과급	• 할시식 할증급 • 비도식 할증급 • 로완식 할증급 • 간트식 할증급				

【도표226】

개인 성과급 중 생산량 기준 성과급은 일정 시간당 생산 단위를 기준으로 해 임률 고정인 단순 성과급, 임률 변동인 테일러식 복률성과급과 메릭식 복률 성과급으로 구분한다. 이들은 생산량이나 작업량을 정량적으로 산출하기 힘든 사무직에게는 적용하기 어렵다는 한계가 있다.

단순 성과급은 개인이 생산하는 제품의 수량에 고정된 임률인 개당 임금을 곱하여 임금액을 결정하는 제도인데, 계산이 용이하여 종업원 수용도가 높고 능률 향상에 효과적이다. 그러나 표준 생산량 산출이 어렵고 작업량 증가에만 관심이 집중되어, 제품의 품질이 저하될 우려가 있다.

임률 변동식의 테일러식 복률성과급은 과학적으로 결정된 표준 과업량을 기준으로 하여 2종류의 임률을 제시하고, 표준 과업량을 달성한 종업원에게 유리한 임률을 적용한다. 이는 종업원 의욕 고취 및 생산성 향상이 가능하지만 숙련 수준이 떨어지는 종업원에게는 불리한 제도라 할 수 있다.

메릭식 복률성과급은 테일러식 제도의 결함을 보완할 목적으로 개발되었으며, 숙련 수준을 기반으로 임률을 세 가지로 구분해 종업원 간의 임금 차이가 과하게 벌어지는 것을 방지하고 있다.

개인 성과급 중 시간 기준 성과급은 제품 단위당 소요 시간을 기준으로 하는 임률 고정인 표준 시간급과 임률 변동인 할식식, 비도식, 로완식, 간트식 할증 급제로 구분한다. 표준시간급은 시간당 임률을 정하고 일한 시간만큼 보상해주는 시스템으로 비교적 간단한 보상시스템이다. 거의 모든 제조업체 기능 직군의 대표적인 보상 시스템이라 할 수 있다. 단위당 작업시간이 비교적 긴 직무에 적합하나, 반복적이고 기술 요구 수준이 높지 않은 경우에는 적합하지 않다.

임률 변동의 4가지 할증 급제를 간단히 살펴보면, 할식식은 최저임금을 보장하는 동시에 능률의 상승에 비례하여 절약 임금의 1/2 또는 1/3을 종업원에게 배분하는 제도이다. 비도식은 절약 임금의 3/4을 종업원에게 배분하는 제도이며, 르완식은 절약 임금의 규모에 따라 배분율을 다르게 하는 제도로, 절약 임금의 규모가 작으면 배분율이 감소하고 규모가 크면 배분율이 증가하는 구조로 되어 있다. 마지막으로 간트식은 절약 임금을 모두 개인에게 주고 추가로 보너스를 지급하는 방법으로, 할증급 중에서 개인에게 가장 많은 임금을 보장하는 제도이다.

사무직의 경우는 일정 기간 성과에 따른 단기 성과급을 개별 차등 지급하거나, 차년도 연봉 인상액에 연동하여 지급하는 방법 등이 있다. 일반적으로 성과의 측정 기준은 인사평가의 업적평가나 종합평가의 점수를 반영한다.

다음으로 집단 성과급은 업적, 수익, 이익 배분으로 구분될 수 있다.

집단 성과급 중 업적 배분은 물적 노동생산성이나 원가절감에 따른 초과 부분을 전 구성원에게 균등 혹은 개별 차등을 두어 지급을 하는 방법이다. 다만, 집단 성과급의 목적상 배분에 대한 개별 차이는 크게 두지 않아야 한다.

집단 성과급 중 수익 배분은 대표적으로 스캔론 플랜scanlon plan이 있는데, 일정기간 동안 구성원과 조직이 기대한 원가 절감액에서 실제로 절약한 비용을 뺀 나머지를 모든 구성원들에게 금전적 형태로 제공한다. 럭커 플랜rucker plan은 생산성 향상을 전제로 부가가치의 증감에 따라 자동으로 임금 배분 금액을 정해 제공한다.

그 외에 임프로쉐어 플랜improshare plan이 있는데, 구성원의 참여는 배제한 채 산업공학기법을 이용한 공식을 통해 성과급을 산정한다는 점에서 다른 제도들과 차이점을 갖는다. 임프로쉐어 플랜은 기준 기간의 노동시간과 생산량으로 기본 비율을 정하고, 이 비율을 실제 기간에 적용하여 절감된 노동시간을 구하는데, 공식이 복잡하다는 단점이 있다.

마지막으로 집단 성과급 중 이익 배분 방식은 순이익 기준과 배분 가능 이익 기준이 있다.

순이익 기준은 기업이 창출한 순이익을 가지고 배분하는 것이며, 배분 가능 이익 기준은 순이익에서 자기자본의 최저 은행이자율에 해당하는 금액을 배분하고 남은 금액을 말한다.

내재적 동기부여

내재적 동기부여는 비금전적 보상과 같은 내재적 동기부여 요인 등을 말한다. 인정, 조직 기반 자긍심, 성과에 대한 성취감, 칭찬, 자아실현 등이 이에 포함된다. 정성적 요인인 만큼 정량적인 측정이 어려우나, 내재적 동기부여 요인에 대한 설문조사 및 조직 내 리더십 구현 등의 진단을 통해 개선될 수 있다.

Dan Ariely 교수가 MIT 학생들을 대상으로 한 실험에 따르면, 창의성이 요구되는 일과 기계적으로 하는 일을 나누어서 하도록 하고 낮음·중간·높음의 세 단계의 인센티브 제시에 따른 성과를 측정하였다. 매뉴얼에 따라 기계적으로 행하는 일은 높은 인센티브를 제시할수록 높은 성과를 보였지만 창의성이 요구되는 일은 높은 인센티브를 제시할수록 오히려 성과가 낮게 측정되었다. 이와 같은 부류의 실험 및 연구는 그 뒤에도 계속되는데, 심리학자 Karl Duncker의 '보상과 창의적 문제해결을 위한 촛불실험 candle problem'의 결과 역시 내재적 동기부여가 더 중요한 것으로 나타났다.

즉, 생산이나 영업직무처럼 가시적인 생산량을 도출할 수 있는 직무는 외재적 동기부여의 가장 핵심적인 요인인 금전적 보상에 반응하는 반면, 지원 부서와 같은 경영지원, 회계, 기획 등의 직무는 내재적 동기부여가 더욱 중요하다는 것을 알 수 있다. 특히 사무직군의 경우 직무 수행관점에서 내재적 동기 요인인 비금전적 보상이 더욱 효과적이기 때문에 금전적 보상과 더불어 비금전적 보상을 병행해야 할 것이다.

하지만 조직 특성 및 구성원의 성향 등에 따라 다양한 내재적 동기부여 요인이 존재하므로, 해당 조직에 맞는 내재적 동기부여 요인을 도출하는 것이 중요하다. 예를 들어 제조업 기반의 조직은 내재적 동기부여 요인 중에서도 리더십 및 인정, 칭찬과 같은 요인이 중요하게 작용되는 반면, IT나 스타트업 조직에서는 성취감, 임파

워먼트empowerment와 같은 요인이 중요할 수 있다.

경력개발 및 교육 훈련은 차후 내재적 동기부여 요인 중에서 가장 강력한 요인이 될 것으로 생각한다. 리더십, 인정, 칭찬, 임파워먼트와 같은 내재적 동기부여 요인의 경우 정량화가 힘들어 구성원들이 만족하는 수준의 기준점에 접근하기가 힘들고, 사람마다 느끼는 정도의 차이가 있어 실질적으로 조직에서 적용하기에는 한계점이 있다. 경력개발과 교육 훈련 역시 정성적 요인이기는 하나 기대수명 연장과 평생직장의 개념이 사라진 현시대에 인생 이모작, 삼모작 준비를 위해 경력개발과 교육 훈련만 한 내재적 동기부여 요인이 없기 때문이다.

내재적 동기부여 요인에 대한 조직의 진단은 설문조사로 시행하는 것이 일반적이며, 해당 요인에 대한 진단 설문은 학위논문 등의 설문지 문항을 발췌하여 실시하는 것이 좋다.

3. 직급과 승진

애자일agile과 같은 수평적인 조직문화가 만들어짐에 따라 직급파괴, 호칭 간소화, 역할 기반 직급 통합, 직무 중심의 보상 등의 HR시스템으로 변하고 있다. 이와 더불어 정년 연장에 따른 직급별 표준연한도 조정을 검토하거나 직급 및 호칭 체계를 분리하는 등의 변화도 일어나는 추세이다. 하지만 직급파괴 및 호칭 간소화의 경우 주요 대기업들이 시도하였다가 다시 기존 직급 및 호칭 체계로 복귀한 사례가 많이 발생했다. 조직진단 등을 통한 조직의 조직화 및 조직행동 등에 대한 접근 없이 단순히 트렌드를 따라 한 영향이 크다고 할 수 있다.

직급은 조직 내의 역할과 책임을 부여함과 동시에 위계를 정립하는 것이다. 그래서 직급체계를 설계할 때는 조직이 속해있는 업종의 특성 및 구성원의 수용성에 기반해야 한다. 그래서 단순히 트렌드를 따라 수평적 문화 수립 목적으로 직급 통합이나 호칭 단순화를 추구하는 것이 능사가 아니다. 철저한 조직진단 및 분석을 수행하고, 업종 및 지역적 특성을 반영하여 조직에 맞는 직급체계를 설계할 필요가 있다.

이와 더불어 리더의 인품이나 성향은 특히나 중요해진다. 자질 있는 리더 없이 조직 내의 직급 및 호칭 간소화만으로 수평적 문화로의 변화는 요원하다. 또한, 남성 직원의 경우 대부분 군 생활을 겪었고, 우리나라 특성상 유교적 분위기의 가정에서 성장한 확률이 큰 만큼 상하관계에 익숙해져 있어 수직 문화에 대한 저항감도 덜 한 경향이 있다. 그보다 중요한 사실은, 직원은 수평적 관계보다는 명확한 비전 설정과 빠르고 올바른 의사결정을 해주는 리더를 원한다는 것이다. 그렇기에 직급 파괴 및 호칭 간소화는 더욱 세밀한 접근이 필요하다.

승진은 새로 맡은 직위나 직무가 기존의 직위나 직무와 비교해 볼 때 권한과 책임, 보상 등이 상승하는 것이다. 이는 구성원의 관점에서는 개인의 사회적 인정 욕구 및 자아실현 욕구를 실현하는 수단이며, 상위 직급과 직책의 권한과 책임을 부여받고 이에 해당하는 금전적 보상을 받을 수 있게 된다. 또한, 조직이 구성원에게 요구하는 방향성에 따라 승진시스템을 수립함으로써 구성원들의 행동 방향을 스스로 설정할 수 있도록 유도할 수 있다.

회사의 관점에서 승진은 구성원의 근무 동기를 유발하고 자극하는 유인책이며, 우수인력의 상향 이동을 통해 상위 직무의 인력 수요를 맞추고 높은 보상을 제공하여, 성과 위주의 정책으로 이끌 수 있다. 또한, 승진 자격과 요건을 알려 회사가 구성원에게 기대하는 사고, 행동, 가치관에 대한 방향 제시도 가능하다.

직급의 개념

직급체계는 조직 운영 시 개인의 역할과 책임에 대한 종적인 계층 체계를 의미하며, 조직 운영의 위계 상에서 역할과 권한 및 책임 등을 규정하고 상하 의사소통의 기본 프레임을 제시하는 기준이 되므로 HR시스템 개선 시 반드시 검토해야 할 영역이다. 직급체계 설계 과정은 향후 회사가 지향해야 할 직급 개념의 모색과 이에 기반한 직급 단계 결정, 그리고 각각의 직급 단계별 정의를 도출해야 하는데, 회사가 지향해야 할 적절한 직급 개념을 조직이 설정하여야 한다.

직급 개념의 모색은 크게 서구에서 발전되어온 일$_{job}$ 중심의 직급 개념과 동양에서 정착되어온 연공 중심의 직급 개념, 그리고 이러한 개념들이 혼합된 역량과 역할 중심의 직급 개념, 직무 가치 중심 개념 등으로 구분된다. 다음의 4가지 직급 개념의 특징을 참고하여 조직의 특성 및 인사 전략 방향에 맞게 선택해 적용하여 활용하는 것이 바람직하다.

	개념	주요 고려 사항
연공 중심	• 근속 연수가 주요 요인 • 근무 경력 및 노하우 반영 • 근속 연수에 따른 직무 역량 향상 전제	• 재직기간, 직무 경력 연수
역량 중심	• 직급별 요구되는 역량요건을 설정하고 그 요건의 충족 여부가 주요 요인 • 직무 수행에 필요한 K·S·A 역량 반영 • 현재 역량 수준이 미래 성과를 예측한다는 전제	• 개인 역량 수준 (직무 역량 중심)
역할 중심	• 직급별로 요구되는 역할에 따른 충족 여부가 주요 요인 (직급별 역할 정의가 명확해야 함) • 직무 수행상의 실제 담당 역할 반영 • 직급별 역할, 성과 책임을 차별적으로 정의	• 역할 단계 및 R&R
직무 가치 중심	• 직무 가치에 따라 직급 구분 • 수행 직무의 책임과 역할, 영향력, 중요성, 난이도 등 반영 • 상위 직급에 해당하는 가치 높은 직무로 전환될 경우에만 승진 가능	• 직무 가치

【도표227】주요 직급체계 개념

국내에서 제일 많이 활용되고 있는 연공 중심 직급체계는 직무 수행자의 근무 경험을 중시하고, 호봉 테이블을 통해 보상을 지급한다. 공공기관처럼 안정된 조직 환경 경험 곡선이 존재하고 안정적 직원 운영이 필요한 사업 환경에서 적합하다. 그러나 최근에는 공공기관조차 연공 서열 구조에서 벗어나려는 움직임을 보이는 추세다.

역량 중심 직급체계는 직무 수행자의 능력과 역량 수준을 중요하게 여기는데, 체계적인 직무와 과업보다는 개인의 역량과 성과가 강조되는 성장 및 도입기 조직 환경에 적합하다. 연공과 역량에 기반한 직능급제는 일본에서 주로 쓰이는 제도이다.

역할 중심 직급체계는 직무 수행자의 역할 수준 등을 고려하여 팀제 조직 등에 적합한 방식이다. 주로 역량 중심에서 직무 중심으로 전환 시의 과도기 시점에 사용된다.

마지막으로 직무 중심 직급체계는 차별화된 직무 가치가 강조되는 전문화된 금융, 컨설팅, IT 등과 같은 조직이나 직무 성과주의가 심화된 조직에 적합하다.

직무 기반 HR시스템에 따라 직무 및 역할 중심의 직급체계로 변화가 감지되고 있는데, 고령화 및 세대에 걸친 경쟁, 장기적 관점의 경쟁력 확보가 필요하고 조직의 직급별 표준연한을 반영하면 정년까지 도달하기 불가한 제도적 문제에 기인한다. 또한, 국내 상당수 기업이 글로벌 조직 확대 및 해외 기업 M&A 등으로 인해 글로벌 전체 관점에서의 포용력 있는 직급체계의 정립이 필요한 시기라 할 수 있다.

<직급, 직위, 직책>
우리가 일반적으로 사원, 대리, 과장과 같이 부르는 명칭은 직급이 아니라 직위이며, 1급, 2급 또는 갑, 을과 같이 구분하는 것을 직급이라 한다. 그리고 직위와 보직에 따른 구체적인 책임을 직책이라고 한다.

직급	직위	직책
직무의 종류, 난이도, 권한과 역할, 책임의 정도가 비슷한 직위를 한 데 묶어 분류	조직 내에서 수평적, 수직적으로 업무를 담당하는 위치	직위 + 구체적인 책임 (즉, 보직)
4급, 3급, 2급, 1급	사원, 대리, 과장, 차장, 부장	팀장, 실장, 부문장, 본부장

* 본 도서는 직위를 직급으로 보는 통상적인 관념에 따라 기술되었다.

직급체계 설계 프로세스

직급체계 설계의 대전제는 인생의 경력 및 역량 단계와 연결되어야 한다. 국내의 경우 남성을 기준으로 첫 조직 생활을 시작하는 20대 중후반 시점에 맞춰 설계할 필요가 있다. 국내 조직마다 직급별 표준연한이 상이하지만, 대략 입사 시점부터 약 20년 내외를 기준으로 경력 및 역량 단계에 맞춰 직급체계를 설정하는 것이 바람직하다.

또한 직급체계 개편 시에는 단지 트렌드를 따르거나 수평적 조직문화나 빠른 의사결정과 같은 막연한 기대를 하고 접근해서는 안 된다. 또한 경영진의 요구에 따라 설계가 진행되기도 하는데, 직급체계 설계는 거시적인 조직의 방향성 및 전략과제에 일치하도록 하는 것이 우선이다.

직급체계 설계에 있어서는 적합한 직급 구조 개선을 위해 정년 연장에 따른 구성원의 근로 연수의 증가, 조직 내 직무의 중요도 및 역할에 따른 경력개발의 차등 필요성, 구성원 동기부여라는 다양한 관점을 가지며 진행해야 할 것이다.

직급체계 설계를 위한 프로세스는 다음과 같다.

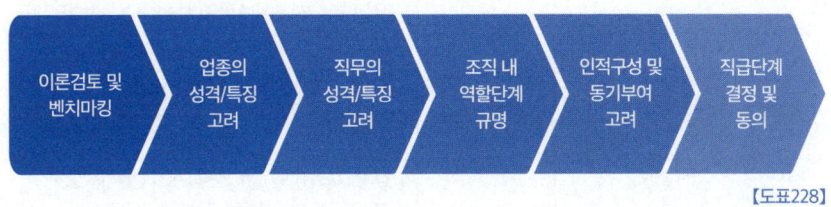

【도표228】

1) 이론검토 및 벤치마킹

역량 및 경력개발 관련 기존 이론을 검토하고 국내외 우수 사례 벤치마킹이 필요하다.

대부분 연구자들은 경력 단계를 3단계에서 5단계로 구분하여 단계를 측정하고 있으며 경력을 구분하는 기간도 유사함을 할 수 있다. 다만 Bloom의 역량 발달 단계 모형은 6단계로 구분하고 있다.

경력개발 단계에 따른 적합한 직급 단계는 정해진 바 없으나, 최근 조직에서는 최대 4단계가 넘지 않도록 직급 단계를 설계하고 있다. 직급 단계 간소화의 주요 장점으로는 수평적 조직문화의 기대, 민첩한 조직구조 및 직급 차이 축소를 통한 원활한 사내 커뮤니케이션, 고성과자의 발탁 승진 및 직책 부여와 연차가 높지 않은 핵심 인재 영입이 용이함에 있다.

주로 활용되는 경력단계 모형은 아래와 같다.

단계	연령 기준	정의	내용
탐색 단계 (exploration stage)	25세	경력지향점을 모색하는 시기	• 자아개념의 정립 및 경력 지향(career orientation)을 결정하는 시기 • 이 단계에서는 조직에 들어온 1~2년차로서 자신에게 적합한 시초 직무(beginning job)를 모색하게 됨 • 자신이 선택한 직무나 영역에 정착하려 노력하는 단계
확립 단계 (establishment stage)	25~45세	특정 직무 영역에 정착하는 시기	• 동료, 경쟁자 간 경쟁이 발생하며 경쟁상황 하에서의 갈등 및 실패에 대한 적절한 대응과 처리가 매우 중요함 • 자신의 전문 영역을 심화하고 조직 내 입지를 형성하는 시기
유지 단계 (maintenance stage)	45~60세	생산의 시기	• 중년의 위기 또는 중간 경력의 위기 도래하는 시기 • 개인의 극복 여하에 따라 재성장의 기회가 되며, 또는 급속한 쇠퇴를 경험할 수도 있음 • 조직과 개인을 동일시하는 단계
쇠퇴 단계 (decline stage)	60세~	조직에서의 은퇴 시기	• 자신의 조직 생활을 통합해보려는 시기 • 퇴직 후의 계획을 세우고 조직 내에서의 역할은 제한적이거나 소극적인 성격을 띄게 됨

【도표229】 Hall(1976)의 경력단계모형 내용[27]

단계	정의	내용
도제 (apprentice)	상사의 지시에 따름	• 담당 업무에 대해 이해하고 경험을 축적해 나감 • 독자적인 업무 수행도 가능하나 주로 타인의 지시 또는 도움을 받아 업무를 수행하는 단계
독립 (independent contributor)	독자적으로 업무를 수행함	• 해당 역량에 대해 전문가적인 지식 및 경험을 보유하고 있음 • 자기 완결적인 업무수행이 가능함
멘토 (mentor)	타인을 지도하고 개발함	• 해당 역량에 대해 깊고 넓은 전문가적인 식견과 노하우를 보유하고 있음 • 해당 역량에 관련된 전후방 지식을 명확히 이해함 • 조직 및 관련 업무에 미치는 영향을 명확히 파악함
경영진 (director)	조직을 이끌어 나감	• 해당 역량이 조직 및 관련 업무에 미치는 영향을 분석하여 개선방법을 제시함 • 문제나 상황에 대한 새로운 접근법, 솔루션 및 방향성을 제공함

【도표230】 Dalton & Thompson & Price(1977)의 경력단계모형 내용[28]

2) 업종의 성격 및 특징 고려

이론검토 및 벤치마킹이 끝났다면 업종의 성격 및 특징을 고려해야 한다.

수평적 조직 및 합의 문화를 중시하는 업종이라면 직급 단계를 간소화하는 것이 좋다. IT나 플랫폼 기반 업종 등이 이에 포함된다. 반대로, 수직적 조직 및 위계 문화를 중시하는 업종이라면 직급 단계를 보다 촘촘히 설계하는 것이 유리하다 할 수 있다. 직급 서열에 따라 소위 군사 문화를 통한 조직의 일괄적인 통제 및 관리가 가능하기 때문이다. 상당수의 전통적인 제조업이 이런 위계적 조직문화를 가지고 있다.

3) 직무의 성격 및 특징 고려

다음으로는 직무의 성격 및 특징을 고려해야 한다.

영업이나 대외 고객 관리 직무 등의 경우는 상위직급 단계의 세분화를 검토할 필요가 있다. 보편적으로 상위직급이 영업 및 관리, 협상 등에 유리하게 작용하기 때문이다. 반대로 지원 직무의 경우는 직급 단계를 간소화하면 내부 소통 등에 더 유리한 측면이 있다.

4) 조직 내 역할단계 규명

그리고 조직 내 역할단계 규명이 필요한데, 업무수행 과정에서 구성원들의 역할단계 및 조직 간 또는 직무 간 역할단계의 차이는 없는지 확인이 필요하다.

5) 인적 구성 및 동기부여 고려

조직의 인적 구성 및 구성원의 동기부여 역시 고려해 봐야 한다. 직급별 구조를 피라미드형, 역피라미드형, 또는 항아리형과 같이 어떤 구조로 가져가야 할 것인지 검토해야 하며, 직급은 승진에 직접적인 영향이 있기에 직급 표준연한 등도 고려하여야 한다.

6) 직급 단계 결정 및 정의

마지막으로 직급 단계 결정 및 정의는 조직의 특성 및 이론적 관점에서의 역할, 경력 단계 모형의 검토와 벤치마킹 사례 검토와 최종적으로 조직의 인적자원 구성, 보상, 구성원의 동기부여 관점을 종합적으로 검토하여 표준 역할 단계를 도출한다. 그리고 이를 조직 내 실제 역할단계 구성 현황과 비교 분석하여 최종 직급 체계를 도출하여야 한다.

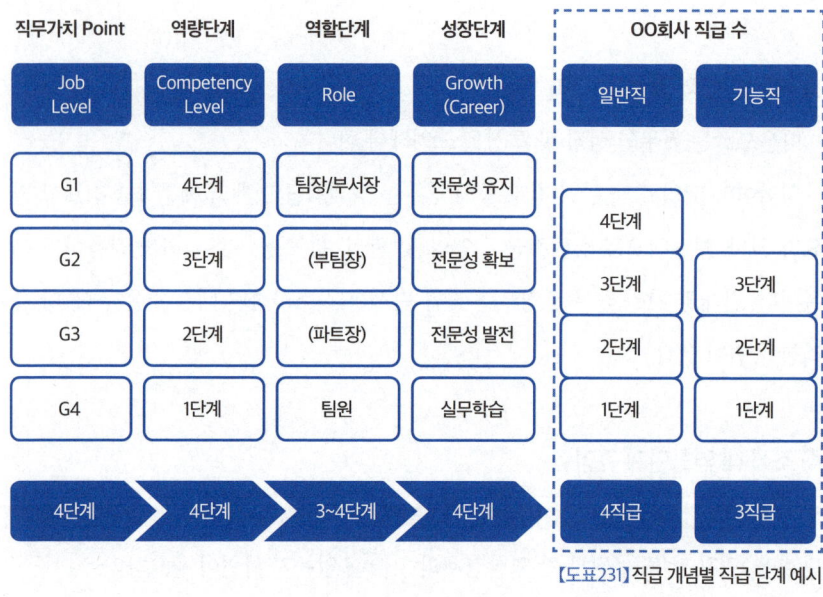

【도표231】직급 개념별 직급 단계 예시

이와 더불어, 조직 내 HR시스템과의 정합성에 대해 검토한다. 직급에 따른 평가 지표 방식, 보상수준, 직원 이동 및 배치, 핵심 인재 제도 운용 시 핵심 인재 정의 및 유형 등을 고려하여 일치된 제도로 운영하여야 한다.

승진의 개념

직급체계는 수직적 구조와 수평적 구조의 유기적 관계로 만들어진다. 그중 수직 이동이 바로 승진이다. 승진은 직책의 상승으로 보기도 하지만 대체로 직급의 상승과 매우 밀접하다.

최근 다수의 국내 조직은 연공 서열에 의한 승진에서 역량 및 역할에 따른 승진으로 전환하고 있다. 그러나 유교적 사고방식으로 인해 나이 어린 직책자 밑에서 근무하는 것에 대한 저항이 있으며, 사회 정서상 연공 서열에 의한 승진에 관대하였으나 요즘은 고용 없는 성장과 성과에 대한 이슈로 역량 및 성과에 따른 승진이 중요해지고 있다.

올바른 승진 시스템을 구축하려면 조직 내 직급 구조 및 구성원의 동기부여 관점, 전략적 방향성 및 조직의 재무구조를 사전에 검토해야 할 것이다. 조직의 직급 표준연한에 따라 차이는 있겠으나, 직급 표준연한이 3~5년 사이인 구성원들에게는 승진이 강력한 외적 동기부여 요인이 된다. 그래서 고직급 대상의 권고사직 및 정년 연장에 따라 승진을 기피하는 일부 구성원도 있으나, 구성원 대부분은 승진에 대한 기대가 높기에 승진 여부에 민감하게 반응할 수밖에 없다.

승진의 구분

승진은 다음과 같이 실질적 승진과 형식적 승진으로 구분하여 생각할 수 있다.

승진의 구분	
실질적 승진	형식적 승진
직무 내용 변화 업무 재량권 변화 책무의 증대	사회적 지위 상승 보수의 증대 명칭의 변화 및 인정의 확대

몇몇 기업의 경우 역할과 책임 등의 변화 없이 호칭의 변화만을 추구하는 형식적인 승진을 보여준다. 최근 MZ세대들 위주로 승진에 대해서 중요하게 여기지 않는 현상이 나타나고 있다. 이는 정년이 늘어난 현시점에서, 조직의 직급별 표준연한을 반영하면 정년까지 도달하기 불가한 제도적 약점에 기인한다고 볼 수 있다. 또한 평생직장이라는 가치관이 퇴색되어가는 시점에서 승진의 중요성보다는 직무 전문성을 담보로 한 경력개발에 더 중점을 두고 있다는 것을 알 수 있다.

이와 더불어, 승진시스템 설계 방향과 다른 승진 결과 때문에 수용성 문제가 대두되고 있는데, 승진시스템 설계만큼은 충분히 구성원들의 의견을 수렴해야 하고, 승진 심사 후 심사 과정 공개원칙 및 충분한 피드백을 병행하여야 한다. MZ세대의 승진에 대한 중요성이 퇴색되어 있다고는 하나, 승진으로 인한 조직 내 권한과 책임 확대, 보상의 상승 등으로 다른 HR시스템에 비해 구성원들이 민감하게 받아들이므로 최대한 구성원의 수용을 끌어내는 것이 중요하다.

승진의 세 가지 유형

국내에서 활용되는 실질적 승진의 유형은 대체로 3가지로 볼 수 있다. 체류 연한제, 승진 허들Hurdle제, 승진 포인트Point제가 그것이다. 현재까지 많이 활용되고 있는 유형은 연공 서열 중심의 체류 연한제이나, 승진의 투명성 보장과 성과 중심의 승진 방식 변화에 따라 승진 허들제나 승진 포인트제로 전환이 이루어지고 있는 추세다.

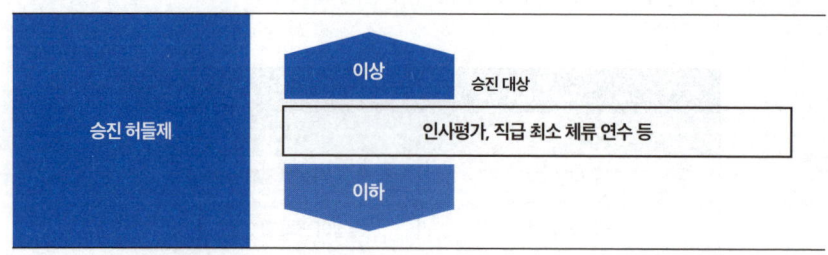

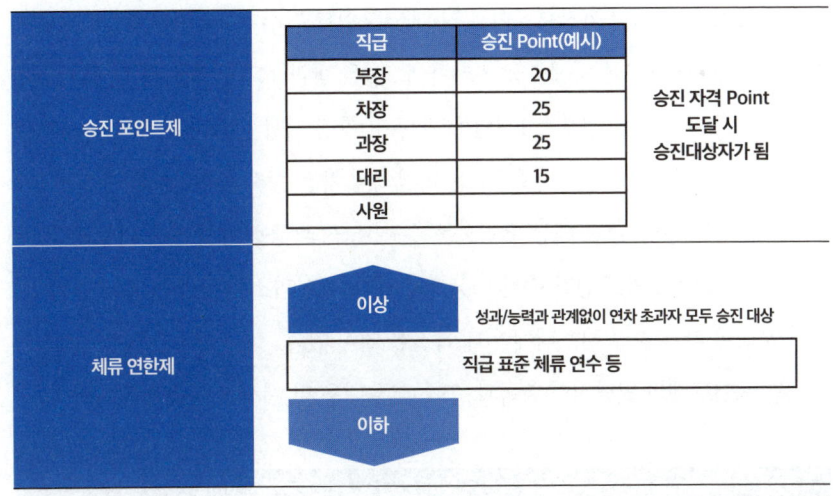

[도표232] 세 가지 승진 유형

승진 허들제

인사평가 결과와 더불어 최소 직급 체류 연수를 채우면 승진 대상자로 선정될 수 있다. 승진의 객관성 확보 및 구성원의 공감대 확보가 가능하며, 허들을 통해 체류 연수 미달 및 성과 미흡 부적격자의 승진을 엄격히 통제할 수 있어 과다한 승진을 방지할 수 있다. 하지만 이 역시 체류 연수 허들의 존재로 우수 성과자의 조기 승진 가능성이 적다는 단점이 있다. 이를 해소하기 위해 발탁 승진 운영 기준을 두어 우수 인재의 경우에는 체류 연수와 관계없이 승진 기회를 주어 조건 해당 시 승진을 가능하게 하는 방법이 있다.

승진 포인트제

승진 자격 포인트 도달 시 승진 대상자가 되는 것으로, 승진의 공정성 및 예측 가능성이 높다. 객관적이고 투명한 시스템 운영이 가능하며, 포인트 기준 선정으로 연공 서열 차별 해소 및 우수인력 조기 승진 기회 확대 및 부적격자 승진 제한이 가능하다.

예를 들어, 과장에서 차장으로의 승진 대상 포인트 점수가 25점이라면, 홍길동 과장이 1년 차에 5점, 2년 차에 4점, 3년 차에 5점을 받아 14점을 확보했고, 토익 835점으로 4점, 사내 교육 점수는 1~3년 차 모두 10학점 이상 수료하여 총 6점, 자격증 1점으로 총 25점이 된다. 이 기준으로는 과장에서 차장 승진 표준연한이 총 5년이라고 하여도 3년 만에 승진 대상자에 오를 수 있어 성과 중심의 승진이 가능하다. 다만, 포인트 도달에 의한 연간 승진 대상자의 과다 또는 과소 현상 발생이 있을 수 있으며 운영이 다른 승진 시스템에 비해 복잡한 면이 있다.

승진 포인트제의 일반적인 항목과 그에 따른 내용 및 예시는 다음과 같다.

항목	주요내용	승진 포인트 기준	승진 포인트					
평가	3개년 인사 평가 결과	승진일 기준 최근 3년간 인사평가 등급별 포인트 합산	종합평가	S 5	A 4	B 3	C 2	D 1
어학	영어, 일어, 중국어	승진일 기준 2년 이내 공인 성적만 인정	승진 점수 / 영어 토익 / 토익스피킹 / 오픽(OPIC) / 중국어 / 일본어	5점 / 880~990 / Lv. 7~8 / AL/IH / HSK 6급 / -	4점 / 675~875 / Lv. 6 / IM / HSK 5급 / N1	3점 / 535~670 / Lv. 5 / IL / HSK 4급 / N2	2점 / 350~530 / Lv. 4 / NH / HSK 3급 / N3	1점 / 345 이하 / Lv. 3 and below / - / HSK 2급 이하 / N4 (0점: 미제출)
교육	교육이수 학점	승진일 기준 최근 3년간 교육 이수 학점 합산	승진 점수 / 연간 교육이수 학점	2 / 10학점 이상	1 / 5학점~10학점 미만	0 / 5학점 미만		
자격증	직무연관 공인 자격증	직급일 기준 이후 취득한 자격증만 인정 (최대 1개 인정)	직무 연관 자격증에 비중에 따라 최대 3점					
해외근무 경력	주재원 경력	직급일 기준 이후 체류 기간만 인정, 승진시 소멸	체류 기간	3 / 4년 이상	2 / 2~4년 미만	1 / 2년 미만		

상벌	사,내외 포상 및 징계	직급일 기준 이후 체류 기간만 인정, 승진시 소멸	

[도표233] 승진 포인트 예시

체류 연한제

체류 연한제는 성과, 능력과 관계없이 연차 초과자 모두 승진 대상자가 되며, 직급별 승진 연한은 조직마다 달리 운영하고 있으나 보편적으로 사원에서 부장까지의 평균 소요 연한은 15~20년 정도이다. 체류 연수 기준으로 선발함으로써 장기근속 직원들의 반발을 완화할 수 있고, 유교 문화가 잔재해 있는 연공 서열의 측면에서 시스템의 저항감도 비교적 적다고 볼 수 있다. 하지만, 경력 연수의 영향력이 크다 보니 연공에 의한 승진 대상자 선정으로 부적격자가 승진 대상으로 올라갈 수 있으며, 성과 및 역량이 아무리 뛰어나더라도 조기 승진이 어렵다는 단점이 있다.

그 외에 직무수행 이력이나 직무 자격 여부 및 본인이 스스로 승진 심사 신청을 하는 유형도 있다. 이 유형은 직급과 특정 직무 숙련 수준이 밀접하게 연계되어 있으며, 직급별 역할을 강력하게 통제하는 경우 직무 이력을 허들로 활용한다. 직급 승진 시 직무수행 여부 혹은 직무수행 이력, 직무수행 역량이나 지식에 대한 인증도 요구하여 승진 심사에 반영한다.

스스로 승진 심사 신청을 하는 경우 승진 자격과 같은 일정 기준을 제시하는 경우나 별도의 기준이 없는 경우가 있는데, 두 경우 모두 스스로 승진 심사 신청이 가능하다. 이는 승진 누락에 대한 불만 및 승진 시스템 자체에 대한 불신을 해소할 수 있다는 장점이 있으나 기준이 없는 경우는 승진 대상자가 많아질 수 있어 승진 행정 업무가 과다해질 수 있다.

승진 심사 기준

승진 심사를 위해서는 승진 기준이 있어야 한다. 물론 승진 허들제 및 포인트제의 점수 등을 서열화하여 승진율에 따라 승진시키는 방법도 있으나, 일반적으로는 승진 심사위원회에서 승진 기준에 맞추어 심사해 승진자를 선정한다.

조직의 특성 및 방향성에 따라 다양한 기준이 있으나 거의 모든 조직이 기여도 검증을 위해 인사 평가점수를 활용한다. 다만, 승진의 목적에 따라 업적평가만 반영할지, 역량을 포함한 종합평가로 반영할지의 검토가 필요하다.

기준	주요 내용	방법	비고
	인사 평가 외 승진 심사 기준		
역할단계 준비도	직급별, 역할에 대한 요구(requirement) 검증	역할단계 준비도 체크리스트 또는 차직급 역량 항목에 따른 진단 결과	직급 및 직책 역할에 대한 정의 및 R&R 보유 시
직무 역량 보유	직무 수준에 따른 역량 검증	사내 직무 자격제나 직무 등급	직무 가치에 의한 직무급 활용 시
외국어 점수	어학 능력 검증	공인 외국어 또는 혹은 영어 인터뷰	
승진 시험	직급 역할 및 자격에 필요한 지식역량 검증	제품, 기술, 회사에 대한 이해나 실무 지식 등을 객관식, 주관식 문항을 통해 내부 기준에 따라 점수화하여 평가	
면접/PT	역할 수행 혹은 회사 미래 기여에 대한 비전을 검증	내부 기준에 따라 점수화	
기타	자격증, 특허, 상/벌, 교육 점수 등	내부 기준에 따라 점수화	

【도표234】

승진 운영 방식

승진 운영 방식은 두 가지 방법으로 구분한다.

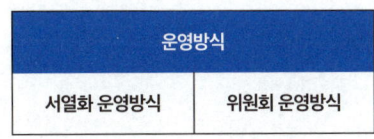

서열화 운영 방식은 승진의 유형 및 심사 기준에 따라 승진 대상자를 취합한 후 점수에 따라 서열화, 필수자격요건을 스크리닝하여 승진 대상자를 최종 선정하는 방식이다. 점수 서열에 의해 승진 대상자가 정해지므로 승진 결과의 수용성이 강하다는 장점이 있지만 승진 심사 기준에서 찾아내기 힘든 무형적 기준에 대한 정성적 심사가 어렵다는 한계가 있다. 즉, 서열화 운영방식에서는 인성이나 리더십, 팔로워십, 협업 등에 대한 종합적 평가는 어렵다.

위원회 운영 방식은 승진 위원회session or calibration를 통해 전형 점수 등을 참고하여 논의 및 합의 후 승진자를 최종 선정하는 방식이다. 승진 심사 기준은 물론 위와 같은 무형적 기준까지 논의하여 최종 대상자를 선정할 수 있다는 장점이 있는 반면, 승진 심사 위원 역시 객관성을 유지하기 어렵기 때문에 위원들의 주관적 기준이 내포될 수 있으며 위원회 내 위원들의 서열에 따라 입김이 작용할 수 있다.

승진자 선정 기준

승진 대상자로 선정되었다 하더라도 승진은 조직의 상황 및 전략적 방향성에 따라 이루어지므로 대상자 모두가 승진하는 경우는 거의 없다. 물론, 몇몇 조직의 경우 자동 승진시스템으로 대상자 전부 승진이 되는 경우나, 외국계 기업처럼 보상과 연동 없이 타이틀만 변동되기도 하지만 대부분의 조직은 매년 승진율에 따라 승진자를 선정한다. 승진자 선정의 다양한 기준은 다음과 같다.

- 조직 구성원 직급별 구성비
- 직무평가 등급
- 전략적 방향성
- 심리적 동기부여 기간
- 조직의 생산성
- 보수의 탄력성
- 업무수행 방식의 변화
- 조직 개편 및 전략
- 인력의 수급 정책

조직 구성원 직급별 구성비

전체 조직 구성원 직급별 구성비를 고려하여 상위 직급의 수, 항아리 구조, 역피라미드 등의 직급 구조를 기준으로 승진율을 결정하는 방법이다. 적합한 직급 구조 비율의 기준은 없으나 대체로 고직급에 가까울수록 비율이 낮아지는 피라미드 형태를 지향하고 있다.

현재 가장 널리 활용되고 있는 승진자 선정 방식으로, 구체적으로 살펴보면 직급별 인력 구조 목표 모델 설정, 직급별 인력변동 예측 자료, 연도별 승진율을 고려하여 설계하여야 한다.

직급별 승진 T/O 관리를 위해서는 향후 회사가 나아가야 할 방향에 따라 직급별 인력구조 목표 모델을 설정해야 한다. 모델 설정을 위해서는 국내외 동종 및 지역 기업들의 직급별 인력분포를 벤치마킹 및 직급별 인력구조 분석 시에는 업종의 특성, 보직 수, 보직 운영상의 차이, 역할 그룹 비교, 업무수행 프로세스 비교 등의 차이점을 고려하여야 한다.

직급별 인력변동 예측 자료는 직급별 평균 퇴직률 및 이직률, 직급별 평균 채용 신규 및 경력 규모, 전략 및 방향에 따른 신사업 추진, 외주화율 증가 등 전략 및 정책적 변화와 관련된 사항을 반영하여야 한다. 연도별 승진율은 급격한 내, 외부 영향이 없다면 내부 형평성 문제 등이 있으므로 연도별 승진율 차이를 최소화하는 것이 바람직하다.

다만, 정년이 연장되고 고연령 사회인 현재 상황과는 배치되는 구조라 할 수 있어 직급 수나 직급 표준연한 등의 개선 없이는 지속 가능한 구조라 할 수 없다.

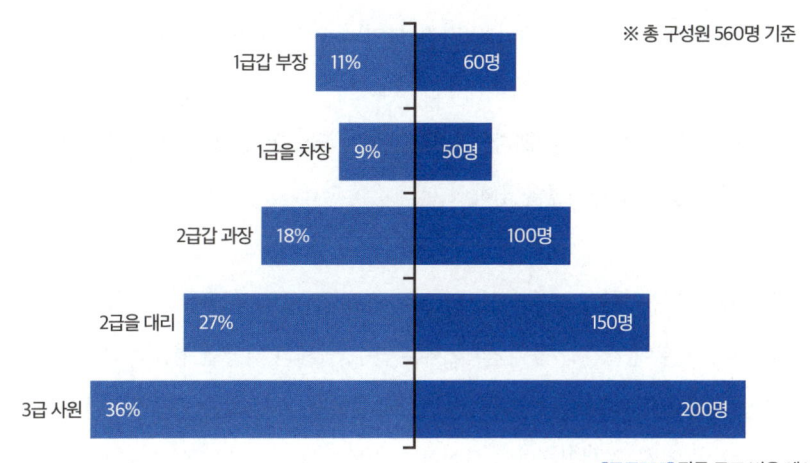

【도표235】직급 구조 비율 예시

직무평가 등급

직무평가 등급에 의한 직무 가치 변화로는 직급의 조정, 업무 확대에 따른 상위 직급 증대 등이 있다. 이는 직무급을 활용하거나 직무 시장 가치에 민감하게 반응하는 업종에서 활용하기 적합하다. 시장에서 외부 충원이 어렵거나, 내부 구성원 내에서도 해당 직무 담당자가 희소한 경우 승진을 통해 보상할 수 있다. 반대로 외부 충원이 쉽고 내부에서도 해당 직무를 담당하는 사람이 많은 경우라면 승진에서 배제하기도 한다. 또한, 내부 직무 가치 등급에 따라 기준을 충족하면 승진시키는 경우도 있다. 하지만 아직 국내에서 직무평가 등급에 의한 승진은 내부 구성원의 저항이 만만치 않다. 그렇기에 직무 가치 차이에 대한 내부 구성원의 수용도가 선제되거나 직무별 HR시스템을 차등을 두어 운영하는 방법으로 해결하여야 한다.

전략적 방향성

전략적 방향성에 따라 신사업/확대 사업/축소 사업/폐지 사업을 나누고 사업의 범위, 크기, 중대성의 변화에 따른 포지션 수 변동 등을 고려하는 방법이다. 예를 들어 제품의 시장 점유율을 높이는 과제를 했다면 마케팅 및 영업 부서의 인원 증가로 포지션 수가 증가함에 따라 승진자가 늘어날 수 있다. 반면, 상대적으로 전략적 중요도가 낮아진 다른 부서의 승진자는 감소할 수 있다. 전략 방향성에 따른 승진자 선정은 승진 시스템을 시행하는 담당 부서와 더불어 전략 및 기획 부서와의 긴밀한 논의 등을 통해 승진율을 정해야 한다.

심리적 동기부여 기간

심리적 동기부여 기간은 동일 직급, 체류 연수, 업계의 직급별 평균적 근속기간, 승진 보상 대체 수단 유무 등을 파악하여 내부 구성원 유지 측면에서 고려된다. 특히, 동종 및 지역 업계, 경쟁업계와의 차이를 고려해야 하는데, 경쟁업계에 비해 직급별 평균 근속기간이 길거나 승진율이 낮다면 경쟁업계와 비슷한 수준이나 그 이상으로 조정하는 것이 필요하다. 승진 누락 및 승진 기회에 대한 동기부여 부족으로 이직 가능성이 높아지기 때문이다. 그러나 심리적 동기부여에 의한 승진은 조직성과 지향의 조직 운영에 반하는 방식으로, 동종 및 지역 업계와 경쟁업계와의 승진율은 유사하게 유지하되, 내부 구성원 간의 심리적 동기부여 측면은 고려하지 않는 것이 바람직하다. 저성과자나 조직에 대한 애호도가 부족한 구성원까지 고려하기보다는 오히려 승진 누락을 통해 퇴사의 경로로 활용하는 것이 때로는 유효할 수 있다.

조직의 생산성

조직의 생산성은 수익성과 사업 전망을 고려하는 것이다. 승진이 보상과 밀접히 연관되어 있을 때, 보상 총액을 고려하여 승진율을 결정하는 방법과 보상 총액에 관계없이 일정 기간 손익에 따라 승진율을 조정하는 방법이 있으며 이들은 조직의 재무적 결과와 연동되어 있다.

예를 들어 내년도 사업 전망이 좋아질 것을 예상해 임금 상승에 의한 임금 총액 외에 10억 원 정도를 추가하여 사업계획 등에 반영하였다면, 승진자를 추가로 선정할 수 있다. 승진에 따른 임금 변동이 1천만 원 수준이라면 최대 100명까지 승진자를 선정할 수 있는 것이다.

보수의 탄력성

보수의 탄력성은 기본급과 변동급의 비중, 고정적 복리후생비의 변화 등을 고려하는 것인데, 임금 총액을 검토하여 승진율을 책정한다. 인건비 구성 요소 중 임금 상승률, 채용 등과 더불어 승진율에 따른 인건비 변화 등을 고려하여 전반적인 승진율을 조정한다.

업무수행 방식의 변화

업무수행 방식의 변화는 BPR~Business Process Reengineering~, 전산화, 업무 및 R&R등의 영향 범위~Accountability, Control~ 등이 고려 대상이 될 수 있다. 승진 역시 책임과 의사결정 범위 등을 고려할 필요가 있으며, 일반적으로 조직원 수와 밀접하게 관련되어 있다. 즉, 본인이 관리하고 이끌어야 할 인원수, 책임의 범위 등을 고려하여 승진을 검토할 수 있다, 이와 더불어, 업무 개선 및 자동화~RPA, Robotic Process Automation~ 등에 따라 인원수 조정에 따른 영향을 받게 되기도 한다.

조직 개편 및 전략

　조직 개편 및 전략에 따라 승진율을 조정하는 방법은 조직구조 변화, 조직 재설계 등으로 인한 경우와 더불어 계층화에 따른 보고 라인의 변화에 따라 달라질 수 있다. 민첩한 조직 운영을 위해 조직 슬림화를 단행하여 부서의 수를 통합해 총 부서 수의 30%를 줄이고 의사결정 단계를 3단계에서 2단계로 단순화했다면, 해당 직책 및 역할이 감소하였으므로 승진자를 축소해야 한다.

인력의 수급 정책

　마지막으로는 인력의 수급 정책은 공석 수, 퇴직자 수, 외부 충원 정책과 숫자에 따라 결정된다.

　전통적인 승진 대상자 선정 기준 방식으로는 각 시행의 결과가 바로 앞 시행의 결과에만 영향을 받는 일련의 확률적 시행으로 나타나는 시계열 방식의 마르코프 체인Markov chain을 활용하여 수년간의 퇴사자, 신규 채용자의 수를 기준으로 차년도 예상 수급 인원에 대해 제시하는 방법이 있다.

　마르코프 체인 방식은 과거의 환경과 예상되는 미래가 비슷할 경우 사용되는 방식이기에 급격하게 내외부 환경이 변하는 최근의 경영환경과는 맞지 않는 방식이지만, 군대나 공공기관처럼 인원 변동이 예측할 수 있으며 과거에 비해 변동성이 낮은 조직에서는 활용이 용이하다.

대표적인 승진자 선정 방법 9가지	
1. 조직 구성원 직급별 구성비	직급별 인력 구조 목표 모델 설정, 직급별 인력변동 예측 자료, 연도별 승진율을 고려
2. 직무평가 등급	Job Grade의 조정, 업무 확대에 따른 상위 Job Grade 증대 고려
3. 전략적 방향성	신사업/확대 사업/축소 사업/폐지 사업 고려
4. 심리적 동기부여 기간	동일 직급, 체류 연수, 업계의 직급별 평균적 근속기간, 승진 보상 대체 수단 유무를 고려
5. 조직의 생산성	수익성, 사업 전망을 고려
6. 보수의 탄력성	기본급과 변동급의 비중, 고정적 복리후생비의 변화 등을 고려
7. 업무수행 방식의 변화	BPR, 전산화, Span of Influence(accountability, control) 등 고려
8. 조직 개편 및 전략	조직구조 변화, 조직 재설계 고려
9. 인력의 수급 정책	공석 수, 퇴직자 수, 외부 충원 정책과 숫자 등 고려

【도표236】

6장
GHR

0. 들어가며

국내 기업의 해외 진출 및 글로벌 사업의 전략 다변화에 따른 HR 기능과 역할이 증대되고 있다. 국내외 사업장의 위치 및 국민성 등에 관계없이, 조직을 이끄는 힘은 사람에게서 나오기 때문이다. 그러나 해외 사업장은 본사 기준의 제도 적용 등이 오히려 악영향을 미칠 수 있으므로, 해외 사업장의 특성과 나라별 문화, 법, 제도 등을 고려해 커스터마이징이 필요하다.

GHR 거버넌스governance 관점에서 고려해야 할 부분은 크게 주재원 선정과 처우 및 장단기 파견이나 직급, 직책 등 신분, HR시스템의 해외 사업장 도입 및 운영, 본사와 해외 사업장 간의 역할과 책임R&R 선정으로 구분된다.

이 중 가장 중요하게 검토해야 할 부분은 주재원 선정이다. 아무리 발달한 업무 시스템과 고도화된 HR시스템을 보유하고 있다 하더라도, 결국 시스템과 제도 전파 및 운영의 주요 역할은 주재원이 하기 때문이다. 그래서 국내 유수의 조직 역시 주재원 파견 시 인사평가 및 어학 실력을 가장 주요한 요인으로 평가해 주재원을 선정하고 있다. 하지만 현지에서 바라는 주재원의 역량과 자질은 단지 어학 실력이 뛰어나거나 본사에서 인사평가가 우수한 사람만을 원하는 것은 아니다.

주재원의 가장 중요한 역량은 태도 역량이다. 현지인과의 진솔한 소통, 현지 문화에 대한 이해와 더불어 현지 문화 등에 배척 없는 수용성 등이 뛰어난 태도가 중요하다.

비록 뛰어난 어학 실력을 갖추고 있다 하더라도 현지인에 대한 태도가 성실하지 못하다면 그들의 마음을 얻지 못할 것이지만, 어학 실력이 부족해도 진솔하게 소통에 임하면 그 진심을 알 수 있기에 오히려 뛰어난 소통 능력을 발휘할 수 있다. 상대방에 대한 인상이나 호감을 결정하는 데는 말하는 내용이 7퍼센트, 목소리가 38퍼센트, 보디랭귀지와 같은 시각적인 이미지가 55퍼센트의 영향을 미친다는 이론인 메라비언의 법칙 The Law of Mehrabian 을 굳이 언급하지 않더라도 말보다는 행동이 더 중요하다는 것을 알고 있으리라 생각한다. 즉, 사람은 국적에 상관없이 상대가 자신을 진심으로 대하는지, 그렇지 않은지를 느낄 수 있기 때문에 인성과 품성이 주재원 선정에서 가장 중요한 요인이라 생각된다.

인사평가 역시 국내 본사에서 평가한 점수이기 때문에, 고평가 받은 직원이 해외 사업장에서도 같은 성과를 낼 것이라는 기대는 하지 말아야 한다. 본사에서 평가받은 직무는 일반적으로 본인이 수행하는 하나의 직무에 불과하나, 해외 사업장 근무는 복수의 직무를 수행해야 하며 무엇보다도 리더십 역량이 중요하기 때문이다.

1. 주재원 선정 및 처우

2010년 초반까지만 하더라도 주재원 파견이 흔치 않은 일이라 금전적 보상은 물론 자녀 교육 측면에서도 처우에 많은 장점을 가지고 있었다. 하지만 최근에는 해외 사업장도 국내 사업장의 확장 개념으로 국내와 같은 하나의 사업장으로 인지하고 있어 서서히 주재 수당의 비율을 줄이거나 없애고 있으며, 자녀 교육 측면의 장점 역시 국내 교육 기관의 우수성으로 인해 희석되고 있다. 이와 같은 이유로 현실성 있는 처우와 더불어 단신 부임 등의 변화가 필요하다. 또한, 예전보다 많은 주재원 풀을 보유하여 주재원 발령, 귀임의 시점을 단기간으로 축소할 필요가 있다. 이런 어려움이 있더라도 주재원이 수행해야 할 역할을 생각한다면, 주재원 선정에 더욱 신중히 처리해야 한다.

주재원의 역할은 다음과 같다.
본사에서의 기대하는 역할은 크게 3가지로, 본사 전략과제 및 업무 프로세스의 전파, 성과 창출 기여, 현지인 관리 및 교육이다.
반대로 현지에서 기대하는 역할은 크게 2가지로, 비전 제시와 정보 공유를 통한 변화 기대, 해외 사업장의 업무 역할 확대이다.

본사 관점	• 비전/전략과제 전파 • 성과 창출 • 관리/교육	현지 관점	• 비전/정보 공유 • 업무 역할 확대

본사에서는 주재원이 본사의 비전이나 핵심가치 등을 현지에 전파하면 현지 구성원들이 체득하여 조직 방향성을 일체화해 주기를 바라고 있다. 이는 물리적인 거리 및 주요 경영진의 본사 근무로 인해 해외 사업장까지 본사의 비전·핵심가치나 전략과제가 전달되기 힘들기에 주재원이 본사 관리자 역할을 수행해줄 것을 기대하는 것이다. 또한, 업무 프로세스와 지침 등을 본사 기준으로 표준화하여 의사결정의 일체화 및 업무 효율을 꾀하고자 함에 있다.

다음으로 해외 사업장의 효율적인 관리 및 고객과의 대응을 통해 성과 창출 수행을 기대한다.

마지막으로 현지 인력의 매끄러운 관리를 통한 조직 안정화와 더불어 본사 수준의 직무 역량 향상을 위해 현지 인력 교육에 관심을 보인다.

현지에서는 본사의 비전이나 핵심가치의 전파와 더불어 신속한 본사의 정보 공유를 기대하고 있다. 단순한 전파 및 공유를 넘어서 이를 기반에 둔 해외 사업장의 변화 및 실질적인 구성원들의 체감된 변화를 바란다.

업무 역할 확대 기대에 있어서는 본사의 성과를 위한 지원이나 변방에서의 역할이 아닌, 본사 중심의 역할에 기여할 것이라는 바람이 있다. 그러므로 주재원은 해외 사업장의 인력을 세밀하게 파악하여 현지의 우수 인재를 본사에 알려, 주요 업무를 그들에게 부여하는 역할을 해야 한다.

즉, 본사의 다양한 기능 중 해외 사업장에서 더 성과가 날 수 있는 기능은 분리 및 역할 분담을 통해 본사와 해외 사업장 간의 시너지 효과를 극대화할 수 있다.

종합해 보면 주재원의 역할은 연계 역할_{connector}, 교육 역할_{coach}, 운영 통제 역할_{commander}, 지휘 역할_{conductor}로 정리될 수 있다.

해외 주재원 관리 프로세스는 선발, 교육, 발령, 귀임으로 나뉜다.

2010년 초반까지만 하더라도 자녀의 교육, 승진 가점 및 주재 수당, 오지 수당 등의 부가적인 현금성 보상으로 인해 주재원으로 가려는 지원자가 많았지만, 최근에는 국내 교육 환경의 개선, 현금성 보상의 축소 및 해외 생활 환경 등으로 인해 주재원 신분에 대한 선호가 많이 퇴색된 건 사실이다.

또한, 조직 차원에서도 RHQ _{Regional Headquarter}를 기반으로 현지화 추세 및 주재원 파견으로 인한 추가적인 금전적 보상 등으로 인해 주재원 수를 점차 축소하고, 현지에서 채용하는 한국 국적 직원인 현지 채용인이나 파견국의 국적을 가진 직원인 현지인으로 대체하는 경향이 있다. 그런데도 핵심 인력의 주재원 파견은 반드시 필요하다.

조직의 업종 및 전략 방향성에 따라 핵심 인력의 기준은 상이하나, 일반적으로 경영을 위한 재무, 기술 전수를 위한 생산기술, 전략적 인사관리를 위한 HR 등이 중요하다.

주재원 선정

주재원 선정은 조직이 필요한 자격 요건을 통해 대상자를 선정하여 일방적으로 통보하는 경우보다는 해당 자격 요건을 게시하여 지원 방식으로 선정하는 것이 바람직하다. 해외 주재원의 경우 단순히 국내 지역 이동이 아니라 해외로 이동하는 물리적, 심리적 측면을 고려해야 하기 때문이다. 갑작스러운 주재원 선정을 통한 파견보다는 주재원 후보군을 활용하여 충분한 교육 후, 후보군 중 해당 해외 사업장의 자격 요건에 맞는 대상자를 선정하는 것이 바람직하다.

주재원 선정을 위한 조건으로는 크게 성향과 자질, 외국어 능력, 리더십이나 역할, 폭넓은 직무 역량 등으로 구분된다.

성향과 자질

주재원은 이문화 수용력 및 성장잠재력, 조직 헌신성이 수반되어야 한다.

이문화 수용력은 타 문화에 대한 이해도 및 수용적 태도에 대한 평가를 필요로 하며, 성장잠재력 및 조직 헌신성은 높은 성장이 가능한 잠재력으로 미래 리더의 역할을 기대, 조직에 대한 몰입과 애호도로 조직의 성장과 동반 성장 가능성 평가를 하여야 한다.

특히 우리와 비슷한 동양권 문화가 아닌 서양권 문화와의 차이에 대해서는 보다 깊은 이해와 인지가 필요하다. 이문화의 이해 및 현지 문화 및 경제 상황 등을 습득하기 위해 내외부 자원을 활용한다.

내부 자원으로는 선임, 귀임 주재원을 통해 확보된 보고서를 활용하는 방법이 있다. 특히, 귀임 보고서를 매뉴얼로 제작하여 주재원 파견 전 숙지하도록 해야 한다. 이문화 관련 등에 대한 전문 서적도 유용하지만 실제 파견되는 지역, 사업장의 환경 및 문화, 생활에 대해서는 귀임 주재원이 가지고 있는 정보의 세세한 깊이를 따라올 수 없기 때문이다.

귀임 보고서의 주요 내용은 글로벌 리더십, 해외 업무 관리, 생활 관리로 구성한다.

구성	주요 내용	
글로벌 리더십	1. 현지 조직 관리 • 인사 운영 관점 (채용, 기술 전수, 지시사항 전달 등) • 현지인 특수성(국가, 민족 등)에 따른 대응 방안 3. 현지 법률 사례 • 현지 법률의 특성 • 적발 및 조치 사례 • 주요 유의 사항 및 회피 방안	2. 현지인과의 갈등 사례 및 극복 방안 • 해당 사례의 배경 및 근본 이슈 • 구체적 사실관계 • 극복 방안 및 아이디어 제언
해외 업무 관리	1. 업무 시행착오 사례 • 현지 업무 관행 • 시행착오의 구체적 사례 • 개선/회피 방법 제안 3. 현지에서의 돌발상황 • 해당 사례 5. 해외 사업장 성과를 위한 주재원의 역할 • 한국 경영진, 주재원, 현지 채용인, 현지인 간의 관계 및 분위기 • 해당 직무 수행 주재원의 업무 분장표 • 업무 수행 시 참고 사항	2. 해외에서의 자기 개발 • 자기 개발 가능 영역 • 주요 참고 사항 및 제안 4. 현지 인맥 관리 • 현지 형성 방법 및 팁 • 기존 거래선 및 주요 연락처 현황
생활 관리	1. 현지 생활 정보 • 주거지 선정 기준 및 참고 사항 • 주요 편의시설 및 커뮤니티(병원, 마트 등) • 기타 생활 편의를 위한 참고 사항 3. 안전 관리 • 치안 및 위생 관련 참고 사항	2. 성공적인 가족 정착 • 자녀 취학 관련 제안 사항 • 주요 한인 커뮤니티 등 참고 사항 (극복 방안 및 아이디어 제언)

【도표237】 귀임 보고서 주요 내용

다음으로 외부 자원을 활용하는 방안인데, 외부 공개 강의를 통해 간접적으로나마 정보를 습득할 수 있다. 대한무역투자진흥공사KOTRA의 지역전문가 과정, 현대인재개발원의 글로벌 과정, 한국외국어대학교 국제사회 교육원 등의 외부 전문 기관을 활용하는 방법이 있다.

마지막으로, 주재원 자질 및 성향 등을 파악하기 위한 진단 검사는 다양하지만 여기서는 국가평생교육진흥원에서 개발한 '다문화 교육 프로그램 효과성 측정 도구'를 소개한다.

다문화 교육 프로그램 효과성 측정 도구는 세계 시민의식, 다문화 통합성, 외국인 수용성, 다문화 감수성의 총 4가지로 구성되어 있다.

척도명	정의	주요 내용
Ⅰ. 세계 시민의식	세계적 문제에 대해 공감하고 글로벌 공동체의 구성원으로서 이를 해결 할 수 있는 역량	• 세계 문제에 대한 이해 • 공동체로서 함께 살아가는 법 • 세계인으로 사는 법 - 인류의 보편성과 특수성에 대한 이해
Ⅱ. 다문화 통합성	• 다민족, 다인종, 다문화사회 현실에 대한 개방적인 태도 • 자신의 문화에 대한 긍정적인 태도와 다른 문화를 가진 사람들에 대한 수용 역량	• 자 문화와 타 문화의 유사성과 차이 • 타 문화에 대한 수용성 • 다문화 이해력
Ⅲ. 외국인 수용성	차별 및 외국인에 대한 이중적인 태도에 대해 비판적인 시각을 기르고 궁극적으로 사회 변화를 일으킬 수 있는 역량	• 차별과 편견에 대해 이해 • 반차별적·반편견적인 태도를 함양 • 외국인에 대한 이중적 태도에 대해 이해
Ⅳ. 다문화 감수성	타 문화에 대해 적극적으로 알아보고자 하는 태도 및 편견 없이 수용하고자 하는 역량	• 타 문화의 이해 • 타 문화 사람들과의 소통 • 타 문화 및 타 문화 사람들의 수용성

[도표238] 다문화 교육 프로그램 효과성 주요 내용

이와 같은 내용의 문항 구성은 선행연구에서 '조직 기반 자긍심', '조직 애호도' 등과 같은 연구의 설문을 참고해 충분히 구성할 수 있다.

외국어 능력

　파견 전, 해당국 언어의 기초 회화 정도는 필히 익히고 와야 한다. 아무리 영어가 국제 공용어로 쓰이고 있다고 할지라도 해당국 현지인과의 소통 및 생활을 위해서도 해당국 언어 실력이 필요한데, 현지인들의 주재원에 대한 여러 불만 요소 중 가장 많이 언급되는 부분이 소통이기 때문이다. 물론 영어는 필히 중급 이상의 실력을 갖추고 있어야 한다.

　외국어 능력 향상을 위해 사내 출강 교육을 활용하거나 외부 외국어 교육 기관 수강 혹은 전화나 화상 외국어 교육을 받는 것이 좋다. 조직은 출석률, 성적 상승 폭 등과 같은 일정 제한 조건을 제시하고 수강 비용을 지원하는 것이 바람직하다. 제한 조건 없이 조직에서 수강료를 전액 부담하면 수강 의지가 떨어지고 수업 참여율도 저조할 가능성이 있기 때문에, 제한 조건을 만족하지 못하면 본인이 일정 비용을 부담하게끔 하는 것이 좋다.

리더십(역할)

　주재원은 본사에서는 저 직급이었더라도 현지에서는 관리자 역할을 수행하는 것이 일반적이다. 이러한 이유로 주재원 선정 시에는 리더십 역량을 최우선으로 살펴보아야 한다. 특히 법인장과 같은 직책의 주재원이라면 더욱 그러하다. 국내 조직의 대부분은 직무 역량을 우선으로 하여 주재원을 파견하는데, 이는 기능별 직무 전문가가 필요한 경우에는 적합하나 관리자의 파견은 리더십이 우선되어야 한다. 외국어 능력이나 직무 경험은 본인의 의지와 물리적 시간의 경과를 통해 보완이 가능하지만, 리더십 역량은 노력이나 외부적 요인에 의해 개선되기에는 한계가 있어 적합한 리더십을 보유한 주재원을 먼저 선정하는 것이 바람직하다. 또한 본사의 메신저 역할을 하는데, 주로 본사의 비전이나 전략 등을 전파하고 주요 정책 및 업무 프로세스 등 공유를 통한 일체화를 끌어내는 역할을 한다. 본사 주도형 조직의 경우 현지 사업 기능 수행을 통한 성과 창출 및 조직 안정화, 고객 관리의 중요한 첨병 역할을 한다. 추가로 현지 인력 경쟁력 강화를 위한 본사 수준의 교육 및 인재관리의 역할 등을 맡는다.

폭넓은 직무 역량

대규모의 해외 사업장이 아닌 경우 주재원은 보통 기본 직무 외에도 다양한 직무 수행을 책임지고 있기에 폭넓은 직무 역량이 필요하다. 이를 위해 파견 전 다양한 직무에 대한 이해 및 업무 프로세스 등을 숙지하고, 주요 직무는 파견 전 실제 해당 부서에서 단기간이라도 직접 일해 보는 것이 필요하다.

예를 들어, 본사에서 재무 직무를 담당하던 주재원이 해외 사업장 근무 시에는 재무 직무 외에도 관리, 환경·안전 등과 같은 직무를 포괄하여 맡는 경우가 일반적이다. 그렇기에 파견 전 본사에서 단기 직무 순환 등을 통해 직무 이해 및 업무 프로세스를 파악하고 나가야 한다.

주재원 처우

주재원 처우는 국가의 특성 및 생활 환경, 문화, 위치 등을 전반적으로 고려해야 한다. 보통 해외 사업장의 위치는 도시와 많이 떨어진 외곽 등에 많이 자리 잡고 있다. 오피스 성격의 소수의 해외 사업장을 제외하고는 해외에 사업장을 가지고 있는 조직은 대다수 조직은 인건비, 물류비, 고객 등을 고려하여 공장을 보유하고 있기 때문이다. 이에 따라 같은 국가라 하더라도 근무하는 위치에 따라 생활환경이나 문화가 상이하다. 예를 들어 인도네시아로 주재원 파견 시 해외 사업장의 위치에 따라 주재 수당을 달리해야 한다. 자카르타의 도시에서 근무하는 것과 외곽에서 근무하는 것에 따라 물가가 다르고 인도네시아 발리섬 근무 시 힌두교를 믿는 문화의 차이 등으로 인해 처우가 달라야 한다.

일반적으로 주재원 처우는 본사에서의 세금 및 4대 보험 지원, 생계 수당 및 급지 수당의 주재 수당, 자녀교육비, 주택 지원비, 기타 지원 등으로 구성되어 있다.

세금 및 4대 보험

주재원 급여 등의 보상 방식에 대해 살펴보면, 세무적 문제 등이 발생 됨에도 불구하고 아직도 많은 조직에서 급여의 일부를 국내에서 지급하는 경우가 많다. 이는 국내 4대 보험 유지를 위해 불가피한 선택일 수는 있으나, 차후 조직 및 개인에게도 문제가 발생할 수 있으므로, 해외 사업장에서 전액 지급하는 것을 원칙으로 하여야 한다.

하지만 주재원 입장에서는 4대 보험 상실로 인한 국민연금 수령액 축소, 휴가 등의 이유로 한국 입국 시나 한국에 가족이 있으면 의료보험이 필요하므로 세금 및 4대 보험, 퇴직금 등의 유지 방안은 다음과 같다.

세금

세금 부담 균등화 정책tax equalization을 적용하여, 파견지와 무관하게 국내에서 받을 소득 수준을 가상으로 책정 후, 매월 세금을 공제하여 매년 5월 종합소득세 신고 후, 신고 결과가 징수일 경우 사업장에서 징수 세액을 부담하도록 한다.

4대 보험

(1) 국민연금: 근로자 선택에 의해 지역가입자 전환 또는 납부 유예 신청으로 자격 유지 가능하며, 국내 급여 기준의 회사부담분(4.5%)을 현지 급여에서 보존해 주도록 한다.

(2) 건강보험: 임의 계속 가입 또는 지역가입자 보험료 중 더 낮은 보험료가 책정되는 자격으로 유지하며, 국내 급여 기준의 회사부담분(3.92%)을 현지 급여에서 보존해 주도록 한다.

(3) 고용보험: 고용보험은 실업급여 혜택이 가장 중요하므로, 조직의 사유로 권고사직이나 희망퇴직을 할 경우 실업급여에 상응하는 금액을 퇴직위로금에 포함하여 지급하도록 한다.

(4) 산재보험: 국내 자격상실 후 현지에서 보상받을 수 있는 상해보험으로 대체 가입하며, 보험비는 현지에서 지급한다.

퇴직금

퇴직금은 해외 파견 시점에 중도 정산을 시행하며, 파견 기간 종료 후 본사 재입사를 통한 시점부터가 아니라 최초 입사일로부터 인정하여 계산해 정리해 준다.

예를 들어, 최초 입사일 후 해외 파견 시 10년 근속 퇴직금 1억 원을 중간 정산받고, 해외 3년 및 본사 7년 근무 후 최종 퇴사를 하였다면, 총 근속 기간 20년을 퇴직금 기준으로 하여 중간 정산된 1억 원을 제외한 금액을 지급한다.

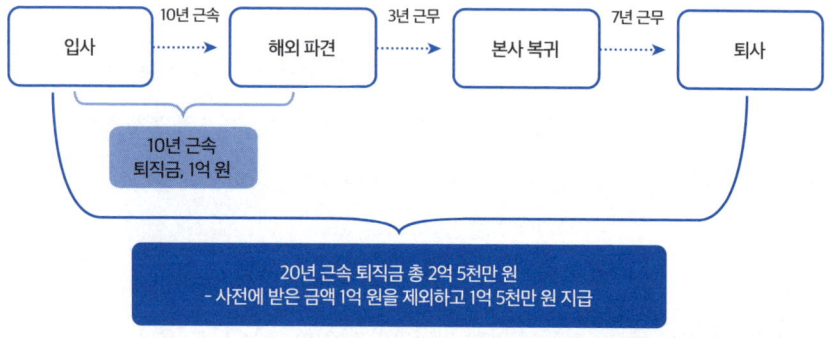

【도표239】 퇴직금 정산 예시

주재 수당 및 복리후생

주재 수당 및 복리후생은 조직의 수당 지급 여력 및 주재원의 역할과 책임, 위치, 동기부여 차원 등에 따라 정하는 것이 일반적이다. 주재 수당의 경우 직급 및 직책별에 따른 역할과 책임을 고려하여 차등 지급이 필요하다.

보다 현실성 있는 주재 수당 설정을 위해서는 다음과 같은 방식으로 설정 후, 동종 업체 및 타사와의 비교를 진행하는 것이 바람직하다.

우선 생계 수당 COL, Cost of Living 산출 방식은 국내 거주와 비교해, 해외 체류 시 필요한 생활비(SI 지수 반영)를 각 국가 또는 도시의 물가수준을 고려하여 생계 수당을 산출한다.

SI 지수 Spendable Income 는 기본연봉에서 주거비 및 저축을 제외한 순수 생계비를 말하며, 연봉과 가족 수에 따라 차이가 있다. COL 지수는 국가별 물가 차이를 지수화한 것이다.

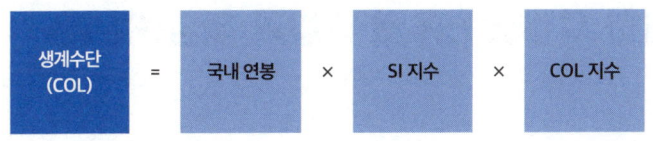

【도표240】 생계수당 산출 방식

생계비 수준 및 소득 수준의 조사를 위해 다양한 데이터를 활용할 수 있다. 파견국 및 지역의 동종 업체나 국내 기업의 조사나 데이터 보고서 등을 활용하는 방법이 있다. UBS Price & Earning Report[29], UN의 international civil service[30], Expatistan[31]의 자료를 활용하는 방법이 있다. 그러나 무상으로 배포되고 있기에 데이터의 정합성이나 생활 지표의 구체성은 떨어진다.

보다 자세한 정보를 취득하기 위해서는 생계비 보고서 Cost-of-living report 또는 주거비 보고서 Expatriate accommodation cost 를 유료로 구매하여 볼 수 있다.

급지 수당은 본국과 주재국의 생활의 질 QOL, Quality of Living, 즉 치안, 환경, 문화 등의 차이를 보전하고 본국과 동일 수준의 생활을 유지할 수 있도록 지원하는 수당이다. 오지 수당이라고도 한다.

QOL의 정보는 IEP[32]의 무료 자료나 하드쉽 보고서 Quality of Living 를 유료 구매하는 방법이 있다.

QOL 산출은 국내 연봉을 기준으로 QOL 지수를 반영하여 급지 수당을 산출한다.

【도표241】 급지 수당 산출 방식

그 외에 교육비 및 주택 지원비 등은 정액제 또는 실비 형태로 보고서 및 동종업계 등을 참고하여 책정한다.

2. 해외 사업장 HR 및 역할과 책임(R&R)

해외 사업장과 본사와의 기능별 역할과 책임에 대한 수립이 중요하다. 모든 기능이 본사와의 역할과 책임 수립이 중요하겠지만 특히, HR기능과의 역할과 책임 수립이 중요하다. 타 기능의 경우 본사의 업무 프로세스를 대체로 준용하여 운영하면 큰 무리가 없으나 HR기능은 해당국의 문화, 법, 민족의 특성에 따라 상이하게 접근해야 하기 때문이다. 다른 기능의 경우 프로세스에 의해 업무 관리 및 표준화가 가능하지만 HR은 사람이 가장 중요한 요인이기에 이에 따른 차등적인 접근이 필요하다. 예를 들어, 해외 법인 채용의 경우 직급 및 직책의 중요성이나 무게감에 따라 본사 주도의 채용 또는 현지화된 채용의 구분이 필요한 것처럼 각 HR시스템에 따라 차등적으로 접근해야 한다. 즉, 조직의 방향성 및 전략과제와 같은 부분은 표준화를 해야 되는 반면에 직무, 승진, 보상, 채용, 육성과 같은 HR시스템은 부분 표준화 또는 혼합화, 현지화해야 한다.

해외 사업장 HR

HR 기능에서 본사의 제도는 해외 사업장과 동일하게 구현하거나 해외 사업장이 속한 국가의 노동법이나 문화적 특성상 다르게 운영해야 할 부분으로 나뉜다. 하지만 본사가 가지고 있는 경영이념이나 비전, 핵심가치 등은 동일하게 적용하여 하나의 조직으로 일치시켜야 한다.

글로벌 HR 제도 도입 및 운영은 표준화full-standardization, 부분 표준화portion standardization, 혼합화mixed standardization, 현지화localization로 구분된다.

표준화 영역은 본사의 비전 및 핵심가치 등의 글로벌 구성원 모두가 인지하고 체득해야 하는 영역이다. HR 제도에서는 일반적으로 공통 역량, 직급job grade, 직무 기본 체계 등이 포함된다. 즉, 조직 및 전략의 방향성에 따라 지역 및 상황과 관계없이 필히 공통으로 가져가야 할 영역이다.

부분 표준화 영역은 직무 및 역량체계, 직무 가치, 승진 원칙, 핵심인재 정의 등이 포함된다. 본사의 방향성에 따른 기본 원칙을 준수하되, 현지 사정 및 문화 등에 따라 일부 커스터마이징을 통해 조직 내 수용성을 높이는 영역을 말한다.

혼합화 및 현지화 영역은 주요 HR 영역인 승진, 평가, 보상, 교육, 이동·배치 등이 포함된다. 세부적인 HR시스템 영역으로, 현지의 사정 및 HR문화, 노동법에 따라 자율적으로 HR시스템 구축 및 제도 수립 등의 영역을 의미하며 대표적으로는 보상이 있다.

여기는 제도의 범위 및 영역에 의한 구분보다는 구성원의 주재원, 현지 채용인, 현지인 등의 신분과 직급, 직책에 의해 구분된다.

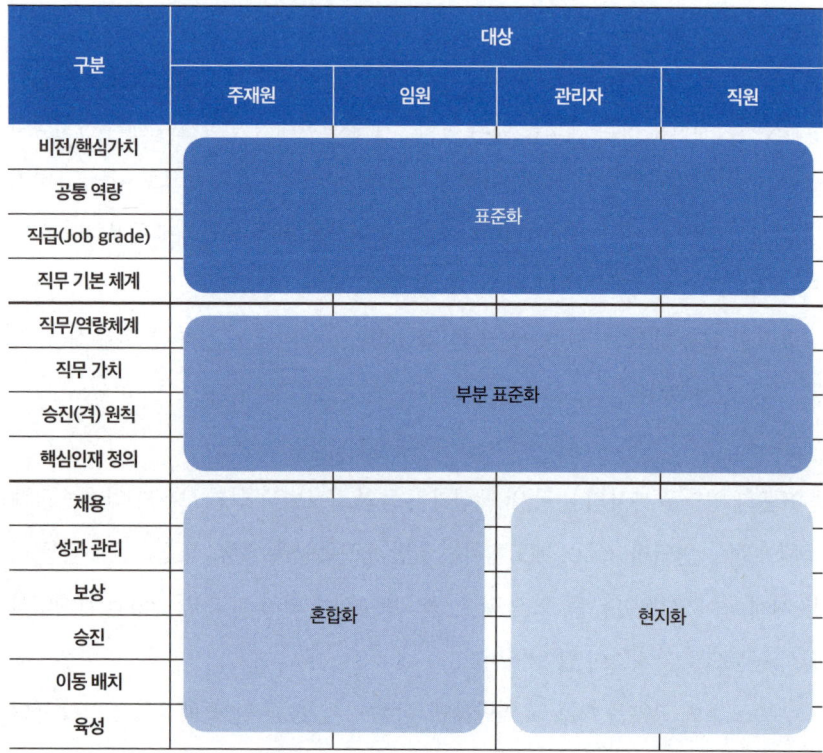

【도표242】 GHR 기능별 요소에 따른 개념도 예시

표준화 영역

비전 및 핵심가치의 해외 사업장 전파는 주재원이나 법인장을 통한 전달이나 온라인을 통한 전달, 화상 CEO 메시지 등을 통한 정기적인 전파는 물론, 신규입사자에게는 필수로 전파를 진행하여야 한다.

직급의 글로벌 표준화에 있어서 호칭은 각 나라의 사정에 맞게 설정하여도 무방하나 차후 나라 간의 이동, 배치 및 직급의 정의, 역할이 중요하므로 글로벌 표준으로 설정한다.

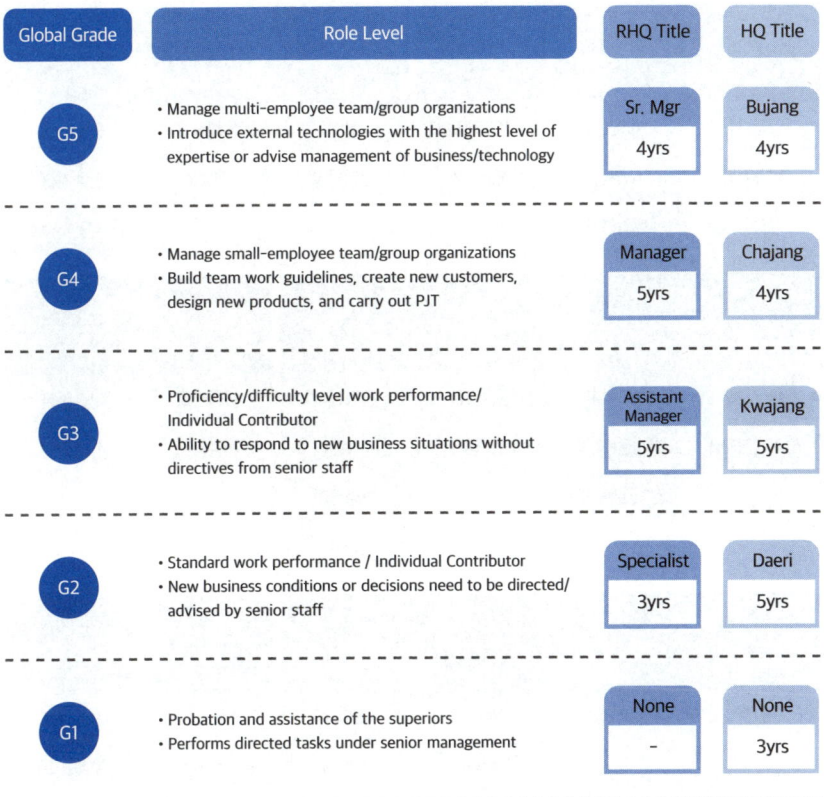

[도표243] 직급 글로벌 표준 예시

직무 체계는 지역 및 국가별로 직무 가치 등에 따라 상이할 수 있으나 직무 기본 체계는 글로벌 공통으로 설정한다. 직군, 직렬, 직무 등을 글로벌 표준화된 그룹화를 통한 전략적 방향성에 따라 직무 체계 수립이 가능하기 때문이다.

해외 사업장의 고객 및 제품 특성 및 직무 가치 등에 따라 직무 분류체계는 조정이 가능하다.

예를 들어 영업 기능이 위주라면 영업 직무를 보다 세분화하고, 연구 직무가 위주라면 연구 직무를 보다 세분화하여 직무 분류 체계를 구성한다.

영업		개발		설계기술			
영업		개발		설계	평가해석	가공기술	
영업기획	마케팅	개발관리(FM)		설계	해석	금형기술	
제휴기획	SL영업	개발기획		선행계발	평가	압출기술	
영업원가	해외영업					가공기술	

생산기술		생산		품질	
생산기술	설비	생산관리	생산	품질	
생산기술	설비기획	생산기획	공정관리	품질기획	부품품질
해외지원기술	기계설비지원	생산원가	시작관리	개발품질	양산품질
	전기설비지원		현장관리		
			생산		

사업관리					정보	
원가관리	구매		물류		정보	
원가	구매개발	구매조달	SCM		정보기획개발	기준정보
	통합구매	구매원가	국내물류		정보설비관리	프로세스혁신
	구매기획		해외 SCM			
			해외판매지원			

경영지원						
경영기획	재무	경영관리	HR	환경안전		
전략	회계	경영지원	HR	환경	안전	
혁신	자금	홍보	GHR	보건	위생	
기획	GF	자산관리	HRD			
	IR		노무			

【도표244】글로벌 직무 기본 체계 예시(9개 직군, 19개 직렬, 62개 직무의 경우)

부분 표준화 영역

역량체계는 해외 사업장의 특성에 따라 조정이 가능하나, 공통 역량은 본사의 기준을 따라야 한다. 공통 역량은 조직이 가져야 할 핵심가치나 인재상 등에 기반하여 모든 구성원이 공통으로 가져야 할 행동 규범으로, 나라별 특성보다 조직 공통 역량을 우선시한다. 그 외 직무 역량 등은 해외 사업장의 특성, 문화, 직무 가치 등에 따라 직무 기본 체계를 기반으로 조정이 가능하다.

직무 가치는 본사의 직무 가치를 기반으로 하나, 이는 직무급이나 직무 가치 기반 HR시스템이 구축되어 있어야 가능하다. 국내의 경우 직무 가치 기반으로 HR시스템을 갖춘 조직이 많지 않은 상황이고, 미주권이나 유럽, 중국 등의 국가가 직무 가치를 기반으로 한 HR시스템을 운영하고 있다. 다만, 본사의 전략적 방향성 등에 따라 주요 직무를 선정한 뒤 이에 대한 채용 및 교육 방향에 대해 설정하는 것이 필요하다.

승진은 승진율에 대한 일정한 지침이 필요한데, 글로벌 지침을 통해 직급 간 승진율 밴드를 설정하여야 한다. 역할 및 책임에 따르는 직급 가치와 본사 및 해외 사업장 간 이동과 배치 등을 고려해야 하므로 글로벌 표준 승진율 지침은 중요한 부분이다. 예를 들어, A사업장은 G4 승진율이 30%인 반면 B사업장은 5%라고 한다면, A사업장의 G4의 직급 가치가 B사업장에 비해 떨어져 역할과 책임에 따르는 글로벌 G4 직급 가치의 훼손과 더불어 B사업장 구성원들의 불만 요소로 제기될 염려가 있다.

승진 시 승진 항목도 본사 기준을 기반으로 해외 사업장의 특성에 따라 가감하는 것이 바람직하다. 본사의 승진 심사 항목이 평가, 교육, 어학, 역할 준비도로 구성되어 있다면 해외 사업장 역시 이와 같은 항목으로 구성하도록 하며, 어학의 경우 해외 사업장은 한국어를 포함할 수 있다.

구분	심사 항목	기준
기본 심사 항목	인사평가	• 직급 동안의 인사평가 결과를 배점화하여 반영함 (S등급 5점 ~ D등급 1점) • 직급 체류 연한 전체의 평가를 반영함 ※ 단, 누락자 제외 • 경력 입사자는 평가하지 않은 연도는 평가받은 연도 등급의 평균점수를 적용함
	어학	• 중요도를 고려하여, 영어/한국어 선정 • TOEIC, TOPIK 등 공인 점수별 배점 기준을 책정함 (0점~10점)
	교육이수 이력	• 교육 이수 학점 기준 (0점~10점)
추가 심사 항목	역할 준비도 진단	• 상사/부하 등 평가자 선정 후 차기 직급 수행 능력에 대한 진단 (다면평가) • 부장/고급 경리 승진 대상자에 한하여 진단 시행하고, 직급별 문항을 차별화함 • 시행 초기에는 하위 수준 인력에게 점수를 적게 배정하여 필터링 하는 목적으로 활용
가감점 항목	포상, 징계 등	• ±5점으로 심사 배점을 설정함 • 항목은 포상, 특허, 징계 등으로 설정함

【도표245】 중국 사업장 승진 심사 항목 예시

핵심인재 역시 본사 기준의 핵심인재 정의 및 유형을 준용하며, 유형별 심사 방법이나 기준 등은 해외 사업장의 특성 등에 따라 조정될 수 있다. 본사에서 핵심인재 유형 및 정의를 4가지로 구분하여 시행한다면, 해외 사업장 역시 이에 맞게 운영하되 4가지 유형 중 일부만을 운영할 수도 있다. 규모가 작은 해외 사업장의 경우라면 경영자 후보 그룹과 같은 핵심인재 유형의 운영은 불필요하기 때문이다.

유형	정의
경영자 후보 그룹	• 각 기능 분야별 최고 후보자로, 폭넓은 전문성과 리더십을 보유 • 즉시 또는 1~3년 내 최고 리더직을 수행할 수 있는 준비된 인재
차세대 리더 그룹	• 리더로서의 높은 잠재력을 지니고 있어 장기적으로 경영자 후보로 선발될 수 있는 인재
직무 전문가 그룹	• 미래사업 성장에 있어서 가장 핵심적인 영역에서 필요로 하는 직무 전문 스킬 등을 보유한 핵심인재 그룹
사내 강사 그룹	• 직무 분야 및 역량 전문가 강사 및 F/T 단계적 확보, 유지

【도표246】 핵심인재 유형 예시

혼합화 및 현지화 영역

채용, 성과 관리, 보상, 승진, 이동 및 배치, 교육의 영역은 본사 기준을 따르되 일부는 현지화시키는 방법과 더불어 전체를 현지화하는 방법도 있다.

채용은 고직급 및 주요 직무 채용의 경우 본사에서 채용하거나, 현지 채용 담당자와 함께 채용을 진행할 수 있다. 본사에서만 채용을 진행할 경우 현지에 본사의 강력한 인력관리 의지의 신호를 전달할 수 있으나, 현지 인력에 대한 이해 부족과 해외 사업장이 느낄 소외감 등으로 본사 단독 진행 채용보다는 현지 채용 담당자와 함께 채용을 진행하는 것이 바람직하다.

성과 관리에서 주재원 및 고직급 등의 평가는 본사와 해외 사업장이 함께 평가하는 방법과 본사에서만 평가하는 방법이 있다. 성과 관리 제도는 본사 제도를 그대로 반영하거나 해외 사업장 특성 및 방향에 따라 조정하는 방법이 있는데, 상대평가라면 평가 등급별 비율 밴드는 통일하는 것이 바람직하다. 만약 등급별 비율이 상이하여 A사업장의 S등급 비율은 20%이고 B사업장의 경우는 5%라고 한다면, 해외 사업장 간 이동 및 보상, 승진 반영 시 통일화된 HR 정책 운영이 힘들기 때문이다.

보상은 주재원 및 고직급 등을 제외하고는 현지화하는 것이 바람직하다.
국가 간 최저 임금 및 임금 수준 차이가 존재하고, 아시아권의 일부 국가를 제외하고는 직무급 위주의 보상을 시행하고 있기에 해외 사업장의 위치에 따라 차등화하는 것이 필요하다.

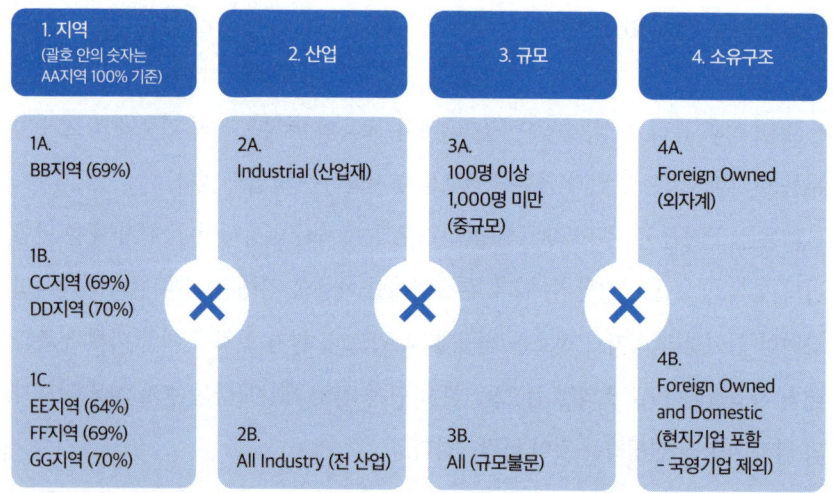

[도표247] 보상 수준 벤치마킹(peer grouping) 예시

    승진 원칙 및 직급별 승진율은 본사 지침을 유지하되, 승진 프로세스와 승진 기준은 해외 사업장의 상황에 따라 혼합화함이 바람직하며, 기능직의 경우는 현지화하는 것이 일반적이다.

    이동/배치 역시 주재원 및 고직급의 경우는 본사와의 협의를 통해 진행하고 나머지 직급은 현지에 맞게 설정한다.

    교육은 해외 사업장의 수준 및 환경에 따라 많은 차이를 보인다. 국내를 포함한 미주, 유럽권의 경우는 국내와 유사한 프로그램 및 교육 방식으로 진행하고 있으나 동남아, 남미, 아프리카 등의 경우는 현재 한국 1980~1990년대에 있었던 한국식 정신morals 교육인 조직 활성화 교육이 진행되고 있으며, 온라인 교육은 이제 시작 단계다. 직무교육은 본사 수준으로 끌어올릴 수 있도록 자체 교육이 필요하다.

    해외 사업장 교육을 위해 출장을 갈 수도 있지만 물리적, 시간적 부분을 고려하여 자체 온라인 촬영 등을 통한 마이크로 러닝micro-learning 형태의 병행도 생각해 보아야 한다.

본사와 해외 사업장의 R&R

해외 사업장의 HR시스템이 수립되었다면 본사와 해외 사업장의 R&R을 수립하여야 한다.

본사 내에서도 역할과 책임이 명확하지 않을 때가 있지만 물리적 거리의 근접성 및 동일 언어 사용 등의 이유로 명확한 역할과 책임이 명시되지 않아도 시스템에 의해 업무가 이루어지기도 한다. 해외 사업장은 물리적 거리 및 현지 언어 사용 등의 까닭으로 명확한 역할과 책임이 수립되지 않는다면, 본사와 해외 사업장 사이에 불협화음 및 비효율적인 부분이 발생할 가능성이 높아지므로 더욱 명확하게 역할과 책임을 수립하여야 한다.

해외 사업장을 보유하고 있는 글로벌 회사는 크게 3가지 유형으로 구분된다. HQ Headquarters 주도형은 권한과 책임이 본사에 집중되어있는 구조이며, RHQ Regional Headquarters 주도형은 해당 사업장에 본사의 권한과 책임을 위임하는 구조이다. 권한복합형은 일부 기능은 본사가, 그 외는 해외 사업장이 주도하는 구조이다. 각 유형별로 기능 및 범위 등에 차이는 있을 수 있으나, 본사 및 사업장 간 명확한 R&R이 선행되어야 한다.

또한, 국내 다수의 기업이 해외 진출 시 현지화를 꾀하였지만 결국 현지화에 실패한 경우가 대부분 명확하지 않은 R&R에 기인한다고 할 수 있다. 그렇기에 각 기능별 R&R 설정 후 기능에 따른 과업의 R&R을 설정해야 한다.

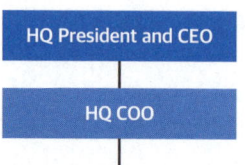

● 승인 및 독자적 의사결정
◐ HQ 승인 및 보고 필요

	전략/기획	인사	경영지원	노무	환경/안전	재무	구매	IT	원가	영업	설계/개발	품질	생산
체코법인	●	●	●			●	●	●	●	●	●		
중국법인		◐	◐	●	●	◐			◐	◐		●	●
미국법인			◐	●	●							●	●
독일법인		◐	◐	●	●	◐	◐		◐	◐	◐	●	●
베트남법인		◐	◐	●	●	◐			◐	◐		●	●

【도표248】기능별 R&R 설정 예시

기능	구분	과제	기준	비고	R&R	
					RHQ	HQ
HR	비용/투자	① 임금 인상	최저임금 이상 총 10억 원 이상	・임금인상률 ・총액 임금인상금액	CEO	CEO
		② 성과급	총 5억 원 이상	・연간 성과급 기준	CEO	CEO
		③ 종업원 처우	기준 외 10% 초과 시	・급여 및 복리 규정	CEO	CEO
	규범/기획	④ HR 제도 개선	부분 개선 정도	・일반직/기능직 구분	COO	본부장
		⑤ HR 제도 신설	신설에 따른 중요도	・일반직/기능직 구분	CEO	CEO
		⑥ 채용	채용 직급/직책 검토	・일반직/기능직 구분	CEO	CEO
	운영	⑦ 인사행정	인사기준 관리	・ERP상 본사 기준 정립	President	팀장
		⑧ 근태	근태 특이사항	・주재원 근태 관리	President	본부장

【도표249】과업별 R&R 설정 예시

구분	업무 내용	해외 사업장 보고체계				본사 보고체계				비고
		담당	팀장	법인장	본사공유	담당	팀장	본부장	대표이사	
인력운영	인력운영 계획 (인력 재배치, 규모 축소 등)	○	●	●		○/●	●	●	●	사안에 따라 해외 사업장 또는 본사에서 실행
	조직구조 변경 (부서 R&R 변경, 부서 재배치, 보고 라인 변경 등)	○	●	●		○/●	●	●	●	
직무	직무 분류 체계	○	●	●		○/●	●	●	●	
	직무 관리	○	●	●		○/●	●	●	●	
역량	역량 체계	○	●	●		○/●	●	●	●	
	역량 사전	○	●	●		○/●	●	●		
직급/승진	직급 체계	○	●	●		○/●	●	●	●	사안에 따라 해외 사업장 또는 본사에서 실행
	호칭 체계	○	●	●		○/●	●	●	●	
	승진 체계 및 심사기준	○	●	●		○	●	●		
	직급별 승진 TO 및 승진율	○	●	●			●	●		
	승진자 결정									
	- 현채인	○	●	●		●	●	●		
	- 현지인	○	●	●						
평가	평가체계 및 평가기준					○	●	●		
	평가 운영 (목표설정, 면담 등)	○	●	●						
	인사평가 결과									
	- 주재원					○	●	●	●	
	- 현채인	○	●	●		●	●	●		
	- 현지인	○	●	●						

구분	항목	1	2	3	4	5	6	7	8	비고
인원/인건비	인력조정 (해고, 인력 효율화)	○	●	●		●	●	●	●	
	인원/인건비 계획 수립	○	●	●		●	●	●		
	인건비 집행실적 (사업계획대비)	○	●	●		●	●	●		분기별 보고
보상	보상체계 및 보상 수준					○	●	●	●	
	기본급 체계 및 결정									
	- 현채인	○	●	●		●	●	●		
	- 현지인	○	●	●		●	●	●		
	집단성과금, 특별상여금 지급	○	●	●		●	●	●		
	개별성과급 체계 및 결정									
	- 현채인	○	●	●		●	●	●		
	- 현지인	○	●	●						
	복리후생 및 지급기준 설정									
	- 주재원					○	●	●	●	
	- 현채인	○	●	●		●	●	●		
	- 현지인	○	●	●						
채용	채용프로세스	○	●	●						
	채용 결정									
	- 현채인	○	●	●		●	●	●		
	- 현지인	○	●	●						
	선발 도구 (지원서, 계약서 등)	○	●	●						
교육	주재원 선발/교육					○	●	●	●	
	핵심인재 관리									
	- 현채인/현지인	○	●	●						
	- 현지 리더 양성	○	●	●						
	본사연수계획/시행	○	●	●						
	사내/외 교육 운영	○	●	●						

상벌	포상									
	- 본사 포상 (대표이사)	○	●	●		●	●	●	●	
	- 해외 사업장 포상 (법인장)	○	●	●						
	징계									
	- 해고/감봉/정직/강등	○	●	●						
	- 근신, 견책	○	●	●						
복무 / 발령	부임, 귀임 요청	○	●	●		●	●	●	●	
	본사 출장	○	●	●		●	●			
	휴직									
	- 3일 이상	○	●	●						
	- 3일 미만	○	●	●						
	인사발령 (직책자-현지인 포함)	○	●	●		●	●	●	●	

【도표250】 본사, 해외 사업장 간 업무 역할 및 보고라인 예시

참고문헌

1장. 조직의 세 가지 축

1. Etzioni, Amitai. (1964), Modern Organizations. Englewood Cliffs, N.J.: Prentice-Hall.

2. Katz, R.L. (1955), Skills of an effective administrator, Harvard Business Review, 33(1).

3. Merrill, M. D. (1983), Component Display Theory. In C. M. Reigeluth (Ed). Instructional-design theories and models: An overview of their current status. Hillsdael, NJ: Lawrence Erlbaum Associates.

4. Boyatzis, R. E. (1982), The Competent Manager: A model for effective performance, New York: John Wiley & Sons.

5. Cooper, Terry L. (1982), The Responsible Administrator: an Approach to Ethics for the Administrative Role, Kennikat Press.

6. Lewin, K. (1958), "Group Decision and Social Change." in E. E. Maccoby. T. M. Newcomb, and E. L. Hartley(eds) Readings in Social Psychology, New York: Holt, Rinehart, and Winston.

2장. 조직 진단

7   Harrison, M. (1994), Diagnosing Organization: Methods, Models, and Precesses, 2nd ed. London:Sage.

8   Van De Ven, A. H., D. L. Ferry. (1980), Measuring and Assessing Organization, New York, Wiley.

9   Leavitt, H. J. (1965), Applied organizational change in industry. In J. G. March (Ed.), Handbook of Organization:. New York, NY: Rand McNally.

10 Nadler, D. (1977), Feedback and Organizational Development: Using Databased Methods, Addison Wesley, Reading, MA.

11 Tichy, Noel M. (1983), Managing Strategic Change: Technical, Political, and Cultural Dynamics. New York: Wiley,

12 Quinn, R. E., McGrath, M. R. (1985), The Transformation of Organizational Cultures : A Competing Values Perspective. In Fronst, P. et. al.(eds) Organizational culture, Beverly Hills, CAL.

13 Pascale, R. T., & Athos, A. G. (1981), The art of Japanese management: applications for American executives. New York, Simon and Schuster.

3장. 직무

14 Tyler, R. W. (1949), Basic principles of curriculum and instruction. Chicago: University of Chicago Press.

15 Mager, R. F. (1962), Preparing Instructional Objectives, Palo Alto, Calif: Fearson.

4장. 채용과 교육

16 Schmidt, F. L., Oh, I. S. & Shaffer, J. A. (2016), The Validity and Utility of Selection Methods in Personnel Psychology: Practical and Theoretical Implications of 100 Years of Research Findings. Philadelphia, PA: Temple University, For School of business Research Paper.

17 Schmidt, F. L., Hunter, J. E. (1998), The validity and utility of selection methods in personnel psychology: Practical and theoretical implications of 85 years of research findings. Psychological Bulletin, Vol. 124.

18 Spencer, L.M., Spencer, S.M. (1993), Competence at work: Models for superior performance. New York: John Wiley and Sons.

19 Carnevale, Anthony P., Others. (1988), Workplace Basics: The Skills, American Society for Training and Development.

20 Kirkpatrick, D., Kirkpatrick, J. (2006), Evaluating training programs: The four levels. Berrett-Koehler Publishers.

21 Phillps, J. (1997), Training evaluation and measurement methods, Texas, Gulf Publishing Company.

22 Kraiger, Ford., Salas. (1993), Application of Cognitive, Skill-Based, and Affective Theories of Learning Outcomes to New Methods of Training Evaluation.

23 Stufflebeam, D. L. (1983), The CIPP Model for Program Evaluation. In: Madaus, F.F., Scriven, M. and Stufflebeam D.L., Eds., Evaluation Models: Viewpoints on Educational and Human Services Evaluation, Kluwer, Norwell.

24　Brinkerhoff, R. O. (1987), Achieving results from training : how to evaluate human resource development to strengthen programs and increase impact. San Francisco: Jossey-Bass.

25　Holton, E. F., III. (1996), The flawed four-level evaluation model. Human Resource Development Quarterly, 7(1).

5장. 평가·보상· 직급과 승진

26　정동관·유태영·정승국·김기선·류성민(2015). 인사평가제도 현황과 발전방안에 관한 연구. 한국노동연구원.

27　Hall, D. T. (1976), 『Careers in Organization』, Santa Monica, California: Goodyear.

28　Dalton, G. W., Thompson, P. H., Price, R. I.(1977), The Four Stages of Professional Careers-A New Look at Performance by Professionals, 『Organizational Dynamics』.

6장. GHR

29　https://www.ubs.com/kr/en.html

30　https://icsc.un.org/

31　https://www.expatistan.com/cost-of-living

32　http://economicsandpeace.org/

조직관리와 HR전략

제1판 1쇄 2022년 5월 2일
    3쇄 2023년 4월 3일

지은이 | 정민홍
펴낸이 | 홍순제
펴낸곳 | 주식회사 성신미디어
본 사 | 경기도 파주시 조리읍 전지미말길 101-10
출판사업부 | 서울시 영등포구 양평로28가길 6 (양평동 6가 9-1)
전 화 | 02-2671-6796   팩 스 | 02-2635-6799
등 록 | 제216-00025호   ISBN | 979-11-90917-08-7   93320

기획 및 총괄 | 홍현표   편집 | 이수민   디자인 | 노희성

이 책에 대한 의견이나 오탈자 및 잘못된 내용의 수정 요청은 아래 이메일로 알려주십시오.
잘못 만들어진 책은 구입하신 곳에서 교환해 드립니다.
홈페이지 | www.sungshinmedia.com
이메일 | book@sungshinmedia.com

Published by SUNGSHIN MEDIA, Inc. Printed in Korea
저작권법에 의해 보호를 받는 저작물이므로 무단 전재와 복사를 금합니다.

우리 모두는 각자의 이야기를 가지고 살아갑니다.
이야기로 콘텐츠를 만들고, 콘텐츠로 교육을 이어
다음 세대를 위한 더 좋은 세상을 만드는 일,
성신미디어의 비전입니다.
여러분의 이야기를 기다립니다.

이메일	book@sungshinmedia.com
인스타그램	@ssmedia_official